HAYMON verlag

Hermine Wittgenstein

Familien-
erinnerungen

Herausgegeben von Ilse Somavilla

Gefördert von

Gedruckt mit freundlicher Unterstützung durch die Kulturabteilung des Landes Tirol und die Kulturabteilung der Stadt Wien, Wissenschafts- und Forschungsförderung.

Auflage:
4   3   2
2018 2017 2016

© 2015
HAYMON verlag
Innsbruck-Wien
www.haymonverlag.at

Alle Rechte vorbehalten. Kein Teil des Werkes darf in irgendeiner Form (Druck, Fotokopie, Mikrofilm oder in einem anderen Verfahren) ohne schriftliche Genehmigung des Verlages reproduziert oder unter Verwendung elektronischer Systeme verarbeitet, vervielfältigt oder verbreitet werden.

ISBN 978-3-7099-7200-7

Umschlag- und Buchgestaltung nach Entwürfen von
hœretzeder grafische gestaltung, Scheffau/Tirol
Umschlag: hœretzeder grafische gestaltung, Scheffau/Tirol
Satz: Da-TeX Gerd Blumenstein, Leipzig
Coverfoto: Auf der Hochreit: Von links nach rechts:
John „Ji-Ji" Stonborough, Clara „Pussy" Salzer, Mima Sjögren-Bacher, Helene Salzer-Wittgenstein, Tom Stonborough, Felix „Lixl" Salzer, Margaret Stonborough und Mariechen Stockert-Salzer
Bildnachweis:
Coverfoto: Familie Sjögren
Innenteil: siehe Seite 535

Gedruckt auf umweltfreundlichem,
chlor- und säurefrei gebleichtem Papier.

Inhalt

Vorwort 7

Familienerinnerungen 15

Kommentar 323

Nachwort 479

Anhang
Literaturverzeichnis 526
Editorische Notiz 529
Dank 534
Bildnachweis 535
Namenregister 537

Vorwort
von Ilse Somavilla

Seit Jahrzehnten ist der Name Wittgenstein nicht nur Intellektuellen-, insbesondere Philosophen-Kreisen, sondern auch der breiteren Öffentlichkeit ein Begriff. Doch während mit diesem Namen in erster Linie der Philosoph Ludwig Wittgenstein, in zweiter Linie der Pianist Paul Wittgenstein, darüber hinaus vielleicht auch deren Vater, der Stahlmagnat Karl Wittgenstein sowie die durch ein Porträt Gustav Klimts bekannte Margaret Stonborough-Wittgenstein verbunden werden, gibt es über weitere Mitglieder der Familie vergleichsweise wenig Literatur.

Die Miteinbeziehung der Familie in der Wittgenstein-Forschung wurde zwar in Brian McGuinness' Biographie *Young Ludwig* bereits 1988 behandelt, doch beschränkt sich diese, wie der Titel verrät, nur auf die Jahre 1889 bis 1921.[1] Der von Nedo/Ranchetti im Jahre 1983 herausgegebene Bildband war über Jahre vergriffen, ist 2012 aber in einer neuen, überarbeiteten Ausgabe Nedos unter dem Titel *Ludwig Wittgenstein. Ein biographisches Album* (München: C.H.Beck) erschienen, konzentriert sich jedoch vor allem auf Ludwigs Biographie. Weitere Biographien wie die von Ray Monk fokussieren die Verknüpfung von Philosophie und Biographie bei Ludwig Wittgenstein, schenken dem familiären Umfeld aber weniger Beachtung.

Einblicke in die Geschichte der Familie Wittgenstein gewähren der Artikel von Cecilia Sjögren „Die Familie"[2],

---

1 Brian McGuinness: *Young Ludwig (1889–1921)*. London: Gerald Duckworth & Co., 1988. Die deutsche Ausgabe erschien erstmals 1992 in einer Übersetzung von Joachim Schulte und unter dem Titel: *Wittgensteins frühe Jahre*. Frankfurt a. Main: Suhrkamp.
2 In: *Wittgenstein. Biographie. Philosophie. Praxis*. Eine Ausstellung der Wiener Secession vom 13. September bis 29. Oktober 1989. S. 99–117.

die in jüngerer Zeit erschienene Biographie Margaret Stonboroughs von Ursula Prokop[3], der Sammelband zu Paul Wittgenstein, *Empty Sleeve*[4], die Aufzeichnungen der Hermine Wittgenstein[5] und der Briefwechsel Wittgenstein-Koder[6], der auf die Bedeutung der Musik für die Familie Wittgenstein eingeht. Diese Arbeiten konzentrieren sich jedoch entweder nur auf einzelne Familienmitglieder (wie Margaret, Paul oder Hermine) oder beinhalten jeweils nur bestimmte Aspekte, ergeben somit nicht ein vollständiges Bild der Geschichte der Familie Wittgenstein mit ihrem vielfältigen soziokulturellen Netzwerk, das sich aus dem inzwischen vorhandenen Material an Schriften der Familie rekonstruieren lässt.

So liegen im Forschungsinstitut Brenner-Archiv der Universität Innsbruck mittlerweile ca. 600 Briefe der Familie Wittgenstein (mit Ludwig als Empfänger oder Schreibendem) vor, die, in einer maschinenlesbaren Fassung erfasst, Forschungszwecken zur Verfügung stehen.

Eine Auswahl von 178 Familienbriefen wurde von McGuinness/Ascher/Pfersmann 1996 herausgegeben.[7]

Zu erwähnen ist auch der 2008 im Metroverlag erschienene, im Stil eines Romans gehaltene Band *Die Wittgensteins. Kunst und Kalkül* von Birgit Schwaner.

3   Ursula Prokop: *Margaret Stonborough-Wittgenstein. Bauherrin. Intellektuelle Mäzenin.* Wien: Böhlau Verlag, 2003.
4   *Empty Sleeve – der Musiker und Mäzen Paul Wittgenstein.* Hg. von Irene Suchy, Allan Janik und Georg Predota. Innsbruck: Edition Brenner-Forum, Bd. 3, 2006.
5   „LUDWIG SAGT ..." *Die Aufzeichnungen der Hermine Wittgenstein.* Hg. von Mathias Iven. Düsseldorf: Parerga, 2006.
6   *Wittgenstein und die Musik. Briefwechsel Ludwig Wittgenstein – Rudolf Koder.* Hg. von Martin Alber unter Mitarbeit von Brian McGuinness und Monika Seekircher. Innsbruck: Haymon, 2000.
7   *Ludwig Wittgenstein. Familienbriefe.* Hg. von Brian McGuinness, Maria Concetta Ascher und Otto Pfersmann. Wien: Hölder-Pichler-Tempsky, 1996.

Bisher unbekannt sind die im Nachlass von Margaret Stonborough-Wittgenstein[8] aufgetauchten, sich über vier Generationen erstreckenden Briefe sowie Tagebücher der Schwestern Hermine[9] und Margaret, auf die nun zugegriffen werden soll, um den auf verschiedene Art und Weise herausragenden Persönlichkeiten ein Denkmal zu setzen.

Um diese selbst sprechen zu lassen, ist eine Edition ihrer Schriften unerlässlich und somit Basis des angestrebten Projekts, das aus mehreren Teilen – den *Familienerinnerungen* Hermines, einer Auswahl von Briefen und Tagebuch-Aufzeichnungen sowie einer wissenschaftlichen Analyse – bestehen soll.

Das umfangreiche Konvolut an Briefen, Tagebüchern und weiteren Schriften dokumentiert die mannigfachen soziokulturellen Beziehungen der Familie, wobei deren großes Interesse an Kunst und Literatur wie auch deren soziales Engagement besonders hervorzuheben sind. Ebenso deutlich zeigt sich die Familienstruktur – die Entwicklung der verschiedenen Identitäten und ihre Beziehung zueinander, die Gemeinsamkeiten und Unterschiede –, die Rolle der einzelnen Familienmitglieder, wobei frappierende Ähnlichkeiten in Ansichten, Neigungen und Interessen festzustellen sind, so dass der von Ludwig Wittgenstein thematisierte Begriff der „Familienähnlichkeit" im eigentlichen Sinne des Wortes zutage tritt. Ebenso gewinnen weitere, in der bisherigen Literatur angesprochene Vermutungen oder zum Teil behandelte Themen, die soziokulturellen Beziehungen der Familie betreffend, durch das schriftlich belegte Material an aufschlussreichen Details (über Musik, Literatur, bildende Kunst, über Fragen von Ethik und Religion) an Beweiskraft.

---

8   Siehe dazu die editorische Notiz.
9   Wie eingangs erwähnt, sind Hermines Tagebücher von Mathias Iven publiziert.

Abgesehen von der Wiedergabe einer „Lebensform", wie sie in Kreisen des Wien der Jahrhundertwende anzutreffen war, werden auch die in Ludwig Wittgensteins Philosophie als Problemstellungen angesprochenen thematischen Schwerpunkte wie Ethik, Ästhetik und Religion deutlich: anhand der Darstellung der gespannten geistigen und kulturellen Atmosphäre des „fin de siècle", in der sich Dichter, Denker und Künstler wie Karl Kraus, Adolf Loos, Arnold Schönberg, Otto Weininger u. a. befanden und sich auf ihre jeweils spezifische Art „zu Wort meldeten".

Die Frage stellt sich, wie all diese Bereiche vereinbar und mit Wittgensteins Philosophie zu verbinden sind? Wie lässt sich der Satz aus dem *Tractatus* „Ethik und Ästhetik sind Eins" (TLP, 6.421) vor dem Hintergrund dieser Atmosphäre, der kulturgeschichtlichen Zusammenhänge dieser Zeit verstehen? Und wie lässt er sich aus dem kulturellen und sozialen Ethos der Familie erklären?

Neben der Edition der Texte dient das vorhandene Bildmaterial als eine Ergänzung und besondere Art der Rezeption. Darüber hinaus üben die Fotos jener Zeit eine Funktion des „Zeigens" aus, da sie für sich sprechen, eine Aura ausstrahlen, die einmalig und im Zeitalter der technischen Reproduzierbarkeit (Walter Benjamin)[10] nicht mehr anzutreffen ist. Somit stellen die Bilder neben den Texten eine weitere wertvolle Quelle dar, die ähnlich bleibenden Charakter wie die Schrift-Dokumente haben und in diesem Kontext mitberücksichtigt werden sollen, um die geistige Situation

---

10 Walter Benjamin: *Das Kunstwerk im Zeitalter seiner technischen Reproduzierbarkeit*. In: Ders.: *Gesammelte Schriften I, 2* (Werkausgabe Band 2), hg. von Tiedemann, Rolf/Schweppenhäuser, Hermann. Frankfurt a.M.: Suhrkamp, 1980. S. 471–508.

der damaligen Zeit spürbar zu machen. Dieser Aspekt des „Bleibenden" kann als wertvolles Relikt jener Zeit gesehen werden, wie es heute, wo Bild und Wort einen entschieden flüchtigen Charakter tragen, in dieser Form nicht mehr existiert und somit gerade aus kulturgeschichtlicher Sicht bewahrt werden muss.

Die Relevanz des Projekts besteht in mehrfacher Weise – in kulturgeschichtlicher, historischer und philosophischer Hinsicht bzw. in Hinblick auf Wittgensteins Denken.

Der bei Ludwig Wittgenstein bekannt hohe ethische Anspruch lässt sich als Anspruch der ganzen Familie in eindrucksvoller Weise nachweisen. Sowohl in den ihm vorausgegangenen als auch in den nachfolgenden Generationen stößt man wiederholt auf Äußerungen, die denen des Philosophen auf eine Weise ähneln, als wären sie auf gemeinschaftlicher Basis – durch angeborene oder durch Erziehung geprägte Ansichten sowie durch Gespräche der Geschwister über kulturgeschichtliche Themen untereinander – entstanden.

Somit lassen sich Faktoren, für die Wittgenstein in seiner Philosophie Begriffe wie „Familienähnlichkeit", „Lebensform" und „Sprachspiel" prägte, in den Dokumenten eruieren und im Hinblick auf die spezifische Konstellation der Familie lesen.

Die neu zugänglichen Schriftstücke sind weiters ein wichtiger Beitrag, um das aus seiner familiären Herkunft im Wien der Jahrhundertwende gewachsene Kulturverständnis Ludwig Wittgensteins zu belegen, worauf Janik/Toulmin[11] bereits 1973 hingewiesen haben.

---

11 Janik, Allan, Toulmin, Stephen: *Wittgenstein's Vienna*. New York: Simon & Schuster, 1973.

Eines „österreichischen" Kulturverständnisses, das die vor allem in früheren Jahren, aber auch teilweise noch heute anzutreffende Tendenz, Wittgenstein als angelsächsischen Philosophen zu präsentieren, korrigiert.

**

Zu Beginn bzw. als Einstieg der vorgesehenen Ausgabe von Schriften der Familie Wittgenstein liegen die *Familienerinnerungen* von Hermine Wittgenstein vor, die bisher nur als ein Typoskript im Privatdruck erschienen sind und für die weitverzweigten Nachkommen der Familie vervielfältigt wurden.

In diesen *Familienerinnerungen* beschreibt Hermine nicht nur auf ausführliche und subtile Weise die einzelnen Mitglieder der Familie und deren jeweils besonderen Eigenschaften, Neigungen und Interessen, deren Schicksalsschläge sowie vielfältigen soziokulturellen Beziehungen mit bekannten Persönlichkeiten, sondern zeichnet auch ein lebhaftes Bild einer konfliktreichen Zeit – der Zeit der beiden Weltkriege sowie des Nationalsozialismus, wobei die Familie Wittgenstein erstmals mit ihrer jüdischen Herkunft konfrontiert wurde.

Obwohl Hermine aus sehr persönlicher, damit subjektiver und in mancher Hinsicht kritikwürdiger Weise schreibt, geben ihre Aufzeichnungen eine Aura wieder, die fast verklungen scheint, doch von ihrer Faszination nichts verloren hat – wie die Briefe und Bilder, die aus sich, für sich sprechen, als etwas im Wittgenstein'schen Sinne *Zeigendes*.

Nicole Immler, die aus kulturhistorischer Sicht und im Rahmen des in den letzten Jahrzehnten zunehmenden Interesses am Topos „Gedächtnisforschung", insbesondere „Familiengedächtnis", sich mit Hermines *Familienerinnerungen* ausführlich beschäftigt hat[12], schreibt in einem weiteren Artikel über das von Hermine nicht Angesprochene bzw. Ausgelassene innerfamiliärer Spannungen und Konflikte.[13]

Dieses Nicht-Ausgesprochene sehe ich jedoch in anderen Formen und Möglichkeiten der Mitteilung – den uns zugänglichen Quellen an Briefen, Tagebüchern und Fotos – „unausgesprochen enthalten". Diese stellen eine Weise der Erinnerung dar, die berührt, ja ergreift und auffordert, bewahrt zu werden.

---

12 Nicole Immler: *Das Familiengedächtnis der Wittgensteins*. Zu verführerischen Lesarten von (auto-)biographischen Texten. Bielefeld: Transcript, 2011.
13 Vgl. Nicole Immler: „Schweigen im Familiengedächtnis. Zur nichtmotivischen Tradierung familiärer Codes in Hermine Wittgensteins *Familienerinnerungen*". In: *Jenseits des beredten Schweigens. Neue Perspektiven auf den sprachlosen Augenblick*. Hg. von Sandra Markewitz. Bielefeld: Aisthesis Verlag, 2013. S. 73–99.

Hermine Wittgenstein

Familienerinnerungen

Index.[14]

Vorwort	1944 Juni	Seite	1
I	Fanny + Hermann W	Seite	2
II	Die Kinder	Seite	21
III	Carl 1	Seite	36
IV	Vorwort 1944 August	Seite	75
V	Carl 2	Seite	76
VI	Vorwort 1945 Februar	Seite	86
VII	Poldy	Seite	87
VIII	Vorwort 1945 April	Seite	105
IX	Ludwig	Seite	106
X	Vorwort 5 Mai 1945	Seite	121
XI	Gretl + Mining	Seite	122
X	Mischlinge	Seite	154
XI	Vorwort Juli 1947	Seite	181
XII	Die Tanten + Onkeln	Seite	182
XIII	Tante Clara	Seite	219
XIV	Rosalie	Seite	231
XV	Mariechen 1948 Oktober	Seite	242

---

14 Siehe Kommentar zum Index

Wir schreiben das Jahr 1944. In dieser ernsten Zeit, in der Menschen und Dinge gleichermassen vom Untergang bedroht erscheinen, beginne ich noch rasch einige Familienerinnerungen festzuhalten, zum Teil um mich selbst daran zu erfreuen, zum Teil um den jüngeren Mitgliedern der Familie ihre Vorfahren näher zu bringen.

Es kann sich dabei nur um eine anspruchslose Aneinanderreihung von Einzelzügen und Einzeltatsachen handeln, um Strohhalme, die, wie das englische Sprichwort sagt, zeigen von welcher Seite der Wind weht. Im vorliegenden Falle sollen sie zeigen von welcher Charakterseite her der Wind wehte. „Straw shows how the wind blows!"

Ich widme diese Niederschrift meinen lieben Nichten und Neffen und ihren Kindern, meinen lieben Grossnichten und Grossneffen. Möchte sie ihnen Freude bereiten!

Wien, im Juni 1944.

Hermine Wittgenstein

I.

Die ersten der eingangs erwähnten Strohhalme, aus denen ich nun ein Mosaik zusammensetzen will, beziehen sich auf die Vorfahren und die Familie meines Vaters.

Meine Grossmutter väterlicherseits hiess mit ihrem Mädchennamen Fanny Figdor, und die erste Kunde über sie, ihren Vater Wilhelm und ihren Bruder Gustav Figdor finde ich in Grillparzers Tagebuch auf seiner Reise nach England im Jahre 1836. Grillparzer trägt an mehreren Tagen ein, was er mit Figdors, Vater und Sohn, in London unternommen habe und er trägt es erfreulicherweise ohne die kleinen Stacheligkeiten ein, die bei ihm nur sehr selten fehlen. Am zweiten Juni heisst es dann: „... Musste mit den Beiden in ihre Wohnung nach Islington zum Essen. Fängt an zu regnen. Finde die Tochter. Scheinbar höchst liebeswürdiges Frauenzimmer. Mittagmahl nach englischer Weise, zwei Gerichte, aber vortrefflich, guter Portwein, angenehme Unterhaltung, war höchst liebeswürdig."

Die Tochter, der diese freundlichen Worte gelten, war Fanny Figdor, nachmals meine Grossmutter, und die ganze Art der Erwähnung der Figdors freut mich sehr, noch mehr aber die Tatsache, dass es bei diesem guten Eindruck geblieben ist; ein seltener Fall bei Grillparzer!

Fanny Wittgenstein geb. Figdor mit den Kindern Anna, Marie und Paul

In seinen Tagebüchern wiederholt sich oft die Situation, dass er zuerst Gefallen an Menschen findet, sich aber bald von ihnen verletzt oder angewidert fühlt, und so das Ganze mit einem Missklang endet. Wie gut, dass das hier nicht der Fall war; über ein Jahrhundert hinweg so etwas lesen zu müssen, wäre bitter! Ein schönes Zeichen der bleibenden Sympathie ist das Stammbuchblatt, das Fannys Bruder Gustav bei diesem Londoner Aufenthalt von der Hand Grillparzers erhielt. Man findet es unter den Gedichten abgedruckt, es lautet:

> Für einen jungen Kaufmann.
>
> London, am 16. Juni 1836

Ein Kaufmann bin ich auch, ich selbst bin meine Ware;
Doch schenk' ich nicht davon, ich trachte nach Gewinn.
Wer Herz um Herzen tauscht, dem folg' ich bis zur Bahre:
Du hast den Preis bezahlt, so nimm mich hin.

Und es zeugt von einer herzlichen Achtung, mit der Grillparzer wahrlich nicht verschwenderisch war.

Wilhelm Figdor und sein Sohn Gustav, von denen oben die Rede war, lebten in Wien als angesehene, ansässige Grosshändler (ein vom Fürsten Metternich eigenhändig unterzeichnetes Empfehlungsschreiben für Wilhelm F. spricht für dessen Angesehenheit) und sie hatten sowohl in London wie in Paris eine Zweigstelle, die von einem Familienmitglied geführt wurde. Sie waren Juden, fühlten sich aber, wie man das damals konnte, als Österreicher und wurden auch von Anderen als solche betrachtet. Im Jahre 1836 scheint mein Urgrossvater die englische Zweigstelle geleitet zu haben, und sein Sohn Gustav suchte Grillparzer in London auf. Mittelsmann war vermutlich der jetzt längst vergessene Dichter Ludw. Aug. Frankl, Freund und Hofmeister des jungen Gustav Figdor.

Für mich ist dieser Mann keineswegs unwichtig, denn in ein paar harmlosen, aber offenbar ernst gemeinten Versen, die ein glücklicher Zufall mir erhalten hat, gibt er ein Charakterbild der Schwester seines Freundes, der erst sechzehnjährigen Fanny Figdor, und er zeigt durch allerhand Lichter und Schatten, dass sie schon damals eine ausgesprochene, und zwar eine „kantige" Persönlichkeit war. Um dieser interessanten Lichter und Schatten willen, – nicht wegen irgendwelcher dichterischen Vorzüge – sollen die Verse in einem Anhang folgen, in den ich alles einreihen möchte, was mir zwar überlieferungswert erscheint, was sich aber nicht gerade auf den Faden dieser Erinnerungen auffädeln lässt. Bekannter als L.A. Frankl sind übrigens die gleichfalls mit Figdors befreundeten Dichter Bauernfeld und Castelli, die noch jetzt einen Namen haben.

Von den Vorfahren der Familie Figdor, die in Kittsee in Ungarn lebten, weiss ich auch, dass einige von ihnen als Subskribenten für ein geschichtliches Werk in hebräischer Sprache aufscheinen, dass also geistige Interessen überhaupt in der Familie heimisch waren.

Wilhelm Figdor, der das Bürgerrecht der Stadt Wien erhielt, war durch viele Jahre Finanzberater der Gemeinde Wien, und ich möchte eine Stelle aus einem ihm gewidmeten Nachruf zitieren:

„In den Wiener Gemeinderat wurde Wilhelm Figdor 1861 gewählt und er gehörte demselben bis 1876 ununterbrochen an. Die grossen Geschäfte, welche er als Chef seines Hauses durchführte, gaben ihm insbesondere in finanziellen Angelegenheiten eine solche Fülle von grossen Gesichtspunkten, dass er dieselben auch in Beziehung auf die finanziellen Fragen der Kommune durch lange Jahre in trefflicher Weise verwertete. Sein Votum in Finanzfragen war daher in den meisten Fällen von entscheidender Bedeutung und er hat sich in dieser Beziehung sehr grosse Verdienste um die Kommune erworben."

Ein schönes Porträt von Eybl, dem bekannten alt-wiener Maler, zeigt meinen Urgrossvater als einen eleganten Mann mittleren Alters mit sehr ansprechenden, ein wenig pikant-verzwickten Gesichtszügen; sein Sohn Gustav sah ihm körperlich nicht ähnlich, aber sonderbarerweise tauchen die gleichen Gesichtszüge in der dritten Generation bei einem Urgrossneffen, Otto Franz, wieder auf, gepaart mit der gleichen Eleganz, ein Zeichen, dass oft gleichzeitig mit den Gesichtszügen auch andere Eigenschaften von einer Person vererbt werden.

Wilhelm Figdor

Auch Gustav Figdor, der Sohn, war später Gemeinderat und Finanzberater der Gemeinde Wien. Mich interessiert aber hauptsächlich die Tochter Fanny, und das nächste wichtige Schriftstück, das ich besitze und das diese Geschichte in Fluss bringen soll, ist ein – leider undatierter – Brief der damals vierundzwanzigjährigen Fanny Figdor an eine verheiratete Freundin und Verwandte gleichen Namens. Sie gibt darin die Geschichte ihrer Verlobung mit Hermann Wittgenstein, ihrem späteren Gatten, und sie charakterisiert ihn so treffend, dass alles was später von ihm gesagt werden wird, zu diesem Bild passt!

Hermann Wittgenstein in jüngeren Jahren

Hier folgt der Brief:

„Wien/vermutlich 1838/

Theuerste Fanny!
Ich überlaufe Dich mit meinen Briefen wie zudringliche Personen mit ihren Besuchen, allein nicht ich, sondern Du selbst bist an meiner Unbescheidenheit schuld! Denn Deine Güte meinen Brief so schnell beantwortet zu haben und der überaus liebevolle Antheil, den Du an meinen Angelegenheiten nimmst, sind gar zu verführerisch, als dass ich länger hätte

zögern können, Dir für beides herzlich zu danken. Ich kann Dir wahrhaftig nicht sagen welche Freude ich gestern mit Deinem lieben Schreiben hatte; aus jeder Zeile haucht mich die wärmste Freundschaft an! Wär' auch Deine Freude nur auch recht begründet! Allein wir sind noch weit davon und vom gratuli[e]ren ist noch keine Rede. Erst gestern verursachte mir diese Ungewissheit eine schreckliche Stimmung. Kurz zuvor, ehe ich Dein liebes Schreiben erhielt, kam ein Billet von Obermeier an Papa gerichtet. Da ich wusste, dass in Betreff einer gewissen Person nach Augsburg geschrieben wurde, so konnte ich mich nicht enthalten, ein wenig in das Billet zu gucken. Es hiess, der Papa möchte sich zu Obermeier verfügen, um in einer interessanten Angelegenheit manches zu vernehmen. Nun ist aber der Papa und Gustav in Baden auf vierzehn Tage und ich war somit der grössten Ungewissheit, Angst, Zweifeln preisgegeben. Denke Dir wie mir zu Muthe war! Gleich darauf erhielt ich Deine lieben Zeilen, die soviel Hoffnung und Freude enthalten; ich wusste nicht, welchen Gefühlen ich mich hingeben sollte.

Dein lieber Mann war auch diesmal, wie er es schon auf unserer Reise war, mein guter Engel. Er nahm sich der Sache an, ging zu Obermeier und brachte mir nach einigen Stunden die beruhigendsten Nachrichten. Madame Obermeier schrieb nämlich, dass sie an ihre beiden Schwiegersöhne geschrieben habe, um über die pecuniären Verhältnisse Auskunft zu erhalten, einstweilen aber Madame Oppenh., die jetzt in Augsburg ist, befragt habe. Madame O. kennt Wittgenstein genau, da er ein intimer Freund ihres Mannes ist, und sagt daher alles Gute von ihm, was seine Persönlichkeit anbelangt. Du kannst Dir denken, wie sehr mich diese Nachrichten beruhigten.

Liebe Fanny! Ich kann mir Dein Erstaunen denken; ist mir's doch selbst zu Muthe, als spielte ich nur eine Rolle in irgend einem Mährchen, so vom Himmel herabgefallen ist die ganze Sache. Da Dein lieber Mann Dir unsere Schneebergpartie ausführlich erzählt hat, (ich hoffe er wird mir keinen schlechten Ruf gemacht haben) so übergehe ich diese mit Stillschweigen um Dir lieber etwas über den Verlauf der Bekanntschaft und über seine Persönlichkeit zu sagen. Wittgenstein ist ein guter Bekannter von Bernhard und Fritz, da er mit beiden oft in Aachen beisammen war. Gustav, der vor vier Wochen in Pesth war, lernte durch Fritz, Wittgenstein und einen gewissen Herrn Nellison kennen.

Nellison ist einer der ersten Tuchfabrikanten der Niederlande und der ständige Begleiter Wittgensteins, da sie in Geschäftsverbindung stehen. Beide Herren kamen hierher nur auf acht Tage, Gustav, der gerne Fremde sieht, bath den Papa beide einzuladen, was letzterer übrigens ungerne that, da er, wie er sagte, nicht wusste zu was. Sie speisten also beide da. Nellison, der hübsch und sehr lebhaft ist und überhaupt französischen Ton besitzt, überdies neben Nanette bei Tisch sass, näherte sich sehr Nanetten und machte ihr sogar ordentlich die Cour. Wittgenstein war daher auf mich hingewiesen. Sein Äusseres machte auf mich gar keinen angenehmen Eindruck, da er einen strengen, kalten, ja sogar schroffen Ausdruck im Gesicht hat. Das Gespräch über die ernsthaftesten Gegenstände hinzugerechnet und Du kannst Dir denken, wie sonderbar mich diese Erscheinung berühren musste, im Vergleich mit unseren, nur auf der Oberfläche der Dinge schwimmenden Herren.

Als beide das zweitemal kamen, war Wittgenstein viel liebenswürdiger und zuvorkommender und mir zusagender. Sie engagi[e]rten mich und Gustav, Samstag die Partie nach Baden über die Brühl zu machen, was wir beide gerne annahmen. Wir fuhren nachmittag um halb drei Uhr fort und kamen um halb zwölf Uhr nachts in Baden an. Eine lange Zeit zur Unterhaltung, jedoch uns erschien sie nicht zu lange. Den folgenden Tag und Montag den halben Tag brachten wir zusammen zu, obgleich in grosser Gesellschaft, da Nanette, Papa, Ferdinand und Paul uns in Baden erwartet hatten. Wittgenstein besuchte uns nach dieser Partie einmal nachmittags, näherte sich mir immer mehr und thaute auf im buchstäblichsten Sinn des Wortes. Ein paar Tage nachher kommt Wittgenstein zum ersten Male ohne seinen Begleiter und zwar zum Speisen. Das war mir rein unbegreiflich; denke Dir meine Überraschung als mir Nanette, als er fort war anvertraute, er habe an demselben Vormittag mit dem Papa gesprochen und förmlich um mich angehalten. Nun kam es denn auf meine Stimme an, – und ich fühlte zum ersten Mal kein positives Widerstreben. Dies war schon viel, ich liess also der Sache ihren Lauf; nach ein paar Tagen machten wir die grosse Partie, wo Dein lieber Mann die schöne Rolle eines Beschützers der Liebenden übernahm; und war es die herrliche Natur, oder die Beweise und Versicherungen der aufrichtigsten Liebe, genug, ich fühlte mich in der Stimmung nicht Nein zu sagen, wenn auch nicht geradezu Ja, da der Papa keine Silbe noch mit mir gesprochen hat, was übrigens, Du wirst es kaum glauben, bis jetzt noch nicht geschehen ist.

Wittgenstein, der schon seine Frist um zehn Tage verlängert hatte, konnte sich hier nicht länger aufhalten, indem seine Geschäfte ihn dringend riefen. Er begnügte sich daher mit den Hoffnungen, die ich ihm gegeben habe und bath um die Erlaubnis schreiben zu dürfen, was der Papa ihm auch gestattete. Von Frankfurt erwarten wir seinen ersten Brief, wenn er in seinen Gefühlen und Ansichten übrigens noch derselbe ist ...

Nun bist Du so au fait aller bisherigen Ereignisse wie ich selbst. Ich wollte nur schon wissen, wie Wittgenstein Dir gefallen würde. Dein Urtheil ist ein kompetentes. Die übrigen Mitglieder der Familie spricht er an, denn er hat viel savoir vivre und er hat, (nicht nur nach meinem Urtheil) viel Verstand. Er ist ein Mann von fünf bis sechsunddreissig Jahren und durchaus nicht hübsch. So stehen die Sachen, denke daher in welch gespannter Stimmung ich mich befinde! Auch die kurze Bekanntschaft macht mir sehr bange. Welch weite Kluft liegt zwischen dem gesellschaftlichen Leben und dem ehelichen! Ich wollte ich wäre um zehn Jahre jünger, um einer Menge banger Besorgnisse zu entgehen! Du fragst, ob mich dieser Stein nach England ziehen wird? Nach England wohl nicht aber nach Deutschland …"

Hermann W. war nicht der Mann, sich in seinen Gefühlen und Ansichten zu ändern. Die Ehe wurde im Jahre 1839 geschlossen und Fanny zog mit ihrem Gatten nach Deutschland.

(Zu Fannys Brief sind ein paar Kleinigkeiten zu bemerken: Ich weiss nicht wen die vielen erwähnten Vornamen bezeichnen, unter Nanette aber stelle ich mir, ob mit Recht oder Unrecht, eine eher junge Verwandte vor, die im Haus des früh verwitweten Vaters als Gardedame Fannys lebte. Die Worte „Papa ist in Baden für vierzehn Tage" spielen auf einen schönen Sommersitz an, den der Vater in Baden besass, auf dem er sich gerne aufhielt und der auch jetzt noch der Familie Figdor gehört. Im Geschmack seiner Zeit, des frühen Biedermeier erbaut und eingerichtet, standen zwei reizende kleine Häuser in einem grossen Garten. Die Möbel waren besonders schön und entgegen dem landläufigen Biedermeier-Stil von fast monumentaler Grösse. Auch die Möbel, die Fanny zu ihrer Ausstattung erhielt, waren sehr geschmackvoll und gediegen; davon zeugen noch ein Sofa, Fauteuils und Sessel, die jetzt meinem Bruder Paul gehören. Ich will sie beschreiben, damit sie, was immer geschehe, als Andenken in der Familie gehütet werden: sie sind im Geschmack des späten Biedermeier gehalten, die Holzteile aus hellem Mahagonyholz, der Überzug grauer Chintz mit breiten Rosenstreifen. Nicht uninteressant finde ich übrigens den Umstand, dass die sehr bedeutende Mitgift Fannys laut Ehevertrag in k.k. Silberzwanzigern vereinbart wurde und wohl auch so ausgezahlt worden ist.)

Hermann Wittgenstein und seine Familie waren Wollgrosshändler und standen hauptsächlich mit England in Geschäftsverbindung. Der Name Wittgenstein ist ein angenommener, die Familie hiess ursprünglich Mayer und war in ihrem Wohnort Korbach im Fürstentum Waldeck sehr angesehen wegen ihrer Wohltätigkeit; ein Altersheim z.B., das ein Mitglied der Familie gegründet hatte, trug den Namen „Mayer'sches Altersheim". Wann und von welchem Vorfahren der Name geändert wurde, weiss ich nicht. Hermann Wittgenstein hatte als Mitglied seiner Firma oft zu reisen, Güter aufzusuchen wo Schafzucht betrieben wurde, sei es in Ungarn oder Polen, Wollmärkte zu besuchen etc. Das gab ihm Gelegenheit, manches von der Welt zu sehen. Durch seinen Fleiss war es ihm möglich geworden, seiner Frau ein behagliches Dasein zu bieten, und die Ehe wurde eine sehr glückliche.

In Gohlis bei Leipzig, wo das Ehepaar Wittgenstein bis zum Jahre 1851 wohnte, wurden den Beiden zehn Kinder geboren, eine grosse Aufgabe für meine Grossmutter, die ihre Pflichten sehr ernst nahm. – Ich besitze zwei Ölbilder, die meine Grosseltern in den ersten Jahren ihrer Ehe zeigen. Ernst und Energie sind deutlich auf dem Gesicht des Mannes zu lesen, die Frau sieht sanft aus, aber sanft war meine Grossmutter nicht; sie war energisch und eher scharf, auch scharfblickend, denn von ihr stammt das Wort: „Das Zimmer der Hausfrau muss ein strategischer Punkt sein." Wenn ich oben ihre Persönlichkeit „kantig" nannte, so fällt mir jetzt das gut österreichische Wort „hantig" dazu ein, das Tüchtigkeit mit Schärfe gepaart ausdrückt und das bestimmt zu meiner Grossmutter passt. Sie brauchte auch jedenfalls Energie und Scharfblick in genügendem Mass zur Führung ihres grossen Haushalts.

Joseph Joachim

Im Jahre 1843 nahm das Ehepaar Wittgenstein den zwölfjährigen Joseph Joachim, einen Vetter Fannys, nach Leipzig und in ihr Haus, um dem hochbegabten Knaben die letzte geigerische Ausbildung an dem von Felix Mendelssohn gegründeten Konservatorium angedeihen zu lassen.

Der weitblickende Hermann Wittgenstein brachte den Knaben direkt zu Felix Mendelssohn, der damals auf der Höhe seines kurzen, strahlenden Ruhmes stand und dessen Kreis fast alle grossen Musiker seiner Zeit umfasste.

Auf die erstaunte Frage Mendelssohns, was er den kleinen Geiger denn lehren soll? antwortete Hermann W. einfach: „Er soll Ihre Luft atmen!" Und gewiss ist kaum mit Worten zu erschöpfen, was es für den Menschen und Künstler Joachim bedeutet hat, schon in den Entwicklungsjahren mit einem so erlesenen Kreis in Berührung gekommen zu sein. Felix Mendelssohn fand den Knaben bei genauer Prüfung als Geiger vollendet, verlangte aber, dass er sich nun auch eine absolut harmonische Gesamtbildung aneigne. Er suchte selbst die geeigneten Lehrer für ihn aus und nahm ihn ganz unter seine Fittiche.

Ein Brief von Mendelssohn an Hermann Wittgenstein gerichtet und den dreizehnjährigen Knaben Joachim betreffend, war zuletzt im Besitz meines Onkels Louis Wittgenstein, fand sich aber leider nach seinem Tod nicht vor. Ich schreibe ihn aus der Joachim-Biographie von Moser ab. Er lautet:

London, den 27. V. 1844

Verehrter Herr Wittgenstein!
Ich kann's nicht unterlassen wenigstens mit einigen Worten Ihnen zu sagen, welch einen unerhörten, beispiellosen Erfolg unser lieber Joseph gestern Abend im philharmonischen Konzert durch seinen Vortrag des Beethovenschen Violinkonzertes gehabt hat. Ein Jubel des ganzen Publikums, eine einstimmige Liebe und Hochachtung aller Musiker, eine herzliche Zuneigung von allen, die an der Musik teilnehmen und die schönsten Hoffnungen auf solch ein Talent bauen, – das alles sprach sich am gestrigen Abend aus. Haben Sie Dank, dass Sie und Ihre Gemahlin die Ursache waren, diesen vortrefflichen Knaben in unsere Gegend zu bringen; haben Sie Dank für alle Freude, die er _mir_ namentlich gemacht hat, und erhalte ihn der Himmel nur in guter fester Gesundheit,

alles andere, was wir für ihn wünschen, wird dann nicht ausbleiben – oder vielmehr es kann nicht ausbleiben, denn er braucht nicht mehr ein trefflicher Künstler und ein braver Mensch zu <u>werden</u>, er ist es schon so sicher wie es je ein Knabe seines Alters sein kann oder gewesen ist.

Die Aufregung, in die er schon in der Probe alle Leute versetzt hatte, war so gross, dass ein rasender Applaus anfing, sobald er gestern ins Orchester trat und es dauerte sehr lange, bis das Stück begonnen werden konnte. Dann spielte er aber den Anfang so herrlich, so sicher und rein und trotzdem dass er ohne Noten spielte mit solcher untadeligen Festigkeit, dass das Publikum ihn noch vor dem grossen Tutti dreimal durch Applaudieren unterbrach und dann das halbe Tutti durchapplaudierte; ebenso unterbrachen sie ihn einmal mitten in seiner Kadenz, und nach dem ersten Stück (Satz) hörte der Lärm eben nur auf, weil er einmal aufhören musste und weil den Leuten die Hände vom Klatschen und die Kehlen vom Schreien weh tun mussten. Es war eine grosse Freude das mitanzusehen, und dabei des Knaben ruhige und feste, durch nichts angefochtene Bescheidenheit. Er sagte mir nach dem ersten Stück (Satz) leise: „Ich habe doch eigentlich sehr grosse Angst." Der Jubel des Publikums begleitete jede einzelne Stelle das ganze Konzert hindurch; als es aus war und ich ihn die Treppe heruntergebracht hatte, musste ich ihn noch einmal wieder holen, dass er noch einmal sich bedanke, und auch dann dauerte der donnernde Lärm noch bis er lange wieder die Treppe herunter und aus dem Saal war. Ein Erfolg, wie der anerkannteste und berühmteste Künstler nie besser wünschen und besser haben kann.

Der Hauptzweck, der bei seinem ersten Aufenthalt in England nach meiner Meinung zu erreichen war, ist hierdurch auf's vollständigste erreicht. Alles was sich hier für Musik interessiert ist ihm Freund und wird seiner eingedenk bleiben. Nun wünsche ich was Sie wissen: dass er bald zu vollkommener Ruhe und gänzlicher Abgeschiedenheit vom äusserlichen Treiben zurückkehre, dass er die nächsten zwei bis drei Jahre nur dazu anwende, sein Inneres in jeder Beziehung zu bilden, sich dabei in allen Fächern seiner Kunst zu üben, in denen es ihm noch fehlt, ohne das zu vernachlässigen, was er schon erreicht hat. Fleissig zu componieren, noch fleissiger spazieren zu gehen und für seine körperliche Entwicklung zu sorgen, um dann in drei Jahren ein so gesunder Jüngling an Körper und Geist zu sein, wie er jetzt ein Knabe ist. Ohne vollkommene Ruhe halte ich das für unmöglich; möge sie ihm vergönnt sein zu allem Guten, was der Himmel ihm schon gab.

An Ihre Frau ist der Brief mitgerichtet, also nur noch ein kurzes Lebewohl von Ihrem ergebensten

Felix Mendelssohn-Bartholdy

Ein Brief Hermann W.'s aus etwas späterer Zeit, an seine Frau gerichtet und ebenfalls Joachim betreffend, ist von Wichtigkeit, weil er die Charaktere des Ehepaares sehr gut beleuchtet. Es hatten sich offenbar Schwierigkeiten dadurch ergeben, dass Joachim, der trotz seiner vierzehn Jahre ein reifer Künstler war, sich wie ein Kind der Hausordnung fügen sollte, und ein Zustand von fortgesetzten Reibungen zwischen Fanny W. und ihrem jungen Vetter scheint während der Abwesenheit ihres Gatten zu einem plötzlichen Ausbruch geführt zu haben. Aus der ruhigen, ernsten Antwort des Gatten kann man sich nicht nur den aufgeregten Brief seiner Frau rekonstruieren, sondern überhaupt die ganze Situation, unter der der Mann offenbar schon lange gelitten hatte. Hermann W. versichert in diesem Antwortbrief seiner Frau zuerst, dass er körperlich vollkommen wohl sei, fährt dann aber fort:

„... einen der wunden Flecke meines Herzens aber, berührst Du so fest, dass ich Dir darauf antworten muss: ich lasse in Bezug auf Joseph Deinen Gründen, soweit sie Dich betreffen, volle Gerechtigkeit widerfahren. Du bist nicht zu anhaltenden Opfern für ihn berufen. Du hast soviel gethan wie keiner seiner Verwandten und es ist in Deiner innersten Beschaffenheit begründet, dass eine Trennung unwiderruflich Statt haben muss. Also dagegen ist nichts zu thun, noch weniger zu sagen; aber in Allem andern irrst Du und solltest auf Gegengründe hören.

Weil Joseph's Wohnen bei uns nicht mehr thunlich ist, muss man ihn nicht eine Reise wider Willen machen lassen, einen Unterricht, den er oder wir für ihn gesucht haben, unterbrechen und Zeit und Geld und Alles in die Schanze schiessen. Das können wir nicht vor uns verantworten, vor den Leuten vielleicht, weil sie nicht erfahren, von wo der Schlag geführt wird. Dagegen glaubst Du, wir könnten es nicht vor den Leuten verantworten, wenn er ein Zimmer für sich in einem Hause erhalte, wo er sein eigenes Clavier, völlige Freiheit und Ruhe habe, wenn er das erhält was ihm Noth thut und was wir ihm nicht geben können. Nun ich gebe nichts auf das, was die Leute sagen; aber in diesem Falle darfst auch Du ruhig sein, denn die lieben Leute werden erfahren, dass wir damit einen Wunsch Joseph's erfüllen und ein Bedürfnis zugleich.

Liebe Fanny, warte bis ich zurückkomme, dann nehmen wir für Joseph ein Zimmer, wo immer; lasse ihn bis dahin nicht zu schwer seine Abhängigkeit fühlen und später wird er Dir wie mir ein willkommener Gast an unserem Tisch sein. Wir werden ihn gemeinschaftlich erziehen ohne grosse Mühe. Ich bin so wahrhaftig überzeugt von dem was ich schreibe, dass ich mit Beruhigung Deiner Zustimmung entgegenharre und diesen Gegenstand verlasse ..."

Auch eine andere schöne, charakteristische Briefstelle bezieht sich auf Joachim. Hermann W. schreibt seiner Frau, wie sehr ihn nach einer langen Reise, auf der er öde Wollmärkte zu besuchen hatte, die Sehnsucht nach Hause ziehe; dann heisst es:

„Ich verfolge dennoch den Markt bis zu Ende und klage weder darüber noch über die Hitze, die mich sehr in Ruhe gelassen, weil ich gar nicht an sie gedacht habe. – Joseph thut sehr unrecht, so ängstlich für seinen Leichnam besorgt zu sein; ich wünsche ihm gewiss alles Gute, allein er sollte doch Rücksicht darauf nehmen, dass der Mensch oft vom Schicksal wie aus Laune von den Armen des Wohllebens auf das Pflaster der härtesten Entbehrungen geworfen wird, wogegen nichts schützt als der Stoicismus, nämlich Abhärtung. Nächst diesem, wenn nicht vor kömmt das Beschäftigtsein: würde ihn irgend ein Gedanke, sei es ein musikalischer, oder jeder andere Gedanke ganz fassen beim Austritt aus seiner Stube, so käme er nach Gohlis und erführe erst von ‚mir schwitzt' dass es heiss sei wie ich es eigentlich erst von Dir erfahre.

Jetzt steht es ihm frei, sich zu denen zu stellen, die Untertanen sind von jeder Widerwärtigkeit und deshalb an Leib und Seele gebrochen worden, oder ob er sich denen zugesellen wird, die als Freie aufrecht einhergehen, unbekümmert um Wind und Wetter, an das Ziel denkend, nicht an den Weg. Bald wäre es zuviel davon, besonders weil es nicht hilft; aber fahren wir fort, auf unsere Kinder durch Beispiel und Lehre zu ihrem Glück daraufhin zu wirken."

(Ganz wenige Briefe von Hermann W. an seine Frau sind uns erhalten geblieben, und ich möchte die übrigen nicht zerpflücken, sondern sie so wie sie sind im Anhang bringen. Der Ausdruck „mir schwitzt" im obigen Brief unter Anführungszeichen gebracht, dürfte wohl von einem der Kinder herrühren.)

Leider habe ich meinen Grossvater nicht gekannt, ja nicht einmal gesehen, – er starb als ich vier Jahre alt war – und die spärlichen Überlieferungen geben mir keine deutliche Vorstellung von seinem Wesen. Aus seinen Briefen spricht neben der Ehrenhaftigkeit und dem Verstand viel Herzensgüte. Es wurde mir auch oft erzählt, wie zärtlich er seine Töchter liebte und wie schmerzlich es ihm war, wenn eine nach der anderen das Elternhaus verliess, um zu heiraten. Ja, als Anna, die älteste, den Anfang machen sollte, übermannte ihn beim letzten Mittagessen der Schmerz so stark, dass ihm plötzlich die Tränen in die Suppe rollten. Gegen seine Enkel war er gütig und nachsichtig, und es war ihnen – nicht nur wegen der Süssigkeiten, die er für sie in der Tasche trug – wohler in seiner Nähe, als in der Nähe der alles sehenden und vieles tadelnden Grossmutter. Dagegen kann ich ihn mir nicht eigentlich behaglich im Umgang vorstellen, ich spüre immer die etwas steife, würdevolle Art, die meine Mutter später so fremdartig berührte und die meinen Vater, der nichts weniger als steif war, die häuslichen Mittagessen „das Hochamt" nennen liess.

Seltsamerweise hat mein Grossvater für sich selbst eine Anthologie der ihm liebsten Gedichte angelegt, das heisst er hat sie eigenhändig geschrieben; ich habe aber leider dieses Bändchen, von dem ich mir einen Aufschluss über den Auswählenden verspräche und das mich deshalb lebhaft interessieren würde, noch nicht auffinden können. Ich würde ja alles begrüssen, was mir die einzelnen Wesenszüge meines Grossvaters zu einem Ganzen verschmelzen könnte, und da scheinen mir eigentlich die <u>körperlichen</u> Züge des alternden Mannes, wie sie uns die Photographie zeigt, aufschlussreicher als alles andere: der grosse Ernst, der meiner Grossmutter gleich in der ersten Stunde der gegenseitigen Bekanntschaft einen so starken Eindruck gemacht hat, springt als erstes in die Augen!

Hermann Wittgenstein im Alter

Von diesem Ernst aus betrachtet, erscheint es mir dann nicht mehr so seltsam, dass mein Grossvater vom Augsburger Bekenntnis zum helvetischen übertrat, – überzeugt durch den Superintendenten Gottfried Franz, den Schwiegervater seiner beiden Kinder Anna und Louis, – es zeigt eben, dass er, wie alles andere, auch Religionsfragen sehr ernst nahm. Zum Schluss setze ich die schönen Worte her, mit denen mein Grossvater sein Testament einleitet.

„Nach zurückgelegtem siebenzigsten Lebensjahr ist es nicht sowohl die Unsicherheit der Lebensdauer im Allgemeinen, als die Sicherheit eines verhältnismässig nahen Todes, welche mich die nachstehenden Bestimmungen als meinen letzten Willen treffen lässt. Vorher danke ich meinem Schöpfer, dass dies unter Verhältnissen geschieht, die mir die Sorge um meine Familie, insoweit es sich um eine bescheidene Existenz handelt, abnehmen und so meinen Heimgang wesentlich erleichtern werden.

Ich habe unter andern sorgenvollen Umständen meine Carrière begonnen; auf eigene Kraft angewiesen, war ich nie kleinmütig, habe nie um die Gunst eines Menschen geworben, oder sie empfangen und bestrebt es den Bessern gleich zu thun, war ich niemals von ihnen verachtet.

Ich danke meiner lieben Frau und meinen lieben Kindern für das, was sie zur Verschönerung meines Lebens beigetragen haben, bitte sie die gewohnte Eintracht und Liebe als ein ehrenvolles Denkmal für mich zu bewahren und testiere wie folgt: ..."

***

Man sollte nun denken, dass ich über meine Grossmutter Fanny Wittgenstein mehr zu erzählen wüsste, als über den Grossvater, den ich nie gesehen habe, denn als sie starb, war ich doch schon sechzehn Jahre alt. Ja, gesehen habe ich sie wohl, aber gekannt habe ich sie nicht; jemand kennen heisst über ihn nachdenken, und das war mir nicht gegeben. Überdies entrückte das stark betonte Respektsverhältnis, in dem wir Enkel alle zu dieser Grossmutter standen, sie für mich in eine besonders unnahbare Sphäre!

Wenn ich mich jetzt in alte Zeiten zurückversetze und mir meine Grossmutter vorzustellen versuche, so sehe ich sie als eine ziemlich kleine, sehr bewegliche alte Dame mit scharfen Zügen, scharfer hoher Stimme und lebhaften grauen Augen vor mir. Mich selbst sehe ich als etwa zwölfjähriges Mädchen ihr gegenüber im Fiaker sitzend; sie nimmt mich zum Zuckerbäcker mit, bei dem sie Einkäufe machen will, und das ist lieb gemeint. Ich bin aber in steter Angst, sie könnte mich etwas fragen, was ich gelernt haben müsste, und da ich doch genau weiss, dass ich nicht das geringste gelernt habe, so wird mir nicht wohl in meiner Haut. Mir schmeckt nicht einmal das Gefrorene so recht, das überdies sehr rasch gegessen werden muss, denn meine Grossmutter ist immer in Eile.

Auch aus späterer Zeit habe ich kaum vernünftigere Erinnerungen an sie, aber glücklicherweise sind so viele ihrer Äusserungen, Briefe usw. überliefert, dass es auf mich gar nicht ankommt, um ihr Bild deutlich zu machen. Ihre Menschenkenntnis, ihr klarer Verstand, ihre Freude an Reisen werden in dem Folgenden sichtbar werden, ich will nur noch hinzusetzen, dass sie bis in ihr hohes Alter für ihre vielen musikalischen Schützlinge sorgte, die sie sehr verehrten.

Interessant in zweifacher Hinsicht ist das Testament meiner Grossmutter. Erstens wegen einer Stiftung von dreizehntausend Gulden, die sie aussetzte. Zweck der Stiftung war, wie der Stiftsbrief sagt: „österreichischen jungen Männern, die bereits sechs Universitätssemester studiert haben und Lehrer werden sollen, vor ihrer Anstellung Stipendien zu gewähren." Der Stiftsbrief trägt folgendes schöne Motto, das einem Brief von Bismarck, der anscheinend eine ähnliche Stiftung gemacht hat, entnommen ist:

„Dagegen bedarf das höhere Lehrfach auch noch deshalb einer besonderen Unterstützung, weil es in seiner idealen Gesinnung, – ohne welche der Lehrstand seinem mühevollen und selten einträglichen Beruf nicht würde treu bleiben können, – ein sittliches Gegengewicht zu dem Materialismus der Zeit darstellt. Die Erhaltung und Pflege dieser Gesinnung bei der Jugend liegt in den Händen der Lehrer."

Der zweite interessante Punkt in dem Testament ist folgender: meine Grossmutter, die ihrer unverheirateten Tochter Clara verhältnismässig wenig, ihrer wegen Krankheit entmündigten Tochter Klothilde gar nur den Pflichtteil hinterliess, vermachte den restlichen Teil ihres Vermögens ihren zum Grossteil minderjährigen Enkeln, den Kindern ihrer Töchter, mit Übergehung dieser Töchter, denen sie nur den Fruchtgenuss einräumte. (Die Töchter, um die es sich hier handelte, waren Anna Franz, Marie Pott, Fine Oser, Bertha Kupelwieser, Milly von Brücke und Lydia von Siebert.) Das Vermögen sollte unangetastet bleiben und den Enkeln erst nach dreissig Jahren ausgezahlt werden, ungeschädigt durch eventuelle Unvorsichtigkeiten, die die Mütter inzwischen mit ihrem eigenen Vermögen begangen haben konnten; das war der Sinn dieser Verfügung. In so einem Fall der Übergehung der Eltern zugunsten der minderjährigen Kinder wird das Vermögen bei Gericht deponiert und mündelsicher angelegt, das heisst es kommen für die Anlage nur Staatspapiere, keine Industriepapiere in Betracht und die Anlage darf unter keinen Umständen geändert werden (übrigens gelten auch Grund und Boden als mündelsicher, da aber ihre Verzinsung meist eine äusserst geringe ist, kommt diese Anlageart selten in Frage).

Zur Zeit des Todes meiner Grossmutter, im Jahre 1890, schien der österreichische Staat so unzweifelhaft stabil, dass alle Töchter, – mit Ausnahme von Bertha Kupelwieser, die das Gut Kyrnberg für ihre Kinder kaufte, – die Staatspapiere wählten, und es war auch nur der Wunsch nach einer besseren Verzinsung, der den Vormund der Pott'schen Söhne, meinen Onkel Louis Wittgenstein, zu einer Umgehung der Vorschriften bewog: die Staatspapiere wurden wohl gekauft und bei Gericht deponiert, aber mein Onkel lieh von der Bank Geld auf diese Papiere aus und kaufte dafür gute Industriepapiere, aus deren Erträgnissen er leicht die Zinsen an die Bank zahlen konnte.

Diese beiden Erbteile, das Kupelwieser'sche und das Pott'sche, waren nun die einzigen, die ihren Wert behielten und die Idee der Grossmutter verwirklichen konnten. Die kluge, Vorsehung spielende Frau hatte sich ja verrechnet! In die dreissig Jahre nach ihrem Tod fiel der erste Weltkrieg und zerstörte den Staat, der den schönen mündelsicheren Papieren ihren Wert verleihen sollte. Es kam die Inflation, in der jeder nicht reale Wert dahinschmolz. Auch das Vermögen meiner Grossmutter schmolz wie Butter an der Sonne, und die Zinsen wurden so geringfügig, dass es sich kaum lohnte sie abzuholen. Ich weiss, wie sehr meine Tante Fine Oser (die Schwester meines Vaters) sich jedesmal ärgerte, wenn sie, die inzwischen alt und gebrechlich geworden war, sich gezwungen sah ein Taxi zu nehmen und bei Gericht mehrere Stockwerke hoch zu steigen, um den lächerlich kleinen Betrag persönlich entgegen zu nehmen. Aber man musste dem Zerfallsprozess untätig zusehen, denn die Anlage durfte ja nach dem Gesetz nicht geändert werden, und im Jahre 1920 konnten die Erben endlich die fast wertlos gewordenen Papiere beheben.

Zu erwähnen ist schliesslich noch als schönes Zeichen der Einigkeit unter den Geschwistern, dass die verheirateten Schwestern sich bei der Durchführung des letzten Willens der Mutter nicht an den Buchstaben hielten, sondern gleiche Teile schufen und bloss verfügten, dass das vergrösserte

Erbteil Klothildens nicht zu ihren Handen, sondern ihrem Kurator Dr. Albert Figdor, einem Vetter, ausgezahlt wurde.

II.

Die Erwähnung des Testaments der Grossmutter hat mich am Ende des vergangenen Abschnittes in eine spätere Zeit geführt, in der ich noch nicht weitergehen möchte; ich kehre daher zurück bis zu dem Jahr 1854, in dem die Übersiedlung der Familie von Deutschland nach Österreich erfolgt. Hier wurde dauernder Wohnsitz genommen und hier begann mein Grossvater neben dem Kaufmannsberuf sich mit Landwirtschaft zu beschäftigen, Güter zu pachten und zu meliorieren; später wurde das sein Hauptberuf.

In Österreich wurde das elfte Kind geboren und diese elf Kinder sind: mein Vater Carl, geb. 1847, seine Schwestern Anna, geb. 1840, Marie, geb. 1841, Bertha, geb. 1844, Fine, geb. 1848, Clara, geb. 1850, Lydia, geb. 1851, Milly, geb. 1854, und Clothilde, geb. 1855, und seine Brüder Paul, geb. 1842, und Louis, geb. 1845. Das gab eine Reihe der verschiedenartigsten Individualitäten, die sich schon frühzeitig zeigten und die zu charakterisieren später meine Aufgabe sein wird. Keine leichte Aufgabe, aber eine schöne, an die ich mit grosser Liebe gehen werde.

Da ich schon erwähnte, dass Carl mein Vater ist, kann ich ebensogut auch bei den anderen Geschwistern vorgreifend erzählen, welche von ihnen sich vermählten und mit wem, und welche unverheiratet blieben.

Anna, die Älteste, heiratete den Landesgerichtsrat Emil Franz, Marie einen Herrn Pott, dessen Vornamen und Beruf ich nicht kenne, da die Ehe sehr früh geschieden wurde, Bertha den Advokaten Karl Kupelwieser, Sohn des Malers Kupelwieser, Fine den Professor an der Technischen Hochschule Johann Oser (Muck genannt), Milly den Richter Theodor Brücke, Lydia den Offizier Josef Siebert. Paul vermählte sich mit Justine Hochstetter, und Louis mit Marie Franz, der Schwester seines Schwagers Emil Franz. Clara und Clothilde blieben unvermählt.

Das liegt natürlich alles noch in weiter Ferne. Vorläufig sind wir noch in der Kinder- und Jugendzeit der Geschwister Wittgenstein, und aus dieser Zeit habe ich mir von meinen Tanten eine Menge kleiner Episoden erzählen lassen, die viel Raum in diesen Familienerinnerungen einnehmen werden. Am meisten interessierten mich natürlich die auf Carl, meinen Vater, bezüglichen; er und Fine waren die Lustigsten und Temperamentvollsten der ganzen Schar.

Die elf Geschwister Wittgenstein (v.l.n.r.): Bertha, Karl, Josefine, Anna, Marie, Clothilde, Clara, Ludwig, Lydia, Milly, Paul

Die Familie wohnte zuerst Winter und Sommer unweit Wiens in dem turmgekrönten alten Schloss Vösendorf, das zu einem vom Vater gepachteten Gut gehörte.

Schloss Vösendorf

Das Schloss war von einem Wassergraben umgeben, auf dem der stets unternehmungslustige Knabe Carl im Waschtrog herumruderte und gelegentlich umkippte. Eine Turmuhr besass das Schloss auch, mit der befasste sich Carl irgendwie in bester Absicht, worauf sie mitten in der Nacht anfing zu schlagen und zum Ärger des Vaters nicht damit aufhören wollte. Eine alte Kalesche stand in einer Remise, die zog Carl heraus, um seine jüngere Schwester Clara und eine zu Besuch gekommene kleine Freundin spazieren zu führen. Aber schon auf der etwas steilen Schlossbrücke warf der Wagen um und die arme Freundin brach sich das Nasenbein. Dieser Umstand sollte unbedingt vor den Eltern verheimlicht werden, und so mussten bis zur glücklicherweise baldigen Abfahrt die Stellung und Beleuchtung, in der die Freundin sich präsentierte, so gewählt werden, dass die geschwollene Nase nicht sichtbar wurde. Tante Clara, die mir das einmal lachend erzählte, glaubte sich zu erinnern, dass die „Tarnung" gelang.

Dass Carl der Spassmacher war, der alle zum Lachen brachte und der immerfort gebeten wurde: „Carl mach' uns den und den nach!", „Carl erzähl' uns das noch einmal!", das erfuhr ich von einer alten Hausnäherin und ebenso, dass er bei allen Untergebenen ausserordentlich beliebt war wegen seiner Güte und Herzlichkeit. Er war aber auch unberechenbar in seiner Unternehmungslust, lief z.B. mit elf Jahren eines Nachmittags mit Hinterlassung seiner Bücher aus dem Gymnasium und durch das Neutor davon. Freilich kam er nicht weiter als bis Klosterneuburg, dort war er schon sehr müde und hungrig. Er zog seinen Mantel aus, um recht arm zu erscheinen, stellte sich in die Tür eines Kaffeehauses und erzählte einem Herrn, er sei ein armer Waisenknabe aus Leipzig etc. etc. Der Herr – zufälligerweise der Bürgermeister von Klosterneuburg – durchschaute die Sache sofort, liess dem Knaben Kaffee und Gebäck geben und übergab ihn der Familie des Gemeindedieners, bei der er übernachtete. Mittlerweile war die Polizei schon verständigt, Carl wurde nach Wien gebracht und dem Vater übergeben, nachdem der Polizeikommissär eine sehr eindringliche, aber wenig Eindruck machende Rede gehalten hatte. Carls Brüder besprachen natürlich sehr interessiert den Vorfall und er hörte sie im Nebenzimmer sagen: „Ja, im Zeitalter des Telegraphen ist es nicht so leicht durchzubrennen!"

Interessant wäre es jetzt für mich zu wissen, was in Carl selbst vorgegangen war, was er sich von dem Durchbrennen erwartete und was noch weiter als Vorsatz in ihm schlummerte. Heutzutage würde man bei so einem Vorkommnis vermutlich von Wandertrieb sprechen, damals nannte man es wohl nur eine der vielen Ungezogenheiten, deren der eigenwillige Knabe sich immer wieder schuldig machte. Wenn z.B. Carl als Bub etwas Geld brauchte – einmal um sich einen Glaserdiamanten zu kaufen, dessen Fähigkeit Glas zu schneiden er ergründen wollte – so verpfändete er einfach seine Geige bei einem Geigenmacher, und seine Mutter musste sie dann wieder auslösen. Bei solchen Gelegenheiten hatte sie mit dem Geigenmacher manche böse Auseinandersetzung, und dieser nannte sie dann einmal Fine gegenüber in Zorn „einen ganzen Teufel". Wahrscheinlich hatte der Mann aber gar nicht das Recht, ein Pfand von einem Knaben zu nehmen!

Meine Tante Fine erzählte mir gerne von der Vösendorfer Zeit, die in der Erinnerung vergoldet erschien. Es gab wohl auch manches Unangenehme, denn die Eltern waren äusserst streng und sparsam, aber die Geschwister liebten einander sehr und hielten einmütig gegen die Eltern zusammen. Carl und Fine, die immer Lustigen, nahmen die Sachen überhaupt nicht tragisch. Clara dagegen war nicht so glücklich veranlagt; sie konnte oft lange weinen, z.B. wenn sie, wie es oft vorkam, ein Kleid anziehen musste, das nicht für sie, sondern für eine der älteren Schwestern gemacht war und das ihr natürlich nicht passte. Die jüngeren Töchter bekamen nämlich erst als sie erwachsen waren eigens für sie angefertigte Kleider, wobei sie auch fleissig mitschneidern mussten, früher übernahmen sie einfach die Kleider der älteren Schwestern, unbekümmert um etwaige Grössenunterschiede. So erinnerte sich Tante Fine, dass ihr Bruder Paul einmal von einem Spaziergang, den er mit ihr in der Stadt unternommen hatte, wütend nach Hause lief, schwörend, nie wieder sei er für so etwas zu haben; alle Leute auf dem Glacis hätten sich über Fines zu kurzes Kleid und ihre dicken Waden lustig gemacht. Auch das kam vor, dass zwei Schwestern zusammen nur <u>einen</u> hübschen Hut besassen, oder nur ein einziges hübsches Kleid, das sie abwechselnd trugen.

Sollte eines der Kinder für irgend ein Vergehen besonders hart gestraft werden, so wurde es in eine ganz lichtlose Kammer gesperrt, von der noch dazu die Sage ging, dass sich Ratten darin aufhielten. In solchen Fällen blieben aber die Geschwister vor der Tür stehen und bemühten sich, den Gefangenen zu trösten und zu zerstreuen. Ja, Carl stemmte einmal sogar ein Stückchen der Tür ab, um Zündhölzer und eine kleine Kerze hinein zu schmuggeln, weil Clara sich im Dunkeln fürchtete. Fine war einmal, weil sie ihr Pensum nicht geübt hatte, von der Mutter ins Klavierzimmer gesperrt worden, das im ersten Stock lag. Ihre Schwester Marie redete ihr vom Nebenzimmer her zu, aus dem Fenster zu springen und warf sogar, um sie zu ermutigen, eine Matratze in den Schlosshof, die aber gar nicht in der gewünschten Richtung fiel. Trotzdem liess Fine sich überreden und sprang hinunter. Ihre Mutter kam gerade dazu und erschrak sehr, sagte aber nur „Geh' sofort auf dein Zimmer!" und liess Fine vor sich hergehen, um unauffällig zu beobachten, ob sie denn wirklich gerade gehen könne. – (Ungefähr fünfzig Jahre später, im Jahre 1910, sahen wir, d.h. zwei Töchter von Tante Fine und ich, das Schloss an, von dem wir so viel gehört hatten. Der dortige Verwalter, der uns herumführte, zeigte auf ein Fenster im ersten Stock und sagte: „Dort soll einmal ein Fräulein Wittgenstein heruntergesprungen sein!" Das wusste man in Vösendorf noch nach so vielen Jahren. Aber auch bei den schönsten Obstbäumen hiess es: „Die hat der Herr Wittgenstein gepflanzt.")

Bei aller Sparsamkeit war der Zuschnitt des Hauses doch kein ganz einfacher. Wittgensteins hatten Wagen und Pferde, und wenn der Vater zur Stadt fuhr, nahm er manchmal zwei der älteren Töchter mit, um ihnen eine Spazierfahrt zu gönnen. Es wurde dann dem Kutscher Ankovich eingeschärft, sofort und direkt mit den jungen Damen nach Hause zu fahren. Die

Mädchen hätten aber so gerne kleine Einkäufe in der Stadt gemacht, besonders wichtig schien es oft, bunte Stickwolle in einem bestimmten Geschäft in der Seilergasse auszusuchen. Wenn also der Vater ausgestiegen war, baten die Mädchen den Kutscher, doch in die Seilergasse zu fahren. Ankovich sagte dann streng und laut: „Der Herr Papa hat befohlen, es muss sofort nach Hause gefahren werden!", sprachs und fuhr – in die Seilergasse. – Der getreue Ankovich blieb bis zu seinem Tod in der Familie Wittgenstein und führte meine Grossmutter in ihrem Fiaker, als sie schon studierende Enkel hatte. Sie liebte es nicht, wenn diese auf der Strasse rauchten und Ankovich pflegte, wenn er einen von ihnen in dieser Situation sah, ihn schon von weitem durch Zeichen mit der Peitsche auf die Gefahr aufmerksam zu machen.

Im Jahre 1859 zog die Familie W. nach Wien und verbrachte nur mehr den Sommer in Vösendorf. Bei den jährlichen Übersiedlungen gebrauchte die Mutter einen glänzenden Kunstgriff, um die jüngeren, sehr lebhaften Kinder auf der langen Wagenfahrt in Ruhe zu halten: sie stopfte sie eng zusammen in den viersitzigen Wagen und gab jedem von ihnen einen grossen oder zerbrechlichen Gegenstand, z.B. eine Vase oder eine Uhr, zu halten. Da musste wohl oder übel die Unterhaltung aufs Reden beschränkt bleiben.

In eine etwas spätere Zeit spielen zwei weitere, ein wenig ausführlicher behandelte Episoden hinüber, mit denen ich die Jugenderinnerungen meiner Tanten abschliessen will. Tante Fine erzählte mir, dass ihr Vater um das Jahr 1865 ein sehr schönes Gut besessen habe, nämlich Koritschan in Mähren. Er hatte es in ganz herabgewirtschaftetem Zustand von einem Grafen Trauttmansdorff gekauft und so weit hinaufgebracht, dass ihm eine hohe Summe dafür geboten wurde. Mein Grossvater nahm sie an und kaufte dafür das

Gut Klenownig in Kroatien, bestochen von dem herrlich fruchtbaren Boden, den er in jener Gegend bemerkt hatte. Er hatte aber nicht bedacht, dass die mangelnde Bahnverbindung die Verwertung aller Produkte unmöglich machen müsse, auch hatte er wahrscheinlich zu gläubig die Berichte und Versprechungen von am Kauf interessierten Personen oder Behörden entgegen genommen. Kurz, die meisten Voraussetzungen erwiesen sich später als unrichtig und der Kauf des Gutes als ein arger Missgriff.

Es waren dort äusserst widerwärtige Zustände und ein trostloses Wirtschaften. Von den Behörden war gar nichts zu erreichen, die Kommissionen sassen oft tagelang auf dem Gut, assen und tranken, und weiter taten sie nichts. Die Arbeiter aus der Gegend waren für kein Geld dazu zu bewegen, eine Arbeit ordentlich und flink auszuführen, und zwar aus folgendem Grund: es herrschte dort nämlich die Sitte, dass immer eine ganze Familie in einem Haus beisammen blieb. Die Söhne, die heirateten, lebten mit ihren Frauen bei ihren Eltern, und das Familienoberhaupt verfügte über das ganze Geld der Familie. Ein dortiger Arbeiter hatte z.B. seinen Lohn einfach seinem Vater abzugeben und daher hatte er auch gar kein Interesse daran, mehr zu verdienen. Sein liebster Lohn war ein Glas Schnaps, das konnte er dann wenigstens nicht abliefern! Die Verkehrsverhältnisse waren unmögliche, die Strassen grundlos, und hatte man Ochsen gemästet, so magerten sie wieder ab, wenn sie, bis zum Bauch im Kot watend, zu einer entfernten Bahnstation getrieben wurden. Kein Verwalter konnte es in Klenownig aushalten, und Onkel Paul, der es mitverwalten sollte, hatte eine böse Zeit. Wie schwer müssen die Berichte an den Vater gewesen sein, in denen nie etwas Gutes stehen konnte.

Tante Fine kannte die Klenowniger Zustände aus eigener Anschauung, denn sie hatte bald nach Ankauf des Gutes eine zeitlang dort gelebt, und zwar während des Krieges 1866. Die Familie Wittgenstein bewohnte damals ein ehemalig Kaunitzsches Schloss in Laxenburg (dasselbe, das viel später noch mein Onkel Paul und meine Tante Clara besassen und bewohnten). Während des Krieges wurde ein sächsisches Regiment in Laxenburg einquartiert und den Offizieren ein Flügel dieses Schlosses zugewiesen. Der äusserst militärfeindliche Vater, der den Offizieren das Schlimmste zutraute, beschloss, die älteren Töchter in Begleitung des Bruders Paul nach dem kürzlich gekauften Klenownig zu schicken. Die Mutter war, so scheint es, mit dem Plan nicht einverstanden, konnte aber ihre Ansicht nicht durchsetzen und versuchte schliesslich ein sonderbares Mittel, um ihn zu vereiteln: sie war im letzten Augenblick, als die Töchter abreisen sollten, absichtlich nicht aufzufinden, sie war in den Park gegangen, überzeugt, dass die Kinder ohne Abschied nicht abreisen würden. Es war aber doch alles schon fest beschlossen, die Billette genommen, und der Vater durch so einen Zwischenfall nicht von seinem Entschluss abzubringen; also blieb nichts übrig, als eben doch ohne Abschied abzureisen! Tante Fine sagte aber, die Mutter habe es jahrelang nicht ganz verziehen oder verwunden.

In Klenownig, dessen frühere Besitzerin eine alte, halb verrückte, menschenscheue Person war, die das Haus ganz allein mit einer Menge Hunden bewohnt hatte, fanden sie, wie Tante Fine sagte, ausser einigen sehr schönen französischen Möbeln nur zahllose Flöhe vor, bei jedem Schritt sah man eine Wolke von Flöhen sich vom Fussboden erheben. Wäsche oder Hauswirtschaftsgegenstände waren keine vorhanden, kein Mensch war zur Bedienung da, und hatte man einmal eine Taglöhnersfrau bewogen, Hausarbeit zu leisten, so stellte sich gleich heraus, dass sie noch nie einen Fussboden ordentlich gereinigt hatte, geschweige denn kochen oder irgend etwas anderes Vernünftiges konnte. Wollte man überhaupt eine Frau zum Reinigen eines Fussbodens „bewegen", so war dazu eine Vorbereitung nötig: es wurde nämlich in eine Ecke des Zimmers ein Quantum Schnaps gestellt, in der entferntesten Ecke wurde dann mit der Arbeit begonnen; der Schnaps zog die Frau wie ein Magnet zu sich heran, bis sie schliesslich, zugleich mit der letzten Reinigungsbewegung, die ersehnte Herrlichkeit ergreifen konnte.

So etwas war schliesslich noch mit Humor zu erledigen, schlimm aber war es, dass sich z.B. kein Vieh in den Ställen befand, da das gekaufte noch nicht angekommen war; auch die landwirtschaftlichen Geräte fehlten, und den jungen Leuten wurde es bei dieser Wirtschaft angst und bange. Dazu dehnte sich der Aufenthalt in Klenownig länger aus als man vorausgesehen hatte, weil die Bahn infolge Truppentransporten für den Zivilverkehr ganz gesperrt war. Das Geld ging aus und die Geschwister begannen Misstrauen und Feindseligkeit in ihrer Umgebung zu bemerken. In sehr deprimierter Stimmung machten Fine und Paul eines Tages einen Spaziergang auf einen nahe gelegenen Hügel, und siehe da, als sie herunterkamen erwartete sie der Herr Stuhlrichter in eigener Person mit seinem Wagen, um sie freundlich nach Hause zu geleiten. Bald klärte es sich auf, wieso das Blatt sich so gewendet hatte: das für Klenownig gekaufte Vieh war angekommen und die schöne Herde durch das Dorf getrieben worden. Nun war das Ansehen wieder hergestellt und wieder Kredit und Hilfsbereitschaft da.

Bei diesem ersten Aufenthalt zeigte sich aber auch der schlimmste Irrtum, den der Vater bei dem Gutskauf begangen hatte: er hatte nicht gesehen und nicht erfahren, dass die verrückte Vorbesitzerin die Felder seit vielen Jahren nicht mehr hatte düngen oder richtig bearbeiten lassen, dass daher ähnliche Erträge wie die auf den Nachbargütern bemerkten auf Jahre hinaus von Klenownig nicht erhofft werden konnten. Welche Qual für den ernsten, gewissenhaften Vater, sich diese Irrtümer eingestehen zu müssen, sich sagen zu müssen, dass er, wie Hans im Glück, ein herrliches Gut für ein fast wertloses gegeben habe! Der Gedanke hat ihn gewiss Tag und Nacht nicht losgelassen! Zu Hause sprach er kaum darüber, im Gegenteil, er wurde so schweigsam, dass er schliesslich eine zeitlang gar kein Wort mehr sprach. Gerade in dieser schlimmen Zeit sollte er eine Reise unternehmen und Paul und Fine sollten ihn begleiten. Im letzten Augenblick wurde Paul verhindert, weil in Klenownig zu allem Überfluss noch ein Feuer ausgebrochen war, und nun musste Fine allein die Reise mit dem melancholischen Vater antreten; sie hatte die grösste Angst davor. Als sie von Wien fortfuhren, stiegen in ihr Coupé zwei Franzosen ein, die sich sehr begeistert über einen ihrer Meinung nach glänzenden Gutskauf unterhielten. Sie hatten ein Gut in Südungarn gekauft und besprachen mit grossem Optimismus ihre Pläne. Die Verhältnisse schienen ähnlich zu liegen wie in Klenownig, wo ja auch zuerst alles das beste Resultat versprochen hatte. Auf einmal mischte sich der Vater, der sonst nie einen Fremden anredete, ins Gespräch, warnte die Beiden dringend davor, Geld in dieses Gut zu stecken und erzählte den beiden sehr bestürzten Herren ausführlich seine bösen Erfahrungen mit Klenownig. Fine war ganz erstaunt über diese ungewohnte Redseligkeit, ihrem Vater schien es aber sehr gut zu tun, sich einmal mit ganz Unbeteiligten die Sache von der Seele wegreden zu können, auch rettete er gewissermassen seine eigene Ehre vor ihm selbst, wenn auch andere den gleichen Fehler begehen konnten; kurz, er war nach diesem Gespräch wie verwandelt und auf der ganzen Reise sehr zugänglich.

Gewiss machte gerade der Umstand, dass er beim Kauf einen Fehler begangen hatte, den Vater so hartnäckig im

Festhalten an Klenownig, – es sollte unbedingt noch der Augenblick eintreten, der ihn in den Augen seiner Kinder rechtfertigte! In seinem Testament hat er angeordnet, dass das Gut nicht verkauft werden dürfe, ehe es ein bestimmtes Erträgnis abwerfe. Die Bewirtschaftung war aber so unrentabel, dass die Söhne sich nicht an diese Bestimmung halten konnten. Das Gut wurde verkauft.

Die folgende letzte Jugenderinnerung erzählte mir Tante Fine als sie gegen fünfundsiebzig Jahre alt war. Sie hatte eben von einer Frau Franz aus Graz eine kleine Photographie geschickt bekommen, die sie mir zeigte: ein Brustbild, das sie, Fine, selbst als bildhübsches, etwa siebzehnjähriges Mädchen darstellte. Das Bild hatte folgende kleine Geschichte: Fine und ihr Bruder Louis waren als ganz junge Leute von ihrer Mutter auf eine Reise mitgenommen worden, deren Ziel Italien sein sollte. In Triest, wo zuerst Aufenthalt genommen wurde, ging die Mutter wegen ihres Kreditbriefes auf die Bank und erfuhr dort zufällig, dass am Nachmittag des nächsten Tages der erste Österreichische Lloyd-Dampfer nach Alexandrien abgehen werde. Das schien ihr so verlockend, dass sie sofort drei Schiffsplätze belegte und ihren Mann nur telegraphisch von der Änderung der Reiseroute benachrichtigte. Sie fuhren also nach Alexandrien und Kairo. Auf einem Nilboot in Kairo besprachen die Geschwister sehr lebhaft ihre Eindrücke, als sie plötzlich hinter sich die Worte hörten: „Ach, das liebe österreichische Deutsch!" Ein junger Mann in europäischer Kleidung, aber mit einem Fez auf dem Kopf, stellte sich ihnen als Landsmann vor. Es war ein Architekt namens Franz, im Dienste des Khediven und dort in Ägypten Franz-Pascha geheissen; der junge Mann erbot sich, den Geschwistern alles Schöne und Interessante in Kairo zu zeigen, er tat das dann auch mit grossem Eifer und verliebte sich bei dieser Gelegenheit heftig in Fine.

Als er später die Familie Wittgenstein in Wien und Vösendorf besuchte, wurde seine Neigung so stark, dass er schriftlich beim Vater um ihre Hand anhielt. Der Vater fand es, scheints, eine unerhörte Zumutung, zu denken, er werde seine Tochter nach Ägypten verheiraten, auch war sie ja wohl noch zu jung, kurz, er schrieb als Antwort nur das eine Wort „Nein" ohne jede Begründung. Fine wurde gar nicht gefragt. Der junge Mann war so bestürzt und trostlos und tat den Brüdern Paul und Louis, die sich sehr mit ihm angefreundet hatten, so leid, dass sie ihn nicht allein von Wien wegfahren lassen wollten. Sie begleiteten ihn bis nach Graz, wo seine Eltern wohnten.

Franz-Pascha hat sich später verheiratet, ist hochbetagt in Graz gestorben, und seine Witwe war es, die das kleine Jugendbild, das noch in seinem Besitz gewesen war, an Tante Fine zurücksandte.

Die schroffe Antwort des Vaters wird vielleicht durch eine Episode, die mir Tante Clara später erzählte, etwas verständlicher: Franz-Pascha hatte die Familie Wittgenstein bald nach dieser Ägyptenreise in Wien mehrmals besucht und wollte sie dann auch in Vösendorf aufsuchen. Die Eltern waren abwesend, sie waren zum Kurgebrauch nach Karlsbad gefahren, aber die Brüder Paul und Louis luden den ihnen sehr sympathischen jungen Mann für mehrere Tage nach Vösendorf ein, und Tante Clara erinnerte sich, dass sie sehr vergnügte Tage mit Franz-Pascha verbrachten. Es waren fast alle elf Geschwister noch zu Hause und sie waren alle temperamentvolle, lustige, junge Leute. Der Vater war aber äusserst erzürnt, als er später von dem Wohnbesuch erfuhr, und hat es den Söhnen nicht verziehen, dass sie den jungen Mann in Abwesenheit der Eltern in das Haus voll junger Mädchen einluden, und Franz-Pascha nicht, dass er die Einladung annahm. Die Brüder hatten gewiss nur die vielen verfügbaren Zimmer im Schloss vor Augen gehabt, aber es war natürlich ein schwerer Verstoss gegen die Sitte! „Wie sollten wir das wissen?" sagte Tante Clara, als sie mir diesen Vorfall erzählte. „Wir waren doch gar nicht erzogen! Niemand wusste eigentlich, was wir taten; ich habe als junges Mädchen jahrelang mit dem Verwaltersohn von Vösendorf korrespondiert, ohne dass es jemand wusste, und das war doch auch ganz gegen die Sitte. Ich glaube, die meisten Eltern nehmen an, dass ihre Kinder mit gewissen Kenntnissen schon geboren werden!" Diese Worte meiner Tante Clara möchte ich unterschreiben, sie sagen, dass die meisten Eltern keine Pädagogen sind, und sie selbst durfte das aussprechen, denn sie war ausgesprochen pädagogisch veranlagt. Gewiss war die Erziehung der Wittgenstein'schen Kinder eine summarische, nicht auf die Persönlichkeit eingehende, das war vermutlich in der Zeit bedingt. Die Aufgabe, elf so verschiedenartige Kinder zu erziehen, war aber wohl eine so grosse, dass sie die Fähigkeiten der Eltern, so gewissenhaft diese waren, übersteigen musste. –

Wie schon erwähnt, übersiedelte die Familie im Jahre 1859 nach Wien; sie fand dort Anschluss an einen sehr interessanten Kreis von bedeutenden Leuten, und ich habe die Empfindung, dass dabei die Anziehung, die das reichsdeutsche Element auf Hermann Wittgenstein ausübte, eine Rolle spielte. Gerade in jener Zeit lebten und wirkten viele Reichsdeutsche in Wien, fühlten sich dort sehr wohl und wurden sehr geschätzt. Hermann W. war nicht gesellig, liebte aber ernste Unterhaltung und gehörte dem Freundeskreis des Dichters Hebbel an, der merkwürdigerweise hauptsächlich Männer der Wissenschaft umfasste, so den Physiologen Ernst von Brücke, den Astronomen Littrow, den Philologen und Reorganisator der österreichischen Mittelschulen Bonitz, um nur einige zu nennen, berühmte Leute von vielseitigstem Interesse. Mit allen diesen, einschliesslich ihrer Familien, wurden Wittgensteins eng befreundet, und mit der Familie Brücke wurde das Band später noch enger, als die Tochter Milly sich mit Brückes Sohn, dem Richter Theodor von Brücke, verheiratete.

Grillparzer verkehrte auch mit meinen Grosseltern, und meine Tante Milly beschrieb mir, wie er einmal auf der Strasse zu ihrer Mutter sagte, er werde sie bald besuchen und sich „ihre Kinder zusammenfangen", wobei er mit den Armen die Bewegung des Zusammenfangens machte.

Ob Clara Schumann und ihre Töchter schon damals mit Wittgensteins befreundet waren, weiss ich nicht, doch hatte es sich vielleicht schon angebahnt, da Anna, die älteste Tochter, in Leipzig bei dem grossen Klavierpädagogen Wieck, dem Vater von Clara Schumann, Klavierunterricht genommen hatte, und zwar seit dem frühen Kindesalter. Wieck hatte den Eltern gesagt, dass der Unterricht nicht zu früh beginnen könne, und dass auf das Vorspielen grössten Wert zu legen sei. „Lassen sie das Kind vorspielen, so oft sie Gäste haben", sagte er, „es schadet den Gästen gar nicht, wenn sie sich ein wenig langweilen", und tatsächlich hatte Anna sich erstaunlich viel Sicherheit erworben. Die Eltern nahmen die Erziehungsfrage sehr ernst, und was Lehrer und Umgang betraf, schien ihnen nur das Beste gut genug. So gehen dann im Laufe der Jahre die schönsten Fäden von bedeutenden Leuten zur Familie Wittgenstein, entsprechend den verschiedenen Talenten und Neigungen. Die älteren Knaben erhielten einen Hauslehrer, von dessen Bildung und Herzensgüte noch später viel gesprochen wurde. Er blieb auch als Freund und Hausgenosse bei Wittgensteins als die Söhne schon erwachsen waren, und mein Onkel Louis W. nahm ihn, als er selbst sich verheiratete, ins Haus, wo er bis zu seinem Tode verblieb. Was „der liebe Herr Wessel" (so hiess er) gesagt hatte, das hatte für immer Gewicht, besonders bei Louis, der in hohem Grad das Organ der Verehrung besass.

Lydia, die Talent zum Malen hatte, besuchte die Akademie und war Schülerin von Laufberger. Wenn ich mich auch jetzt nicht genau an ihre späteren Arbeiten erinnere, so sehe ich doch noch ihre sehr gute Kopie des „Letzten Aufgebots" von Defregger vor mir und kann ermessen, was für ein Können dazu gehört, ein so figurenreiches Bild so zu kopieren.

Joachim hatte der Familie Wittgenstein mit grosser Wärme den jungen Johannes Brahms empfohlen. Er schrieb, dass Brahms auf dem Gebiete der Musik schon Grosses geleistet habe und noch viel Grösseres verspreche und schlug vor, die Tochter Anna bei ihm Klavierstunden nehmen zu lassen, was auch geschah. Sie war allerdings nicht genügend musikalisch begabt, um aus diesen Klavierstunden den völligen künstlerischen Nutzen ziehen zu können, aber sie besass Fleiss und auch musikalisches Verständnis, daneben grossen persönlichen Charme, und Brahms blieb bis an ihr Lebensende mit ihr befreundet.

Sehr musikalisch war Fine, von der Brahms sagte, dass sie „mit schöner Leidenschaft" singe, von der auch Stockhausen, der grosse Liedersänger, entzückt war. Tante Clara erinnerte sich, dass Stockhausen und Brahms sie selbst und ihre Schwester Fine einmal von einem Abendkonzert nach Hause begleiteten, und dass Stockhausen die Bitte aussprach, Fine möge doch noch ein Lied singen. Fine wollte es nicht abschlagen und Stockhausen, dadurch in Stimmung gebracht, fing nun selbst an zu singen. Sich selbst begleitend, sang er ein Lied nach dem anderen, immer herrlicher und begeisterter, und wollte gar nicht aufhören. „Ein erlesener Hochgenuss" sagte Tante Clara, „nur getrübt durch den ängstlichen

Gedanken, ob der Vater den Gesang in seinem Schlafzimmer hören könne und was er wohl zu dem nächtlichen Musizieren sagen werde". – Fine hatte bei Gänsbacher studiert, der ein ausgezeichneter Liedersänger war, und wenn ich jetzt noch erwähne, dass Clara später bei Goldmark, dem gefeierten Opernkomponisten Klavierstunden nahm, so ist das Niveau der Lehrer wohl genügend gekennzeichnet.

Schwierigkeiten in der Erziehung ergaben sich bei Carl, der an dem Schulunterricht keinen Gefallen fand und der überhaupt, wie sein Vater später schrieb, seine eigenen Wege ging (ich fürchte sehr, sie führten ihn mehr in den Stadtgraben als in die Schule!). Im Gymnasium wurde es immer unerquicklicher und schliesslich kam es zu dem „Consilium abeundi". Ich glaube, ein Aufsatz Carls, in dem die Unsterblichkeit der Seele verneint wurde, gab den Anstoss dazu, er war der Tropfen, der das volle Mass der Unzufriedenheit zum Überfliessen brachte. Carl war damals siebzehn Jahre alt und in der letzten Klasse des Gymnasiums. Für die Eltern muss das alles sehr hart gewesen sein, denn sie konnten doch in ihrem Sohn nichts anderes sehen, als einen ungeratenen jungen Menschen, der seine schönen Gaben mutwillig vergeudete. Und was für Gaben! Kann man sie nicht von dem ganz ungewöhnlich fesselnden Gesicht ablesen, das uns das Konfirmationsbild zeigt? Sieht man nicht die Gedanken und Pläne förmlich hinter der Stirne rumoren auf fast unheimliche Weise?

Es wurde beschlossen, Carl bis zur Matura privat weiterlernen zu lassen. Ich finde folgende Stelle über diese Angelegenheit in einem Brief seines Vaters: „ ... wegen Carl habe ich mich dahin entschieden 1.) nicht zu recurrieren, 2.) ihn ruhig in der Meinung fortarbeiten zu lassen, als komme er im Juli zum Examen, 3.) ihm dann seine Ferien zu gönnen und danach zur Befestigung seiner Kenntnisse ihm weiteren

Unterricht bis zu Ostern geben zu lassen, wo man ihm das Examen nicht verweigern kann. Carl muss einsehen lernen, dass man ein Ziel nur durch Arbeit aber dann auch wirklich erreichen kann, während ein Nachsehen des Examens ihn leicht auf die entgegengesetzte Ansicht bringen kann. Weder die pecuniäre Seite der Frage, noch die der Zeit kann hier in Betracht kommen ..."

Karl Wittgenstein als junger Mann

So dachte der besorgte Vater, es kam aber nicht zu diesem Examen, denn Carl entwich plötzlich aus dem Elternhaus. Die Eltern blieben fast ein Jahr lang ohne Nachricht, eine Tatsache, die ich vergeblich versuche, mir in ihrem ganzen Ernst vorzustellen!

***

III.

Die sechs folgenden kleinen Abschnitte dieser Geschichte werden meinem Vater gewidmet sein. Die drei ersten stützen sich im Wesentlichen auf kurze autobiographische Notizen, die mir mein Vater mit sechsundsechzig Jahren, wenige Monate vor seinem Tod diktiert hat und die ich fallweise zitieren werde. Ihr Stil ist grösstenteils dadurch bedingt, dass mein Vater durch seine schwere Krankheit sehr am Sprechen gehindert war; da die lakonische Kürze aber auch sonst zu ihm passt, will ich an der Ausdrucksweise nichts ändern. Nicht sämtliche autobiographische Notizen sind in dieser Geschichte eingeflochten, die restlichen werde ich im Anhang bringen.

1.

Aus den autobiographischen Notizen meines Vaters:

Consilium abeundi. Hätte privat weiterstudieren sollen bis zur Matura.
Im Januar 1865 von Hause durchgegangen. Zwei Monate in der Krugerstrasse zur Miete gewohnt. Von Hause mitgenommen eine Geige und 200 Gulden, die der Schwester Anna gehörten. Durch eine Zeitungsnotiz auf einen jungen Studenten aufmerksam geworden, der eine Unterstützung suchte und diesem etwas Geld dafür gegeben, dass er mir seinen Pass überliess. In Bodenbach an der Grenze wurden den Passagieren die Pässe am Perron von Gendarmen abgenommen. Alle Passagiere wurden in einen grossen Raum geführt, wurden einzeln aufgerufen und mussten

vortreten, sich von zwei Beamten ansehen zu lassen. Zufälligerweise stimmte der fremde Pass.
In Hamburg eingeschifft. April 1865 ohne Geld New York angekommen.
Sofort als Kellner in der Restauration Banks Broadway New York eingetreten auf Empfehlung eines Mitreisenden. Nach vierzehn Tagen eine Stelle als Violinspieler angenommen und jeden Abend mit einem gewissen Perathoner, einem Tiroler Schullehrer, der Klavier spielte, in öffentlichen Lokalen gespielt. Zu einer kleinen Minstrel-Truppe engagiert. Bei dem Chef dieser Truppe, dem Besitzer eines Canalbootes gewohnt. Nach der Ermordung des Präsidenten Lincoln April 1865 alle Belustigungen, öffentliche Musik etc. untersagt, die Minstrel-Truppe aufgelöst.
Als Steuermann mit dem Canalboot eine Ladung gepresstes Heu nach Washington gebracht. In Washington Barkeeper geworden in einer Bar, die eine Abteilung für Weisse und eine andere für Schwarze hatte. Zuerst in der weissen Abteilung, dann wegen Verwendbarkeit zur Niggerbar. Haupttätigkeit das Auseinanderkennen der Neger, wissen wer gezahlt hat und wer nicht. Der Besitzer der Bar selbst konnte sich die Physiognomien nicht merken. Dort der erste bessere Verdienst.
Im November frisch ausstaffiert nach New York zurück und von dort zum ersten Mal Nachricht nach Hause geschickt.
Perathoner inzwischen Schullehrer und Orgelspieler in Manhattan geworden. Auf seine Empfehlung in das Christian-Brothers-College in Manhattan als Lehrer für Violine und Mathematik in deutscher Sprache. Zu jung für die Buben, keine Möglichkeit mich durchzu-

setzen. Auf eigenes Ansuchen 1866 provisorisch nach Westchester versetzt.

Erst Nachtwächter, dann Lehrer im Asylum for destitute Children in Westchester.

Von dort auf Empfehlung des Direktors an das College in Rochester als Lehrer mit Gehalt und sehr gutem Essen. Sehr beschäftigt, aber angenehme Stellung; mit dem Direktor sehr gut gestanden.

Am Abend noch drei Herren in mathematischem Zeichnen unterrichtet. Dabei perspektivisches statt geometrisches Buch erwischt um mich vorzubereiten und unrichtig gelehrt.

Anfang 1867 mit Geld und neuen Kleidern nach Hause.

***

Soweit vorläufig die autobiographischen Notizen.

Die Briefe, die Carl von Amerika aus an seine Mutter und seine Geschwister schrieb, beleuchten, Streiflichtern gleich, sein inneres und sein äusseres Leben. So z.B. wenn er am 30. Oktober 1865 an Louis schreibt: „... Mamas Brief hat mich überglücklich gemacht. Als ich den Brief las, klopfte mein Herz so stark, dass ich nicht weitergehen konnte ..." oder: „Ich bin jetzt in einer Wirtschaft, bei welcher Tanzsäle sind, in denen Bälle, Meetings, etc. abgehalten werden. Ich muss Speisen tragen, Getränke verschenken, usw. Die Arbeit ist nicht schwer, aber ich muss doch immer bis vier Uhr aufbleiben." oder: „Ich habe nur einen Wunsch, Du errätst ihn gewiss, mit Papa besser zu stehen. Sobald ich in einem Geschäft eingetreten sein werde, schreibe ich ihm. Die Geschäfte gehen hier sehr schlecht und Leute sind im

Überfluss vorhanden, darum musst Du Dich nicht wundern, wenn ich noch keine andere Beschäftigung habe."

Der Ton der Briefe aus der ersten Zeit macht mich sehr traurig, es ist mir, als sähe ich, wie ein schönes, frisches Leben einen Sprung bekommen hat, der beinahe bis an die Wurzeln geht, und wüsste ich nicht, dass es sich nur um einen sehr bitteren, aber notwendigen Übergang handelte, so könnte ich mich kaum entschliessen, einen dieser Briefe zu bringen. Der an die Schwester Bertha gerichtete vom 29. September 1865 wird das, was ich den „Sprung" nenne, deutlich zeigen:

Liebe Bertha!
Du wirst mich für tief heruntergekommen halten, dass ich Deinen Brief noch nicht beantwortet habe, aber wirklich antworten kann ich gar nicht. Anstatt Hass und Verachtung, weisst Du nur Liebe, eine Liebe die ebenso unbegreiflich ist, als ich immer das Gegenteil verdient habe. Auch an meine Eltern kann ich nicht schreiben. Denn ebensowenig ich jetzt den Muth hätte vor sie zu treten und sie um Verzeihung zu bitten, noch weniger möchte ich es auf dem Papier thun, das geduldig, nicht roth wird. Ich kann es erst dann thun, wenn sich mir Gelegenheit bieten wird, ihnen meine Besserung zu zeigen ...
Amerika ist gerade kein Paradies, trotz mancher guten Sachen, die es vor Europa voraus hat, steht es doch noch immer in so vielen Dingen hinter demselben zurück, dass wohl die Meisten das alte Land vorziehen. Freilich gelingt es hier leichter sich eine Existenz zu verschaffen, aber wenn Mancher das draussen (in Europa) thun wollte, was er hier thut, so würde er ebenso gut und auf jeden Fall angenehmer fortkommen ..."

Ich lasse nun drei weitere Briefe Carls folgen, der letzte enthält eine Stelle, die mir sehr erstaunlich vorkommt und die ich unterstreiche; sie zeigt, dass Carl seine technische Begabung, die später doch so übermächtig wurde, damals selbst nicht erkannte, dass aber seine Mutter in ihrer Menschenkenntnis darauf hingewiesen hat. Hier folgen die Briefe:

Manhattanville d. 7. Feb.1866

Theure Mutter!
Nimm meinen Dank für Deine theuren Briefe und das viele Geld. Es mag Dir sehr unkindlich vorkommen, dass ich erst jetzt danke, dass ich zwei Briefe von Dir bekommen, ehe ich noch einen geschrieben. Aber ich kann die innere Ruhe nicht finden, um an meine Eltern zu schreiben. So oft ich an Euch und an meine Geschwister denke, empfinde ich Scham und Reue und Du weisst gewiss, wie viele Gelegenheiten es für mich geben muss, bei denen ich an die Güte und Liebe meiner Eltern erinnert werde. Wenn mir etwas theuer ist, so sind es Deine Worte. Auch den Werth des Geldes habe ich schätzen lernen müssen.

Noch eine Bitte, theuerste Mutter: sprich für mich bei Papa und sei überzeugt vom innigsten Dank

Deines Karl

Manhattanville d. 7. Feb. 1866

Theurer Louis!
Der Zweck dieser Zeilen ist, Dich wegen meines letzten Briefes um Verzeihung zu bitten. Ich hatte schreckliche Eile bei diesem Briefe. Du musst wissen, ich bin selbst mit der Pferde-Eisenbahn zwei Stunden von der Post entfernt. Das Briefschreiben ist übrigens schrecklich für mich; ich brüte oft Stunden lang, ohne etwas auf's Papier zu bringen. Ich habe ja auch nichts anderes zu sagen als: Danke, und um

nichts anderes zu bitten als: Verzeihung. Die ausgelassenen Kommata und orthographischen Fehler in meinem letzten Briefe sind das geringste, was Du zu übersehen hast. Ich habe Herrn Ebersbach's Brief vom 3. Januar bekommen, ich schreibe ihm noch heute. Ich weiss nichts Neues. Im College selbst ist alles echt „Yankee". Ich gebe in Violine und Tenor-Horn, (dieses Instrument habe ich blasen gelernt), im Lateinischen und Griechischen (und allem möglichen) Unterricht. Übrigens das Meiste ist amerikanischer Humbug. Mein jetziges Leben kommt mir sehr ruhig im Vergleich zu meinem früheren vor. Schreibe mir bald von Papa's und Mama's Befinden und grüsse alle Geschwister von Deinem

Bruder Karl

Manhattanville 27. Jan. 1866

Theurer Louis!

Es sind ein und einhalb Monate seit ich zum letzten Male schrieb. In dieser Zeit habe ich viel erlebt und gesehen. Ich bin jetzt seit einer Woche in Manhattanville (10 Minuten von New York) in einem College Lehrer. Es geht mir ganz gut. Ich fange an, mich von einer sechsmonatlichen Diarrhoe und einer Krankheit, die ich schon zu Hause hatte, zu erholen. Ich habe nicht zu viel zu thun. Es bleibt mir Zeit genug um englisch oder irgend etwas zu lernen. Kost, Wohnung, Wäsche etc. habe ich alles im College frei und mein monatlicher Gehalt, der sich leicht steigern kann, beträgt 10 Dollar. Es ist dies noch die beste Zeit, die ich in Amerika hatte. Ich bin anständig angezogen, immer in anständiger Gesellschaft. Fürchte nicht, dass ich weil ich jetzt eine gute Stellung gefunden habe, aufhören werde weiter zu streben. Wenn es Papa's dringender Wunsch ist, dass ich auf eine Farm gehen soll, so werde ich es natürlich thun. Sonst würde ich Buchhaltung lernen oder Zeichnen. <u>Mama wünscht, dass ich in eine Maschinenfabrik gehe. Ich glaube mein Talent ist eingebildet.</u> Auf jeden Fall werde ich das thun was meine Eltern wollen.

Seit dem 21. Dezember habe ich jetzt 101 Dollar empfangen, von denen sind über 70 Dollar unberührt. Ich weiss wirklich nicht, wie ich für das viele Geld danken soll. Noch einmal Louis, schicke nicht so viel Geld. Es ist nicht so theuer wie Du glaubst. Man kann in New York für 6 Dollar die Woche Board (d.i. Kost und Logis) haben. Das einzige, was theuer ist sind Kleider. Ein Rock 30–40 Dollar, eine Hose 15–20 Dollar. Es ist das ganz natürlich, da die Arbeitspreise sehr theuer sind ..."

Wenn ich die Worte: „Ich bin anständig angezogen, immer in anständiger Gesellschaft" mit einem Passus aus einem der anderen Briefe zusammenhalte, in dem von dem entsetzlichen Gesindel die Rede ist, das sich in Washington herumtrieb, dann stimmen mich diese Worte sehr ernst, denn Carl sah das Gesindel nicht wie ein Tourist, sondern lebte gewiss mitten darunter oder kam zumindest oft damit in Berührung!

Jetzt wo das Leben meines Vaters vor mir ausgebreitet liegt, jetzt ist es mir klar, dass zu einer so aussergewöhnlichen Persönlichkeit auch ein aussergewöhnlicher Werdegang gehörte. Mein Vater hat auch sehr gut gewusst, was er der harten Schule Amerikas und der frühen Bekanntschaft mit dem Ernst des Lebens, ja auch seinem Autodidaktentum auf verschiedenen Gebieten verdankte, und er hätte diese Vorteile gerne seinen Söhnen und anderen jungen Leuten zugewendet. Er hat aber nicht gewusst oder nicht bedacht, dass es etwas anderes ist, ob Jemand, der eigenen Persönlichkeit gehorchend, einen abenteuerlichen Werdegang aufsucht, oder ob der Wille des Vaters das alleinige treibende Moment ist, und so hat er viele Enttäuschungen erlebt, die ich aber erst in einem späteren Zusammenhang besprechen werde.

Ich frug Tante Fine einmal, wie es denn vor dem Durchgehen Carls nach Amerika gewesen sei, ob grosse Szenen oder eine böse Stimmung im Hause darauf vorbereitet hätten? Sie sagte, nichts dergleichen sei der Fall gewesen; es hätte nur geheissen, dass Carl bis zur Matura privat weiter studieren solle, und er schien so lustig wie immer. Als er vermisst wurde, dachte man zuerst an einen Unfall; der Polizei wurde sein Bild gegeben und alle waren überzeugt, er müsse bestimmt bald gefunden werden. Gerade in diesen Tagen war der Eisenbahnverkehr durch starke Schneeverwehungen stark behindert und das schien der Polizei sehr günstig; als aber die Zeit verstrich, ohne dass eine Spur sich zeigte, da wurden die Sorge und Angst immer grösser und schliesslich durfte vor den Eltern der Verschollene gar nicht mehr erwähnt werden.

Die erste Nachricht, die nach fast einem Jahr aus Amerika kam – ein paar ganz lakonische Zeilen –, war nicht an die Eltern oder Geschwister, sondern an den Verwalter von Vösendorf gerichtet, einen sehr netten jungen Mann, mit dem Carl gut gestanden war. Im Frühjahr darauf kam Carl nach Hause und Tante Fine sagte, dass er sehr schlecht ausgesehen habe und dass ihm und seinen Kleidern die Strapazen und Entbehrungen anzusehen waren, die er durchgemacht hatte. Er kam den Geschwistern ganz verändert und entfremdet vor, auch schien er weder deutsch noch englisch richtig sprechen zu können, sondern mischte beide Sprachen in seinen Sätzen. Das Deutsch hatte er vielleicht wirklich verlernt und das amerikanische Englisch war seinen Geschwistern so ungewohnt, dass sie es gar nicht für richtiges Englisch halten mochten. Auch mein Onkel Louis erzählte mir, dass mein Vater ganz verändert, förmlich apathisch zurückgekommen sei, als habe er direkt einen Choc erlitten. Das deckt sich mit dem, was ich den „Sprung" in seinem Wesen nannte, und man müsste wohl richtiger sagen, mein Vater hatte eine schwere Krise durchgemacht, in die gewiss nicht einmal er selbst den richtigen Einblick hatte.

Er brauchte dringend eine Erholung und wurde auf das Pachtgut Deutsch-Kreuz geschickt, um sich vorläufig in der Landwirtschaft zu betätigen. Dort erholte er sich auch wirklich sehr rasch, kam bald nach Wien zurück, wo er die Technische Hochschule besuchte. Von da an, sagte Tante Fine, wurde mein Vater überall gelobt, wo immer und wie immer er sich betätigte. Seine Begabung, Energie und Fleiss wurden überall hervorgehoben, und die Leute kamen zu den Eltern, es ihnen zu erzählen. Seine Mutter war sehr stolz und froh darüber, aber sein Vater war zu sehr in die Widerwärtigkeiten eingesponnen, die ihm das früher erwähnte Gut Klenownig bereitete, als dass er diesen Umschwung noch hätte recht geniessen können.

Ich glaube, dass wohl noch etwas anderes, wichtigeres dabei mitsprach. Vater und Sohn waren einander von jeher fremd geblieben, sie waren von zu verschiedener Wesensart, als dass sich zwischen ihnen ein harmonisches Verhältnis hätte entwickeln können. Wenn ich z.B. in einem Brief meines Grossvaters an seinen Sohn Paul eine Stelle wie diese lese: „ich bemerke Dir dann noch folgendes: die gesandten Cigarren sind für Dich und Du muckst Dich nicht, sondern rauchst sie in Liebe und Freundschaft", so spüre ich deutlich, dass dieser herzliche Ton seinem Sohn Carl gegenüber gewiss nie angeschlagen wurde. Eine gewisse Steifheit und Förmlichkeit, die meinem Grossvater in seinen Umgangsformen eigen war, wurde nicht durch Wärme überbrückt, sie stiess Carl, der das gerade Gegenteil von steif war, ab, reizte ihn wohl auch, besonders ungezwungen zu erscheinen. Jedenfalls verstehe ich, dass eine Kluft, wie sie durch die Flucht aus dem Elternhaus zwischen diesen beiden Menschen gerissen war, sich nicht so einfach schliessen konnte.

Nun lasse ich wieder meinen Vater in den autobiographischen Notizen sprechen:

> Nach Deutsch-Kreuz zur Ökonomie bis zum Herbst 1867.
> Nach Wien an die Technik. Nur Vormittag an der Technik, am Nachmittag in der Fabrik der Staatsbahn gearbeitet.
> 1868–69 bei Sigl (Maschinenfabrik) schon mit kleinem Gehalt als Zeichner.
> 1869–Mitte 1870 als Assistent in Neuberg und Maria-Zell angestellt.
> Herbst 1870 in Triest beim Schiffbau Adriatico Navale.
> Winter 1870 bis Frühjahr 1871 bei einem Zivil-Ingenieur in Wien angestellt, als Fachmann im Turbinenbau, von dem ich beinahe nichts verstand.
> Frühjahr 1871 zur ungarischen Nordostbahn engagiert. Bis Herbst 1872 abwechselnd auf der Strecke, hauptsächlich Szatmar, oder im Bureau Budapest beschäftigt.
> 1872 nach Ternitz, wo Paul Kupelwieser Direktor war, um Pläne für das Teplitzer Walzwerk zu zeichnen.

***

Mit dem Ergreifen des technischen Studiums hatte sich meinem Vater endlich die ihm gemässe Laufbahn eröffnet.

Er absolvierte die Studien an der Technischen Hochschule allerdings nicht in der üblichen, vorgeschriebenen Weise, – man möchte sagen: selbstverständlich nicht in der üblichen Weise, – sondern eignete sich die Kenntnisse an, die er zu brauchen glaubte und ging gleich zur verschiedenartigsten Praxis – Schiffbau, Turbinenbau, Bahnbau – über. Beim Bahnbau in Ungarn konnte er sich mit den ungarischen Arbeitern kaum verständigen. Es drehte sich die Diskussion aber meist doch nur um zwei Worte: „nemlehet" („es geht nicht") klagten die Arbeiter, und „lehet" („es geht") befahl mein Vater, und es musste gehen und ging auch. Seine Energie war von unglaublicher Stosskraft, er erscheint mir wie eine Feder, die plötzlich von übermächtigem Druck befreit, ihre ganze Kraft entfaltet.

Dabei konnte meinem Vater auch oft ein ganz gehöriger Schalk im Nacken sitzen, der zu seiner sonstigen energischen Geradheit kaum zu passen scheint, dessen Eingebungen ihm selbst aber bis ins Alter den grössten Spass bereiteten, ich meine seine Freude an „Aufsitzern" aller Art, und eine kleine Geschichte aus der Ternitzer Zeit wird das gut illustrieren. Von einigen jungen Leuten war ein Picknick verabredet worden, zu dem jeder Teilnehmer Butterbrot, Wurst, kaltes Fleisch etc. beisteuern sollte. Der junge Ingenieur Wittgenstein erschien aber auf dem Picknickplatz scheinbar ohne etwas mitzubringen und behauptete, seine Freunde würden ihn schon ernähren, was diese natürlich rundweg abschlugen; er wurde nur von allen Seiten seiner Faulheit wegen gehänselt. Als es ans Essen ging, zog er – ein Glas Senf aus der Tasche und stellte es vor sich hin. Senf schmeckt zu Wurst und kaltem Fleisch ausgezeichnet, und Jeder hätte gerne etwas Senf gehabt, Wittgenstein tauschte ihn aber nur gegen andere Ware und schliesslich hatte er mehr als die Andern und Spass hatte er ihnen obendrein gemacht. Bei ähnlichen „echt Carl'schen Ideen" pflegte seine Mutter lächelnd mit dem Finger drohend zu sagen: „Der Carl hat eine <u>Wendin</u> zur Amme gehabt!"

Ich denke mir jetzt, eine gute Idee ist eine Art geistigen Senfs, wer sie hat, der hat schliesslich mehr als die Andern. Aber Senf allein tut es auch nicht, die reelle Unterlage gehört auch dazu, und im Fall Carl Wittgenstein verstehe ich darunter den Fleiss und den Ernst. Oft wurde mir erzählt, dass für meinen Vater, als er noch Ingenieur am Teplitzer Walzwerk war, Tag und Nacht, Werktag und Feiertag keinen Unterschied machten, er war immer wieder im Werk zu finden. Besonders prägte sich den Leuten eine Situation ein, die sich mehrfach wiederholte: mein Vater geht am Sonntag im hellen Sommeranzug durch das Werk; da fällt ihm etwas an einer Maschine auf, oder es wird ihm irgend ein Defekt gemeldet, sofort kriecht er unbekümmert um Russ und Schmieröl herum, wo es ihm nötig dünkt, und ruht nicht eher als bis der Schaden behoben ist, mag er selbst auch wie ein Rauchfangkehrer aussehen.

Wer die autobiographischen Notizen bis zum Ende liest, der wird sich vielleicht ein paarmal des Senfglases von Ternitz erinnern und die reelle Unterlage wird er auch nicht vermissen.

2.

Die letzte der zitierten autobiographischen Notizen hat gelautet: „1872 nach Ternitz, wo Paul Kupelwieser Direktor war, um Pläne für das Teplitzer Walzwerk zu zeichnen." Mit dieser Jahreszahl 1872 fängt eine neue und wichtige Periode unserer Geschichte an, neue Namen tauchen auf.

Der Flügel des Laxenburger Schlosses, in dem seinerzeit die sächsischen Offiziere untergebracht waren, wurde im Jahre 1872 einem Major von Bruckner als Dienstwohnung zugewiesen, während der übrige grössere Teil des Schlosses von Wittgensteins bewohnt wurde. Die junge Frau des Majors machte der Frau Wittgenstein Besuch und Tante Clara beschreibt in einem Brief an eine Schwester sehr humorvoll die Staatsvisite, die ihre Mutter in Erwiderung machte und die selbstbewusste Würde, in der sich die beiden Damen überboten. Dann fährt sie fort: „… Ganz entzückt ist Mama aber von der jüngeren Schwester der Majorin. Klug, heiter, musikalisch, spielt beneidenswert vom Blatt …" Diese jüngere Schwester war Poldy Kalmus, nachmals meine Mutter, und ihr Klavierspiel brachte sie mit Carl zusammen, der mit Freude und Temperament die Geige spielte.

Leopoldine Wittgenstein geb. Kallmus

Als meine Mutter in nähere Berührung mit der Familie Wittgenstein kam, war die Zeit der grossen Sparsamkeit lange vorüber; mein Grossvater hielt jetzt darauf, dass die Töchter im Seidenkleid zum Mittagessen kamen, und er selbst führte eine von ihnen zu Tisch, wo es ziemlich feierlich zuging. Da wundert es mich nicht, wenn meine Mutter, der dieses Zeremoniell fast unheimlich war, nach der ersten Einladung erklärte, nicht zehn Pferde brächten sie mehr in dieses Haus! Wie erwähnt gelang das aber der Musik auf weniger gewaltsame Weise. – Meine Mutter kam ja aus wesentlich einfacheren Verhältnissen als Wittgensteins, die fast alle einen Zug ins Grosse hatten, vermutlich hervorgerufen durch das Leben auf den grossen Gütern. Die Freude meines Vaters z.B. an übergrossen und überhohen Zimmern führe ich auf seine frühen Schlosseindrücke zurück. In späterer Zeit erzählte mir meine Mutter oft, wie wunderschön die Wittgensteinschen Töchter waren und wie unbeschreiblich elegant sie ihr vorkamen, wenn sie Sonntags über den grossen Platz in den Park gingen. Dagegen bewunderten Carls Schwestern Poldys Charakter, ihre Selbstlosigkeit, ihre grosse musikalische Begabung, und man kann wirklich sagen, dass sie ihr Hochachtung entgegenbrachten.

Eine herzliche und dauernde Freundschaft verband Poldy Kalmus bald mit den Schwestern Clara und Fine, besonders mit der Ersteren, der ihr gleichaltrigen Clara.

Diese ist vielleicht Carls Lieblingsschwester zu nennen; an sie richtete er aus Ternitz und Teplitz, seinen Arbeitsstätten, allerhand spasshafte Briefe, die aber in einem wesentlichen Punkt äusserst ernst gemeint sind. Wegen dieses einen wesentlichen Punktes zitiere ich hier einige davon. Gleich das erste kleine Billett aus Ternitz an Clara gerichtet sagt schon alles:

Ternitz 27. April 1872

Herzliebes Schwesterlein
Möchtest so gut sein
Fräulein Poldy zu fragen,
Ob es ihr würde behagen
Montag Abend's mit mir
zu spielen am Clavier.
Und sagt sie Dir „Ja"
Gleich schreib mir's Clarà
Denn Warten tut weh
Deinem Bruder Carl. Adie

Clara Wittgenstein

Am 1. Oktober 1872 schreibt Carl an Clara aus Teplitz dann folgende Predigt im Stil und in der Aussprache eines der Familie Wittgenstein bekannten protestantischen Geistlichen.

Liebe Clara! Mit diesen Worten, (Geliebte!) beginnet unser heutiges Evangelium Karolus Kap. I, 1ter Vers und in diesen Worten liegt begraben der ganze Schatz der ungeheuren Liebe, und aus diesen Worten sbringt heraus der ganze Born der Sehnsucht nach einem besseren Wesen und einem söneren Dasein, und durch diese Worte gibt sich uns der Evangelist ganz und unverhohlen und doch so smucklos und unverfälst zu erkennen.

Man sacht auch in dem gewöhnlichen Menschenleben oft und gedankenlos: Lieber Freund, oder lieber Bruder, oder liebe Swester! Aber der Evangelist sacht: „Liebe Clara!" und sacht nicht Clara, weil sie ihm ein Freund oder ein Bruder ist, oder eine Swester, nein! Clara ist ihm die Personifikation und das Bild des Guten und des Sönen und der Liebe und der Unsuld, von der der Herr sbricht: Sie entsteht nie, und sie vergehet nie, denn sie ist die Liebe des Herrn!

Und der Apostel sacht weiter: „Liebe Clara warum sreibst Du nicht?"

Um diese Worte ganz zu erfassen und in uns aufzunehmen (Geliebte!) müssen wir den Seelenzustand und die Gemüthsbesaffenheit des Apostels prüfen und wir slagen auf in dem Buche des Gedächtnisses, wo es also gesrieben steht: „Und es geschah, dass der Urlaub zu Ende ging und er nahm den Koffer und das Geld, so er gesammelt hatte und zog gen Teplitz allwo er arbeitete; aber sein Herz war traurig und betrübt. Und als vier Wochen um waren, da kam die Sehnsucht über ihn, die Sehnsucht von der gesrieben steht: „Wer Dich nicht kennt, der weiss nicht was ich leide." So sacht die heilige Srift.

Das, Geliebte, war der Seelenzustand und die Gemüthsbesaffenheit des Apostels und in diesen Smerzen und in dieser Traurigkeit zündet er die Cigarre an und sbricht: „Liebe Clara, warum sreibst Du nicht?"

In dem irdischen Wandeln geschieht es oft, dass man betrübt und traurig wird, aber der swache Mensch verliert dann die Geduld und den Muth und die Bildung und den Anstand und ruft aus: Ihr faulen Mägde!, Ihr faulen Knechte! oder sbricht noch schlechtere Sachen, aber der Apostel sreibt: „Liebe Clara, warum sreibst Du nicht?" Kein Vorwurf und wäre er noch so begründet und kein Tadel und wäre er auch verdient und keine Rüge, die verletzen könnte. Nein! Nichts von alledem, der Apostel sacht: „Liebe Clara, warum sreibst Du nicht?" Und gibt uns damit ein Beispiel und eine Lehre und eine Richtsnur an der wir uns immer halten können, eine Richtsnur von der gesrieben steht: „Sie führe den Bogen mit Zeichen der Srift ein ins Postkastel zum ewigen Leben!" So lasset uns denn diesem Beispiel folgen und diese Richtsnur uns führen und lasset uns alles sreiben; wie es uns geht und wie es ihr geht und was sie gesrieben und was sie gesacht und was Papa und Mama machen und wie es Fine geht und lasset uns nichts vergessen, auf dass erfüllet werde was gesrieben steht: „Und es war Freude unter den Engeln und Friede zwischen den Menschen!"

Ammen!
Teplitz den 1. Oktober 1872

Dann kommt ein Brief aus Teplitz, dessen Anfang ich wegen des „Wesentlichen Punktes" bringen wollte; der Rest bezieht sich auf die viel- und liebgenannte Fine, gehört also eigentlich nicht hierher, er ist aber so charakteristisch für den Schreiber und für die Beschriebene, dass ich mirs doch nicht versagen kann, ihn herzusetzen. Eine Reise, die Carl beruflich unternehmen musste, hat ihn verhindert, zu Fines Hochzeit zu kommen, darauf bezieht sich eine Stelle des Briefes. Er lautet:

Teplitz den 25. July 1872

Liebes Clärchen!
Ich bin ein Ungeheuer! Es sieht mir's niemand an, aber ich bin's. Mondenlanger Staub bedeckt einen Brief der Besten aller Schwestern (sowie Menschen weiblichen Geschlechtes überhaupt) in mir aber regt sich keine Stimme, die mir zuriefe: Ungeheuer! Wenn Du schon von des Daseins Faulheit so durch und durch durchsickert bist, rührt Dich nicht Deiner tiefverletzten Schwester Wehgejammer, erweicht Dich nicht Deiner Schwester thränendurchweichte Nase? Antworte Schlingel!" Nein, es regt sich in mir keine irgendwie derartige Stimme. Manchmal höre ich etwas in meinem Inneren, das sieht aber keiner Stimme gleich.

Liebe Clara! Du Priesterin am Altare meiner Gottheit, Du Vermittlerin zwischen der Gottheit und dem sündigen Staub, wende Dich nicht mit Abscheu von mir ab. Versuch's noch einmal. Ein alter Sünder, sagt die heilige Schrift, ist besser als gar keiner (neuer Übersetzung) und ich gestehe es, ich bin ein Sünder, ein Undankbarer, ein Gottverlassener, ein Elender, ein Unglücklicher, ein Ungeheuer! Ich schicke Dir anbei einen Brief an mich, in dem Du nur wenige Worte zu schreiben brauchst. Schicke ihn aber gleich ab. Gleich! Hörst Du?

Wenn mir Paul nicht in einem Brief von den Geboten der Klugheit geschrieben hätte, so wäre ich wahrscheinlich mit Anfang des nächsten Monates bei Euch gewesen. Ich hatte mir schon so vieles von Fines Hochzeit vorphantasiert, dass es mir komisch vorkömmt, dass das alles nicht sein wird. Ich hatte sogar schon den Toast fertig, den ich auf jeden Fall gesprochen hätte; ich hatte schon die Crawatte gebunden, als wenn ich vor Fräulein Poldy erscheinen würde, fein und doch légère. Es ist nicht gelogen, dass ich mir seit mehreren Wochen täglich die Zähne geputzt habe nur um der Milly ihr Staunen zu erregen.

Dass Fine heiratet, ist eigentlich schade, obwohl mir eine verheiratete Schwester so lieb wie eine ledige ist. Sie hat zwar ihre Marotten gehabt, es ist wahr. Wenn sie einen Kuchen gebacken hat und er war noch so speckig, dem er nicht geschmeckt hat, der hatte halt keinen Geschmack und wollte sie eine Visite machen, dann war für sie Markttag und sie musste einkaufen gehen, und was derartige Finessen mehr waren; aber hingegen war sie auch ein gutes fideles Thierchen. Wenn sie sich mit der Rückseite des Zeigefingers der rechten Hand die rechte Seite ihrer Nase rieb, derweile die linke Hand dasselbe an der linken Rückseite ihres eigenen Ich's probierte, so war man sicher, sie in einer Stimmung zu finden, in der sie ein Ohr für die Leiden des Magens, ein Herz für die Leiden der Sehnsucht hatte. Es ist wahr, zur Verfeinerung der Umgangssprache hat sie nicht viel beigetragen. Worte wie: Viehkerl, Hundekälte, saudumm und was dergleichen unmanierliche Ausdrücke mehr sind, rühren ganz allein von ihr her, was die liebe Mama zu jeder Zeit bezeugen wird. Hingegen hat sie aber auch durch die hohe Ausbildung in der Gesangskunst und den schwunghaften Betrieb der Bekanntschaften mit Gesangs-Capacitäten aller Art ihre Geschwister und die nächstliegende Menschheit veredelnd angeregt. Ich speziell habe dies noch immer in dankbarer Erinnerung.

Ich will Dir, liebe Clara, nicht nahetreten, aber wenn die Fine einladen gegangen ist, dann hat es geheissen: „Der Bien muss!"

(Diesen reichsdeutschen Ausdruck habe ich mir so erklären lassen: ein Bauer prahlte, er habe Bienen gezüchtet, so gross wie ein Glied seines Daumens, und auf die Frage, wie denn diese Bienen durch das Flugloch kämen, antwortete er einfach: der Bien muss!)

In einem anderen Brief, an den Bruder Paul, heisst es aber wieder sehr dringend: „... Was macht mein Clärchen? Hat sie schon Antwort auf ihre Antwort bekommen? O Santa Clara erbarme Dich meiner und schreibe mir etwas!" Und jetzt folgen zwei autobiographische Notizen, die wieder eine neue Phase einleiten werden:

Herbst 1873 nach Teplitz als Ingenieur zum Bau des Walzwerks.
September 1873 verlobt (ungefähr 1200 fl Gehalt jährlich) und am 14. Februar 1874 geheiratet.

Endlich also war es so weit! In Alt-Aussee auf einem schönen Spaziergang waren die entscheidenden Wort[e] gesprochen worden, und meine Mutter hat bis zu ihrem Tod ein Sträusschen Herbstblumen von diesem Verlobungsspaziergang aufbewahrt; ich besitze es noch.

Drei Briefe, an Poldy Kalmus anlässlich ihrer Verlobung gerichtet, sollen hier folgen. Sie stammen von Carls Mutter, seinem Vater und seiner Schwester Fine und sie sind in ihrer ganz unkonventionellen Art äusserst aufschlussreich. Sehr schön ist die Freude der Mutter. Ihre Menschenkenntnis lässt sie in der Braut des Sohnes seinen guten Schutzgeist vorausahnen, und sie hat sich wahrhaftig nicht geirrt! Sie schreibt:

Liebe liebenswerte Poldy!
Seit lange habe ich in Ihnen eine vortreffliche Schwiegertochter erkannt, seit lange hab' ich mir zu dieser zukünftigen Schwiegertochter gratuliert. Wenn ein gutes, bescheidenes, <u>kluges</u> und gebildetes Mädchen häusliches Glück verdient, so sind Sie es, liebe Poldy.
Carl hat ein gutes Herz, hellen Verstand, aber – er ist zu früh aus dem Elternhaus gekommen.

Die endgültige Erziehung, Regelmässigkeit, Ordnung, Selbstbeherrschung, das, hoffe ich, wird er durch Ihren liebevollen Umgang lernen. So segne Gott dies Bündnis, wie ich als Mutter es von ganzem Herzen segne! Zum Schluss, meine liebe Poldy, nehmen Sie noch meinen besten Dank für die liebevollen Zeilen, die mir wahrhaft wohlgetan haben!

Es grüsst Sie von ganzem Herzen

Ihre Fanny Wittgenstein

Dagegen schreibt der Vater steif und förmlich. Das ist teils aus seiner Menschenscheu und Melancholie zu erklären, teils aber auch aus dem ganz sonderbaren Verhältnis zu dem eigenartigen Sohn. Auch der Brautwahl des Sohnes steht er fremd gegenüber, und dass dieser ihm die bevorstehende Verlobung in der denkbar formlosesten Weise mitgeteilt hat, macht seine Stimmung nicht weicher. Carl war von Teplitz gekommen, hatte den Vater mit starkem Hexenschuss zu Bett liegend angetroffen und sich angetragen, ihm den Rücken zu massieren. Während dieser Prozedur hatte er dann dem Vater ganz einfach mitgeteilt, dass er am nächsten Tag nach Aussee fahren werde, sich das Jawort von Fräulein Kalmus zu holen. (Und das in einer Zeit, in der Väter Heiraten verbieten konnten, wie wir noch sehen werden!) Carl versuchte noch, dem Vater von den schönen Charaktereigenschaften seiner Braut zu erzählen, doch dieser sagte nur trocken: „So sind sie alle, aber nachher häuten sie sich!" Nun folgt der Brief:

Geehrtes Fräulein!

Mein Sohn Carl ist von seiner frühesten Jugend an, im Gegensatz zu seinen Geschwistern, seine eigenen Wege und schliesslich nicht zu seinem besonderen Nachteil gegangen. Auch um meine Einwilligung zu seiner Verlobung mit Ihnen, geehrtes Fräulein, hat er mich erst gebeten, als er auf der Reise zu Ihnen vorgesprochen hatte. Da er so voll Ihres Lobes ist, in das auch

seine Schwestern mit Wärme einstimmen, so habe ich mich nicht für berechtigt gehalten, ihm irgend welche Schwierigkeiten zu machen und wünsche ich von Herzen, dass Ihre und seine Wünsche und Hoffnungen auf eine glückliche Zukunft in Erfüllung gehen mögen. Dieser Ausdruck meiner aufrichtigen Gesinnungen wolle Ihnen genügen, bis mir Gelegenheit geboten sein wird, Sie persönlich kennen zu lernen.
      Ihr ergebener
          H. Wittgenstein

Wien, den 16. September 1873
    Fräulein Leopoldine Calmus
      Wohlgeb.
            Aussee

Nach diesem steifen Brief des Vaters, der seinen anderen Briefen so ganz unähnlich ist, tut es mir wohl, die warmen Worte Fines hersetzen zu können. (Sie hatte inzwischen geheiratet.)

      Liebe theure Poldy!
Sei herzlichst begrüsst Du liebe theure Braut und nimm die herzlichsten Glückwünsche von Muck und mir! Wir alle kennen Dich und Dein schönes treues Gemüth und sind überglücklich zu wissen, dass unser lieber Carl Deiner werth ist, dass er Dich lange, lange treu geliebt hat! Dieses schöne Wort durften wir alle bisher nicht aussprechen und heute ist es wie eine Erlösung liebe Poldy, es auszusprechen: Carl und Poldy lieben sich! ...

Sehr belustigend ist es, dass Poldy Kalmus bald nach ihrer Verlobung von einer ihr bekannten Dame mit den Worten angesprochen wurde: „Sie sind doch jetzt gut bekannt mit der Familie Wittgenstein, sagen Sie, was ist denn aus dem missratenen Sohn geworden?" Gerne hätte ich das Gesicht der Dame bei der unerwarteten Antwort gesehen: „Der ist ja gerade mein Bräutigam", aber ebenso gerne auch die herzgewinnende Freundlichkeit gehört, mit der Poldy gewiss die Verlegenheit der Anderen zu bannen wusste. – Nein, missraten war Carl in keiner Weise, aber er war ein eigenwilliger junger Mann, geladen mit Energie, und wenn diese „Geladenheit" Poldys bedächtigem ehemaligem Vormund und Vermögensverwalter und ihrer Mutter ein wenig bange machte, so ist ihnen das nicht einmal zu verargen.

3.

Als Poldy Kalmus sich verlobte, war ihr Vater schon gestorben und sie lebte mit ihrer Mutter in sehr behaglichen Verhältnissen ein sehr ruhiges Leben. Mit ihrer Heirat war ihre Ruhe allerdings dahin, denn Ruhe und Carl Wittgenstein waren zwei einander ausschließende Begriffe. Ich erinnere mich aus meiner Kinder- und Jugendzeit, dass meine Mutter oft, wenn mein Vater aus seinem Beruf nach Hause kam, leise warnend zu uns Kindern sagte: „Der Papa ist heute sehr aufgeregt." Sie war ganz die Frau, seiner Aufregung die freundlichste Ruhe, seiner Ungeduld die unerschöpflichste Geduld entgegen zu setzen, und so war es vom ersten Tag an gewesen, ja buchstäblich von der ersten Minute an. Ein Beispiel: wer meinen Vater kannte, der weiss, dass es ihm <u>unmöglich</u> gewesen wäre, an der Spitze des Hochzeitszuges, angestarrt von fremden Leuten, mit seiner jungen Frau von der Kirche zu fahren; er wollte so rasch wie möglich nach der Trauung davonfahren und befahl das auch dem Kutscher. Der Kutscher hätte sich aber in seiner Ehre gekränkt gefühlt, wenn er nicht an der Spitze des Hochzeitszuges hätte fahren können, er zögerte also, trotz des wiederholten

Befehls. Da rief mein Vater: „Zum Teufel hinein! So fahren Sie doch!" und trommelte dermassen an die Scheibe, dass sie zerbrach und ihm die Hand zerschnitt. Und so begann der zärtlichste Ehemann seine Ehe, denn mein Vater war unendlich zärtlich gegen seine Frau, seine „Herzensalte", wie er sie vom ersten Augenblick bis zum letzten genannt hat. Er war ihr ja so dankbar für ihre immer gleichbleibende Ruhe und Geduld, mit der sie seiner Aufgeregtheit begegnete.

Man sollte denken, dass ein Ingenieur an einem relativ kleinen Walzwerk keine grossen Aufregungen durchzumachen hat, aber schon die nächsten autobiographischen Notizen geben mir zu denken; sie lauten folgendermassen:

Im Herbst 1874 meine Stellung niedergelegt wegen Streitigkeiten zwischen dem Präsidenten des Verwaltungsrates Direktor Pechar und /Direktor/ Paul Kupelwieser.

Ohne Stellung in Eichwald bei Teplitz gewohnt. Am 1. Dezember 1874 erstes Kind Mining zur Welt gekommen.

Leopoldine Wittgenstein mit dem erstgeborenen Kind Hermine (Mining)

***

Gewiss waren der Niederlegung der Stelle grosse Aufregungen vorangegangen, und ein Dasein ohne Stellung mit einer jungen Frau und einem kleinen Kind mag aufregend genug gewesen sein! Ein x-beliebiger simpler Ingenieur hätte wohl auch nicht so eindeutig für den Direktor Stellung genommen bei Streitigkeiten im Direktionsrat, aber die Tätigkeit meines Vaters war offenbar schon eine viel umfassendere, das kann man aus den späteren autobiographischen Notizen unschwer herauslesen. Zunächst heisst es dort aber nur: „Im Sommer 1875 nach Wien gezogen; infolge Zeitungsnotiz als Ingenieur bei Zivilingenieur Prohaska eingetreten."

Als der Entschluss gefasst war nach Wien zu ziehen, fuhr mein Vater dorthin, um eine Wohnung zu suchen. Meine Mutter hatte ihm völlig freie Hand gelassen, nur zwei dringende Bitten hatte sie ausgesprochen: die Zimmer sollten alle in <u>einem</u> Stockwerk liegen, – in Eichwald war nämlich eine viel zu grosse Villa bewohnt worden und das hatte das Beaufsichtigen des einen Dienstmädchens sehr erschwert, – und die Wohnung sollte nicht weit entfernt vom Parkring liegen, wo die Mutter wohnte. Diese litt ja sehr unter der Trennung von ihrer Lieblingstochter, von der sie früher liebevollst verwöhnt worden war, und die Tochter freute sich schon darauf, jede freie Minute der Mutter widmen zu können. Als mein Vater nach Eichwald zurückkam, war er etwas kleinlaut und sagte seiner Frau, <u>ganz</u> nach ihrem Wunsch sei die Wohnung wohl nicht! Er hatte nämlich in seiner Vorliebe für Schlösser so ziemlich das Gegenteiligste und das Unpraktischste gemietet, das in Wien zu haben war: ein reizendes kleines zweistöckiges Schlösschen neben dem Meidlinger Eingang zum Schönbrunner Park gelegen und im Volksmund die „Xaipe-Villa" geheissen, wegen der Inschrift „XAIPE", die es in griechischen Lettern trägt.

Die XAIPE- Villa

Meidling war damals, als es nur durch den Stellwagen mit der inneren Stadt verbunden war, fast so weit vom Parkring entfernt wie heute etwa Baden von Wien. Die Zimmer lagen <u>nicht</u> in einem Stockwerk, und die Beaufsichtigung des einen Dienstmädchens war noch mehr erschwert durch die Anziehung, die die prächtigen Gestalten der zwei beim Parktor aufgestellten Burggendarmen ausübten. Die Zimmer gruppierten sich um einen unbewohnbaren hohen Saal, der durch fast zwei Stockwerke ging, wie das bei österreichischen Schlössern oft der Fall ist, und als das erste Weihnachtsfest in der neuen Wohnung gefeiert werden sollte, war es der Wunsch meines Vaters, den Christbaum in diesem Saal aufzustellen. Es war zwar als einzige Heizungsmöglichkeit nur ein hoher Marmorkamin vorhanden, mein Vater heizte aber schon einige Tage und Nächte vorher mit so grosser Energie, dass der Fussboden vor dem Kamin zu rauchen begann; die Kälte war trotzdem stärker als er, er musste auf den Saal verzichten. In diesem Schlösschen, von dem ich keine Erinnerung bewahre, wohnten wir vier Jahre, und meine beiden Brüder Hans und Kurt wurden dort geboren.

Kurt Wittgenstein

Übrigens muss ich noch erwähnen, dass mein Vater in der ersten Zeit seiner Ehe sogar versucht hatte, seiner Frau im Haushalt zu helfen, z.B. beim Abtreiben einer Biskuitmasse, der Kochlöffel war aber sofort in zwei Stücke zersprungen, worauf meine Mutter es vorzog, die Arbeit selbst zu verrichten. Ein andermal hatte er sich angetragen, das Abendessen für einige Gäste in der Stadt zu besorgen, weil meine Mutter sich nicht wohl fühlte; sie bat ihn „etwas Kaltes" mitzubringen, war aber nicht darauf gefasst, dass er gleichzeitig mit den Gästen und mit einem ungebratenen Huhn erscheinen werde. Seine Begabung lag offenbar nicht auf diesem Gebiet.

Die folgenden autobiographischen Notizen werden den raschen Aufstieg des jungen Ingenieurs bis zu dem Punkt zeigen, wo er neben seiner technischen Begabung auch seine kaufmännische in den Dienst des Teplitzer Walzwerks stellen konnte. Diese Vereinigung des <u>Technikers</u> mit dem <u>Kaufmann</u> war es gerade, die meinem Vater das Übergewicht über Andere verlieh, und er selbst war so bis zur fixen Idee von der Schönheit dieses Doppelberufs durchdrungen, dass er mir einmal allen Ernstes erklärte, nur die Unkenntnis davon bringe junge Leute überhaupt dazu, einen anderen zu wählen!

Autobiographische Notizen:

Bis 1878 in Meidling X A I P E – Villa gewohnt.
Im Jahre 1876 ist der Präsident Pechar zurückgetreten und ich wurde in den Direktionsrat des Teplitzer Walzwerks gewählt mit kommerzieller Tätigkeit in Wien. Karl Wolfrum und Wessely, die schon seit der Gründung des Unternehmens im Jahre 1872 Verwaltungsräte waren, hatten meine Wahl durchgesetzt. Sie hatten mich kennen gelernt als ich noch Ingenieur des Teplitzer Walzwerks gewesen war.
1877 hat Paul Kupelwieser seine Stelle als Direktor des Teplitzer Walzwerks aufgegeben und ich wurde, – wieder auf Vorschlag von Wolfrum und Wessely – Direktor mit Sitz in Wien.
Alle Geschäfte sind zu dieser Zeit sehr schlecht gegangen. Nachwirkungen des Krisenjahres 1873.
Im Jahre 1878 russisch-türkischer Krieg. Ich wollte die Schienenbestellung für die russische Armee, Bahnstrecke Bender – Galatz bekommen. Um diesbezüglich mit dem russischen Staatsrat Poljakoff zu verhandeln, fuhr ich nach Kiew, wo ich ihn nicht

mehr antraf, dann nach Bender, schliesslich fand ich ihn in Bukarest. Er hatte dort eine Villa gemietet und war schon in Verhandlungen mit einer Menge von Vertretern anderer grosser Werke wie Krupp etc. Poljakoff wollte schwere Schienen haben, wie sie in Russland bei den Bahnen gebräuchlich sind. Er wollte aber nur einen niedrigen Preis dafür zahlen und überhaupt nur zahlen, was zu einer ganz bestimmten Zeit in Bukarest geliefert wäre. Das Teplitzer Walzwerk hatte zu dieser Zeit eine grosse Menge leichter Schienen fertig gewalzt, die vom Handelsministerium für sogenannte Notstandsbauten in Schlesien bestellt worden waren. Ich hoffte vom Handelsministerium erreichen zu können, dass wir die Schienen erst zu einem späteren Termin zu liefern brauchten und dass uns inzwischen die fertigen Schienen zur Verfügung ständen.

Ich ging zu Poljakoff und sagte zu ihm: „Exzellenz, hier geschieht eine grosse Dummheit! Für Ihre Bahn, die nur drei Monate benützt werden wird, brauchen Sie gar keine schweren Schienen, die an und für sich und durch den erschwerten Transport viel kosten. Ich kann Ihnen leichte Schienen liefern, die den Zweck ganz erfüllen und bei denen Sie viel ersparen." Das leuchtete ihm ein und er sagte: „Rechnen Sie mir aus, wieviel ich ersparen würde." Ich wurde in ein Zimmer geführt und rechnete so gut ich konnte aus, wieviel die Ersparnis per Pud und Werst ausmachen würde. Poljakoff war sehr befriedigt von dem Ergebnis dieser Berechnung und die Schienenbestellung wurde gleich perfekt gemacht. Wolfrum besorgte die Angelegenheit mit dem Handelsministerium sehr gut und erreichte, dass uns die Schienen zur Verfügung gestellt wurden.

Bei der Ankunft der Schienen in Bukarest musste ich anwesend sein, um das Geld zu erhalten. Inzwischen fuhr ich die grösseren Stationen der Strecke ab und versprach den Bahnbeamten Belohnungen, für den Fall des raschen, ungehinderten Transportes der Schienen nach Bukarest. Als die ersten Schienen ankamen, erhielt ich von Poljakoff einen Wisch Papier, auf dem stand: „Baron Günsburg in Paris zahlt an den Überbringer folgende Summe ... aus." In Wien machten sie Schwierigkeiten bei der Vorzeigung des Zettels, aber Wolfrum fuhr damit nach Leipzig und erhielt anstandslos das Geld ausgezahlt. Für mich war die untätige Warterei in Bukarest sehr unangenehm. Ich hatte ausserdem gemerkt, dass Poljakoff noch mehr Schienen brauchte, aber selbst nicht wusste wieviel. Ich stellte daher Poljakoff vor, wieviel besser es auch für ihn wäre, wenn er die Zahlungsart vereinfachte, z.B. durch Wechsel, für die ich ihm Formulare – eines schon französisch übersetzt – brachte. Ich brauchte dann nicht in Bukarest auf das Geld zu warten, sondern konnte die Sache in Teplitz betreiben. Ich machte ihm den Vorschlag, von jetzt ab leichte Schienen für ihn walzen zu lassen bis er telegraphieren würde, er habe genug. Er war damit einverstanden. Ich fuhr nach Teplitz und jetzt wurden Tag und Nacht Schienen gewalzt. Endlich kam ein Telegramm mit der Anfrage, wie viel Schienen fertig seien? Wir nannten die Anzahl und noch etliche Tausend dazu und es kam die Antwort: „Genug." Diese Schienenlieferung war ein grosses Glück für das Teplitzer Walzwerk, das vorher in grosser Not gewesen war. Seit dieser Zeit ist es dem Werk successive besser gegangen.

***

Die Idee mit den „leichten Schienen", durch die mein Vater für das kleine Teplitzer Walzwerk eine Bestellung erlangte, um die sich Krupp und andere grosse Werke beworben hatten, diese Idee erinnert mich an das Senfglas von Ternitz, und wenn ich die unmittelbar folgenden autobiographischen Notizen hier anschliessen könnte, so würde diese Erinnerung noch mehrmals auftauchen. Ich kann aber diese Notizen hier nicht bringen, sie würden als die Äusserungen eines grossen Geschäftsmannes das Gefüge dieser harmlosen Aufzeichnungen sprengen. Ich muss sie daher, so interessant ich sie finde und so unerlässlich sie für die Kenntnis der Persönlichkeit meines Vaters sind, schweren Herzens in den Anhang verweisen und versuchen, die Lücke durch folgende Darstellung in meiner eigenen schwachen Weise zu überbrücken.

Das Teplitzer Walzwerk nahm unter der Leitung Carl Wittgensteins einen raschen Aufschwung und überflügelte seine beiden weit grösseren Konkurrenten, die Prager Eisenindustriegesellschaft und die Böhmische Montangesellschaft. Im Jahre 1879 wurde das Thomas-Verfahren erfunden; es besteht im Wesentlichen darin, phosphorhältigem Roheisen den überschüssigen Phosphor zu entziehen und diesen an eine Schlacke zu binden. Auf diese Weise wird aus minderwertigem, billigem Roheisen ein Eisen erzeugt, das ausgezeichneten Stahl liefern kann. Carl Wittgenstein erwarb dieses Patent zuerst für das Teplitzer Walzwerk, dann für <u>ganz Böhmen als Monopol</u>, um vor jeder Konkurrenz sicher zu sein. Die Prager Eisenindustriegesellschaft besass allerdings das Thomas-Patent schon früher, aber sie war so schlecht geleitet, dass sie trotz dieses Vorteils und trotz ihrer Kohlengruben und Erzvorkommen nur stagnierte und ihre Aktien sehr schlecht standen.

Die Aktien des Teplitzer Walzwerks waren zum grössten Teil in Händen dreier Personen, die meinem Vater bekannt waren. Als die Aktien infolge der vorzüglichen Leitung stiegen, begann sich ein Herr Bontoux, der Gründer der Böhmischen Montangesellschaft, dafür zu interessieren und die Hauptaktionäre waren bereit, ihm ihren Besitz zu verkaufen. Meinem Vater konnte das nicht gleichgültig sein; er hatte im Bewusstsein seiner eigenen Tüchtigkeit, von der das Teplitzer Walzwerk sein Leben empfing, selbst Aktien des Werks gekauft, seine Tüchtigkeit konnte sich aber nur bei der Selbständigkeit auswirken, mit der er bis dahin gearbeitet hatte, und wer bürgte nach dem Verkauf der Aktien dafür? Ebenso hatten Mitglieder des Verwaltungsrates, die Herren Wolfrum und Wessely, im Vertrauen auf Wittgensteins Tätigkeit Aktien des Teplitzer Walzwerks gekauft und auch sie fühlten sich bedroht.

Es wurden zähe Verhandlungen zwischen den Hauptaktionären und meinem Vater geführt, dem daran gelegen war, den Verkauf an dritte Personen zu verhindern, und schliesslich schlugen die Hauptaktionäre meinem Vater vor, er selbst solle ihren ganzen Aktienbesitz erwerben. Es handelte sich dabei um eine Summe von 250.000 Gulden, die in fünf Jahresraten zu zahlen waren, eine Summe, über die mein Vater selbstverständlich nicht verfügte. Und trotzdem sagte er „Ja", denn er wusste, was für ihn auf dem Spiele stand und er traute sich die Fähigkeit zu, das Geld durch eigene Kraft zu schaffen. Doch war der Entschluss ein so schwerwiegender, dass, wie ein Augenzeuge mir oft erzählte, mein Vater weiss wie eine Wand war, als er das folgenschwere Wort aussprach. Mit diesem Wort hatte er sich vom Angestellten zum Herrn gemacht, und wie richtig er gehandelt hatte, das zeigten schon die nächsten Monate.

Zunächst teilte er sich mit den Herren Wolfrum, Weinberger, Wessely und seinem Schwager Karl Kupelwieser, die alle vier auf seine Begabung bauten, in den Kauf der Aktien, indem er selbst drei Achtel übernahm; den Rest übernahmen die Anderen nach einem bestimmten Schlüssel, und dieses Verhältnis blieb auch bei allen Transaktionen bestehen, die mein Vater später vornahm. Die erste der fünf Raten, – fünfzigtausend Gulden – sollte schon in den nächsten Tagen gezahlt werden. Da mein Vater kein Geld besass, musste er sich 20.000 Gulden von seiner Frau ausleihen, und das mag sowohl für ihn als für ihren Vermögensverwalter eine aufregende und ängstliche Sache gewesen sein! Ich zitiere dazu, was mein Vater in den autobiographischen Notizen schreibt:

> Die ersten Monate nach diesem Kauf vergingen in grosser Angst, ob wir unseren Verpflichtungen würden nachkommen können. Es ging aber dem Teplitzer Walzwerk in überraschender Weise gut. Ich schloss einen Vertrag mit der Ilseder-Hütte (Dortmund) ab, der uns das Roheisen zu sehr billigem Preise gab und so waren wir allen anderen Werken überlegen. Durch Weinbergers Einfluss kam ich in sehr günstige Verbindung mit dem Generaldirektor der Staatseisenbahn-Gesellschaft, der uns grosse Bestellungen an Schienen zukommen liess. Wir verdienten sehr gut und konnten aus diesem Verdienst leicht die Raten zahlen. Das Teplitzer Walzwerk wurde immer besser ausgestattet, auch wurden nicht nur Schienen gemacht, sondern daneben Träger und Blechfabrikation, – von mir eingeführt, – betrieben. /D.h., die Maschinen dazu waren von meinem Vater konstruiert worden./ In diesem Jahr war auch ein Kartell zwischen den Schienenwerken zustande gekommen, welches ebenfalls sehr zum Prosperieren des Teplitzer Walzwerks beitrug.

***

Dieses Aufblühen des Werks hatte zur Folge, dass sich die beiden anderen grossen Gesellschaften, die Prager Eisenindustriegesellschaft und die Böhmische Montangesellschaft nacheinander selbst an meinen Vater wandten, um unter seine Leitung zu kommen. Die Böhmische Montangesellschaft wurde vom Teplitzer Walzwerk gekauft, die Prager Eisenindustriegesellschaft kaufte ihrerseits das Teplitzer Walzwerk und mein Vater reorganisierte den ganzen Komplex. Neue Werke wurden gebaut, so das Tiegelgussstahlwerk „Poldihütte" (nach meiner Mutter genannt) in Kladno und das Feinblechwalzwerk „Rudolfshütte" in Teplitz, das Letztere im Verein mit dem Fabrikanten Hardt. Bei dieser Gelegenheit besuchte mein Vater die Blechgeschirrfabrik Hardts und wurde von dem Fabrikanten selbst herumgeführt. Zum Schluss sagte mein Vater zu ihm: „Also Sie beschäftigen so und so viele Leute, Sie haben einen Umsatz von so und so viel, etc." und nannte ihm noch einige Daten, die ein Fabrikant nicht gleich Jedem sagt. „Wie können Sie das wissen?" fragte Hardt verblüfft, worauf mein Vater lachend erwiderte: „Das haben Sie mir ja selbst alles gesagt, während wir die Fabrik ansahen." D.h. mein Vater, für den Zahlen etwas ganz Bestimmtes, Plastisches bedeuteten, konnte sich eben aus einzelnen Äusserungen ein vollständiges Bild konstruieren.

Mit den Böhmischen Werken wurden nun noch die Alpenländischen unter seiner Leitung vereinigt. Es war meinem Vater sehr daran gelegen, Abnehmer für den in der Poldihütte erzeugten Stahl zu bekommen, und die Feilen- und Drahtseilfabriken von Furthof und St. Aegyd, denen er als Präsident vorstand, waren ausgezeichnete Abnehmer dafür, ebenso die Sensenwerke in Steiermark, die in der gleichen

Absicht gekauft wurden. Zum Schluss wurden noch die Werke der Alpine-Montangesellschaft diesem ganzen komplizierten Apparat angegliedert. Die letztere Gesellschaft war sehr schlecht geleitet gewesen, ihre Werke waren ganz veraltet. Auch ihre Reorganisation übernahm mein Vater und setzte überall den richtigen Mann an die richtige Stelle.

Seine hervorragende Menschenkenntnis befähigte ihn, sich mit einem Stab ausgezeichneter Mitarbeiter zu umgeben, die unter ihm sein Lebenswerk nach allen Richtungen hin ausbauten und dabei ihre eigenen speziellen Begabungen walten liessen. So führte z.B. der Generaldirektor der Alpine-Montangesellschaft, von Hall, eine ausgezeichnete Berechnungsart ein, die in jedem Augenblick die Arbeitsweise eines Betriebs als rationell oder unrationell aufzeigte, und ein so geführter Betrieb war natürlich allen anderen überlegen. Heute, mehr als ein halbes Jahrhundert später, ist diese Berechnungsweise vermutlich Gemeingut geworden, aber damals nach der kaum erfolgten Belebung der vegetierenden Grossindustrie bedeutete sie einen grossen Schritt auf dem Weg zur Rationalisierung und zum Erfolg.

Ich glaube, die überenergische Art und Weise meines Vaters hatte etwas sehr Unösterreichisches an sich. Er selbst empfand es schmerzlich, dass er im bureaukratischen Österreich mehr angefeindet als anerkannt wurde und sagte oft, dass hier jeder Unternehmer hauptsächlich als Geldgewinner angesehen werde und dass die geistige Arbeit, die Energieleistung, das Aufsichnehmen eines grossen Risikos, die von einem Unternehmer verlangt werden, hier geflissentlich unbeachtet bleiben; in Amerika sei das anders!

Die Zusammenfassung der verschiedenen Industriezweige durch meinen Vater setzte eine unerhörte Arbeitsleistung voraus, und wenn man die darauf bezüglichen Notizen liest, so kann es einen nicht Wunder nehmen, dass mein Vater sich mit 52 Jahren von den Geschäften zurückzog; er legte seine sämtlichen Stellungen, einschliesslich aller Verwaltungsratstellen zurück, – das letztere mit der Begründung, dass wer nicht arbeite, nicht verdienen solle, – und wurde mit einem Schlag ganz Privatmann. Alles oder nichts, anders hätte es nicht zu seiner Persönlichkeit gepasst.

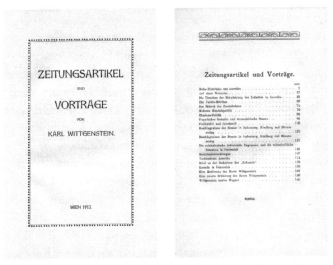

Zeitungsartikel und Vorträge von Karl Wittgenstein, erschienen 1913

Vorher hatte mein Vater noch eine mehrmonatige Weltreise unternommen, vielleicht um der Sache in der Öffentlichkeit die Spitze abzubrechen, vielleicht auch um sich selbst den Übergang zu erleichtern. Seine Tätigkeit spaltete sich auf mehrere Nachfolger auf, die alle vollauf beschäftigt waren. Er selbst widmete sich dann viel seinem geliebten Gut „Hochreit", ging dort mit Passion auf die Jagd und las viel; ich glaube mich nicht zu irren, wenn ich sage, dass er lateinische Autoren in der Ursprache las. In Wien ritt und focht er wie früher fleissig und brachte täglich einige Vormittagsstunden in seiner Privatkanzlei zu, wo er vermutlich von Vielen zu Rate gezogen wurde. Wie er eigentlich seine Musse empfand, darüber hat mein Vater, der ausserordentlich verschlossen war, gewiss zu niemand ein Wort gesprochen. –

4.

In den tatsächlichen autobiographischen Notizen, aus denen ich auf den letzten Seiten einen blassen Auszug gegeben habe, ist natürlich Alles viel plastischer Dargestellt und man kann darin viel Interessantes über die einzelnen Phasen der Tätigkeit meines Vaters lesen. Was man nicht darin lesen kann, ist das Persönliche, z.B. sein Verhältnis zu seinen Beamten, und da konnte mir zum Glück mein Vetter August Pott, der selbst unter meinem Vater Beamter und Direktor war, manches sagen, was ich gerne hörte. Durch ihn weiss ich, wie grosszügig für die Beamten gesorgt wurde, als mein Vater die Gesamtleitung der Werke inne hatte, wie er in Krankheits- und Unglücksfällen persönlich entschied und wie er seinen Untergebenen imponierte. Er nahm eben Alles unerhört ernst, und für jedes Problem, welcher Art immer, stand ihm rasch eine richtige Lösung vor Augen. Im Stahlwerk Königshütte machte sich z.B. ein Fehler in der Anlage unangenehm bemerkbar: der Weg von einer Phase der Stahlbereitung zur anderen war etwas zu lang und das beeinträchtigte die Güte des Fabrikats. Niemand wusste, wie dem abzuhelfen sei, ohne in andere Unzukömmlichkeiten zu verfallen, aber mein Vater fand bei einem Besuch des Werks in den ersten zehn Minuten eine so einfache, einleuchtende Lösung, dass keiner der Ingenieure verstand, wieso nicht jeder von ihnen längst darauf verfallen war. Ein andermal wurden meinem Vater Pläne für ein Werksspital vorgelegt, das, glaube ich, in Kladno gebaut werden sollte. Unmutig schob er sie nach kurzer Durchsicht zur Seite mit den Worten: „Das heisst nichts, machen Sie mir vernünftigere Pläne." Als ihm später vom Direktor die verbesserten Pläne vorgelegt wurden, zeigte er sich befriedigter, wurde aber von dem bekümmerten Mann darauf aufmerksam gemacht, dass die Bausumme jetzt um ein Viertel grösser geworden war. Ohne ein Wort zu sagen bewilligte mein Vater die Summe aus eigener Tasche. Der Gewährsmann, der mir die Geschichte erzählte, fügte hinzu: „Sie können verstehen, dass wir für unseren Zentraldirektor durchs Feuer gegangen wären!" und meine eigenen Erinnerungen bestätigen ja auch diesen Eindruck. Ich war oft mit meinem Vater in Teplitz, Kladno und Brüx, wo die Werke lagen, und das schöne, bei aller Verehrung doch freimütige Verhältnis der Direktoren zu ihrem Chef ist mir gut erinnerlich. Ich weiss, dass es ihnen immer ein Fest war, wenn er die Werke besuchte. Sein energischer Gang, seine lebhafte Stimme, seine Art mit vollen Händen von seinen guten Zigarren zu schenken, alles hatte etwas Erfreuendes, Erfrischendes an sich.

Das Verschenken der Zigarren hatte übrigens schon immer auf der Hinreise begonnen, der Lokomotivführer bekam jedesmal eine Zigarre, manchmal auch der auf dem Nebengeleise beschäftigte Kollege. Blieb der Zug in einer Station auf solche Weise stehen, dass das Coupéfenster in die Nähe einer auf dem Nebengeleise stehenden Lokomotive kam, so wurde auch ihrem Führer oder Heizer eine Zigarre hinausgereicht, mein Vater zauberte sie förmlich wie ein Taschenspieler hervor, es wurden ihrer immer mehr. Eine Freude war es, mit meinem Vater die Werke zu besuchen; er hatte die Gewohnheit, die Grüsse der Arbeiter mit lauter Stimme und einer winkenden Bewegung der linken Hand zu erwidern, und sie grüssten sehr freudig.

Kladno, am 18. Mai 1893: vorne rechts Mima Bacher-Sjögren, dahinter, den Rücken zugewandt, Karl Wittgenstein

Auch von seinem persönlichen Eingreifen in einem Krankheitsfall kann ich aus eigener Anschauung sprechen, vorher aber möchte ich noch ein Beispiel für die Grosszügigkeit geben, mit der alles erledigt wurde, was mein Vater in die Hand nahm, und zu diesem Zweck will ich eine kleine Episode erzählen, die ich selbst in Teplitz, ich glaube im Jahre 1895 miterlebte.

Mein Vater hatte sich dorthin begeben, weil einige Tage später der Statthalter von Böhmen, Graf Thun, erwartet wurde, der eben Böhmen bereiste und dabei die hervorragendsten Industrieanlagen besuchte. So ein Besuch des Statthalters, des direkten Stellvertreters des Kaisers, war natürlich für jeden Ort ein grosses Ereignis, und sein Empfang, die Bewirtung etc. waren Gegenstand grosser Anstrengungen und

Aufregungen. Zur Bewirtung des Statthalters in Teplitz war für den festgesetzten Tag ein Saal im ersten Hotel der Stadt gemietet worden und ein Mittagessen bestellt, so grossartig es der Hotelier nur liefern konnte. Zwei Tage vorher aber ereignete sich in Brüx, das nicht weit von Teplitz liegt, ein Grubenunglück eigentümlicher Art, ein sogenannter Schwimmsandeinbruch.

Es können nämlich in der Erde Hohlräume existieren, die mit Sand und Wasser gefüllt sind. So lange diese Hohlräume verschlossen bleiben, trägt der Boden als wäre er kompakt und man weiss nicht, dass sich ein Hohlraum darunter befindet; wird dieser aber eröffnet, z.B. durch Bohren eines Stollens, so fliessen Sand und Wasser aus und die Bodendecke stürzt ein und mit ihr die darauf befindlichen Gebäude, Bahnanlagen etc. Aber auch im Bergwerk selbst, in das sich Sand und Wasser ergiessen, geschieht viel Unglück, und Menschenleben sind zu beklagen. So war es in Brüx der Fall gewesen und unter diesen traurigen Umständen musste natürlich der Besuch des Statthalters verschoben werden.

Glücklicherweise zeigte es sich aber bald, dass das Unglück doch nicht ganz so umfangreich war, als man zuerst befürchtet hatte, und die Stimmung, die erst sehr gedrückt war, hob sich wieder. Vor allem sollte der Hotelier keinen Schaden haben, und das schon bestellte Mittagessen wurde von uns und einigen Direktoren und Bekannten verzehrt. Es war wie eine Art Generalprobe, die aber vor meinem Vater nicht standhielt, alles musste von Grund auf anders werden.

In den wenigen Tagen, die der Ankunft des Statthalters vorangingen, wurde eine Holzbaracke aufgestellt, die einen schönen saalartigen Raum, eine Küche und einige Nebenräume enthielt. Der Tapezierer, der in Wien für unser Haus arbeitete, wurde bestellt, um die Wände des Saales mit Stoff zu bespannen und Vorhänge aus gleichem Stoff und Stores bei den Fenstern anzubringen. Ich hatte die Aufgabe, das anzuordnen und ebenso hatte ich die Möbel, Teppiche, Bronzefiguren etc., die aus unserem Haus in der Alleegasse geschickt worden waren, im Raum zu verteilen und die Tafel mit unserem schönsten Porzellan, Silber und geschliffenem Glas zu decken. Als dann noch die von Demel und Sacher (den jedermann in Wien bekannten Hoflieferanten) geschickten Bäckereien, Bonbons und Obst durch mich aufgerichtet waren, sah der Speisesaal höchst einladend aus und ganz wie in einem Privathaus. Kein Wunder, dass die Gäste davon ebenso verblüfft und entzückt waren wie von den Speisen, die Sacher, und dem Gefrorenen, das Demel geliefert hatte. Mein Amt war es noch, dafür zu sorgen, dass alles gut und richtig zu Tische kam, und ich erschien mir selbst sehr wichtig. Zum Schluss kam dann der Statthalter ganz unterwartet in den Nebenraum, in dem ich amtierte, um mich zu begrüssen, ich war aber sehr verlegen in dem Bewusstsein, dass die grosse Schürze, die ich umgebunden hatte, rote Kompottflecke aufwies, und ich habe mich, glaube ich, recht ungeschickt benommen.

Nach dieser Episode, die mehr Raum einnimmt als sie vielleicht verdient, kehre ich zu dem Fall zurück, von dem ich früher sprechen wollte, zu dem persönlichen Eingreifen meines Vaters in einem Krankheitsfall.

Ein Direktor in St. Aegyd war an Muskelschwund des Beines schwer erkrankt und litt furchtbare Schmerzen. Es scheint, dass die Ärzte die Krankheit nicht richtig erkannten oder behandelten, mein Vater wusste aber, dass ein Bruder seines Schwagers Kupelwieser an der gleichen Krankheit gelitten hatte und durch Professor Schweninger in Berlin, den berühmten Bismarck-Arzt, geheilt worden war. Also wurde Professor Schweninger herberufen, und mein Vater fuhr selbst mit ihm nach St. Aegyd, war auch bei der Untersuchung des Patienten und der Instruktion der Angehörigen anwesend, um sicher zu sein, dass alles richtig durchgeführt werde. Auf diese Fahrt im Winter 1892 hat mein Vater mich mitgenommen, und wenn ich auch selbstverständlich nicht mit bei dem Kranken war, so weiss ich doch aus Erfahrung, wie ernst mein Vater so einen Fall zu nehmen pflegte, wie er bis zum Überdruss wiederholte, was ihm wichtig schien. Ich habe auch aus den nachfolgenden Besprechungen mit Professor Schweninger genug gehört, um mir ein Bild zu machen, von welchem Einfluss die Anwesenheit meines Vaters am Krankenbett war. Der Patient wurde tatsächlich durch die Kur, die Schweninger anordnete, vollkommen von seinem Leiden geheilt.

Eine sehr liebe Freundin von mir, die damals bei uns wohnte, – Mima Bacher – nahm auch an der Fahrt teil, und ich erinnere mich, dass Professor Schweninger uns Beiden äusserst unsympathisch war. Gleichzeitig fällt mir auf, dass ich absolut nicht weiss, wie mein Vater über ihn dachte. Es war das eine Eigentümlichkeit meiner Eltern und übrigens auch der Geschwister meines Vaters, dass sie nie über andere Menschen sprachen, weder im guten noch im schlechten Sinn. Man konnte gewiss an ihrem Benehmen sehen, wer ihnen nahe stand, wer ihnen besonders sympathisch war, aber ein Urteil, geschweige denn ein leichtfertiges Aburteilen habe ich nie von ihnen gehört.

Mein Vater sprach überhaupt merkwürdig wenig; er machte gerne seine Spässe, aber er redete selten im Zusammenhang, und zwar weil ihm vieles zu ernst, das meiste aber zu langweilig schien, um die übliche Konversation darüber zu pflegen. Redete er ausnahmsweise etwas Ernstes, so war es fast, als ob es gegen seinen Willen geschehe und ich hütete mich dann, ihn durch eine Frage zu unterbrechen und so den Zauber zu zerstören; meist machte übrigens ein Witzwort allem ein Ende. Seine Freunde waren diese Eigentümlichkeit schon gewöhnt, aber Fremde wussten gar nicht, was sie daraus machen sollten, und die unerwarteten Witzworte waren ihnen schwer erträglich. Andererseits gelang es meinem Vater, wie mir erzählt wurde, gerade durch Humor überraschend gut bei ernsten Sitzungen, die er zu leiten hatte, verschiedenartige Meinungen und Wünsche unter einen Hut zu bringen, und die Stimmung selbst derer wurde dadurch freundlich erhalten, deren Wünsche nicht erfüllt werden konnten.

5.

Zur Charakteristik meines Vaters gehört unbedingt auch ein Bild seiner äusseren Erscheinung. Er war ein kräftiger, wohlgebauter Mann, guter Fechter und Reiter, ein Mann, dem man die Energie und Unerschrockenheit auf hundert Schritte ansah. Er hatte ein schönes, männliches Gesicht, ohne im geringsten das zu sein, was man mit einem leisen Beigeschmack einen „schönen Mann" nennt und er war ausgezeichnet angezogen, ohne eine Spur von Dandyhaftigkeit, dazu wirkte er viel zu imponierend. Seine Reitkunst liessen sogar Offiziere gelten. Wie es ihm möglich war, als Zivilist die Kaisermanöver in Totis mitzureiten, – allerdings in angemessener Entfernung – weiss ich nicht, aber er tat es, und zwar, wie mir erzählt wurde, sehr zum Erstaunen des alten Kaisers.

Karl Wittgenstein

Karl Wittgenstein nach der Jagd

Dass man meinem Vater auch schon von weitem Freigebigkeit und gute Trinkgelder ansah, klingt spasshaft, weist aber doch auch auf einen ganz bestimmten Charakterzug hin, die Hauptsache war nämlich die Freundlichkeit, mit der alles gegeben wurde. Und da fällt mir eine kleine Geschichte ein, die mir der Inhaber einer grossen Möbeltischlerei einmal erzählte: er hatte in seiner Jugend als Geselle in dem Haus Alleegasse 16 gearbeitet, das mein Vater damals eben gekauft hatte und adaptieren liess.

Das Wittgenstein-Haus in der Alleegasse

Mein Vater kam fast täglich ins Haus, um sich von dem Fortgang der Arbeiten zu überzeugen und gab plötzlich dem jungen Gesellen, den er bei der Arbeit beobachtet hatte, eine so grosse Summe in die Hand, dass dieser sie unmöglich für ein Geschenk ansehen konnte, sondern erstaunt fragte, wie er sie seinem Meister verrechnen solle? Darauf sagte mein

Vater, sie gehöre ihm als Lohn für seinen Fleiss und als Ansporn; er solle sie als Anfang eines Kapitals in die Sparkasse legen, dann werde er es zu etwas Ordentlichem bringen. „Ordnung ist Reichtum" soll mein Vater hinzugesetzt haben.

Man kann wohl kaum mit Jemand zusammenkommen, der meinen Vater kannte, ohne dass irgend etwas von Gabe oder Hilfe seinerseits erzählt wird, und ein schönes Wort meiner Freundin Mitze Salzer, das sie mir angesichts der vielen Menschen sagte, die bei seinem Begräbnis die Kirche füllten, wird sicherlich seine Berechtigung haben. Sie sagte: „Es wird kaum ein Mensch hier anwesend sein, der nicht sagen könnte, dieser Mann hat mir in irgend einer Form geholfen oder mich gefördert oder mir Gutes getan." Ja, mein Vater gab gerne und grosszügig, er musste aber von der Zweckmässigkeit des Gebens überzeugt sein. Sentimentalität oder Unklarheit war ihm ein Greuel, er konnte, wenn er auf diese stiess, sehr grob werden. Ebenso verhasst war ihm ein Geben ins Blaue hinein, es musste ihm, wie gesagt, die Zweckmässigkeit einleuchten.

Ein schönes Beispiel seines <u>freudigen</u> Gebens erzählte mir der jetzige Direktor des Blindeninstituts in Wien: Das Blindeninstitut war einmal zu Lebzeiten meines Vaters auf der Suche nach einem Sommerheim für die blinden Zöglinge und es hätte Gelegenheit gehabt, ein schönes, geräumiges Haus mit grossen Gartengründen auf dem Land unweit Wiens zu erwerben. Das Haus war als Gasthaus oder Hotel geplant gewesen und schien sehr geeignet zur Aufnahme vieler Menschen, aber das Geld fehlte. Die Frau des damaligen Direktors des Instituts, eine besonders kluge, edle Frau, wandte sich an meinen Vater mit der Bitte um einen Beitrag und besuchte ihn auch in dieser Angelegenheit. Sie wusste dabei jede seiner Fragen so genau zu beantworten, zeigte sich so orientiert über Preis, Ausmass des Grundstückes, Bauzustand der Objekte usw., dass sie meinem Vater sehr imponierte und gefiel, und er schenkte darauf dem Blindeninstitut das ganze Anwesen wie es lag und stand, doch sollte es niemand erfahren. Der Direktor erzählte mir noch, dass jedes Jahr beim Beziehen des Sommerheimes eine kleine Feier abgehalten werde, zum Dank und zur Erinnerung an den unbekannten Spender.

Noch ein zweites Beispiel möchte ich erzählen, muss aber dazu ein wenig weiter ausholen, um den Schauplatz der Begebenheit zu beschreiben: In meiner Kinderzeit floss neben der Neuwaldegger Strasse, unserem Haus gegenüber ein Bach, der Alsbach. Später wurde der Bach überwölbt und floss dann unter der Strasse; das Strassenniveau musste zu diesem Zweck stark erhöht werden, und das hatte zur Folge, dass einige alte Häuser tief unter das Strassenniveau zu liegen kamen. Alle Bäche in der Nähe Wiens können unter Umständen sehr reissend werden, das mag in dem Lehmboden des Wienerwalds seinen Grund haben, der Alsbach aber hatte meines Gedenkens nie Schaden angerichtet. Eines Nachmittags nun, im Jahre 1908, nach einem starken Gewitter mit heftigsten Regengüssen konnte das neue Bett ihn nicht mehr fassen, – vielleicht war es auch verlegt – kurz, ein tiefer, reissender, schlammiger Strom floss plötzlich die Strasse herab, Trümmer aller Art mit sich führend, und ergoss sich in die tiefer gelegenen Wohnungen und Keller, zwei Menschen fanden dabei den Tod. Ein Fuhrwerksbesitzer, dessen kleines, unserem Garten benachbartes Haus sofort überschwemmt war, musste seine schwerkranke Frau über den Trennungszaun zu uns hinüber retten, über die Strasse hätte man sie nicht mehr tragen können. Er hatte seinen Stall beim Haus, und drei seiner Pferde ertranken; auch seine Kutscher kamen sehr zu Schaden, denn ihre Anzüge, Wäschestücke usw. waren unbrauchbar geworden oder weggeschwemmt, Alle waren in Verzweiflung.

Mein Vater kannte die Familie längst als anständige ehrliche Leute, denn er hatte schon früher durch viele Jahre von dem Fuhrwerksbesitzer einen Fiaker gemietet, mit dem er täglich in die Stadt fuhr, und später war der Schwiegersohn des Besitzers sein Chauffeur geworden.

Am Morgen nach der Katastrophe ging mein Vater also, begleitet von meiner Schwester Lenka, zu den Leuten und frug den ganz trostlosen Besitzer nach der Höhe des Schadens.

Helene Salzer geb. Wittgenstein, genannt Lenka

Der Mann, der anscheinend nicht versichert war, berichtete alles genau und fügte noch hinzu, dass durch das Unwetter auch das Dach des Gebäudes sehr gelitten habe. „Gut, Sie sollen nicht zu Schaden kommen! Ich werde für das Ganze, für die Pferde wie für die Anzüge der Kutscher und die Dachreparatur aufkommen", sagte mein Vater kurz und bündig und verabschiedete sich gleich darauf in seiner raschen, energischen Weise. Lenka erinnert sich noch gut, wie elegant er aussah und wie das doch in dieser Situation nicht störend wirkte, weil er so imponierend natürlich war, so ernst in seinem Wunsch den Leuten zu helfen, und sie erinnert sich auch noch des folgenden Nachspiels: als sie Beide nämlich nach diesem Gang nach Hause kamen, erwartete dort meinen Vater schon mit Ungeduld eine Villenbesitzerin von Neuwaldegg, um einen Beitrag zu einer Sammlung für die geschädigten Dornbacher und Neuwaldegger von ihm zu erlangen. Sie überschüttete ihn mit sentimentalen unsachlichen Redensarten, und seine Reaktion war dementsprechend: eine ziemlich schroffe Ablehnung, worauf die gekränkte Dame, im Groll gegen den hartherzigen Reichen, das Haus verliess.

Freude am Geben zeigte mein Vater besonders, wenn er aufstrebende Begabungen fördern konnte, und durch die früher erwähnte Freundin Mima Bacher weiss ich ein charakteristisches Beispiel dafür: mein Vater streckte dem jungen Ingenieur Carl Sjögren, von dem er sich offenbar viel erwartete, die Mittel vor, um mehrere Jahre in Amerika bleiben zu können und sich in seinem Fach weiter zu bilden; die einzige daran geknüpfte Bedingung war die, dass Ingenieur Sjögren später seine Kenntnisse und Fähigkeiten den von meinem Vater geleiteten Eisenwerken zur Verfügung stelle. Ingenieur Sjögren wurde tatsächlich nach seiner Rückkehr von Amerika Direktor des Donawitzer Eisenwerks, das ganz veraltet von der Alpine-Montangesellschaft übernommen worden war und das er von Grund auf erneuerte. Er wurde der Gatte dieser meiner Freundin. Von der Tragik seines frühen Todes nach kaum vierjähriger Ehe zu sprechen, wäre mir unmöglich, es wäre hier auch nicht der richtige Ort dafür, wohl aber kann ich schreiben, dass sein Sohn Arvid der Mann meiner lieben Nichte Clara und also mein lieber Neffe wurde, und dass mich das sehr glücklich macht.

Arvid Sjögren nach einer Zeichnung von seiner Mutter Mima Sjögren

Die Arbeit an diesen Erinnerungen, die ich in Wien begonnen habe, setze ich auf unserem Familiengut Hochreit fort, und ich schreibe diese Worte bei dem trotz der Entfernung höchst unheimlichen Geräusch von hunderten von Bombenflugzeugen, wie sie täglich in geschlossenen Formationen hoch, hoch über uns hinwegfliegen, in der Richtung auf Wiener Neustadt und Wien. Ich weiss, dass sie dazu bestimmt sind, Entsetzliches anzurichten, und doch ist es mir ganz unmöglich, zu einer wirklichen Vorstellung davon zu gelangen oder gar zu einer wirklichen Empfindung. Selbst wenn ich über Wien schreibe, kann ich mir nicht denken, dass den Menschen, die mir dort lieb sind, ein Unheil zustossen könnte, oder dass in diesem Augenblick vielleicht ein Gebäude, das ich erwähne, nicht mehr existiert. Bis jetzt sind auch nur die industrialisierten Randgebiete Wiens angegriffen worden – entsetzlich genug! – und Jeder klammert sich an die Hoffnung, dass die eigentliche Stadt, die Wohnviertel, verschont bleiben werden! Ich kann, so egoistisch das ist, nicht weiter denken als diese Arbeit reicht; ich trachte zusammenzutragen, was ich kann und vorläufig wenigstens das begonnene Kapitel über meinen Vater zu vollenden.

Hochreit, im August 1944.

Die Hochreit

Die Hochreit im Winter

6.

Sehr viel hat mein Vater auch für junge bildende Künstler getan, er schickte sie auf Reisen, kaufte ihre Werke oder erteilte ihnen Aufträge. Zur Zeit meiner Jugend verkehrten viele junge Maler bei uns, sie erzählten uns begeistert von künstlerisch Interessantem, das anderswo geschaffen wurde, und klagten bitter über das stagnierende Kunstleben Wiens. In Wien merkte man nämlich nichts von dem grossen Wandel, der sich in Frankreich in Bezug auf Naturanschauung und Naturdarstellung vollzogen hatte, nichts von Impressionismus und Pleinair, die dort schon zwei Jahrzehnte vorher das Publikum und die Kritik tatsächlich in wilden Aufruhr versetzt hatten. In Wien gaben nur die alten Künstler von Ruf den Ton an, liessen in den Ausstellungen keine neue Kunstrichtung zu Wort kommen, und die Jungen, darüber erbittert, schlossen sich endlich zu einer selbständigen Künstlervereinigung, der „Secession", zusammen, die vorzüglich das Neue pflegen wollte.

Künstler der Wiener Secession

Die junge Vereinigung suchte Gönner und fand in meinem Vater, der ihr als Stifter beitrat, den Mann nach ihrem Herzen. Man braucht nur den schönen warmen Nachruf zu lesen, den sie ihm nach seinem Tod gewidmet hat und der im Anhang zu finden sein wird, um zu ahnen, was sie seiner Grosszügigkeit verdankte. Sie hat ihn aber auch geehrt, indem sie einzig seinen Namen als <u>Gönner</u> neben den beiden Namen Rudolf von Alt und Theodor Hörmann als <u>Künstler</u> im Vorraum ihres Ausstellungsgebäudes anbringen liess. Diese drei Namenstafeln existieren nicht mehr, und auch das ist eine Ehrung für meinen Vater, die ich erwähnen muss: nach dem Jahre 1938 wurde nämlich an die Secession das Ansinnen gestellt, die Tafel mit dem Namen Carl Wittgenstein zu entfernen; es soll eine ziemlich erregte Sitzung im Beisein der Kommissäre, die das Ansinnen gestellt hatten, stattgefunden haben, und schliesslich stand der damalige Präsident der Secession, der Maler Engelhardt, auf und sagte, unter diesen Umständen müssten <u>alle drei</u> Tafeln entfernt werden, denn ohne diesen Mann stünde das ganze Haus nicht. Und so geschah es auch. Es tut mir leid, dass ich dieses schöne, männliche Eintreten für einen Verstorbenen erst nach dem Tod des Malers Engelhardt erfahren habe, ich hätte ihm gerne dafür gedankt.

Mein Vater hatte grosse Freude an Bildern, eine Freude, die sich mit der Zeit verstärkte und verfeinerte, und er hat sich nach und nach – mit meiner Hilfe, das muss ich gestehen, – eine kleine, aber schöne und vor allem einheitliche Sammlung von Bildern aus der Zeit von 1870 bis 1910 angelegt. Den Anfang machte „Die Quelle des Übels" von Segantini, und ich erinnere mich genau, wie sehr ihm die Erwerbung dieses Bildes, das die Secession in ihrer ersten, Aufsehen erregenden internationalen Ausstellung zeigte, am Herzen lag. Wenn er mir auch meistens freie Hand beim Kaufen von Bildern liess, – er nannte mich im Scherz seinen Kunstdirektor – so war doch sein Geschmack auch massgebend. Ein sehr schönes Goya-Porträt z.B., das mich entzückte, hat er abgelehnt, und zwar ganz mit Recht, es wäre aus der Sammlung „herausgefallen", wie man zu sagen pflegt. Diese Bildersammlung, die jetzt in der Familie zerstreut, zum Teil sogar verkauft ist, war durch Plastiken von Max Klinger, Rodin, Mestrovic schön ergänzt, und es war mein Bestreben und meine Beglückung, jedes einzelne der Kunstwerke möglichst schön zur Geltung zu bringen. Viele von den Künstlern waren uns auch persönlich bekannt oder befreundet, wie z.B. Rudolf von Alt, von dessen Hand ich prächtige Werke aus allen seinen Perioden besitze, die mir als Österreicherin ganz besonders zu Herzen sprechen.

Ich möchte die ganze Reihe der Sammlung, an der ein Stück meines Herzens hing, im Anhang aufzählen; ein magerer Genuss, eine wehmütige Freude; es ist aber möglich, dass die Aufzählung einmal einem kunstverständigen Menschen einen kleinen Begriff vom Geist des einstigen Besitzers geben wird. Sonderbarerweise scheint mir für alle unsere Bilder eine gewisse ernste Ruhe in der Komposition charakteristisch, ein Betonen der Senkrechten und Wa[a]grechten, das ich „ethisch" nennen möchte.

„Die Kauernde" von Max Klinger   Der nach antikem Vorbild gestaltete sitzende Beethoven von Max Klinger

Eine noch grössere Rolle und eine frühere als die bildende Kunst spielte die Musik in unserem Hause. Wie besonders musikalisch meine Mutter war und mein Bruder Hans, der mehrere Instrumente, darunter die Orgel spielte, das werde ich später noch ausführen. Auch mein Vater war ja musikalisch, er spielte mit Freude Geige, mein zweiter Bruder Kurt das Cello, Elsa von Bruckner, eine Nichte meiner Mutter, mit der herrlichsten Stimme begabt, sang Lieder mit grossem Ausdruck; es konnten also von Mitgliedern der engsten Familie Klavierwerke und Kammermusik, Orgel- und Gesangswerke zu Gehör gebracht werden. Wir Kinder wuchsen wirklich von Musik umgeben auf und lernten die Kompositionen der grossen Meister im aufnahmsfähigsten Alter kennen. Wir hörten sie ausserdem noch von den ernstesten Künstlern auf die vortrefflichste Weise vorgetragen. Einzelne der Künstler, die in unserem Hause verkehrten, standen ja der Zeit der späten Klassiker gar nicht so ferne, – von der Romantikerzeit gar nicht zu reden. Joachim hat noch Musiker gekannt, die Beethoven spielen gehört hatten!

Der Musiksalon in der Alleegasse

Der Eindruck, der uns so übermittelt wurde, war ein grosser und nachhaltiger; Auffassung, Tempo, Rhythmus und Phrasierung des Joachim-Quartetts z.B. klingen mir noch so stark im Ohr, dass ich, wenn ich jetzt Kammermusikwerke in anderem Sinn vorgetragen höre, das nur als ein böses Missverständnis empfinden kann.

Pablo Casals, Marcella Pregi, Erika Morini, die viel in unserem Hause musizierten, entzückten uns, ans Herz gewachsen aber waren mir persönlich Marie Baumayer, wenn sie Schumann, und Marie Soldat-Roeger, wenn sie Beethoven und Brahms spielte; am meisten vielleicht der blinde Komponist Josef Labor, den ich nie genug hören konnte und bei dessen Spiel ich oft meinen Tränen freien Lauf liess, da er sie ja nicht sah.

Einige meiner Geschwister werden mir da von Herzen beistimmen.

Die Sängerin Marcella Pregi   Josef Labor

Für das musikalische Empfinden meines Vaters möchte ich anführen, dass ihn gewisse Stellen in der „Zauberflöte", im „Fidelio" oder in der „Entführung aus dem Serail" so rührten, dass ihm jedesmal die Augen feucht wurden, worauf er lächelnd die Träne aus dem Auge wischte und den nassen Finger meiner Mutter zeigte. Machte er eine Reise mit ihr, so nahm mein Vater immer seine Geige mit; von Zeit zu Zeit ein paar Sonaten zu spielen, war ihm ein Bedürfnis. Fast wird es mir unmöglich, hier zu erzählen, dass meine Eltern am Abend vor einer schweren Operation, die mein Vater in seiner letzten Krankheit erleiden musste, noch zusammen musiziert haben; ich weiss nicht, wessen Grösse ich in diesem Fall mehr bewundern soll, neige mich aber meiner Mutter zu. –

Karl und Leopoldine Wittgenstein

Dass Brahms mehrmals bei uns Musik hörte, und dass mein Onkel Paul Wittgenstein nach einer dieser Gelegenheiten aus dem Gedächtnis eine ausgezeichnete Porträtzeichnung von ihm anfertigte, wird mir immer eine hohe Freude sein, und nie werde ich den Abend vergessen, an dem Brahms im Jahre 1892 das erste Mal in unser Haus kam.

Mein Vater hatte erfahren, dass Brahms sich wünschte, sein Klarinetten-Quintett, das kurz vorher seine erste öffentliche

Aufführung in Wien erlebt hatte, in einem kleinen musikalischen Kreis zu hören. Das Rosé-Quartett hatte mit dem Klarinettisten Steiner, den Brahms sehr schätzte, das Werk gebracht, und das herrliche Quintett wurde also von diesen Künstlern in einer Abendgesellschaft bei uns vor Brahms gespielt. So eine musikalische Abendgesellschaft in der „Alleegasse", wie wir unser Haus in der Alleegasse nannten (sie wurde später in Argentinierstrasse umgetauft), war immer etwas sehr Festliches, fast Feierliches, und die schöne Musik war die Hauptsache. Diesmal aber kam nach der Musik für mich das Unvergessliche, das ich erzählen will, wenn es auch nur winzig ist und mich allein angeht.

Zum Souper war in zwei Zimmern gedeckt worden, im grossen Speisezimmer für die Ehrengäste, im kleineren, danebenliegenden Rauchzimmer für die Jugend; während wir jungen Paare dort gerade unsere Plätze suchten, erschien mein Vater in der Tür, schickte seine Blicke umher und ergriff mich am Arm: eine Dame fehlte bei den Ehrengästen und deren Platz sollte ich einnehmen. Was das für mich bedeutete, lässt sich nicht schildern. Ich siebzehnjähriges Nichts, ich sass Brahms gegenüber, neben einem der ausübenden Künstler, ich hörte die Tischreden, die ernst oder humorvoll, nie aber „salzlos" über den Tisch flogen und ebenso erwidert wurden, wie das damals bei solchen Anlässen Sitte war, ich war gewählt worden vor so viel älteren und bedeutenderen Mädchen! War denn so etwas Schönes möglich? So selig aufgeregt war ich, dass mir nach dem Souper, – glücklicherweise in der Einsamkeit – schlecht wurde; aber das schien mir erst recht etwas Besonderes, ein sichtbares Zeichen des unsichtbaren Unerhörten!

In der Rückerinnerung an eine Persönlichkeit wie Brahms wird jede Kleinigkeit wertvoll! So erinnere ich mich jetzt daran, dass Brahms einmal bei uns zu einem Mittagessen geladen war, und dass er meiner damals neunjährigen Schwester Gretl, die den Kopf voll kurzer krauser Locken trug, bei der Begrüssung mit der Hand in die Locken fuhr. Auf die Bemerkung meiner Mutter, die Frisur sei so gewählt, weil die Haare nicht wachsen wollten, behauptete Brahms ganz ernsthaft, dagegen helfe nur Champagner.

Der Champagner wurde also aus dem Keller geholt und Brahms goss feierlich einige Tropfen auf den Kinderkopf. Ich denke auch noch mit Freude daran, wie Gretl und ich einige Jahre später Brahms zu einer musikalischen Veranstaltung in unserem Hause an der Eingangstür erwarteten, wie er uns Beide je an einer Hand nahm und wie wir stolz und glücklich so mit ihm die grosse Treppe zum Musikzimmer hinaufstiegen. Im Stiegenhaus, das in gleicher Höhe mit diesem Raum eine Art Foyer bildet, hörte sich Brahms dann, allein und gänzlich in Ruhe gelassen, die Musik an, und dort konnte ihn mein Onkel Paul unbemerkt beobachten, um später seine Züge in einer lebensgrossen Zeichnung festzuhalten.

Johannes Brahms am Klavier nach einer Zeichnung von Paul Wittgenstein

Damals war Brahms noch gesund. Als er schon sehr krank war, brachte ich ihm einmal einen grossen Herbststrauss von der Hochreit in seine Wohnung; es waren Blumen, bunte Blätter und Beeren, und als er die stacheligen Berberitzen sah, sagte er mit einem traurigen Lächeln, das sei wohl eine Anspielung auf sein eigenes stacheliges Wesen? Es war das letzte Mal, dass ich ihn sprechen hörte. Auch meine Mutter besuchte Brahms einmal, um ihm etwas Obst zu bringen. Als die Haushälterin, Frau Truxa, sie sofort ins Wohnzimmer einlassen wollte, zögerte meine Mutter und bat, sie doch vorher anzumelden. „O nein," sagte Frau Truxa eifrig, „dann sagt der Herr Doktor, da wird er zweimal g'stört." – Es freut mich zu denken, dass Brahms sein stacheliges Wesen, von dem manche Leute ein Liedchen singen konnten, in unserem Hause nie hervorkehrte; die Rücksicht und der feine Takt meiner Mutter, das gerade, kraftvolle Wesen meines Vaters entwaffneten ihn und er schien sich bei uns wohl zu fühlen.

***

Das oben erwähnte Gut Hochreit war eine Schöpfung meines Vaters, und da ich weiss, dass ich einen Wunsch meiner Grossnichten und Grossneffen erfülle, wenn ich diesem Familienbesitz einige Worte widme, so soll es geschehen. Ich muss aber dazu ein wenig weiter ausgreifen.

Mein Vater hatte von jeher ein grosses Bedürfnis nach anstrengender körperlicher Bewegung und bis zum Jahre 1894 nahm er sich in jedem Sommer mehrere Wochen Urlaub und fuhr mit meiner Mutter und mir ins Hochgebirge. Wir machten zwar keine besonders hohen oder schweren Touren, aber für meine Mutter, die sehr an Kopfschmerzen und schweren Migränen litt, die auch gar nicht schwindelfrei war – sie konnte z.B. eine sehr steile Wiese nicht ohne Schwindel überqueren, – für die bedeuteten auch die leichteren Touren im Hochgebirge fast immer eine Qual. Sie klagte nie, noch weniger wäre es ihr eingefallen, sich aufzulehnen, da sie wusste, dass es für meinen Vater ohne sie keine Freude gab, aber auch für ihn war dieser Zustand nicht befriedigend, und endlich kam der Punkt, an dem er einsah, dass es so nicht weiterging. Er hatte sich von Führern in Mürren (Schweiz), wo wir damals waren, eine angeblich sehr lohnende, auch für Damen nicht schwere Tour anraten lassen. (Die Führer begleiten sehr gerne reiche Leute auf verhältnismässig leichten Touren, verfolgen also ihr eigenes Interesse bei ihren Ratschlägen.) „Nicht schwer" ist ein dehnbarer Begriff, für mich war die Tour allerdings nicht schwer, wie aber meine Mutter sie bewältigen konnte, ist mir geradezu ein Rätsel: es gab Kletterstellen angeseilt zu überwinden, Gletscherspalten zu überspringen, am Rand eines tiefen Abgrundes dahinzugehen und anderes mehr. Auch waren wir nicht gut ausgerüstet, hatten z.B. keine Schneebrillen für die lange Gletscherwanderung; so musste meine Mutter den schweren Rückweg im Zustand einer heftigen Migräne zurücklegen und kam völlig erschöpft und fast krank in der Hütte an, von der wir ausgegangen waren.

Damals beschloss mein Vater, sich ein Gut im Mittelgebirge zu kaufen, um sein Bedürfnis nach körperlicher Anstrengung auf eine Weise befriedigen zu können, die auch seiner Frau Freude machte. Es wurden Güter für ihn gesucht, aber keines der ihm vorgeschlagenen wollte ihm gefallen; da wurde er durch Zufall auf ein gänzlich herabgewirtschaftetes, abgeholztes, aber herrlich gelegenes Bauernanwesen aufmerksam gemacht. Der Besitzer, der „Hochreiter", so war der Hausname, – musste es verkaufen, er hatte sich selbst durch seine schwere Trunksucht so weit gebracht. Das Bauernhaus lag ziemlich hoch, ganz in der Nähe eines Bergüberganges; dieser bildet die Wasserscheide zwischen dem Traisental mit den schönen Bergen Gippel und Göller und dem Schwarzatal, zu dem der Schneeberg gehört.

Der Schneeberg, Niederösterreich

Mein Vater stieg vom Traisental hinauf, um sich das Anwesen anzuschauen. Auf der Übergangshöhe angekommen, wo man das Traisental und die ganze Bergkette so schön überblickt, bemerkte er eine kleine Kapelle, er ging darauf zu und sah plötzlich auf der anderen Seite das Bauernhaus in einiger Entfernung am Rand eines Wiesenkessels liegen, und weit dahinter den Schneeberg. Diese Aussicht ergriff ihn so, dass er sofort entschlossen war, das kleine Bauerngut zu erwerben und mit dem Bauern auch gleich handelseins wurde. Bald darauf erwarb er noch ein paar angrenzende, ebenso verwahrloste und abgeholzte Bauernbesitze, und nach einigen weiteren Arrondierungskäufen war ein schöner, geschlossener Komplex von ca. fünftausend Joch geschaffen, ein Gut, das den Namen „Die Hochreit" erhielt, ohne dass ich eigentlich weiss, wer ihn zuerst ausgesprochen hatte. Das spielte sich im Jahre 1894 ab.

Fünfzig Jahre ist die Hochreit nun im Besitz unserer Familie und sie hat grosse Wandlungen durchgemacht. Als sie gekauft wurde, war sie unendlich abwechslungsreich und malerisch, ein Begriff, der der heutigen Generation kaum mehr etwas sagt; ich konnte sie nicht malen, aber ich sah sie mit Maleraugen, und die weiten verkarsteten Schläge mit den grauen Felsen, die einzelnen uralten Grenzbäume, die steilen Wiesen mit vereinzelten Lärchen und Birken am Waldrand, die schlängelnden Bäche und sumpfigen Auen waren mein Entzücken! Mein Vater sah nicht mit Maleraugen, er war ein energischer, praktisch denkender Mann, dem diese ganze Verwahrlosung ein Greuel sein musste. Ein grosser Trupp von italienischen Arbeitern wurde herangezogen, und vor allem wurde eine Zufahrtstrasse zur nächsten Bezirksstrasse, zur Ochs[s]attelstrasse hin, angelegt, die damals selbst noch im Bau war. Ein kleines Blockhaus, in dem mein Vater mit seiner Frau wohnen konnte, entstand fast über Nacht, ein grösseres für die übrige Familie nicht lange darauf. Keine Stelle des Gutes blieb unberührt; die kahlen Schläge wurden durchwegs mit kleinen, in Reihen gepflanzten Bäumen bestockt, die steilen Wiesen ebenfalls, und die Waldränder wurden hübsch ordentlich abgeglichen. Die Bäche wurden reguliert, die feuchten Wiesen drainiert, Strassen und Wege wurden in unerhörtem Ausmass angelegt, und meine _malerische_ Hochreit verschwand nicht nur völlig, sondern sie machte einer wüsten Hochreit Platz. Überall Steinbrüche, Schottergruben, nackte Erde und Steinhalden! Die neuen Häuser auf den kahlen Flächen, – es war noch ein drittes, ein grosses Steinhaus dazugekommen, – sahen abscheulich aus und ich war sehr unglücklich über diese ganze trostlose Wandlung und habe viele, viele Tränen vergossen. Diese <u>wüste</u> Hochreit zeigen zwei hässliche Photographien, die ich besitze, die malerische lebt leider nur in meiner Erinnerung!

Auf der Hochreit: Leopoldine, Hermine und Karl Wittgenstein

Im Jahre 1913 erbte ich die Hochreit. Schon zu Lebzeiten meines Vaters hatte ich versucht, gegen die wüste Hochreit anzukämpfen, nun tat ich es innerhalb und ausserhalb der Häuser in verstärktem Masse, und zum Schluss stellte sich wirklich eine neue Art der Schönheit ein, eine praktische Schönheit, der ich ein wenig ästhetische beimischte, so weit es eben in meiner Macht lag. Die Natur half mir dabei, eine freundliche Vegetation übergrünte die kahlen Steinbrüche und Geröllhalden; Wind- und Schneebrüche rissen Löcher in die Einförmigkeit der Waldungen, (allerdings auch in mein Portemonnaie) neue Schläge konnten angelegt werden und zwei davon liess ich sogar unaufgeforstet, damit in der Nähe des Hauses ein schönes Bild erhalten bleibe. Von mir gepflanzte Bäume versteckten die Häuser oder rahmten sie ein, und so kam endlich die wunderbare Aussicht, um derentwillen mein Vater das Gut gekauft hatte, wieder ungekränkt zur Geltung. Jedes Jahr wurde unsere Hochreit schöner und uns teuerer.

Und jetzt kann man von ihr sagen: sie ist ein herrliches Gut, in dem viel Arbeit steckt, deren Früchte jetzt aufscheinen; ein Gut, das für meinen Vater und für unzählige Leute einen Freudenquell, ja eine Art von Paradies bedeutete, ein Ort, an dem unzählige Male meines Vaters in Dankbarkeit und Bewunderung gedacht wurde, und so ist sie auch ganz geeignet, den Schlusspunkt dieser meinem Vater gewidmeten Abschnitte zu bilden.

Hochreit, im September 1944.

Auf der Hochreit: Von links nach rechts: John „Ji-Ji" Stonborough, Clara „Pussy" Salzer, Mima Sjögren-Bacher, Helene Salzer-Wittgenstein, Tom Stonborough, Felix „Lixl" Salzer, Margaret Stonborough und Mariechen Stockert-Salzer.

Seit ich die vorhergehenden Abschnitte dieser Erinnerungen in Wien und auf der Hochreit schrieb, ist die Zeit noch unendlich viel ernster geworden, und zwar ging das erschreckend rasch vor sich. Ich habe im Oktober 1944, kaum einen Monat nachdem wir von der Hochreit fortfuhren, Wien verlassen, weil die Russen immer näher rückten und weil Wien engstes Kriegsgebiet zu werden drohte. Meine Familie hat mich nach Gmunden mitgenommen, wo wir auf dem Besitz meiner Schwester Gretl Zuflucht gefunden haben.

Trotz allem Entsetzlichen, das wir von den Bombenabwürfen über Wien hören, und trotz allem, was wir auch hier durch das Näherrücken des Kriegsschauplatzes fürchten müssen, schreibe ich an dieser Arbeit weiter. Sie schreitet nach keinem Plan fort, sondern es zweigt da oder dort ein Weg ab, je nachdem es mich drängt, einer Erinnerungsspur nachzugehen, und jetzt führt der Weg naturgemäss zur Familie meiner Mutter weiter. Ich ahne nicht, wie lange mir die Kriegsereignisse, die sich so überstürzen, Zeit lassen werden, ihn zu verfolgen.

Gmunden, im Februar 1945.

Die Villa Toscana in Gmunden

Blick von der Villa Toscana auf den Traunsee

IV.

Ich möchte nun auch gerne über meine Vorfahren mütterlicherseits berichten, aber leider steht mir da weit weniger Material zur Verfügung als bei der Wittgensteinschen Familie. Dort gaben doch charakteristische Briefe und Dokumente Aufschluss über die Persönlichkeiten zweier Generationen, hier aber, in der Familie Kalmus, fehlt die Gabe, die eigene Persönlichkeit mitzuteilen vollkommen. Ich habe eine Reihe von Briefen verschiedener Familienmitglieder aus verschiedenen Zeiten durchgelesen, sie gingen alle nicht über die Versicherungen der herzlichen Teilnahme, Beteuerung der Sehnsucht nach dem Abwesenden, Fragen nach dem Befinden usw. hinaus. Selbst in den Briefen meiner Mutter erklingt nur dann ein anderer Ton, wenn sie von Musik schreibt, so z.B. in einem Brief an meine Tante Clara dramatisch schildert, wie Goldmark, von dem auch sie Klavierunterricht erhielt, sich benahm, wenn er unter dem unmusikalischen Spiel einiger seiner Schülerinnen litt.

Es scheint mir unbegreiflich, dass ich meine Mutter nie nach diesem Unterricht frug, der mich doch jetzt im Alter höchlichst interessieren würde, oder dass sie selbst nie davon sprach; da kamen aber die Eigentümlichkeiten zweier Menschen zusammen: ihr war es nicht gegeben, sich auch im mündlichen Verkehr leicht mitzuteilen, und mir selbst fehlte es viel zu sehr an menschlichem Interesse überhaupt; ich war von Kind auf und fast bis ins Alter gänzlich unfragend und unbeobachtend. Daher habe ich leider auch meine Grossmutter nie über ihre Jugendzeit ausgefragt und ich glaube doch, sie hätte gerne davon erzählt. Hätte ich damals das südsteirische Land so gekannt und geliebt wie ich es jetzt tue, dann hätten mich die dort spielenden Ereignisse vielleicht auch mehr interessiert, ich hätte mir wenigstens etwas dabei vorstellen können. So aber weiss ich fast nur, dass der Vater meiner Grossmutter, Johann Stallner, ein wohlhabender Kaufmann in Lichtenwald in Südsteiermark war und dass sie ihre Mutter früh verlor.

Die Porträts ihrer Eltern, die ich besitze, lassen keineswegs an Landkaufleute denken, sondern zeigen das Ehepaar Stallner als elegant zu nennende jüngere Leute mit einem Gesichtsschnitt, für den mir nur das Wort „refined" einfällt, man könnte übrigens auch „vornehm" sagen, und diese auffallende natürliche Eleganz hat sich auch auf die beiden Kinder des Ehepaars, auf meine Grossmutter und ihren Bruder vererbt. Das Gemüt aber war bei meinem Urgrossvater entschieden zu kurz gekommen; er kümmerte sich um seine Tochter nur insoferne, als er tadellose Manieren und ein sehr gepflegtes Äussere[s] von ihr verlangte, eine Kinderstube, die sie wahrhaftig nicht verleugnete. Ihr besonders schöner Gang und ihre Haltung, ihre ruhigen Bewegungen, ihre Liebenswürdigkeit zeugten bis ins späte Alter davon. Ein ganz leiser, mir lieber Anklang an die weiche Aussprache in ihrer windischen Heimat war ihrer Sprache immer anzumerken, tat aber dem Ganzen keinen Abbruch. Zur Zeit ihrer Jugend gehörte ein Schloss Lichtenwald, das im Besitz eines Freiherrn von Rebenburg war, zu dem Ort gleichen Namens, ihrem Geburtsort; dort hat meine Grossmutter als junges, sehr hübsches Mädchen verkehrt und schöne Feste mitgemacht und, so viel ich weiss, sogar einmal mit dem so populären Erzherzog Johann von Steiermark getanzt, demselben, der später die Postmeisterstochter in Aussee zur Frau nahm.

Meine Grossmutter, die mutterlos aufgewachsen war und sehr jung von ihrem Vater nach Wien verheiratet wurde, hatte das grosse Glück, in ihrer Schwiegermutter, einer besonders gütigen, selbstlosen Frau, eine zweite Mutter zu finden; sie hat mir oft erzählt, dass sie ihre ganze Erziehung dieser Frau verdankte, die in ihrer Familie wie eine Heilige verehrt wurde. Spät getauft, war sie eine sehr fromme Katholikin, vielleicht unter dem Einfluss eines Vetters, des Pater Kalmus, der erst Feldkurat, dann Seelsorger bei den Ursulinerinnen war. (Übrigens gestand der fromme Herr, dass ihm ein ganzes Regiment Soldaten lieber sei als seine weiblichen klösterlichen Schäflein!) Auch von dieser Schwiegermutter, also meiner Urgrossmutter, existiert ein Porträt; die Dargestellte ist alt und nichts weniger als schön, aber Güte und Herzlichkeit leuchten aus ihrem Gesicht, und sie lächelt einem so herzgewinnend entgegen, dass man unwillkürlich auch lächeln muss, wenn man das Bild ansieht.

Ihr Sohn Jakob Kalmus, mein Grossvater, war nach allem, was ich von ihm vernommen habe – er war ja lange vor meiner Geburt gestorben – sehr gutherzig und verträglich und er trug seine Frau, die er sehr liebte, auf Händen. Auch er war Kaufmann und hatte es zu erheblichem Wohlstand gebracht. In mancher Beziehung wurde bei meinen Grosseltern Kalmus sehr gespart, es wurde z.B. nicht zu Abend gegessen, in anderer Beziehung dagegen wurde dem Wohlstand entsprechend gelebt. Eine Villa auf der Hohen Warte bei Wien war als Sommeraufenthalt gemietet und ein junges Mädchen kam ins Haus, um meiner Grossmutter zuerst die Näharbeit, später die ganze Sorge für den Haushalt abzunehmen. Dieses junge Mädchen, Rosalie Herrmann, von meiner Mutter liebevoll „die gute Rosl", von uns Kindern als sie längst nicht mehr jung war ebenso liebevoll „das alte Ross" oder „Rosshaar" genannt, blieb im Hause meiner Grossmutter bis zu deren mit sechsundachtzig Jahren erfolgtem Tod, also zweiundfünfzig Jahre. Sie bedeutete uns

Kindern viel durch die unbeschreibliche Gemütlichkeit, die von ihr ausstrahlte, und ich will ihr, der sehr geliebten, ein eigenes Kapitel widmen; d.h. ich werde einige Erinnerungen an sie, die ich mir vor Jahren aufgeschrieben habe, später hier einfügen, auf die Gefahr hin, mich in ein paar Sachen zu wiederholen. Vorläufig aber kehre ich zu meinen Grosseltern zurück.

Drei Töchter waren ihnen geschenkt und Poldy, die jüngste, war von Kind auf der erklärte Liebling ihres Vaters. Auf sie schien sich die Selbstlosigkeit seiner Mutter vererbt zu haben, auch war sie musikalisch so begabt, dass sie ihm, der sehr musikliebend, aber nicht ausübend war, bald alles auf dem Klavier vorspielen konnte, was er so gerne hörte. Wenn sie, kaum elfjährig, aus der Oper nach Hause kam, musste sie sich gleich ans Klavier setzen und brühwarm aus dem Gedächtnis die schönsten Melodien wiedergeben; dass sie, wie erzählt wurde, bei so einer Gelegenheit vor Begeisterung vom Sessel fiel, wird jedem, der sie kannte, ohne weiteres glaublich erscheinen. Leider weiss ich aus ihrer frühen Kindheit nur ganz wenig, was sie charakterisieren könnte. dass sie sich ein kleines Kätzchen an die Brust legte, um von ihm als Mutter angesehen zu werden, ist vielleicht nur herzig, von einer wirklichen seelischen Einstellung spricht aber, dass sie als kleines Mädchen zum Rauchfangkehrer, vor dem sie sich ein wenig fürchtete, sagte: „Gib mir einen Kuss, wir sind ja alle Brüder!" was den guten Mann so rührte, dass er ihr von da an jedesmal Zuckerln mitbrachte.

Wenn ich aus eigener Anschauung über meine Mutter sprechen soll, so leuchten mir als die hervorstechendsten Züge ihres Wesens ihre Selbstlosigkeit, ihr hohes Pflichtgefühl, ihre Bescheidenheit, die sie fast sich auslöschen liess, ihre Fähigkeit des Mit-Leidens und ihre grosse musikalische Begabung entgegen. Mit der letzteren möchte ich mich zuerst befassen, weil mir bei der Rückerinnerung an sie warm ums Herz wird.

Vor dieser echten und ursprünglichen Begabung schwand jede körperliche Behinderung: meine Mutter hatte z.B. sehr kleine Hände, bei denen überdies der dritte und vierte Finger kaum auseinandergespreizt werden konnten, und doch spielte sie mit unfehlbarer Sicherheit schwierige Passagen und vollgriffige Akkorde; sie war von kleiner Statur und konnte mit den Füssen kaum die Pedaltasten der Orgel erreichen, auch war sie körperlich eher ungeschickt zu nennen, und doch gehorchten ihr beim Orgelspiel, das sie bis ins Alter mit Freude betrieb, Füsse und Hände in erstaunlicher Weise. Es wäre ihr unmöglich gewesen, einen komplizierten, aus Worten bestehenden Satz rasch zu erfassen, dagegen war es ihr ohne weiteres möglich, ein kompliziertes Musikstück vom Blatt zu lesen, ja, sogar vom Blatt weg in eine andere Tonart zu transponieren, was beim Begleiten von Sängern sehr wichtig werden kann. Selbst als sie im Alter am Star erkrankte, konnte sie noch lange Zeit Musikstücke, die ihr von früher her bekannt waren, vierhändig spielen, und beinahe die letzten klaren Worte, die meine schwerkranke Mutter wenige Tage vor ihrem Tode sprach, gehörten der von ihr so geliebten Musik. Die Musik war gewiss auch das schönste Bindeglied zwischen ihr und ihren Kindern, später auch ihren Enkeln.

Ich erinnere mich mit grosser Freude daran, wie wir als Kinder begeistert mit ihr die Mendelssohn'schen Chorlieder sangen und wie wir durch sie die Mendelssohn'schen Duette, Schumanns Terzette und eine Menge anderer Werke der Klassiker kennen lernten; ja, als meine Mutter mir ihre Lieblingskomposition, „Das Paradies und die Peri" von Schumann, vorspielte, da weinten wir beide vor Rührung und Begeisterung. Ich weiss auch noch, wie schön ihr Klavierpart bei den Kammermusikwerken, die sie mit meinem Vater und meinen Brüdern spielte, das Ganze zusammenhielt und wie schön sie Lieder begleitete. Sie konnte auch reizend phantasieren, z.B. wenn sie uns Kindern zu einem beliebten Kinderspiel, bei dem es sich darum handelte, je nach der Lautstärke der Musik einen versteckten Gegenstand zu suchen, so lange Musik machte, bis der Gegenstand von allen Kindern gefunden war. Sie sah uns fortwährend zu, denn die Musik musste ja lauter werden oder auch leiser, je nachdem das Kind sich dem versteckten Gegenstand näherte oder sich entfernte, dabei phantasierte sie unaufhörlich, mischte auch allerhand Liedchen und Tänze hinein und der Faden ging ihr nie aus. Jedes von uns Geschwistern könnte diese Liste vervollständigen und bestätigen, wie vollkommen natürlich und einleuchtend ihr der musikalische Ausdruck zu Gebote stand und wie die Begeisterung während des Spielens ihr Gesicht verschönte.

Leopoldine Wittgenstein am Klavier

Wir Kinder nahmen das als selbstverständlich hin, wie so vieles Gute, das wir genossen, und wie die guten Eigenschaften unserer Eltern überhaupt. Ich sah oder fühlte aber doch deutlich, dass meine Mutter geradlinig tat, was sie als recht und gut erkannt hatte, und dass sie dabei nie ihre eigenen Wünsche im Auge hatte, ja gar keine zu haben schien. Auch ihre Fähigkeit des Mit-Leidens war mir früh klar und ich weiss noch, dass mir einmal während der Mat[t]häus-Passion von Bach, bei dem Vorwurf, der den Aposteln gemacht wird, weil sie am Ölberg nicht gewacht hatten, der Gedanke durch den Kopf flog: meine Mutter wäre nicht eingeschlafen! Sie schonte sich nie, ja sie war sehr hart gegen sich selbst und verheimlichte besonders vor ihrem Mann und vor ihrer Mutter jeden Schmerz. Ein Beispiel für viele möchte ich anführen: sie hatte sich einmal durch Schuhdruck eine wunde Stelle an der Ferse zugezogen und wollte sich vor dem Schlafengehen Karbolwasser auflegen, das man damals unsinnigerweise bei kleinen Verletzungen verwendete. Sie schüttete etwas unverdünnte Karbolsäure in eine Schale mit Wasser, nahm sich aber in der Angst, meinen kranken Vater warten zu lassen, nicht die Zeit, die Mischung sorgfältig vorzunehmen, sondern tauchte nur ein Läppchen hinein und band es auf die Ferse, ohne zu beachten, dass die Karbolsäure wie Fettaugen auf dem Wasser schwamm. In der Nacht spürte sie heftige Schmerzen, statt aber nachzusehen, blieb sie regungslos liegen, um meinen Vater nicht im Schlaf zu stören, und als sie dann am Morgen den Fuss besah, hatte die Karbolsäure tiefe Löcher in das Fleisch geätzt, die viele Wochen lang nicht heilen wollten. – Ihre Schwiegermutter selbst schrieb ihr einmal die Worte: „liebe Poldy, es gibt ein Wörtchen ‚zu‘, man kann auch <u>zu</u> gut, <u>zu</u> selbstlos sein"; und jetzt, da ich tiefer in ihr Wesen eindringe, sehe ich, wie erstaunlich streng dieses in der Richtung der <u>Pflicht</u> orientiert war. Ja, meine Mutter zwang sich so sehr dazu, alles was sie betraf einseitig unter dem Gesichtswinkel der Pflicht anzusehen und sie schaltete das Gefühl oft so sehr aus, dass sie schliesslich kaum mehr wusste, wo im gegebenen Augenblick ihre erste Pflicht lag. Daher neigte sie sich zuweilen wahllos einer Seite zu oder wählte was ihr am schwersten schien, und so konnte es wohl auch geschehen, dass sie fehlgriff. Und wenn meine Mutter bei ihren Kindern nur zu oft nicht den vollen Lohn für ihr selbstloses Pflichtgefühl einheimste, so suche ich den Grund dafür in der Tragik, die darin liegt, dass das getane Gute sich weniger oft belohnt als sich das Unterlassene rächt!

Leopoldine Wittgenstein

Was meine Mutter an Seelengrösse in den sechs schrecklichen Jahren der letzten Krankheit meines Vaters geleistet hat, wie sie uns alle getäuscht hat und uns glauben liess, sie sei nicht völlig über die Natur der Krankheit unterrichtet, und wie sie dann, als es zum Letzten kam, die Täuschung einfach wie einen Mantel fallen liess, um ganz gefasst nur an Andere zu denken, das lässt sich nicht mit Worten schildern.

In der Geistesverwirrung ihrer letzten Krankheit kam ihre Rücksichtnahme auf Andere besonders schön zum Ausdruck; sie hörte gerne Grammophonplatten mit sanfter Musik, aber es durfte nicht zu lange sein, da es sie sonst beunruhigte. Dabei glaubte sie immer, die ausführenden Musiker seien in ihrem Zimmer und dankte ihnen jedesmal herzlich für den grossen Genuss, bat sie dann aber auf das rührendste um Entschuldigung, wenn sie nicht mehr hören wollte. Sie sei krank und alt, sagte sie, und ermüde leicht, die Herren möchten es ihr um Gotteswillen nicht übel nehmen, wenn sie sie bäte, jetzt aufzuhören.

Leopoldine Wittgenstein in der „Alleegasse"

Leopoldine Wittgenstein im Alter

Ja, meine Mutter hatte in vielen Stücken fast etwas von einer Heiligen an sich und sie wurde auch so geliebt, verehrt und betrauert von unzähligen Menschen! Und doch wäre dieses Bild nicht vollständig und nicht einmal ganz ähnlich, wenn nicht noch einige sonderbare Eigentümlichkeiten erwähnt würden, die meiner Mutter das Leben schwer machten, und die es auch für uns Kinder oft schwer machte, ihr gerecht zu werden. Ich glaube nicht, dass es unkindlich von mir ist, wenn ich versuchen will, meine Mutter auch von dieser Seite her darzustellen.

Was wir Kinder von Jugend auf stark empfanden, war eine merkwürdige Erregtheit in unserem Elternhaus, ein Mangel an Entspanntheit, der nicht allein von der Aufgeregtheit meines Vaters herrührte. Auch meine Mutter war sehr erregbar, wenn sie auch ihrem Mann und ihrer Mutter gegenüber die freundliche Ruhe nie verlor, oder wahrscheinlich gerade deshalb, denn der fortgesetzte Zwang auf der einen Seite musste ein Auslassen der Nerven auf der anderen bewirken. Sehr wichtig in diesem Zusammenhang scheint mir nun Folgendes: So glücklich, ja unendlich glücklich die Ehe meiner Mutter war, so war es doch die Ehe einer ausgesprochen zum <u>Dulden</u> geborenen Frau mit einem ausgesprochen zum energischen <u>Handeln</u> geborenen Mann. Der Handelnde wirkt aber naturgemäss auf den Duldenden ein und verändert nach und nach dessen Struktur, und ich glaube, dass meine Mutter, wie wir sie kannten, nicht völlig mehr sie selbst war, wenn ihr das auch selbstverständlich gar nicht zum Bewusstsein kam. Wir begriffen unter anderem nicht, dass sie so wenig eigenen Willen und eigene Meinung hatte, und bedachten nicht, wie unmöglich es war, neben meinem Vater eigene Meinung und Willen zu bewahren. Wir standen ihr eigentlich verständnislos gegenüber, aber auch sie hatte kein wirkliches Verständnis für die acht sonderbaren Kinder, die sie geboren hatte, ja, bei aller ihrer Menschenliebe hatte sie merkwürdigerweise kein wirkliches Verständnis für Menschen überhaupt.

Die Geschwister Wittgenstein: Gretl, Helene, Hermine, vorne Paul und Ludwig

Hermine

Hans

Hermine

Kurt

Mir selbst ist diese Tatsache oder vielmehr die Bedeutung des Wortes „Verständnis" erst sehr spät klar geworden, und zwar durch meine Schwester Gretl, die im höchsten Masse die Gabe des Verständnisses besass. Etwas verstehen heisst nämlich, die Ursachen der Erscheinungen kennen, einen Menschen verstehen wollen heisst versuchen, die Ursachen seines Handelns zu ergründen. Gerade das aber war meiner Mutter gänzlich fremd, sie konnte einzig und allein die grösste Nachsicht mit den Fehlern und Schwächen ihrer Mitmenschen haben und klaglos unter denselben leiden, nie aber den Versuch machen, die Ursachen zu verstehen oder die daraus resultierenden Situationen zu beeinflussen. Ja, wenn wir Kinder später ebenso verständnislos von ihr verlangten, sie solle den Menschen oder Dingen in kritischer Weise auf den Grund gehen, wurde sie nur erregt und unglücklich und nannte es „Haarspaltereien". Dass sogar ihr eigener Mann darunter litt, wenn bei irgend einer Kränkung oder einem Missverständnis es seiner Frau bloss anzusehen war, dass etwas sie betrübte, ohne dass sie ein klares Wort dafür finden konnte, das hat sie selbst viele Jahre nach seinem Tod meiner Nichte Mariechen, ihrer Enkelin, gestanden.

Ich glaube, es liegt auf der Hand, dass meine Mutter, mit dieser merkwürdigen Unklarheit behaftet, keine Pädagogin sein konnte. Es fehlte ihr aber auch noch etwas Bestimmtes, und da ich mich ihr in diesem Punkt so ähnlich fühle, kann ich, glaube ich, darüber sprechen: sie hatte keine Einsicht in den Pflichtenkreis ihrer Angestellten, mit Ausnahme etwa von Hauspersonal, und konnte daher ihre Angestellten weder anlernen noch überwachen. Daher hatten wir durch einundzwanzig Jahre eine gänzlich unfähige, alte grantige Kinderfrau im Hause, die uns Kinder, wie wir der Reihe nach durch ihre Hände gingen, weder beschäftigte noch erzog, ja nicht einmal körperlich gut pflegte. Wir hatten aber auch Lehrer, bei denen man nichts lernte, so wie meine Mutter später „Stützen der Hausfrau" hatte, die höchstens sich selbst stützten.

Unter diesen Umständen wäre gewiss für uns Kinder der allernormalste Unterricht, der Besuch einer öffentlichen Schule, das Beste gewesen. Mich hätte das z.B. aus meinem verträumten Egoismus, der mich förmlich hermetisch gegen meine Umwelt abschloss, herausgerissen.

Gretl

Gretl

Ludwig

Ludwig

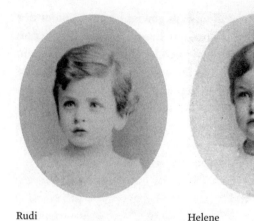

Rudi   Helene

Hermine mit Ludwig und Paul, 1892

Meinem sehr schwer zu behandelnden Bruder Hans hätte es Disziplin beigebracht und so fort – und auf jeden Fall hätten wir „das Lernen" gelernt und eine Zeiteinteilung bekommen.

Bei einigen meiner jüngeren Geschwister hätte es vielleicht aufgedeckt, was sie lernen und nicht lernen konnten, aber da war es auch wieder merkwürdig, wie meine Mutter reagierte, wenn ihr etwas über ihre Kinder oder Angestellten gesagt wurde. Als z.B. mein siebenjähriger Bruder Rudi die Prüfung über die erste Volksschulklasse ablegen sollte, zeigte er sich so unglücklich und geschreckt, dass die prüfende Lehrerin zu meiner Mutter sagte: „das ist aber ein nervöses Kind, auf das sollten Sie achtgeben!" Diesen Ausspruch habe ich oft mit Spott als etwas Unsinniges wiederholen hören, denn dass eines ihrer Kinder wirklich übernervös sein sollte, kam für meine Mutter gar nicht in Frage, sie hielt das für ausgeschlossen. Meiner Grossmutter Kalmus war dagegen die alte unfähige Kinderfrau ein Dorn im Auge; sie sagte dies auch meiner Mutter, aber ohne Erfolg, und ich glaube den Grund genau zu verstehen und nachzufühlen: meine Mutter ahnte, dass die Fehler der Kinderfrau mit ihren eigenen Mängeln zusammenhingen und traute sich nicht zu, einen guten Wandel zu schaffen. So blieb denn Alles beim Alten, was besser geändert worden wäre.

Dass wir nicht in eine öffentliche Schule geschickt wurden, war sehr bedauerlich, und schuld daran war eine heftige Abneigung, die mein Vater dagegen gefasst hatte. Er hatte nämlich aus seinem eigenen Jugenderleben folgenden Schluss gezogen: – Das einzige, was ein Mensch wirklich mit Anstrengung lernen muss, ist die lateinische Sprache und die Mathematik. Diese beiden Disziplinen bilden den Geist genügsam, und alles andere, wie Geographie, Geschichte usw. fliegt einem später durch Lektüre in hinreichendem Masse zu. Es hat also gar keinen Sinn, im Gymnasium oder einer anderen Schule viele Stunden des Tages zu vergeuden, viel besser ist es, spazieren zu gehen oder Sport zu betreiben. – Da mein Vater selbst über eine sehr grosse allgemeine Bildung verfügte, mochte diese Theorie wohl für ihn gestimmt haben, aber erstens zog er nicht in Rechnung, wie viel er trotz seines Nichtaufmerkens in der Schule aufgenommen hatte und wie er damit den Grund für die spätere Lektüre gelegt hatte, zweitens bedachte er nicht, dass nicht alle Menschen Karl Wittgenstein sind, begabt mit einem so grossen allgemeinen Interesse, dass sie sich wie er einfach durch Lektüre in Naturwissenschaften und allen anderen Fächern bilden können. Wer hätte ihm das aber damals sagen können und wem hätte er es geglaubt?

Es wurde also ein Lehrer aufgenommen, der meinem Bruder Hans und mir Unterricht in lateinischer Sprache und Mathematik geben sollte. Ich war aber entsetzlich faul und verspielt, hatte sogar eine kleine Puppe in der Tischlade vor mir, in der meine Lehrbücher und Hefte lagen, und sah manchmal während des Unterrichtes heimlich meine Puppe an, Hans seinerseits hatte nichts als Musik im Kopfe, und zwar seit seiner frühesten Kindheit. Ich sehe uns jetzt als kleine Kinder in unserer alten Wohnung am Schwarzenbergplatz, wohin wir von der XAIPE-Villa übersiedelt waren: Hans als dreijährigen Buben mit grossem Ernst auf zwei Holzstücken Geige spielend und mich, die Fünfjährige sehe ich vor einem Schemel knieen und auf diesem herumklimpern, denn ich wollte Hans ja „auf dem Klavier begleiten". Ich hatte aber zu meinem eigenen Vergnügen einen Bleistift und ein Stückchen Papier neben mir liegen und zeichnete von Zeit zu Zeit ein wenig, behauptend ich hätte „Pausen". Mit vier Jahren erkannte Hans schon das Signal der Feuerwehr als „Quart", und mehr als fünf oder sechs Jahre war er wohl nicht, als er beim Gesang der Fronleichnamsprozession, die vor unserem Neuwaldegger Haus vorüberzog, laut und entrüstet zum Fenster hinausrief: „Falsch! Falsch!" Er hatte ja nicht so unrecht; mit dem langsamen Kirchenlied nämlich, das die hinter dem Baldachin schreitende Gemeinde nicht sehr rein sang, mischten sich die ganz verschiedenen Tonarten zweier Märsche, die von einer Veteranenkapelle und der Ortsfeuerwehr an den beiden entfernten Enden des Zuges geblasen wurden, und diese Mischung war für Hans ein körperlicher Schmerz. Für mich bildete sie nur ein Ganzes mit dem Gebimmel der Glöckchen, mit dem weichen feierlichen Schreiten des Zuges auf der mit Gras bestreuten Strasse und mit allem, was ich ausserdem mit den Augen wahrnahm, mich störte sie nicht im geringsten, aber Hans hörte mit anderen Ohren. Stundenlang konnte er ja umgeben von Notenheften auf dem Boden liegen: er las in ihnen wie ein anderes Kind in Bilderbüchern und hörte offenbar alles was er las.

Manches fällt mir jetzt nach und nach ein, was mir zeigt, welch ein eigenartiges Kind Hans schon von frühester Jugend an gewesen sein muss. Ich erinnere mich, wie meine Eltern erzählten, das erste Wort, welches das auffallend grosse und ungebärdige Kind überhaupt aussprach, sei das Wort „Oedipus" gewesen, und es habe komisch ausgesehen, wie der bärenhafte kleine Kerl im Zimmer umhergewackelt sei und mit finsterem Gesicht das unverständliche Wort vor sich hin gesagt habe. Ich erinnere mich, wie Hans und ich, zehn- und zwölfjährig, auf den täglichen Spaziergängen, die wir unter Aufsicht des Reitknechts meines Vaters zu absolvieren hatten, – Johann vorne, wir Kinder gottweisswo und gottweisswie hintennach – wie wir auf diesen Spaziergängen oft durch einen gusseisernen Pavillon im Stadtpark kamen; da war es ein Gedankenspiel meines Bruders Hans, diesen Pavillon in der Phantasie aus Diamanten nachzubauen: er stellte sich z.B. die Krondiamanten der verschiedenen Potentaten und die Steine vor, die man für das Vermögen der Rothschilds und der amerikanischen Milliardäre kaufen könnte, auch die Erträgnisse der Diamantenfelder berechnete er, die er für seinen Zweck heranziehen könnte.

Dann mass er jeden einzelnen der sonderbaren gusseisernen Schnörkel des Pavillons in Gedanken ab und setzte ihn – natürlich wieder in Gedanken – aus diesen Diamanten zusammen, und ich sehe noch die geringe Höhe über dem Erdboden, die Hans mir mit der Hand wies und von der er sagte: so weit sei er jetzt mit dem herrlichen Bau gekommen. Vermutlich war ihm das Geld ausgegangen, denn damit hatte das Spiel auch ein Ende. Da Hans so anders war als andere Kinder seines Alters, gab es immer einen Kampf mit unserer alten, ziemlich verzopften französischen Lehrerin, weil ihm die Bücher, die wir in der Stunde mir ihr lesen sollten, viel zu kindisch und langweilig schienen. Einmal brachte sie ein neues Buch mit, und ich war froh zu bemerken, dass Hans dem Titel – es war eine kleine Mythologie – keinen Widerstand entgegenbrachte; das war aber nur ein Missverständnis, er hatte ein Buch über Sprachetymologie erwartet und war schwer enttäuscht.

Ich erinnere mich nun weiter, dass Hans, das „musikalische Phänomen", wie meine Grossmutter Wittgenstein ihn in einem Brief an meine Mutter nannte, Geigenunterricht bekam und mit neun Jahren jeden Sonntag in der Peterskirche beim Hochamt die Geige mitspielte. Später zog ihn besonders die Orgel an; wir hatten ein grosses Pedalharmonium, dessen Bälge von einem Nichtspieler bedient werden konnten, während der Spieler die Pedaltasten ganz wie bei einer wirklichen Orgel benützte. Das „Bälgetreten", das übrigens mit der Hand geschah, war mir zugeteilt wenn Hans Harmonium spielte, und so hörte ich schon als Kind mit Hochgenuss die Präludien und Fugen von Bach. Wenn wir von Reichenau, wo wir alljährlich einige Sommerwochen verbrachten, Spaziergänge in Nachbarorte machten, die eine Kirche aufwiesen, sei es Payerbach, Edlach oder die Prein, dann wurde gewöhnlich um die Erlaubnis angesucht, dass Hans die Orgel spielen durfte, und er war dann schwer von der Orgel wegzukriegen. Auch beim Singen, das wir als Kinder mit Freude betrieben, war er ein äusserst wertvolles Mitglied, denn er konnte gar zwei Stimmen gleichzeitig zu Gehör bringen, eine indem er sang, die andere, tiefere, indem er mit einer sonderbaren Mundstellung einen blasenden Ton hervorbrachte. So konnten Hans, Kurt und ich zu dritt vierstimmige Märsche und Walzer aus dem Stegreif singen, was wir sehr gerne taten. Das wirkliche Talent von Hans lag aber auf dem Gebiet des Klavierspielens, und es ist gewiss höchst bedauerlich, dass er nicht in dieser Richtung ausgebildet wurde.

Gerade das aber konnte für meinen Vater nicht in Betracht kommen, im Gegenteil, das übergrosse Interesse seines ältesten Sohnes an Musik war ihm sehr wenig erfreulich, und es wurden daher die Äusserungen dieses Interesses mehr oder weniger vor ihm geheim gehalten. Was ich schon einmal sagte, muss ich wiederholen: der einzige Beruf, der meinem Vater wirklich erstrebenswert schien, war der Doppelberuf des Technikers und Kaufmanns, daher sollte natürlich sein ältester Sohn diesen Beruf ergreifen, und da mein Vater selbst früh vom Elternhaus davongelaufen war und sich die Vorbildung für Leben und Beruf durch Umtun in der Fremde und in den verschiedenartigsten Betrieben angeeignet hatte, so sollte auch der ganz anders geartete Hans ähnliche Vorteile geniessen. Ja, wenn ein grosser Mensch sich in eine Idee verrennt und Fehler begeht, dann gehen auch diese ins Grosse.

Hans wurde also frühzeitig in die Fremde geschickt, und zwar in verschiedenartige Fabriksbetriebe in Böhmen, Deutschland, England, in denen er gewiss nichts für sein Leben Wichtiges lernte. Er wusste vermutlich kaum, was er überhaupt dort sollte, denn er war weder durch ein technisches Studium dafür vorbereitet, noch durch ein Talent dafür vorbestimmt, im Gegenteil, sein eigenes Interesse galt im höchsten Masse ganz anderen Dingen. Wie sollte daraus etwas Gedeihliches entstehen? Ich weiss nur, dass er sich gleich in der ersten kleinen Fabrikstadt ein Streichquartett zusammenstellte, dass er viel Klavier spielte und dass, wenn er auf Urlaub nach Hause kam, die Atmosphäre zwischen ihm und unserem Vater eine wenig behagliche war. Sie waren miteinander unzufrieden, aber auch zwischen ihnen konnte es nie zu einem klärenden Wort kommen, es fehlte von Anfang an jeder Kontakt. Es fehlte aber auch an einer Persönlichkeit, die zwischen Beiden hätte vermitteln können, die meinem Vater imponiert und ihm seinen Fehler gezeigt hätte, und vielleicht wäre das von jeher die Aufgabe meiner Mutter gewesen. Aber ihr ganzes Wesen, wie es nun einmal beschaffen war, verhüllte ihr teils diese Aufgabe, teils machte es sie zur Lösung gänzlich ungeeignet. Meine Mutter war ja viel zu fügsam und viel zu unsicher, wie hätte sie diese schwere Situation meistern können, in der es sich nicht um alltägliche Menschen und Zwiespalte handelte, sondern um ganz überdimensionierte, kaum verständliche?

Ob Hans in seiner Kunst wirklich glücklich geworden wäre, ist natürlich unmöglich zu sagen. Bei all seinem grossen Talent und seinem herrlichen Spiel lag doch in den späteren Jahren – er erreichte deren nicht mehr als sechsundzwanzig – oft eine Beimischung von Gewaltsamkeit und Verkrampftheit in der Wiedergabe der Musikstücke, eine Verkrampftheit, die auch sein ganzes Wesen schon frühzeitig, schon in den Knabenjahren ergriffen hatte. In der Dumpfheit meiner Jugend schien mir diese Sonderbarkeit nur vage mit der ganzen Atmosphäre des Elternhauses zusammenzuhängen, und ein Teil davon hatte wohl auch darin seine Ursache, der grössere Teil aber bewies, wie mir das später klar wurde, schon irgend eine krampfhafte Erscheinung und ein Fehlen des gesunden jugendlichen Lebensgefühls bei meinem Bruder Hans.

Während ich dies schreibe, kommt mir zum Bewusstsein, dass mich dieser Abschnitt an einen Punkt geführt hat, der die grosse Tragik unseres Elternhauses enthüllt, und ich möchte am liebsten nicht weiter schreiben. Es war tragisch, dass unsere Eltern, trotz ihres grossen sittlichen Ernstes und ihres Pflichtgefühls, mit ihren Kindern keine Einheit zu bilden vermochten, tragisch, dass mein Vater Söhne bekommen hat, die von ihm selbst so verschieden waren, als hätte er sie aus dem Findelhaus angenommen! Es muss ihm eine bittere Enttäuschung gewesen sein, dass keiner von ihnen in seine Fussstapfen treten und an seinem Lebenswerk weiter arbeiten wollte. Eine der grössten Verschiedenheiten aber, und die tragischste, war der Mangel an Lebenskraft und Lebenswillen seiner Söhne in ihrer Jugend, und diesem Mangel wurde durch die unnormale Erziehung noch Vorschub geleistet. Zwei Söhne, Hans und Rudi, sind noch zu seinen Lebzeiten freiwillig aus der Welt gegangen, und zwei andere, Paul und Ludwig, waren so nahe daran, dasselbe zu tun, dass es vielleicht nur einem Zufall zu danken ist, wenn sie in dieser Welt geblieben und später mit dem Leben fertig geworden sind.

Mein Vater musste schliesslich einsehen lernen, dass das, was für ihn selbst gut gewesen war, für seine Söhne verhängnisvoll sein konnte, und die beiden jüngsten Söhne, Paul und Ludwig, wurden plötzlich ins Gymnasium geschickt.

Mit diesem Schritt meines Vaters, der einer Kapitulation, einer Verleugnung seiner Überzeugung gleichkam und der ihm schwer gefallen sein mag, geschah doch bestimmt das einzig Richtige. Den Tod seines zweiten Sohnes, meines Bruders Kurt, der sich in den letzten Tagen des ersten Weltkrieges ohne ersichtlichen Grund auf einem Rückzug in Italien erschoss, hat er nicht mehr erlebt.

Gerade dieser Bruder schien uns so wenig verkrampft, so harmlos heiter veranlagt! Sogar aus seiner besonders natürlich-reizenden Musikalität glaubten wir das herauszulesen, und doch muss ich denken, dass auch er den Keim des Ekels vor dem Leben in sich trug. So stehe ich vor der traurigen, für mich unlösbaren Frage: ist er nicht schliesslich doch – der typische wohlhabende Junggeselle ohne ernste Pflichten – an dem Mangel des „harten Muss" gestorben, das mein Vater seinen Söhnen so gerne gegeben hätte und das sich nicht künstlich erzeugen lässt? Oder war es einfach ein Mangel an Ertragungskraft, der ihn in irgend einem Augenblick und gewiss nicht dem schwersten des Krieges überwältigte?

Dieser ernste Gedankengang hat mich unvermerkt von dem ursprünglichen Thema weg geführt. Ehe ich aber in einer neuen Richtung weitergehe, will ich von meiner Mutter Abschied nehmen, sie ist mir ja, während ich von den Brüdern sprach, ganz aus dem Gesichtskreis entschwunden. Und da sehe ich sie plötzlich als alte Frau vor mir, begleitet von einer zweiten, merkwürdig brummig, aber humorvoll aussehenden alten Dame, die ich mit herzlicher Freude begrüsse: es ist die Sängerin Marie Fillunger, „die Fillu", wie sie im Brahms-Schuhmann-Kreise, dem sie sehr nahe stand, geheissen wurde, und wir Geschwister verdanken ihr viel, denn sie hat die letzten Lebensjahre unserer Mutter sehr verschönt.

Meine Mutter lernte die Genannte erst im Alter, nach dem Tod meines Vaters kennen und freute sich anfänglich besonders daran, sie zum Gesang begleiten zu können. Was uns allen aber nach und nach die Fillu so wert machte, war ihre starke, eckige Persönlichkeit, mit der sie in die Ecken und Kanten unserer eigenen engsten Familie so genau hinein passte, wie der richtig passende „Puzzlestein", der ja auch die vereinzelten Steine zu einer Einheit verschmilzt, und das erzeugte eine Behaglichkeit, wie wir sie kaum je gekannt hatten. Ich weiss, wie unsere Gesichter sich entspannten, wenn die Fillu an unserem Tisch sass, wir konnten gar nicht genug bekommen von ihrem scheinbar brummigen Wesen, das so erheiternd wirkte in seiner Originalität.

Reizend war das Verhältnis zwischen Marie Fillunger und meiner Mutter; die Letztere bemühte sich mit Freundlichkeit und Humor die arg rauhe Oberfläche des Diamanten zu glätten, und dieser lohnte es ihr durch die unsentimentalste Liebe. Besonders schön kam das in der Todeskrankheit meiner Mutter zum Ausdruck, denn bis zum letzten Augenblick und mit allen ihren Gedanken und Fähigkeiten stellte sich Fillu der Kranken zur Verfügung und tat ihr auch bis zum letzten Augenblick immer wohl.

Marie Fillunger auf der Hochreit mit der kleinen Hanna von Stockert im Jahr 1926

Was wir im Herbst gefürchtet haben und weswegen wir aus Wien geflohen sind, ist eingetroffen: die Russen besetzen Wien und Nieder-Österreich und sind auf dem Weg gegen Ober-Österreich! Wir sind dadurch von allen unseren Freunden und unseren Angestellten, die wir ja auch zu unseren Freunden zählen – sowohl in Wien als auch auf der Hochreit – abgeschnitten und können nichts über ihr Schicksal erfahren. Niemand kann sagen, ob wir sie je wiedersehen werden, niemand kann auch wissen, was sich hier noch abspielen kann, und es ist Grund genug zu den ernstesten Sorgen in jeder Beziehung.

Dabei geht aber unglaublicherweise das Leben hier fast ungestört weiter; ich wundere mich und entsetze mich darüber und lebe doch selbst, als ob sich nichts ereignete, ja, ich vertiefe und verbohre mich nur immer mehr und mehr in diese Erinnerungen, je näher eine Kriegsentscheidung zu kommen droht.

Gmunden, am 3. April 1945.

Die Silberhochzeit von Karl und Leopoldine Wittgenstein am 23. Mai 1899

Geschenke anlässlich der Silberhochzeit

V.

Mein Gedankenweg hat mich am Schluss des vorigen Abschnittes zu meinen beiden jüngsten Brüdern Paul und Ludwig geführt und dabei überkam mich der Wunsch, noch rasch wenigstens eine flüchtige Skizze von Ludwig zu entwerfen, der mir doch der interessanteste und wertvollste der Brüder scheint.

Es ist freilich schwer, über einen Lebenden zu schreiben, besonders wenn keine Möglichkeit besteht, sich mit ihm über Unklarheiten zu besprechen. Ich hoffe aber, Ludwig wird mir diese nach bestem Wissen und Gewissen vorgenommene Aufzählung von Tatsachen nicht übel nehmen, und wenn es uns beschieden sein sollte, noch einmal in dieser Welt zusammen zu kommen, so kann ich ja nach seinem Wunsch kleine Änderungen vornehmen; zu grösseren werde ich mich nicht leicht verstehen. Ich gebe, wie gesagt, nur eine Aufzählung von Tatsachen und hoffe, dass die Persönlichkeit, um die es sich mir handelt, von selbst durchscheinen wird.

Ludwig Wittgenstein um 1910

In seiner Jugend zeigte Ludwig, im Gegensatz zu Paul, den die <u>Natur</u> mit Blumen, Tieren, Landschaften übermächtig anzog, grosses <u>technisches</u> Interesse. Die Konstruktion einer Nähmaschine war ihm z.B. schon mit zehn Jahren so klar, dass er aus Holzstäbchen, Draht usw. ein kleines Modell herstellen konnte, das tatsächlich einige Stiche nähte. Natürlich musste er dazu die grosse Nähmaschine in allen ihren Teilen und Stichphasen genau studieren, was die alte Hausnäherin mit argwöhnischem Missvergnügen verfolgte. – Mit vierzehn Jahren sollte er, wie schon erwähnt, an eine öffentliche Schule kommen, er besass aber infolge des sonderbaren Unterrichtsplanes meines Vaters nicht die nötige Vorbildung für ein Wiener Gymnasium und kam nach kurzem ergänzenden Unterricht an das Realgymnasium nach Linz. Einer seiner Mitschüler erzählte mir viel später, dass Ludwig ihnen allen wie aus einer fremden Welt herabgeschneit vorgekommen war. Er hatte ganz andere Lebensformen als sie, redete z.B. seine Mitschüler mit „Sie" an, schon das allein wirkte wie eine Barriere; auch seine Interessen, seine Lektüre etc. waren gänzlich von den ihrigen verschieden. Vermutlich war er etwas älter als die Buben seiner Klasse und jedenfalls ungleich reifer und ernster. Vor allem aber war er seelisch ungeheuer empfindlich, und ich kann mir denken, dass auch seine Mitschüler ihm gewiss aus einer anderen Welt zu stammen schienen, aus einer schrecklichen!

Nach der Matura ging Ludwig an die Technische Hochschule in Berlin und beschäftigte sich dann viel mit flugtechnischen Fragen und Versuchen. Zu dieser Zeit oder etwas später ergriff ihn plötzlich die Philosophie, d.h. das Nachdenken über philosophische Probleme, so stark und so völlig gegen seinen Willen, dass er schwer unter der doppelten und widerstreitenden inneren Berufung litt und sich wie zerspalten vorkam. Es war eine von den Wandlungen, deren er noch mehrere in seinem Leben durchmachen sollte, über ihn gekommen und durchschüttelte sein ganzes Wesen. Er schrieb damals an einer philosophischen Arbeit und fasste schliesslich den Entschluss, den Plan dieser Arbeit einem Professor Frege in Jena zu zeigen, der ähnliche Fragen behandelte. Ludwig befand sich in diesen Tagen fortwährend in einer unbeschreiblichen, fast krankhaften Aufregung, und ich befürchtete sehr, dass Frege, von dem ich wusste, dass er ein alter Mann sei, nicht die Geduld und das Verständnis aufbringen werde, um so auf die Sache einzugehen, wie es der ernste Fall erheischte. Ich war daher während Ludwigs Reise zu Frege in grosser Sorge und Angst, es ging aber weit besser als ich dachte. Frege bestärkte Ludwig in seinem philosophischen Suchen und riet ihm, nach Cambridge als Schüler zu einem Professor Russel[l] zu gehen, was Ludwig auch tat.

Im Jahre 1912 besuchte ich Ludwig in Cambridge. Er war mit Russell befreundet und wir waren Beide bei diesem zum Tee eingeladen, in seinem schönen College-Zimmer; ich sehe es noch vor mir mit den grossen Bücherkästen, die die ganzen Wände einnahmen, und den hohen altertümlichen Fenstern mit ihren steinernen, schön gegliederten Fensterkreuzen. Plötzlich sagte Russell zu mir: „We expect the next big step in philosophy to be taken by your brother." Das zu hören war für mich etwas so Unerhörtes, Unglaubliches, dass mir's einen Augenblick tatsächlich schwarz vor den Augen wurde. Ludwig, der um fünfzehn Jahre jüngere als ich, kam mir trotz seiner dreiundzwanzig Jahre immer noch als ein ganz junger Mensch, als ein Lernender vor. Kein Wunder, dass mir dieser Augenblick unvergesslich blieb.

Ludwig ging bald darauf nach Norwegen, um ganz in der Einsamkeit an seinem Buch zu schreiben. Er kaufte sich dort eine kleine Blockhütte auf einer Felsenspitze, die in einen Fjord hineinragte, und in dieser Blockhütte hauste er ganz allein, in einer ungeheuren geistigen Gesteigertheit und Angespanntheit, die einem krankhaften Zustand sehr nahe kam. Bei Ausbruch des Krieges im Jahre 1914 kam er nach Österreich zurück und wollte durchaus als Soldat einrücken, trotz seines operierten beiderseitigen Leistenbruchs, der ihn vom Militärdienst befreit hatte. Es war ihm, wie ich genau weiss, nicht nur darum zu tun, sein Vaterland zu verteidigen, sondern er hatte den intensiven Wunsch, etwas Schweres auf sich zu nehmen und irgend etwas Anderes zu leisten als rein geistige Arbeit. Es gelang ihm zuerst nur, mit einer militärischen Reparaturwerkstätte nach Galizien zu kommen, er liess aber nicht nach zu bohren, um an die Front zu gelangen.

Leider erinnere ich mich nicht mehr an die komischen Missverständnisse, die dadurch entstanden, dass die militärischen Behörden, mit denen er zu tun hatte, immer annahmen, er suche einen leichteren Posten, während es ihm gerade um einen gefährlicheren zu tun war. Schliesslich setzte er seinen Wunsch durch. Dann absolvierte er, nachdem er mehrere Tapferkeitsmedaillen bekommen hatte und durch eine Explosion verwundet worden war, einen Offizierskurs in Olmütz und wurde, glaube ich, Leutnant. Von Olmütz datiert die Freundschaft mit dem Architekten Paul Engelmann, von dem ich später noch sprechen werde, und um diese Zeit machte Ludwig eine Spende von einer Million Kronen für den Bau eines 30cm-Mörsers, über die auch noch Einiges zu sagen sein wird.

Ludwig Wittgenstein um 1920   Paul Engelmann als junger Mann

Schon damals bereitete sich in Ludwig eine tiefe Wandlung vor, die sich erst nach dem Krieg auswirken sollte und die schliesslich in dem Entschluss gipfelte, kein Vermögen mehr besitzen zu wollen. Er wurde von den Soldaten „der mit dem Evangelium" genannt, weil er immer Tolstois Bearbeitung der Evangelien bei sich trug. – Gegen Ende des

Krieges kämpfte er an der italienischen Front, geriet bei dem sonderbaren Waffenstillstand in italienische Gefangenschaft, und als er endlich wieder nach Hause kam, war es sein Erstes, sich seines Vermögens zu entledigen. Er schenkte es uns Geschwistern, mit Ausnahme unserer Schwester Gretl, die damals noch sehr vermögend war, während wir viel von unserem Vermögen eingebüsst hatten.

Tolstois Schrift „Kurze Darlegung des Evangelium"

Viele Leute, unter ihnen mein Onkel Paul Wittgenstein und meine Freundin Mitze Salzer, konnten nicht verstehen, dass wir das Geld annahmen und nicht wenigstens im Geheimen eine Summe absonderten und anlegten, für den Fall, dass Ludwig seinen Entschluss später bereue. Sie konnten nicht wissen, welcher Mentalität sein Entschluss entsprungen war und wie ihn gerade die erwähnte Möglichkeit beunruhigte; hundertmal wollte er sich vergewissern, dass es ganz ausgeschlossen sei, dass irgend eine Summe in irgend einer Form ihm gehöre, und zur Verzweiflung des die Schenkung durchführenden Notars kam er immer wieder darauf zurück. Sie konnten aber auch nicht wissen, dass gerade zu dieser Mentalität Ludwigs die ganz freie, gelockerte Möglichkeit gehörte, sich von seinen Geschwistern in irgend einer Situation helfen zu lassen. Wer die „Brüder Karamasoff" von Dostojewksi kennt, wird sich der Stelle erinnern, in der gesagt wird, dass der sparsame und genaue Iwan wohl einmal in eine prekäre Situation kommen könnte, dass aber sein Bruder Aljoscha, der nichts vom Geld versteht und keines besitzt, bestimmt nicht verhungern würde, weil Jeder mit Freuden mit ihm teilen und er es ohne Bedenken annehmen würde. Ich, die dies alles genau wusste, habe alles getan, um bis ins Kleinste Ludwigs Wünsche zu erfüllen.

Familientreffen in Neuwaldegg anlässlich eines Heimaturlaubs während des Ersten Weltkriegs. Von links nach rechts: Kurt Wittgenstein, Paul Wittgenstein, Hermine Wittgenstein, Max Salzer, Leopoldine Wittgenstein, Helene Salzer und Ludwig Wittgenstein

Seinen zweiten Entschluss, einen ganz unscheinbaren Beruf zu wählen und womöglich Volksschullehrer auf dem Lande zu werden, konnte ich selbst zuerst gar nicht verstehen, und da wir Geschwister uns sehr oft durch Vergleiche mit einander verständigen, sagte ich ihm damals anlässlich eines langen Gesprächs: wenn ich mir ihn mit seinem philosophisch geschulten Verstand als Volksschullehrer vorstellte, so schiene es mir, als wollte jemand ein Präzisionsinstrument dazu benützen, um Kisten zu öffnen. Darauf antwortete mir Ludwig mit einem Vergleich, der mich zum Schweigen brachte. Er sagte nämlich: „Du erinnerst mich an einen Menschen, der aus dem geschlossenen Fenster schaut und sich die sonderbaren Bewegungen eines Passanten nicht erklären kann; er weiss nicht, welcher Sturm draussen wütet und dass dieser Mensch sich vielleicht nur mit Mühe auf den Beinen hält." Da verstand ich, in welcher Verfassung er sich innerlich befand.

Trattenbach um 1920: rechts vorne das Schulgebäude, links hinten das „Schachnerstüberl", wo Ludwig Wittgenstein anfangs wohnte

Ludwig wurde zuerst Gärtnergehilfe bei den Barmherzigen Brüdern in Hütteldorf und im Stift von Klosterneuburg, besuchte dann die Lehrerbildungsanstalt in Wien und wurde Volksschullehrer in Trattenbach, einem winzigen, weit von der Bahn gelegenen Gebirgsort, und später in Otterthal und in Puchberg am Schneeberg.

In vieler Beziehung ist Ludwig der geborene Lehrer; alles interessiert ihn selbst und er weiss aus allem das Wichtigste herauszufassen und klar zu machen. Ich hatte selbst ein paarmal Gelegenheit, Ludwig beim Unterrichten zu sehen, da er den Buben in meiner Knabenbeschäftigungsanstalt einige Nachmittage widmete; es war uns allen ein Hochgenuss: er trug nicht nur vor, sondern suchte die Buben durch Fragen an die richtige Lösung heranzubringen. Einmal liess er sie eine Dampfmaschine erfinden, dann eine konstruktive Zeichnung eines Turmes auf die Tafel zeichnen, wieder einmal bewegte menschliche Figuren darstellen; das Interesse, das er erweckte, war ungeheuer. Selbst die Unbegabten und sonst Unaufmerksamen unter den Buben gaben erstaunlich gute Antworten und sie krochen förmlich übereinander in ihrem Wunsch, zu Antworten oder Demonstrationen herangezogen zu werden. Zu einem Volksschullehrer gehört aber nicht nur die Fähigkeit etwas interessant vorzutragen und begabte Schüler zu fördern, ja weiter zu fördern als es der Unterrichtsplan verlangt. Es gehört dazu auch die Geduld und die Routine, die Unbegabten und Faulen, die Mädchen, die ganz andere Dinge im Kopf haben, so weit zu bringen, dass sie mit den nötigsten Kenntnissen versehen die Schule verlassen. Es gehört dazu auch Geduld und Geschicklichkeit im Verkehr mit den oft sehr unverständigen Eltern. Diese Geduld konnte Ludwig nicht aufbringen, und an diesem Mangel scheiterte schliesslich seine Tätigkeit. Meiner Meinung nach kündigte sich wohl auch schon wieder eine neue Phase seiner Entwicklung an.

Ludwig Wittgenstein mit seinen Schülern in Puchberg am Schneeberg

Als Ludwig seinen Lehrerberuf aufgab, hofften wir, er werde sich wieder der Philosophie zuwenden, doch folgte zunächst ein Zwischenstadium, aus dem sich dann etwas ganz Neues, Unerwartetes herauskristallisierte. – Ich muss übrigens erwähnen, dass Ludwig, der sich vor dem Krieg mit Professor Frege so befreundet hatte, dass er mehrmals einige Tage bei ihm zubrachte, diesem während des Krieges den Anfang seines Buches in Maschinschrift zukommen liess. Erstaunlicherweise verstand Frege das Buch überhaupt nicht und schrieb das Ludwig ganz aufrichtig. Ludwig hatte sich anscheinend irgendwie von ihm wegentwickelt, und die Freundschaft wurde nach dem Krieg nicht wieder aufgenommen. Ähnlich erging es ihm mit Russel[l], der doch während des Krieges Ludwigs Buch ins Englische übersetzt und zweisprachig herausgegeben hatte: Ludwig nahm ihm, soviel ich weiss, einige halb-populäre Abhandlungen übel und die Freundschaft hielt nicht stand. –

Ehe ich weitergehe, soll noch etwas über die Mörser-Spende Ludwigs gesagt werden. Wenn ich jetzt an den Zweck dieser Spende denke, so kommt sie mir gänzlich weltfremd ausgedacht vor, sie erinnert mich beinahe an den Witz von dem jüdischen Soldaten, der sagt: „ich kaufe mir eine Kanone und mache mich selbständig!" Man kann nämlich nicht quasi einen Mörser bestellen, wie man etwas anderes bestellt, wie z.B. mein Bruder Paul den Stoff für Tausende von Militärmänteln bestellte, die er dann nähen liess. Wenn der Staat einen Mörser bauen will, so wird er dazu keinen Ludwig Wittgenstein brauchen. Die Spende ist denn auch einfach ungenützt geblieben, wurde schliesslich in einen „Kaiser Karl-Wohltätigkeits-Fond" umgewandelt und zerfloss in nichts durch die Inflation. Ich weiss das erst, seit ich im Jahre 1938 diesen Sachen nachging, und ich bin überzeugt, dass Ludwig den Hergang nicht kennt und sich nie dafür interessiert hat. Ganz Ähnliches hat sich mehrmals bei uns ereignet, und wie hätte mein Vater, dem ein Geben ins Blaue hinein so verhasst war, sich gekränkt und geärgert, hätte er seine Familie in den Jahren, die seinem Tod folgten, beobachten können! Gleich nach seinem Tod hatten wir das Bedürfnis, eine grosse Spende für Krebskranke zu machen. Es ist mir nicht mehr erinnerlich, ob wir das Geld für ein zu bauendes Spital oder für Krebsforschung geben wollten, jedenfalls hätte man die Angelegenheit reiflich durchdenken müssen, damit das Geld aufs Beste angewendet werde. Es war aber in unserer Familie augenscheinlich kein Mensch da, der die Notwendigkeit dieses Durchdenkens überhaupt einsah. Vor kurzem kam mir der Entwurf eines Briefes in die Hand, den ich mit Zustimmung meiner Familie in dieser Angelegenheit an Professor Eiselsberg, dem die Spende eingehändigt wurde, geschrieben habe, und ich habe mich nachträglich geschämt: kein klares Wort über die Verwendungsart des Geldes ist in dem Brief zu finden. Die Summe von K 600.000 wurde hingegeben, ohne irgend eine genaue Spezifizierung der Verwendungsart, ohne eine Verpflichtung des Empfängers und ohne dass je wieder nachgeforscht wurde, was denn mit dem Geld eigentlich geschah. Es war, als sei mit dem Hinwerfen schon allem Genüge getan, und die Summe verspielte sich irgendwie im Kriege, der ein Jahr später ausbrach. Ganz ähnlich ging es mit einem Legat von einer Million Kronen, das mein Bruder Kurt für wohltätige Zwecke hinterliess. Paul war Testamentsvollstrecker und wollte, dass die Summe für Schrebergärten verwendet werde, gewiss ein guter, der leiblichen und geistigen Volksgesundheit dienender Zweck, ein Gegengewicht gegen den Kommunismus. Es ist aber sehr, sehr schwer, so etwas in die Wirklichkeit umzusetzen: man müsste dazu Gründe kaufen, sie parzellieren, die richtigen Bewerber finden usw. Da war es einfacher, die Summe der Stadt Wien zu geben, die warf sie mit anderen Geldern in einen Topf, es geschah nichts und die Inflation löschte schliesslich alles aus. So könnte ich die Reihe unserer missglückten Spenden noch fortsetzen, kehre aber lieber zu Ludwig zurück.

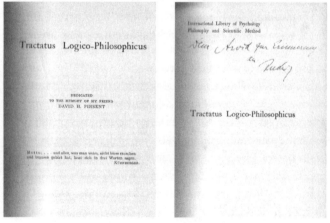

Der „Tractatus Logico-Philosophicus" in einer Ausgabe von 1922, mit einer Widmung für Arvid Sjögren von Wittgensteins Hand

Sein Berufswechsel fiel gerade in die Zeit, in der meine Schwester Gretl sich von dem Architekten Paul Engelmann, dem Freund Ludwigs, Pläne für ein Familienhaus zeichnen liess. Sie hatte sich in der Kundmanngasse ein sehr eigenartiges und zu ihr passendes Grundstück gekauft: es lag ziemlich hoch über dem Strassenniveau, trug ein altes, dem Niederreissen geweihtes Haus und einen kleinen Garten mit schönen alten Bäumen, es war umgeben von einfachen, inoffensiven Häusern und es lag vor allem nicht in einem vornehmen Allerweltsviertel, sondern geradezu im Gegenteil. Kontraste gehören ja zu meiner Schwester Gretl.

Engelmann, den wir als Architekten sehr schätzten, da er für meinen Bruder Paul und mich durch Adaptierung einige sehr unschöne Räume in auffallend schöne verwandelt hatte und der uns auch menschlich nähergekommen war, zeichnete die Pläne für das Haus, das dort entstehen sollte, bei Gretl und unter ihrer ständigen Mitarbeit. Nun kam auch Ludwig hinzu, interessierte sich in seiner intensiven Weise sehr für die Pläne und Modelle, begann sie abzuändern und verbohrte sich mehr und mehr in die Sache, bis er sie endlich ganz in die Hand bekam. Engelmann musste der viel stärkeren Persönlichkeit weichen, und das Haus wurde dann bis ins kleinste Detail nach den von Ludwig geänderten Plänen und unter seinen Augen gebaut. Ludwig zeichnete jedes Fenster, jede Tür, jeden Riegel der Fenster, jeden Heizkörper mit einer Genauigkeit, als wären es Präzisionsinstrumente, und in den edelsten Massen, und er setzte dann mit seiner kompromisslosen Energie durch, dass die Dinge auch mit der gleichen Genauigkeit ausgeführt wurden. Ich glaube noch den Schlosser zu hören, der ihn anlässlich eines Schlüsselloches fragte: „Sagen Sie, Herr Ingenieur, kommt es Ihnen da wirklich auf den Millimeter an?" und noch ehe er ganz ausgesprochen hatte, fiel ein lautes, energisches „Ja", so dass der Mann beinahe erschrak.

Ja, Ludwig hatte ein so empfindliches Gefühl für Masse, dass es ihm oft auf einen halben Millimeter ankam; Zeit und Geld durften in so einem Fall keine Rolle spielen, und ich bewundere meine Schwester Gretl, die ihm in dieser Beziehung völlig freie Hand liess. Zwei grosse Menschen waren da als Architekt und Bauherr zusammengekommen und so konnte bei diesem Bau etwas in seiner Art Vollendetes geschaffen werden. Dem unscheinbarsten Detail wurde dieselbe Aufmerksamkeit gewidmet wie den Hauptsachen, denn alles war wichtig, es gab nichts Unwichtiges ausser Zeit und Geld.

Ich erinnere mich z.B. an zwei kleine, schwarze, gusseiserne Radiatoren, die in zwei korrespondierenden Ecken eines kleines Zimmers stehen; schon die Symmetrie der zwei schwarzen Gegenstände in dem hellen Zimmer gibt ein Wohlgefühl! Die Radiatoren selbst sind so tadellos in den Massen und in ihrer präzisen glatten schlanken Form, dass es nicht auffiel, wenn Gretl sie ausserhalb der Heizperiode als Sockel für einen ihrer schönen kunstgewerblichen Gegenstände benützte, und als ich einst diese Heizkörper bewunderte, erzählte mir Ludwig ihren und seinen Leidensweg und wie lange es gedauert hatte, ehe die Präzision, die ihre Schönheit ausmacht, erreicht wurde.

Jeder dieser Eck-Radiatoren besteht aus zwei Teilen, die haargenau im rechten Winkel zueinander stehen und zwischen denen ein kleiner, auf den Millimeter fixierter Zwischenraum frei gelassen ist, und sie ruhen auf Füssen, auf die sie genau passen mussten. Es wurden erst einige Modelle gegossen, doch zeigte es sich, dass das, was Ludwig vorschwebte, in Österreich gar nicht gegossen werden konnte; man nahm dann für einzelne Teilstücke fertige Gussware aus dem Ausland, mit dieser schien es aber zuerst unmöglich, die von Ludwig geforderte Präzision zu erreichen. Ganze Partien von Röhrenstücken mussten als unbrauchbar ausgeschieden, die anderen auf den halben Millimeter genau zugeschliffen werden. Auch die Anbringung der glatten Verschlussstücke, die von der gangbaren Ware ganz verschieden und nach Ludwigs Zeichnungen hergestellt waren, machte grosse Schwierigkeiten; die Versuche wurden oft bis in die Nacht hinein unter Ludwigs Leitung fortgesetzt, bis endlich alles stimmte, und tatsächlich verging zwischen dem Entwurf der scheinbar so einfachen Radiatoren und ihrer Lieferung ein ganzes Jahr. Und doch scheint mir die Zeit gut angewendet, wenn ich an das vollkommene Gebilde denke, das so entstand.

Ein zweites grosses Problem, von dem mir Ludwig erzählte, bildeten die Türen und Fenster. Sie sind sämtlich aus Eisen und die Konstruktion der abnorm hohen Glastüren mit den schmalen eisernen Teilungsleisten zwischen den Gläsern war übermässig schwierig, denn die Leisten laufen nur senkrecht, sind von keiner wa[a]grecht laufenden gestützt, und es wurde da eine Präzision gefordert, die unerreichbar schien. Von acht Firmen, mit denen lange, eingehende Verhandlungen gepflogen wurden, glaubte eine die Aufgabe übernehmen zu können, aber die vollständig fertige Tür, deren Anfertigung Monate in Anspruch genommen hatte, musste als unbrauchbar zurückgegeben werden. Bei den Besprechungen mit der Firma, die schliesslich die Türen ausführte, bekam der verhandelnde Ingenieur vor Aufregung einen Weinkrampf, er wollte den Auftrag nicht fahren lassen und verzweifelte doch an der Möglichkeit, ihn wunschgemäss auszuführen, und es wäre auch nie gelungen, wenn die Firma nicht über ganz hervorragend gute Spezialarbeiter verfügt hätte, denen selbst an der Tadellosigkeit ihrer Arbeit gelegen war. Eine unbeschreiblich lange Zeit wurde allein den Versuchen und der Herstellung von Modellen gewidmet, was dann aber entstand, lohnte wirklich die Aufregung und Mühe, die es gekostet hatte, und es überkommt mich während ich schreibe eine grosse Sehnsucht, diese edlen Türen wiederzusehen, aus denen man, wenn selbst das ganze übrige Haus zugrunde ginge, den Geist seines Schöpfers erkennen könnte.

Den stärksten Beweis für Ludwigs Unerbittlichkeit in Bezug auf Masse gibt vielleicht die Tatsache, dass er den Plafond eines saalartigen Raumes um drei Zentimeter heben liess, als beinahe schon mit dem Reinigen des fertiggebauten Hauses begonnen werden sollte; sein Gefühl war absolut richtig und diesem Gefühl musste gefolgt werden. Endlich, ich weiss nicht nach wie langer Bauzeit, musste er sich doch befriedigt erklären und das Haus als fertiggestellt übergeben. Nur ein Stiegenfenster an der Rückseite des Hauses war ihm noch nicht recht, und er hat mir später gestanden, dass er dieses Fensters wegen einmal in die Lotterie gesetzt habe: hätte er den Haupttreffer gemacht, so wäre das Geld für diese bauliche Veränderung bestimmt gewesen.

Während er noch an dem Haus baute, beschäftigten Ludwig auch andere Interessen. Er hatte sich seinerzeit in dem italienischen Offiziers-Gefangenenlager mit dem gleichfalls gefangenen Bildhauer Michael Drobil befreundet und er interessierte sich später in Wien ausserordentlich für die bildhauerischen Arbeiten, die dieser Künstler in Angriff nahm, beeinflusste ihn auch in gewisser Weise; das war fast unvermeidlich, denn Ludwig ist sehr stark und, wenn er Kritik übt, seiner Sache sehr sicher. Schliesslich fing er selbst an zu modellieren, da es ihn lockte, einen Kopf, der ihm an einer Plastik Drobils missfiel, in der Haltung und mit dem Ausdruck, die ihm vorschwebten, darzustellen. Er brachte auch wirklich etwas sehr Reizvolles zustande, und der Gipsabguss des Kopfes wurde von Gretl in ihrem Haus aufgestellt.

Der von Wittgenstein gefertigte „Mädchenkopf"

Auch die Musik übte eine immer stärkere Anziehung auf Ludwig aus; er hatte in seiner Jugend nie ein Instrument gespielt, musste aber als Lehrer eines erlernen und wählte die Klarinette. Ich glaube, dass erst von da an sein starkes musikalisches Gefühl so recht zur Entwicklung kam, jedenfalls spielte er mit grosser musikalischer Empfindung und hatte viel Freude an seinem Instrument. Er pflegte es statt in einem Etui in einem alten Strumpf herumzutragen und da er gar nicht auf seine äussere Erscheinung hielt, z.B. alle Tage des Jahres und zu allen Gelegenheiten in braunem Rock und grauer, womöglich geflickter Flanellhose, mit offenem Hemd und ohne Krawatte einherging, so gab er oft ein sonderbares Bild ab, aber sein ernstes Gesicht und seine energische Haltung waren so imponierend, dass ihm jeder sofort den „Herrn" ansah. Eine belustigende Episode, die mir Drobil später erzählte, scheint dem zu widersprechen, doch spielt da vielleicht auch die Gesamtsituation mit: Drobil hatte wie erwähnt, Ludwig im Gefangenenlager kennen gelernt, hatte seinen Namen nicht gehört oder nicht verstanden und angenommen, dass der ziemlich abgerissen aussehende, äusserst anspruchslose Offizier aus kleinen, ärmlichen Verhältnissen stamme. Zufällig kam in einem Gespräch die Rede auf ein Porträt von Klimt, ein Fräulein Wittgenstein darstellend; es ist das Bildnis meiner Schwester Gretl und wie alle Porträts dieses Künstlers höchst raffiniert und elegant, ja mondän zu nennen. Ludwig sprach von diesem Bild als „das Porträt meiner Schwester", und der Kontrast zwischen seiner unrasierten, ungepflegten Gefangenenerscheinung und der Erscheinung der Dargestellten war so überwältigend, dass Drobil einen Augenblick dachte, Ludwig sei nicht recht bei Sinnen. Er konnte nur die Worte hervorbringen: „Ja bist denn Du ein Wittgenstein?" und noch bei der Rückerinnerung schüttelte er wie erstaunt den Kopf und musste lachen.

Margaret Stonborough geb. Wittgenstein, Porträt von Gustav Klimt, 1905

Drobil hat von Ludwig ein paar flüchtige, aber sehr ähnliche Bleistiftskizzen gemacht, die mir sehr lieb sind, dagegen bin ich mit seinem Marmorporträt nicht ganz einverstanden: es liegt in Drobils Linie, sein Modell in Ruhe darzustellen, aber dieser ruhelose Mensch hätte einen anderen Künstler gebraucht, ganz abgesehen davon, dass mir Ludwigs Gesicht in Wirklichkeit viel magerer und flächiger, seine lockigen Haare viel hinaufstrebender, förmlich flammenähnlich vorkommen, was zu der Intensität seines Wesens zu passen scheint. Diese Kritik hat übrigens nichts mehr zu sagen, denn ich werde gewiss sowohl die Zeichnungen wie die Marmorbüste und wie alle die Bildnisse und Kunstwerke, die ich in diesen Erinnerungen erwähnt habe, kaum wiedersehen. Meine Wohnung in Wien ist durch eine Bombe zerstört und mit der Zerstörung der Hochreit, wohin wir das meiste Kunstgut geflüchtet haben, ist zu rechnen, weil die Gegend engstes Kriegsgebiet und gerade die Hochreithäuser Sitz eines deutschen Generalkommandos geworden sind. Aber selbst wenn meine Befürchtung sich bewahrheitete, hätte das nichts mehr zu sagen, weil heute in der schrecklichen Kriegszeit alle Dinge ihren Wert verloren haben und die Sorge sich nur mehr dem Menschenschicksal zuwendet. Unwillkürlich kreisen meine Gedanken doch noch ein wenig um die früher so wichtigen Dinge und verleiteten mich zu dieser Abschweifung.

Mit dem vollendeten Hausbau hatte wohl auch wieder eine Phase in Ludwigs Entwicklung ein Ende gefunden und er wandte sich von neuem der Philosophie zu. Wenn ich mich recht erinnere, schrieb er zuerst in Norwegen an einer neuen Arbeit und ging dann wieder nach Cambridge. Er wurde dort zum Professor der Philosophie am Trinity-College ernannt, da er aber nicht die übliche Vorbildung besass, z.B. an keiner Universität promoviert worden war, so hätte eigentlich einer Form Genüge geleistet werden müssen, die in einem solchen Fall eine feierliche Prüfung vor einem Professorenkollegium verlangt; selbst die offizielle Tracht des Kandidaten ist genau vorgeschrieben, wie das an den englischen Universitäten so Sitte ist. Ludwig weigerte sich absolut, diese Tracht anzulegen, und es war eine Ehrung für ihn, dass sie ihm erlassen und die Prüfung in vornehmster Weise dahin abgeändert wurde, dass die Professoren Ludwig baten, ihnen Stellen aus seinem Buch zu erklären.

Zu seinem grossen philosophischen Verstand, der so in die Tiefe der Dinge dringt, dass er in gleicher Weise das Wesen eines Musikstückes, einer Skulptur, eines Buches, eines Menschen, ja – so sonderbar das klingt – gegebenenfalls eines Damenkleides erfassen kann, zu diesem Verstand besitzt Ludwig auch ein grosses Herz, und das ist das Schönste, was man von einem Menschen sagen kann. Freilich fügt sich eine Persönlichkeit von solcher Stärke nicht wie ein harmloses, glattes Steinchen in jede Gemeinschaft ein – Ludwig fügte sich sogar besonders schwer ein, da er schon von Kindheit auf fast krankhaft schmerzlich unter jeder ihm unkongenialen Umgebung litt, – aber welchen Auftrieb gab ihm jedes Gespräch, das man mit ihm führte. Gewiss, er verlangte oft nicht wenig von seinen Freunden und Geschwistern, nicht in materieller, sondern in geistiger Beziehung, in Bezug auf Zeit, geistiges Mitgehen, Verständnis, aber er war auch immer bereit, alles für sie zu tun. Als meine Schwester Lenka und ich uns im Jahre 1939 in einer schwierigen, nicht ungefährlichen Lage befanden, zögerte Ludwig keinen Augenblick, während seines Sommerurlaubs mit Direktor Groller, unserem Vermögensverwalter und Ratgeber nach Berlin und New York zu fahren, um die Sache für uns günstiger zu gestalten. Es handelte sich zum Teil um eine Vermögens- und Geldangelegenheit, also um eine ihm fremde Materie, und doch imponierte er dem Leiter der Reichsbank-Devisenstelle in Berlin durch seine das Wesentliche erfassende Klarheit. Auf der Überfahrt nach

New York liess er sich von Groller in alle Details einführen und arbeitete sich mit derselben Genauigkeit und Gründlichkeit in die Sache ein, mit der er seinerzeit die bewussten Radiatoren gezeichnet hatte, und wenn er in New York nicht das für uns erreichte, was er sich in den Kopf gesetzt hatte, so lag die Schuld wahrhaftig nicht an ihm.

Von New York fuhr er direkt nach England zurück, und da er infolge des Krieges später nicht mehr nach Wien kommen konnte, so habe ich ihn seit sechs Jahren nicht gesehn. Ich würde mich nicht wundern, wenn in dieser Zeit noch eine Wandlung mit ihm vorgegangen wäre, aber Verstand und Herz wären von dieser Wandlung bestimmt nicht berührt und die sechs Jahre würden wie ein Augenblick versinken, wenn es zu einem Wiedersehen kommen könnte.

***

Das Ende dieses grauenhaften Krieges, das wir so lange herbeisehnen mussten, ist zur Wirklichkeit geworden: amerikanische Soldaten sind in Gmunden eingezogen, und damit ist nicht nur die furchtbare Gefahr abgewendet, die uns den ganzen Winter geängstigt hat, dass nämlich die Russen als Eroberer hierher kommen könnten, es ist damit auch für meine Schwester Lenka und mich die Hoffnung gegeben, in absehbarer Zeit unsere geliebte Schwester Gretl wiederzusehen. Vor nicht allzulanger Zeit, vor wenigen Monaten schien uns beiden das gänzlich ausgeschlossen und wir waren vollkommen überzeugt, den Winter nicht zu überleben.

In dieser Zeit der Hoffnungslosigkeit hätte ich noch nicht über Gretl schreiben wollen, es hätte mich zu traurig gemacht, heute aber, nach der grossen seelischen Erleichterung, und mit einem tiefen Glücksgefühl im Herzen, trotz der ernsten Ereignisse, heute will ich damit beginnen.

Ich wollte auch gerne wenigstens ein Wort über die sehr ernste Erscheinung schreiben, dass Patrioten diesen traurigen Kriegsabschluss nicht als etwas Schreckliches, sondern als etwas Hoffnunggebendes empfinden müssen, ich sehe aber immer klarer ein, dass es sich da nur geziemt zu schweigen.

Gmunden, am 5. Mai 1945.

VI.

Der Abschnitt, der von Ludwig und seinem Hausbau für meine Schwester Gretl handelt, bringt mich auf dem geraden Weg dazu, nun auch über diese, mir so unendlich nahestehende und von mir so unendlich verschiedene Schwester zu schreiben. Wenn ich nämlich das Haus auch noch so sehr bewunderte, so wusste ich doch immer, dass ich selbst es weder bewohnen wollte noch könnte. Es schien mir ja viel eher eine Wohnung für Götter zu sein, als für eine sehr kleine Sterbliche, wie ich es bin, und ich hatte sogar zuerst einen leisen inneren Widerstand gegen diese „hausgewordene Logik", wie ich es nannte, Vollkommenheit und Grösse zu überwinden. Zu meiner Schwester Gretl aber passte das Haus wie der Handschuh auf die Hand, als sie es erst einmal auf ihre ganz eigenartige Weise eingerichtet hatte und es mit ihrer Persönlichkeit erfüllte. Das Haus war einfach eine Erweiterung ihrer Persönlichkeit, eine Ausstrahlung ihrer selbst, denn neuartig und gross musste ja schon seit ihrer Jugend alles sein, was sie umgab.

Schon in ihrer Jugend war ihr Zimmer die verkörperte Auflehnung gegen alles Hergebrachte und das Gegenteil eines sogenannten Jungmädchenzimmers, wie es das meinige lange Zeit war. Gott weiss woher sie alle die interessanten Gegenstände nahm, mit denen sie es schmückte. Sie strotzte von Ideen und vor allem konnte sie was sie wollte und wusste was sie wollte. Da sie sich keine modernen Handzeichnungen kaufen konnte, kopierte sie sehr geschickt mit Farbstiften gute Zeichnungen aus der ersten modernen Zeitschrift, der „Jugend", die damals noch ausgezeichnet war, und rahmte die Kopien ein. Und obwohl weibliche Handarbeiten nicht ihre Force waren, entwarf sie für sich selbst die merkwürdigsten Stickereien, z.B. um nur eine zu nennen, die anatomische Darstellung eines menschlichen Herzens mit den Kranzgefässen und Arterien, aber nicht naturalistisch, sondern rein als Ornament empfunden. Alle Gegenstände in ihrem Zimmer wurden übrigens unter ihren Händen interessant und trugen schliesslich den Stempel ihrer Persönlichkeit, oft allein durch die Art des Aufstellens, durch die unerwarteten Kombinationen, die ihr so natürlich waren.

So wie ihr Zimmer nie ein Jungmädchenzimmer war, so hatte sie auch nie eine Mädchenfreundin, sondern war nur mit unserem Bruder Rudi, der um ein Jahr älter war als sie, und mit seinen beiden Freunden Willy und Harry Zitkovsky beisammen.

Willy von Zitkovsky, Rudolf „Rudi" Wittgenstein, Harry von Zitkovsky und Margaret „Gretl" Wittgenstein

Die Brüder Willy und Harry von Zitkovsky, in der Mitte Rudi Wittgenstein

Da wurde für moderne Literatur und moderne Ideen geschwärmt, über alles in der Welt nachgedacht und geurteilt und auch mehr oder weniger auf andere Leute herabgeblickt, die nicht ebenso dachten. Wenn sich „Der Most", wie es im Faust heisst, auch nicht geradezu „absurd gebärdete", so gebärdete er sich doch etwas aggressiv gegen Tanten und andere Familienmitglieder und machte sich nicht immer beliebt. Niemand wollte glauben, dass so viel rührende, aufopferungsvolle Güte in der aggressiven Gretl stecke, viel eher hätte man sie mir zugetraut, dem „Schäfchen der Familie", wie ein Cousin mich einmal nannte, und es half nichts, dass ich dagegen protestierte und die Sache richtigzustellen suchte; gegen ein Vorurteil ist nicht anzukämpfen.

Die Freunde Willy und Harry Zitkovsky waren entschieden schauspielerisch begabte, daher wurde in diesem kleinen

Freundeskreis mit grossem Ernst klassisches Theater gespielt, und ich erinnere mich, wie schön Gretl mit sechzehn Jahren als Berta in der „Ahnfrau" aussah.

Margaret „Gretl" Wittgenstein

Ich hatte ihr eine Perlenschnur in das schwarze Haar geflochten und konnte mich nicht satt an ihr sehen! Gross und schlank gewachsen, körperlich geschickt und sehr mutig, mit dem lebendigsten Ausdruck in dem schönen Gesicht, so sehe ich sie vor mir, wenn ich an ihre Jugendzeit denke, und alles was ich bis jetzt angedeutet habe, ihre Güte, ihr Verstand, ihre vielseitige Begabung einschliesslich ihrer Schönheit und ihrer Verachtung jeglicher Konvention, alles verstärkte und vertiefte sich mit der Zeit immer mehr und mehr. Es mag sich auch noch weiter vertieft haben in den fünf Jahren, in denen wir nicht mehr das Glück hatten, sie zu sehen, denn ein Mensch wie sie kann nicht stehenbleiben.

In ihrer Jugend und auch als junge Frau interessierte sie alles ziemlich wahllos und alles musste probiert werden; sie arbeitete als junge Frau eine Zeit lang in einem chemischen Laboratorium bei Professor Emil Fischer in Zürich, betrieb später mathematische Studien und vielleicht noch manches andere, was mir entfallen ist. Nach und nach trat aber etwas Bestimmtes in den Vordergrund, worauf sich ihr Interesse konzentrierte: die menschliche Seele. Alles, womit sie sich dann befasste, ob es nun die weiblichen Insassen eines Jugendgefängnisses waren, mit denen sie sich längere Zeit abgab, oder psychiatrische Fälle, die sie intensiv beschäftigten, alles brachte ihr neue Ideen zu, die sich zum Schluss in ihrer Menschenkenntnis, ihrem Menschenverständnis und ihrer Menschenbeeinflussung auswirkten, Die Erziehung, Besserung, Hebung des Einzelnen, das Aufklären und Aufdecken von gut und böse, recht und unrecht war ihr Hauptberuf geworden, und sie selbst wurde für eine Menge Menschen der leuchtende Mittelpunkt, ja wirklich eine Art Leuchtturm und Wegweiser.

Margaret Stonborough geb. Wittgenstein

Zwei charakteristische Worte von Gretl fallen mir ein, das eine heisst der „Stellenwert": wie man nämlich einer Zahl ihren Wert durch die Stelle erteilt, die man ihr anweist, – sie kann Millionen oder Millionstel bedeuten, je nachdem wo sie eingereiht ist, – so kann man auch jedem Vorkommnis einen Stellenwert zubilligen, und Gretl war mit höchstem Ernst darauf bedacht, diesem Stellenwert gerecht zu werden und nicht vielleicht etwas unter die wichtigen Dinge zu zählen, was als Quantité négligeable zu behandeln wäre, oder gar in den entgegengesetzten Fehler zu verfallen. Quantité négligeable war für sie natürlich jede Konvention, aber auch körperliche Leiden, Verluste und eine Menge Dinge, die andere Menschen wichtig nehmen, wurden von ihr grosszügig in diese Kategorie verwiesen. Wichtig erschien ihr vor allem der Nebenmensch, der auf den richtigen Weg gewiesen oder vorwärts gebracht werden sollte, oder dem in irgendeiner Weise geholfen werden sollte. – Das zweite Wort heisst „dachflicken", und darunter verstand Gretl alle halben Massnahmen in moralischer Beziehung, die ihr ein Greuel waren, mit denen sich aber die meisten Menschen zufrieden geben, denn ganze Massnahmen zu ergreifen, ist eine schwere Sache; viel bequemer ist es, etwas mit Kompromissen zu verkleistern. Gretl aber war in allem, was sie ergriff, fanatisch aktiv und es sollte immer ganze Arbeit geleistet werden; Schwierigkeiten gab es keine, wenn ihr etwas wichtig erschien, und ich sagte ja schon, was für sie das weitaus Wichtigste war: die Seele.

In einem sehr ernsten Buch von Wilhelm Busch treten die „guten Vorsätze" als Personen auf: da ist zuerst der unternehmungslustige Herr „Willich", der sich gleich am Ziel sieht, dann kommt der bedächtige Herr „Wolltich", der wohl gerne wollte, nur muss es nicht gerade heute und jetzt sein, und den Schluss macht der besorgte Herr „Wennaber", dem allerlei unangenehme oder gefährliche Folgen einfallen, die aus dem Vorsatz erwachsen können, worauf die Sache fallen gelassen wird. Nun dieser Herr „Wennaber" hatte gewiss bei meiner Schwester Gretl nichts mitzureden, ja seine besorgten Einwürfe hätten sie nur aufgestachelt, denn sie kannte die Lust des Starken am Abenteuer, am „Nullersteig", wie ich das einmal ihr gegenüber nannte. Mit „Nullersteig" und „Doppelnuller" werden nämlich im Schneeberg- und Raxgebiet die halsbrecherischesten Klettersteige bezeichnet, und Gretl musste ihr Faible für die „Nullersteige des Lebens" ohne weiteres zugeben. Wenn also die Einwürfe des Herrn Wennaber selbst berechtigt gewesen wären, so fühlte sie sich stark genug, um die Situation zu meistern und ihn Lügen zu strafen. Ich wunderte mich z.B. oft, dass ihre grosse Güte nicht öfters missbraucht wurde oder gar zu Erpressungen verleitete, aber davor schützte sie offenbar ihre Kraft und Menschenkenntnis. Und als wirklich einmal ein leicht geisteskranker Erpresser in ihrem Haus erschien und ihr sagen liess, er habe eine Dynamitpatrone bei sich, die er in ihr Zimmer werfen werde, wenn er nicht eine grössere Summe Geldes versprochen erhielte, da schickte sie die Antwort zurück, er möge die Patrone nur werfen, sie habe gar keine Angst davor, worauf er sich völlig ruhig hinausgeleiten liess. Das eben nenne ich, den Herrn Wennaber Lügen strafen.

Sehr interessant war mir immer Gretls Reaktion, wenn irgend etwas bei ihren Plänen nicht nach Wunsch ging: nie nannte sie den Weg, den sie eingeschlagen, falsch, er war nur nicht konsequent genug und nicht bis ans Ende begangen worden. Trat wirklich irgend etwas Böses ein, so war auch das in irgendeiner Weise gut zu nennen oder zum Guten zu gebrauchen; kurz, ihr Selbstvertrauen und ihr Optimismus waren unerschütterlich, und diese Art der Einstellung hob Gretl über schwere Augenblicke hinweg und gab ihr immer wieder neuen Auftrieb; durch diese optimistische Einstellung wirkte sie auch so erfreulich ermutigend und befeuernd auf Andere.

Ich kann es nicht leugnen, dass ich, wenn ich über meine Schwester Gretl schreibe, sie wie von einer Kontrastfigur begleitet sehe, wodurch mir einige ihrer Eigenschaften in besonders hellem Licht erscheinen; ich selbst bin diese Kontrastfigur, und bei der Erwähnung ihrer optimistischen, selbstvertrauenden Einstellung und deren guten Folgen wird mir gerade durch den Kontrast vieles klar; während ich selbst nämlich nur von dem vagen Wunsch geleitet wurde, nicht das Unrechte zu tun, verfolgte Gretl einen bestimmten Weg auf der Suche nach dem Rechten, und besonders unbeirrt ging sie diesen Weg in ihrem erbitterten Kampf gegen Egoismus und Bequemlichkeit, in denen sie die Wurzeln vielen menschlichen Unglücks sah. Wer aber einen bestimmten Weg vor sich zu sehen glaubt, der kann an diesem nicht zweifeln! – Eine kleine Abschweifung sei mir an dieser Stelle erlaubt, ein Hinweis auf den wunderschönen Niederschlag, den dieser Kampf in dem „Märchen" findet, das Gretl mir zu meinem sechzigsten Geburtstag schrieb. Im Anhang wird es zu finden sein, leider notgedrungen ohne die ergreifende bildliche und musikalische Untermalung, mit der es an meinem Geburtstag aufgeführt wurde. Die Worte allein müssen jetzt für das grosse Herz der Schreiberin zeugen. –

Gar nicht mit Gretls Wesen vereinbar schien mir immer die Tatsache, dass sie, die Unternehmungslustige, sich in allen Situationen Zurechtfindende, ihr Lebtag lang in der Fremde an Heimweh litt. So stark war von jeher dieses Gefühl, dass sie einmal, als sie in ihrer Jugend bei Verwandten im damaligen Böhmen zu Gast war – und zwar bei sehr lieben

Leuten und nur für wenige Tage – nach Hause schrieb, wenn dieser Besuch nicht bald ein Ende nehme, so werde sie zu Fuss nach Wien laufen. Der Brief ging selbstverständlich verschlossen ab, nachdem er mit einem Löschblatt im Gastzimmer abgetrocknet war. Ein Cousin, der nach Gretl das Zimmer bei den Verwandten bewohnte, erkannte ihre grosse charakteristische Schrift, hielt das verräterische Löschblatt gegen den Spiegel und vernichtete es dann lachend. – Immer wieder war es mir erstaunlich, wie verschieden wir Beide uns auf Reisen benahmen; ich war schwer aus meinem gewohnten Wiener Trott zu bringen, aber einmal losgerissen, wusste ich nichts mehr von dem, was ich zurückgelassen hatte, Gretl dagegen, die sich wie närrisch auf die Reise gefreut hatte, kam zuerst vor Heimweh kaum zum völligen Genuss. Ich erinnere mich an unseren ersten Abend in Rom, als mich die Färbung des antiken Marmors eines Gebäudes auf dem Hintergrund des Abendhimmels geradezu in Ekstase versetzte und sie dabei wieder vom Heimweh sprach, da war ich nahe daran, ihr auf offener Strasse eine Ohrfeige zu geben, und doch war sie dann wieder die interessanteste, anregendste Begleiterin.

Die Vielfältigkeit ihrer Facetten machte Gretls Persönlichkeit ja so faszinierend, es drängt sich mir bei ihrer Beschreibung immer wieder die Redewendung auf „nicht nur – sondern auch!" So war sie erstens, und ist es gewiss heute noch, nicht nur von einer ganz eigentümlichen beseelten Schönheit, sondern sie war auch durch die unbeschreibliche, so gar nicht landläufige Eleganz ihrer Kleidung eine wahre Augenweide. (Ein Glück übrigens, dass eine Photographie Gretls aus dem Jahre 1912 eine Ahnung von beidem übermittelt, denn die junge Generation, die hier die sechs Kriegsjahre mitgemacht hat, kann sich ja von dem, was man vor dem ersten Weltkrieg Eleganz nannte, keinen Begriff machen.)

Zweitens existieren von der Hand Gretls nicht nur ganz eigenartige Zeichnungen, um welche Künstler sie beneiden könnten, sondern sie hat auch Gelegenheitsdichtungen von solcher Poesie oder von so schlagendem Witz geschrieben, dass man sie immer wieder mit Hochgenuss lesen kann, und drittens ist sie nicht nur nach jeder Richtung hin belesen, sondern es stehen ihr auch in jedem Augenblick Beispiele, Anekdoten, Zitate, Witze, kurz alles zur Verfügung. Das macht ihr Gespräch so interessant und anregend, und die Hoffnung, es noch einmal zu hören, wirkt während ich schreibe förmlich elektrisierend auf mich ein. Dass sie auch ganz raffiniert und herrlich kochen konnte, ist noch eine Extra-Draufgabe! War es da ein Wunder, wenn die verschiedenartigsten Persönlichkeiten ihren Verkehr und ihre Freundschaft suchten? Zufällig fallen mir jetzt S. Freud, der vielumstrittene Psychologe, und Richard Seyss-Inquart, der Schöpfer des ersten, nach modernen Grundsätzen geführten Jugend-Gefangenenhauses und der ersten, dauernde Besserung anstrebenden Jugend-Besserungsanstalt, ein, aber man kann wirklich sagen, dass die heterogensten Menschen aus den heterogensten Gesellschaftsschichten, buchstäblich vom gekrönten Haupt bis zum Gefängnisinsassen, zu ihr kamen und dass sie jedem etwas geben und ihm bedeuten konnte.

Das Eintreten Amerikas in die beiden Weltkriege zwang Gretl, die durch ihre Heirat amerikanische Staatsbürgerin geworden war, beide Male, ihr Vaterland zu verlassen, so bitter schwer ihr das auch wurde. Im ersten Weltkrieg ging sie mit ihrem Mann und ihren beiden kleinen Söhnen nach der Schweiz und lebte dort bis über die Zeit des Waffenstillstandes, schwer bedrückt durch das Schicksal ihres Heimatlandes, in dem sich die Folgen der Hungerblockade, die ja auch nach dem Waffenstillstand noch kein Ende nahm, immer drohender zu zeigen begannen.

Jerome Stonborough mit seinem Sohn Thomas „Tommy"

So lange der Krieg dauerte, waren ihr die Hände selbstverständlich gebunden, sobald diese aber frei wurden, wollte sie unbedingt etwas Helfendes beginnen, nur war das nicht so leicht, denn gerade in dieser Zeit wurde es von Seiten der Ententestaaten sehr ungern gesehen, wenn jemand in den neutralen Ländern sich aktiv für Deutschland oder Österreich einsetzte.

Margaret Stonborough mit ihrem erstgeborenen Sohn Tommy

Jerome Stonborough mit seinem Sohn John „Ji-Ji"

Thomas „Tommy" Stonborough

John Jerome „Ji-Ji" Stonborough

Es konnte zu Unannehmlichkeiten, eventuell sogar zur Ausweisung führen, und mein Schwager war als Amerikaner daher äusserst dagegen, dass Gretl sich stark exponierte. Sie war aber einfach nicht zu halten und es zeigte sich, dass gerade ihr ganz aufrichtiges, energisches Eintreten für ihre leidende Heimat den massgebenden Leuten so imponierte und sie so vollständig entwaffnete, dass sie sogar hilfreiche Hand leisteten. Wieder einmal war Herr Wennaber Lügen gestraft worden. Gretl kaufte für die enorme Summe von 10.000 Dollar Kondensmilch in der Schweiz und erreichte, dass diese Milch in einem Separatzug nach Wien gebracht wurde; es waren fünf Waggons mit 3364 Kisten zu 48 Dosen, und es war dies der erste Lebensmittelzug, der nach Wien ging. Damit war aber Gretls Tatkraft noch nicht erschöpft, und ihr starkes Gefühl für Österreich brachte sie auf eine neue Spur.

Man muss, um die Situation ganz zu verstehen, sich vergegenwärtigen, was sich in den nur zwei Jahren ihrer Abwesenheit ereignet hatte. Das Weltreich Österreich war buchstäblich zerfallen, und was jetzt Österreich hiess, bestand nur mehr aus Wien und einigen mehr oder minder gebirgigen Kronländern. Dem Durchschnittsösterreicher kam das vielleicht nicht einmal so ganz zum Bewusstsein, denn er hatte meist nur diesen Teil des Reiches kennen gelernt; wer kannte denn die ungarische Puszta, das einförmige Galizien, das halbtürkische Bosnien, den Karst und so fort? Nur das Militär und der Militärdienst hatten eine gewisse Beziehung zu den entfernt gelegenen Kronländern vermittelt. Jetzt war das Militär geächtet, das Kaiserhaus abgesetzt, seine Güter als Staatseigentum erklärt, und das verstümmelte Land war ein Land von Gnaden der Feinde geworden, denen nur daran lag, zu verhindern, dass ein grösserer Nachbar es aufsaugte und so seine Macht vergrösserte. So arm war das Land, dass ihm die von den Feinden auferlegten Kriegsentschädigungen bis zum Jahre 1941 gestundet wurden, (niemand ahnte, wie die Welt im Jahre 1941 aussehen würde!) und so verhungert war es, dass im Feindesland, in den Vereinigten Staaten, eine Aktion zur Bekämpfung seiner Kindersterblichkeit, das sogenannte „Amerikanische Kinderhilfswerk", ins Leben gerufen wurde. Durch dieses Hilfswerk erhielt später jedes Schulkind in Österreich täglich eine aus Reis, Cacao und Kondensmilch bestehende Mahlzeit, und für dieses Werk, das grosse Summen verschlang, sollte auf Wunsch seines Stifters, des Staatssekretärs Hoover, in den Vereinigten Staaten Interesse erweckt und Geld gesammelt werden.

Freunde in Luzern hatten Gretl eine Empfehlung an Hoover gegeben, der eben Europa bereiste. Er lud sie zu einer Besprechung auf einer Fahrt in seinem Privatzug ein, und da sie ihren Willen kundgab, Österreich zu helfen, frug er sie, ob sie bereit sei, in den Vereinigten Staaten öffentlich für Österreich zu sprechen. Auf ihre Zustimmung hin ernannte er sie auch sofort zur „Special Representative of the American Relief Association", der „A.R.A.", händigte ihr eine Art von Dekret ein und berief sie bald darauf telegraphisch nach den U.S.A., damit sie ihre Zusage wahrmache. Ich habe das alles in einen Satz hineingepresst, um die Geschwindigkeit anzudeuten, mit der sich der Anfang abspielte, aber ich werde viele Sätze brauchen, um den Fortgang zu schildern, der durch schwere Hindernisse nicht nur verlangsamt, sondern beinahe zum Stillstand gebracht wurde. Hoover rührte nämlich drüben, ganz unglaublicher Weise, keinen Finger für Gretl, und so war sie dort, trotz ihrer schönen „Special Representative Papers", eigentlich nur eine Privatperson, noch dazu in einer höchst unpopulären Mission, da sie doch Hilfe für die früheren Feinde suchte. Diese unpopuläre Seite der Angelegenheit war ja auch die Ursache von Hoovers Versagen gewesen: er strebte die Präsidentschaft an und musste bemüht sein, alles zu vermeiden, was ihn in den Augen irgendeiner Partei belasten konnte.

Gretl hatte übrigens nicht nur auf Hoovers Förderung gebaut, sondern erhoffte viel von der Sympathie und der tätigen Hilfe der Deutsch-Amerikaner, deren sie viele persönlich kannte; aber auch da stellte sich ihr die Politik entgegen. Gerade die reichen Deutsch-Amerikaner, gerade die wichtigen, die irgendwie hervorstechenden, hüteten sich ängstlich davor, sich für ein deutschsprechendes Land einzusetzen, und Gretl fand daher wochenlang nur taube Ohren und verschlossene Türen, wo immer sie anklopfte; und sie klopfte doch, wie man in Österreich sagt, „bei Tod und Teufel" an. Diese Misserfolge waren nicht nur äusserst bitter für Gretl selbst, sondern sie deprimierten ihren Mann, der Deutsch-Amerikaner war, so krankhaft schwer, dass die grösste Selbstmordgefahr für ihn bestand und ihm ein Wärter beigegeben werden musste.

Unter solchen Umständen hätten wohl die Meisten von „Unmöglichkeit" gesprochen und den Plan fallen gelassen. So eine Flucht wäre aber für meine Schwester das Allerunmöglichste gewesen, und siehe da, der weitere Verlauf der Dinge gab ihrer Hartnäckigkeit recht, denn plötzlich kam die Sache ins Rollen. Gretl lernte die beste Freundin von Jane Adams, der grossen Helferin auf sozialem Gebiet kennen, ein altes Fräulein, begabt mit dem richtigen Blick für das Ausserordentliche, und diese empfahl sie einem protestantischen Pfarrer, Percy Stickney-Grant, der selbst einen grossen Namen als Nationalökonom hatte. Er erzeigte sich jedenfalls als gross denkend, denn er überliess Gretl seine eigene Sonntagspredigt von der Kanzel und liess vorher die österreichische Volkshymne, die auch als englisches Kirchenlied gilt, spielen.

Und nun kam es für Gretl darauf an, den richtigen Weg in die Herzen der Zuhörer zu finden. Sie leitete diese erste Rede mit der Feststellung ein, dass jeder, der in ein fremdes Land kommt, doch sein eigenes im Herzen mit sich bringt. So bringe sie ihr eigenes Land, sagte sie, in das Land der <u>Kirche</u> mit, in das Land, in dem es heisst: „liebe deine Feinde!" Sie gab dann aus übervollem Herzen einen Bericht über das unglückliche Österreich und schloss mit Worten von Abraham Lincoln, der nach einer Schlacht im Süden gesagt hatte: „Der Krieg ist vorüber, jetzt sind wir dazu da, die Wunden zu heilen."

Gretl hatte offenbar den richtigen Weg in die Herzen getroffen, denn als sie von der Kanzel herunterkam, wurde sie von drei Seiten aufgefordert, ihre Rede in Chicago zu wiederholen. Dort sprach sie dann mehrmals mit grossem Erfolg in protestantischen Kirchen oder auch im Konzertsaal und suchte gleichzeitig wieder Fühlung „mit Tod und Teufel", um immer grössere Kreise für das Werk zu interessieren. Sie sprach zu Ostern im jüdischen Tempel und rührte ihre Zuhörer zu Tränen, sie wandte sich an eines der höchsten Mitglieder des Jesuitenordens mit der Bitte, in katholischen Kirchen sprechen zu dürfen, doch wurde dies abgelehnt, mit der Begründung, dass die Kirche selbst mache, was sie zu machen für nötig erachte. Und schliesslich wandte sie sich mit derselben Bitte an den Erzbischof von Chicago, den späteren Kardinal Mundeline. Sie erzählte ihm wahrheitsgetreu, dass sie in protestantischen Kirchen, ja im Tempel gesprochen habe, was ihm die schönen, milden Worte entlockte: „Your innocence saves you!" Ich weiss nun leider nicht, ob er ihr tatsächlich die Erlaubnis gab, in katholischen Kirchen zu sprechen, aber ich weiss, dass er ihr tatkräftige Förderung angedeihen liess und dass sie ihm viel verdankte.

Alle diese Erfolge waren das beste Heilmittel für meinen Schwager, der selbst begann, sein Herz für seine zweite

Wahlheimat Österreich zu entdecken. Er war in Boston darauf aufmerksam gemacht worden, dass die Akademie der Wissenschaften in Wien eine wichtige Arbeit, die sie begonnen hatte, wegen Geldmangel nicht zu Ende bringen konnte und das gab ihm die Idee ein, später diesem Institut helfen zu wollen. In Österreich waren mittlerweile die Lebensmittelnot und das allgemeine Elend erschreckend gestiegen und stiegen immer noch! Das Volksvermögen war zum grössten Teil durch die Geldentwertung zerstört, Wert hatte ausser der Ware nur mehr das Auslandsgeld, und daher ging in diesen Jahren viel österreichisches Gut ins Ausland; ja die österreichische Regierung selbst war im Jahre 1922 drauf und dran, die weltberühmten Gobelins aus habsburgischem Besitz nach England zu verkaufen, um von dem Erlös Lebensmittel für das Volk zu beschaffen.

Als Gretl und ihr Mann, die damals beide noch sehr vermögend waren, nach Österreich zurückkehrten, gewannen sie bald Fühlung mit Männern in leitender Stellung, – Politikern und Wissenschaftlern, – und sie leisteten Hilfe durch Rat und Tat, wo sie nur konnten. So war es, glaube ich, dem Rat der Beiden zu danken, wenn die herrlichen Gobelins nicht verkauft sondern nur gegen eine Riesensumme an England verpfändet wurden, und die Tat meines Schwagers war es jedenfalls, der Universität und der Akademie der Wissenschaften ein Kapital zur Verfügung zu stellen, das diesen beiden verarmten Instituten die Möglichkeit geben sollte, wieder Geld für Forschungszwecke und für Publikationen auszugeben. Als Verwalter des Kapitals setzte er die ihm von früher her befreundeten Professoren, den Botaniker Wettstein, den Historiker Redlich, den Ägyptologen Junker und den Philologen Radermacher ein, und durch den Letzteren weiss ich, wie erfreut und verblüfft sie alle über die grosse, so ganz schlicht gegebene Spende waren.

Ich wollte, ich wüsste noch mehr über Gretls Wiener Tätigkeit in dieser ernsten Zeit, aber ich war gerade damals so sehr mit meinem eigenen Selbst und mit einer schweren Aufgabe beschäftigt, dass ich beinahe nichts sah und hörte. Während ich dies hinschreibe, fällt es mir auf, dass sich hier ein neuer kleiner Privat-Erinnerungsweg vor mir auftut, und gleichzeitig, dass ich den alten vorläufig verlassen muss, weil ich jetzt noch keine Möglichkeit habe, meine Schwester selbst nach neuen Details zu befragen. Da diese Möglichkeit aber in absehbarer Zeit erscheinen kann, will ich ruhig das neue Weglein verfolgen, so lange es mich dazu verlockt, und von meiner Aufgabe sprechen.

Ich hatte während des ersten Weltkrieges und bis zum Frühjahr 1919 Beschäftigung in einem Spital gefunden, und als diese zu Ende war, kam ein Gefühl der Öde über mich und die erschreckende Klarheit, dass sich mein Leben, das vor dem Krieg mit Malerei und allerlei kleinen Pflichten ausgefüllt war, von Grund auf ändern müsse. Ich fühlte, dass mir jetzt eine praktische Beschäftigung von nöten sei, und zwar eine, die mich in Berührung mit Menschen bringen müsste, aber worin sollte diese Beschäftigung bestehen? Ich hatte ja nichts Brauchbares gelernt und ich war dreiundvierzig Jahre alt. Mein Mallehrer, der Künstler Franz Hohenberger, hatte mir wohl eine Art gesunden Handwerks beigebracht, die es mir ermöglichte, in der Malerei etwas meinen kleinen Kräften Angemessenes anständig erledigen zu können, und ich bin ihm dafür unendlich dankbar, aber das Malen war mir damals, als den Egoismus und die Eigenbrötelei fördernd, verleidet. Ich wusste absolut nicht, wo einen neuen Haken einzuschlagen, denn ich suchte eigentlich eine Beschäftigung gegen meine natürlichen Anlagen, und diese Verkeilung von Wunsch und Gegenwunsch machte mich beinahe melancholisch. Jeder der mich in meinem unglücklichen Suchen befangen sah, wollte mir raten, aber eine innere Stimme sagte immer „nein", ohne dass ich doch etwas Positives entgegenzusetzen hatte. Spasseshalber erzähle ich, dass damals in Wien ein grosses Plakat an allen Strassenecken angeschlagen war, auf dem nur die Worte standen: „Du musst Caligari werden!" Ich weiss nicht, was dann die Lösung dieses Rätsels war, aber ich weiss, dass ich ganz böse zu dem Plakat sagte „das auch noch", so nervös hatten mich die vielerlei Ratschläge gemacht.

Auf der Suche nach der mir gemässen Tätigkeit wurde ich endlich an eine äusserst tüchtige und energische Frau, die Baronin Leitner, gewiesen; sie hatte, als Vorsteherin eines Vereins eine Anzahl Tagesheimstätten zu überwachen, in denen Kinder, deren Väter im Krieg gefallen waren und deren Mütter in Arbeit standen, nach der Schule betreut wurden. Buben und Mädchen verschiedener Altersstufen bekamen dort täglich drei Mahlzeiten, sie machten ihre Schulaufgaben, erhielten Werkstättenunterricht, spielten und betrieben Sport. Die Heimstätten waren sehr gut geführt, und Baronin Leitner brachte mich mit ihrer fähigsten Angestellten, einem Fräulein Mildner, zusammen, die eine Gruppe grosser, zum Teil schwer erziehbarer Buben mit der heitersten Freundlichkeit in grösster Disziplin erhielt. Fräulein Mildner und ich schnappten sozusagen auf einander ein: ich hospitierte eine Zeit lang in ihrer Gruppe und sie vertraute mir bald die Buben an ihren dienstfreien Tagen an. Da konnte ich ihre ausserordentliche Begabung bewundern, Disziplin sogar in ihrer Abwesenheit aufrecht zu erhalten, denn die Buben sagten mir selbst, wie es „die Fräuln" haben wollte und was sie nicht erlaubte. Ein unerklärliches Phänomen an Fernwirkung ihrerseits schien mir immer etwas, das ich bei den Mahlzeiten der Kinder beobachten konnte: diese Mahlzeiten wurden in einem grossen Esssaal eingenommen, in den an beiden Längsseiten mehrere Türen einmündeten. Zur Essenszeit strömten durch die Türen die verschiedenen

Gruppen von Buben und Mädchen mit ihren Leiterinnen in den Saal und verteilten sich je nach Gruppen an den vielen Tischen, wo die Leiterinnen das Essen aus grossen Gefässen austeilten. Wenn nun Fräulein Mildner Dienst hatte, d.h. selbstverständlich nur Dienst in ihrer eigenen Bubengruppe, dann kamen alle Gruppen von beiden Seiten in grösster Ordnung in den Saal und waren mäuschenstill, so still, dass Fräulein Mildner einen Scherz machen konnte, z.B. einmal sagte: „Ich bin nur neugierig, wer das erste Wort sprechen wird, ein Bub oder ein Mädel?" worauf natürlich keines ein Wort sprach. Hatte aber Fräulein Mildner ihren freien Tag, so kamen alle Gruppen schon regellos herein, und ein so wüster Lärm erhob sich sofort, wie ich ihn gar nicht beschreiben kann. Die Leiterinnen versuchten vergeblich, der Sache Herr zu werden, es wurde nur immer ärger, ja, die Kinder begannen sogar mit ihren Blechlöffeln auf die Tische zu schlagen und man konnte sie schliesslich nur gewähren lassen. Ich kenne natürlich nicht die Anfänge der beschriebenen Vorgänge, kann mir aber überhaupt nicht vorstellen, wie diese Einwirkung des Fräulein Mildner auf mehr als 200 Kinder, die ihr gar nicht unterstellt, ja nicht einmal unter ihren Augen waren, – denn die Ruhe oder Unruhe muss ja doch schon hinter den Türen begonnen haben, – vor sich ging. Für die anderen Gruppenleiterinnen kann diese sonderbare Tatsache gewiss nicht erfreulich gewesen sein, dafür spricht auch eine Einstellung ihrerseits, über die ich später noch berichten werde.

Bei meinem Hospitieren schien es mir wohl auch, dass eine unterrichtende, erziehende Beschäftigung mit Buben in meiner Linie liegen könnte, aber was sollte ich mit diesem Gedanken anfangen? Ich konnte doch nicht Fürsorgerin in einer Tagesheimstätte werden, daher blieb auch dieser Weg unbeschritten und meine Unbefriedigtheit wuchs, obwohl ich inzwischen angefangen hatte, meiner Freundin Helene

Lecher in ihrer Erholungsstätte für tuberkulosegefährdete Kinder in Grinzing zu helfen. Dabei lernte ich doch auch allerlei und ich weiss jetzt zurückschauend, dass jeder dieser Schritte nötig war, um schliesslich den Gedanken in mir entstehen zu lassen, selbst eine kleine Tagesheimstätte für arme Buben zu gründen und zu leiten. Nie werde ich die Stunde vergessen, in der der Plan zur Reife kam; ich musste gerade einige Tage wegen einer Angina das Bett hüten, und vielleicht war es die Abgeschiedenheit, die meinem Nachdenken förderlich war, kurz die Sache stand plötzlich in allen Einzelheiten vor meiner Seele. In diesem Augenblick trat meine Mutter in das Zimmer und die Erlösung aus langen Zweifeln stand so sehr auf meinem Gesicht geschrieben, dass sie zu mir sagte: „Du liegst ja mit einem wahren Nachentbindungsgesicht im Bett!" Der Plan wurde wirklich ausgeführt, und wenn er auch nicht alles gehalten hat, was ich mir von ihm versprochen hatte, so hat er mir doch viel gegeben.

Ich mietete zunächst einen Saal in einer früheren Lazarettbaracke in Grinzing und richtete ihn zweckentsprechend ein, suchte auch eine Möglichkeit, um Kinder zu verköstigen ohne eigenen Küchenbetrieb, dann kaufte ich einen Fussball und nahm eine junge Kindergärtnerin auf, die nicht mehr Erfahrung hatte als ich selbst. Schliesslich liess ich mir von einer Schule zwölf arme Buben im Alter von zehn bis zwölf Jahren zuweisen, denen ich Mittagessen und Jause, Schulnachhilfe und Werkstättenunterricht, Spiel und Sport und Gott weiss was noch alles angedeihen lassen wollte und stürzte mich in die mir ganz neue Aufgabe mit grösster Angst, aber wissend, dass es sich um eine für mich lebenswichtige Sache handelte, mit der ich fertig werden musste.

Die nächsten drei Monate brachten schwere Tage für mich, nicht allein durch die Mühe mit den Buben, von denen ich vieles verlangte, das ihnen gar nicht immer passte:

sie sollten ihre Aufgaben machen, singen, zeichnen, laubsägen, Saal und Vorgarten in Ordnung halten usw.; es rächte sich aber auch, dass das winzige Tagesheimstättchen mehr oder weniger improvisiert war, noch dazu von einer unpraktischen Person in einer unruhigen Zeit. Jeder Tag brachte unerwartete Situationen, denen ich einfach nicht gewachsen sein konnte. Dabei muss ich noch dankbarst des gnädigen Geschicks gedenken, das mich davor bewahrt hat, je einen Unglücksfall mit den Buben zu erleben; bei meiner Unerfahrenheit und Kopflosigkeit, bei meiner Schwäche, die Wünsche der Kinder erfüllen zu wollen, ohne die Folgen vorauszusehen, hätte sich das Schlimmste ereignen können, und mir wird noch heute heiss und kalt bei der Erinnerung daran, wie sehr nahe uns das oft war. Meine Hilfskraft war auch nicht klüger als ich und es begann mich sehr zu beunruhigen, dass die Buben ihr in meiner Abwesenheit nicht recht gehorchen wollten; so etwas lässt sich aber nicht bessern, da gibt es nur ein Wechseln. Eine neue Hilfskraft wurde mir empfohlen und ich bestellte sie zum Zweck einer Besprechung nach Grinzing, ziemlich ängstlich und zweifelhaft, wer sich da wohl vorstellen werde.

Ich muss noch erwähnen, dass in der Zeit, da mein Plan erst in Vorbereitung war, Fräulein Mildner mich sehr gebeten hatte, sie anzustellen, denn erstens war sie überzeugt, dass wir sehr gut zusammen arbeiten würden und zweitens hatte man ihr die schöne Tätigkeit in der Tagesheimstätte ganz verdorben. Eine Clique gegen sie hatte sich gebildet, die ihr zuerst unter dem Schlagwort: „Die grossen Buben gehören in eine männliche Hand" ihren Stolz, die tadellos geführte Bubengruppe entzogen hatte, (dass diese Gruppe bald unter der Leitung eines ganz unfähigen Jünglings ausser Rand und Band geriet, war den Leuten ziemlich gleichgültig) noch schlimmer aber war es, dass man ihr unter dem zweiten Schlagwort, es sei für sie und die ihr anvertrauten

Kinder am besten, wenn sie die Kinder in zartem Alter in die Hand bekäme und quasi mit ihnen aufsteige, die Gruppe der Sechsjährigen zugeteilt hatte, eine Degradation und eine Lahmlegung ihrer besten Fähigkeiten und Energien, wie sie ärger nicht gedacht werden konnte. Trotz alledem hielt ich mich damals für verpflichtet, ihr in ihrem eigenen Interesse abzuraten, zu mir zu kommen, denn meine Anstalt konnte ja nur sehr klein aufgezäumt sein; irgendein Zufall, ein Geldverlust meinerseits konnte mich jederzeit zwingen, meine Tätigkeit einzustellen.

Als ich nun in Grinzing auf die neue Bewerberin wartete, kam zufällig Fräulein Mildner, oder richtiger Frau Scholz, denn sie hatte sich inzwischen verheiratet, mich zu besuchen und erzählte mir, sie selbst habe ihre alte Stelle aufgegeben und suche jetzt eine Halbtagsarbeit. Was nun folgte, war wie das Zusammenschiessen eines Kristalls, ich engagierte Frau Scholz sofort und hatte damit die ideale Mitarbeiterin, sie das idealste Tätigkeitsfeld gefunden, denn bei mir konnte sie ganz ungehindert ihr Bestes geben.

Um grosse Buben lenken zu können, muss man ihnen irgendwie imponieren, und es ist gar nicht gesagt, dass ein Mann das besser kann als eine Frau. Ich habe Lehrer gekannt, die vor ihren Schülern geradezu Angst hatten und die nicht die geringste Disziplin halten konnten, ich habe erlebt, wie ein junger Offizier, den ich in der Zeit meiner ersten tastenden Versuche gebeten hatte, den Buben das Exerzieren beizubringen, weil mir das in der Tagesheimstätte unter Fräulein Mildner so gut gefallen hatte, wie dieser baumlange Offizier nicht einmal erreichte, dass die Buben aufstanden und ihn grüssten, wenn er in den Saal trat. Er konnte ihnen nicht imponieren, der kleinen rundlichen Frau Scholz aber gelang das sofort, denn sie besass alle dazu nötigen Eigenschaften: absolute Furchtlosigkeit, Gewissenhaftigkeit, Konsequenz und eine unglaubliche Aufmerksamkeit. Sie sah und hörte alles und nie sah oder hörte sie über Fehler hinweg, sondern stellte jeden sofort und in grösster Ruhe ab, daher brauchte es bei ihr auch kaum einer Strafe. An einem der ersten Tage ihrer Tätigkeit bei mir erlaubte sich einer der Buben irgendeine freche Bemerkung, die ich nicht einmal hörte, ich hörte nur Frau Scholz mit ganz leiser, aber sehr klarer Stimme sagen: „Das sagst du mir nicht ein zweites Mal!" Eine solche ängstliche Stille trat darauf ein, als hätte eine unsichtbare Hand die drohenden Worte an die Wand geschrieben, und nie wieder kam etwas Ähnliches vor; es wurde aber auch nie wieder auf die Sache zurückgekommen und Ruhe und Heiterkeit waren gleich wieder da.

Die Buben merkten natürlich bald, dass vor den Augen der Frau Scholz nichts verborgen blieb, und wenn einer von ihnen etwas angestellt hatte, so suchte er diesen Augen möglichst aus dem Wege zu gehen, nicht ahnend, dass er sich damit selbst verriet. Zwei Fälle dieser Art sind mir besonders im Gedächtnis geblieben und ich will sie gleich erzählen, wenn sie sich auch erst in einer späteren Zeit ereigneten, als wir schon so viele Buben im Heim hatten, dass wir sie in zwei Gruppen, die „Grossen" und die „Kleinen", teilten. Eines Nachmittags beklagte sich einer der kleinen Buben bei Frau Scholz, es sei ihm ein Buch abhanden gekommen, einer der grossen Buben habe es ihm wahrscheinlich genommen. Frau Scholz sagte zu ihm: „Ruf mir den X. vom Spielplatz herein" und frug dann den Eintretenden, der von einigen seiner Freunde begleitet war, ganz ruhig: „X., was hast du heute vormittag für ein Buch gelesen?" „Ein Buch von der Schule" war die Antwort. „Bring es her" sagte Frau Scholz, und als dann das gebrachte, ziemlich dicke Buch wirklich den Schulstempel aufwies, dachte ich einen Augenblick selbst, <u>diesmal</u> habe sie sich offenbar geirrt. Aber Frau Scholz blätterte nur ein wenig in dem Buch und siehe da, das kleine Buch war ganz geschickt in dem grossen verborgen gewesen und sie reichte es einfach dem Besitzer hin. Wieder trat eine Stille ein, wie bei einem Gottesurteil, als das Buch erschien und Frau Scholz dem Missetäter mitteilte, er habe nicht mit den Freunden auf den Spielplatz zurückzukehren, sondern sich ruhig in den Saal zu setzen und schweigend über seinen Fehler nachzudenken bis zum endgültigen Aufbruch. – Frau Scholz sagte mir später auf mein Befragen, es sei ihr aufgefallen, dass X. ihr aus dem Wege gehe, damit ist aber die unbeirrbare Sicherheit, mit der sie die instinktiv erfasste Spur bis zu Ende verfolgte, noch nicht erklärt. Ich glaube es war das Bewusstsein ihrer Stärke, ihrer Fähigkeit, den fehlenden Gegenstand so oder so heraufzubeschwören, wo immer er verborgen sein mochte, das ihr diese Ruhe gab. Man kann sich denken, wie sehr so ein Fall ihr Ansehen erhöhte!

In dem zweiten Fall handelte es sich um zwei unserer grossen Zöglinge, die in einem Lebensmittelgeschäft etwas genommen hatten, nicht aus Hunger, sondern rein aus Unfug, denn die Hungerperiode war längst vorüber. Den Namen des Einen kannten wir, aber wer war der Andere? Frau Scholz zweifelte keinen Augenblick und nannte mir einen unserer folgsamsten Knaben, einen Gymnasiasten und Musterschüler aus einer sehr anständigen Familie, und er war es auch; Gott weiss, wie ihm diese dumme Idee gekommen sein mag. Auf meine Frage, wieso sie gerade auf diesen Musterknaben verfallen sei, konnte sie nichts anderes angeben, als dass er ihrem Blick nicht standgehalten habe. Mir hätte er natürlich ruhig in die Augen gesehen, denn ich ahnte ja nicht, was eigentlich in de[m] Buben vorging. Ich wurde später oft gefragt, was für Beobachtungen ich an meinen Zöglingen gemacht hatte, und musste wahrheitsgemäss sagen „Gar keine!" Das Organ der Beobachtung fehlte mir vollkommen, aber als Ersatz dafür und für viele andere fehlende Eigenschaften hatte ich ja jetzt Frau Scholz, die mich ergänzte, und das zeigte sich gleich in den ersten Tagen. Das Exerzieren, das ich mir gewünscht hatte, ging nun spielend und ohne dass Frau Scholz die Stimme zu erheben brauchte. Ein dazu geeigneter Bub wurde zum Kommandanten ausersehen, dem die anderen gehorchen mussten, – sie hatten sich übrigens verdoppelt – und dann wurde an Frau Scholz vorbeimarschiert. Diese rügte alles, was nicht ganz tadellos war, machte es eventuell sogar den Buben vor, und zwar mit so grossem inneren Ernst, dass niemand etwas Lächerliches daran hätte finden können.

Eine natürliche Arbeitsteilung hatte sich gleich von Anfang an zwischen Frau Scholz und mir ausgebildet; ich hatte die Schulaufgabenhilfe, das Singen, Zeichnen, verschiedene Beschäftigungen und die Spaziergänge mit den Buben als meinen besonderen Arbeitskreis vorbehalten und ich muss gestehen, dass ich den Buben, ausser in den wirklichen Spielstunden, wenig Ruhe liess. Es musste immer etwas geschehen und sonderbar, gerade diese ersten Buben, an denen ich meinen ganzen Energieüberschuss nicht ohne Kämpfe ausgelassen habe, gerade diese sind die allertreuesten geblieben, und wenn wir später zusammenkamen, so war des Erinnerns an alle Situationen und Geschehnisse aus der Anfangszeit kein Ende. Ja, sogar aus Feindesland während des zweiten Weltkrieges schrieb mir mein allererster Zögling, allerdings ein besonders lieber, gutartiger Knabe, ein langes Gedicht, in dem er dieses erste Jahr, das zwanzig Jahre zurücklag, genau beschrieb. Ist das nicht rührend?

Hier schalte ich noch die Erwähnung einer ernsten Erfahrung ein, die ich im Laufe meiner Tätigkeit machen musste. Mein naiver Wunsch war es, hauptsächlich gefährdete Knaben aus schlechten häuslichen Verhältnissen in meiner kleinen Anstalt aufzunehmen, und es dauerte lange, bis ich erkannte, was sich diesem Wunsch entgegensetzte. Gerade solche Buben scheuen nämlich Disziplin mehr als alles, und das frugale Essen, das ich bot, war kein Gegengewicht gegen die peinliche Zumutung, die Schulaufgaben machen zu müssen und Ruhe und Ordnung zu halten. Solche Knaben also, (obwohl die Schulen sie mir zugewiesen hätten) liessen sich entweder nicht aufnehmen oder sie blieben nach kurzer Zeit aus. Aber auch die Eltern waren zu undiszipliniert, um die Kinder zum regelmässigen Besuch der Anstalt anzuhalten; ich begann, einen ursächlichen Zusammenhang zwischen Elend und Disziplinlosigkeit zu ahnen und lernte mich damit zu bescheiden, Kinder aus armen, aber ordentlichen Familien in der schulfreien Zeit zu behüten.

Nach und nach konnte ich vieles, was mir in der Leitner'schen Tagesheimstätte gefallen hatte, bei mir einführen, so z.B. den Werkstättenunterricht. Frau Scholz tischlerte ganz regelrecht mit den Buben – es waren ordentliche Hobelbänke und Werkzeuge angeschafft worden – und für das so wichtige Schustern hatte ich eine äusserst geschickte Dame ausfindig gemacht, Frau Lotte Furreg, die das Handwerk im Krieg gelernt hatte und nun die Buben lehrte, wie sie sich ihr arg zerrissenes Schuhwerk selbst reparieren konnten. Dabei fand auch ich Beschäftigung, denn alles Schneiden des Leders, alle Materialausgabe und jede Hilfe und Anleitung überhaupt wurde von Frau Furreg und mir geleistet.

Alles was ich mit den Buben betrieb, nahm ich sehr ernst und gab mich sehr dabei aus; ich kann sagen, dass ich eine kleine Tätigkeit mit dem grössten Kraftaufwand vollführte, und das hing wohl mit der Beschäftigung gegen die natürlichen Anlagen zusammen. Am anstrengendsten waren die Spaziergänge und die Ausflüge, die ich mehrmals per Schiff und Bahn mit den Buben unternahm; da hätte ich die Gabe der Fernwirkung der Frau Scholz gebraucht, denn wollte ich den Buben eine gewisse Freiheit lassen, dann verloren sie sich gleich nach allen Richtungen und das Zusammenfangen zur rechten Zeit fand ich höchst aufregend. Ich war fast immer grenzenlos unzufrieden mit mir, aber im Ganzen ging die Sache ja doch gut weiter.

Das erste Jahr nahte seinem Ende und seinem schönsten Abschluss, dem ersten Weihnachtsfest; dieses wollte ich sehr feierlich begehen und lud dazu meine Familie und viele, viele liebe Freunde ein, die mit Freude und Spannung die Einladung annahmen. Gleich der erste Anblick des weihnachtlich geschmückten, weissen Saales entlockte Jedem einen Ausruf des Staunens. Der Raum an und für sich war ja schon eigenartig und schön in den Dimensionen: sehr lang und an beiden Längsseiten mit grossen Fenstern versehen, war er in der Mitte, wo eine Reihe gemauerter Pfeiler die Decke trug, viel höher als an den Seiten, so dass man fast den Eindruck einer zweischiffigen Kirche erhielt. Das eine dieser Schiffe hatte an seinem Ende als Abschluss den Christbaum, eine hohe Fichte, die wir mit Kalk etwas geweisst hatten, damit sie nicht zu schwarz wirke. Sie schimmerte mit ihren vielen Kerzen und dem einzigen Schmuck von goldenen Sternen und Silberhaar ganz unwahrscheinlich feierlich in dem weissen Raum. Das andere Schiff enthielt die Gabentische für die Kinder und die Jausentische für alle Anwesenden, und diese Seite war bunt und fröhlich dekoriert. Auf den Gabentischen lag für jeden der Buben ein Flanellhemd und eine feste Lodenhose, für die älteren sogar eine lange Hose, das Ziel der Sehnsucht! Für alle gemeinsam waren Spiele und Bücher aufgebaut, und bei jedem Bubengedeck stand ein grosser Teller gehäuft voll mit Bäckereien, Zuckerln und belegten Broten, das sah höchst einladend aus. Die Kinder kamen natürlich längst vor der festgesetzten Zeit, ohne doch eintreten zu dürfen, und da war es gut, dass die blosse Anwesenheit der Frau Scholz genügte, um jede Unruhe zu verhindern.

Als alle Gäste versammelt waren, führte ich die paarweise geordneten Knaben in den Saal und wir sangen mehrstimmig den Weihnachtschoral „Vom Himmel hoch da komm ich her", dann sagte der Jüngste das Weihnachtsevangelium, die frohe Botschaft an die Hirten auf und dann kam die Bescherung, die grossen Jubel hervorrief. Programmgemäss sollte jetzt eine gute Jause Kinder und Gäste erfreuen, aber ganz unerwarteter Weise wurde plötzlich ich selbst in den Mittelpunkt des Festes gerückt: ich wurde feierlich in einen Fauteuil gesetzt, wurde beschenkt und sozusagen „angestrudelt" und ich kam aus dem Staunen nicht heraus, denn abgesehen davon, dass das mir Dargebotene reizend war, enthüllte sich mir dabei eine Herzlichkeit und Wärme, wie ich sie mir nie hatte träumen lassen. Frau Scholz war keine Dichterin, aber sie hatte sich zu einem sehr lieben Gedicht aufgeschwungen, das trug einer der grossen Buben vor und überreichte mir dazu den schönsten Rosenstrauss. Von den tischlernden Buben war ein Kästchen für mich gearbeitet worden, das sie mir voll Stolz zeigten, und die Schusterknaben liess Frau Furreg, die allerliebst dichten konnte, mit Arbeitsschurz und Werkzeug auftreten, ihre Arbeit in Versen beschreiben und mir schliesslich einen selbstgemachten Gegenstand in die Hände legen. So ging es weiter, und bei all den kleinen Vorführungen wie bei der nachfolgenden Jause und dem Schlussgesang, in dem wir unser kleines Jahresprogramm an mehrstimmigen Liedern hören liessen, waren die Buben fröhlich und zutraulich und doch gesittet, sie zeigten überhaupt in jedem Augenblick so deutlich, was in den vorangegangenen Monaten in sie hineingelegt worden war, dass es mich wirklich beglückte. So muss es einem Gärtner zumute sein, der einen steinigen Grund lange mühsam bearbeitet hat und der über Nacht alles in unerwartet schöner Blüte findet.

Dieses Weihnachtsfest, das mir besonders lieb in Erinnerung geblieben ist, war das erste von sechzehn solchen schönen Festen, denn siebzehn Jahre – von 1921 bis 1938 – habe ich meine Knabenbeschäftigungsanstalt, wie ich sie nannte, geführt und sie wuchs mir unter den Händen. Schon das nächste Weihnachtsfest fand uns nicht mehr in dem alten Raum; wir besassen jetzt eine vollständige Baracke, wo uns, ausser dem ganz gleich gebauten weissen Saal, noch andere Räumlichkeiten, Küche, Gemüsegarten und Spielplatz usw. zur Verfügung standen. Mehr Raum, das bedeutete natürlich mehr Buben, und zur Bescherung wurden nun auch noch die im Laufe des Jahres ausgetretenen Zöglinge geladen, die inzwischen Lehrlinge geworden waren; jeder erhielt ein Paar Strümpfe und den bekannten, wohlgefüllten Teller und alle waren sehr vergnügt.

Das Programm des Festes blieb nun immer ziemlich das gleiche: Einzug mit Gesang und Absingung einiger feierlicher Weihnachtslieder, Bescherung der Buben und darauf die mir zugedachte kleine Feier, bei der das Schusterspiel, das Frau Furreg jedesmal mit neuen Ideen für die Buben schrieb, die Hauptattraktion war. Die Jause gab dann Kraft für den Schlussgesang, der zeigen sollte, was wir während des Jahres eingeübt hatten. Sonderbarerweise färbte die Politik ein wenig auf das Programm der Lieder und Vorführungen ab, denn wir machten in den siebzehn Jahren grosse politische Wandlungen mit, und da ich zu den Festen auch wohl einen Schuldirektor, einen Bezirksvorsteher und ähnliche Amtspersonen einladen wollte, musste ich eine neutrale Haltung einnehmen. Trotzdem schien es den Leuten einmal zu militärisch, ein anderes Mal zu religiös, oder auch wieder nicht religiös genug, aber unsere Gemütlichkeit und Herzlichkeit siegte über alles, diesem Eindruck konnte sich niemand entziehen.

Da sich die Anzahl der Buben ständig vergrösserte und wir, wie gesagt, zu den Weihnachtsbescherungen auch die ausgetretenen Zöglinge luden, wuchs die Menge der Teilnehmer in den siebzehn Jahren auf ungeahnte Weise; es müssen nach meiner Schätzung in den letzten Jahren gegen hundert Personen anwesend gewesen sein. Einesteils gab gerade diese grosse fröhliche Menge verschiedenartiger Menschen unserer Weihnachtsfeier ein besonders festliches Gepräge, andererseits aber machte sich der Altersunterschied zwischen den einzelnen Gruppen, den grossen und kleinen Buben, den neu ausgetretenen Lehrlingen und den früheren Zöglingen, die nun zum Teil schon reife Männer geworden waren, immer stärker fühlbar. Man konnte sich nicht mehr jeder Gruppe in der Weise widmen, wie es ihr gemäss gewesen wäre, und schliesslich wurde das Gefüge gesprengt und die letzten Weihnachtsfeiern wurden auf drei aufeinanderfolgende Abende verteilt, eine Einrichtung, die sich sehr bewährte.

Unser allerletztes dreigeteiltes Weihnachtsfest im Jahre 1937 ist mir wie das erste als besonders zum Gemüt sprechend ins Herz gegraben, mag es auch den Gästen durch die fehlende Massenbeteiligung nicht so eindrucksvoll erschienen sein. Das Gefühl einer drohenden politischen Krise lag in diesem Jahr schon deutlich in der Luft und ich wusste genau, dass meiner Tätigkeit durch ein Siegen des Nationalsozialismus ein jähes Ende gesetzt sein könnte, aber gerade zu Weihnachten ging mir dieses Gefühl verloren, ja, alles schien mir unter einem schönen Stern zu stehen. dass an dem ersten der drei Abende, bei der Kinderbescherung, alle meine vier Geschwister anwesend waren, bedeutete für mich eine grosse Freude und ich glaubte zu fühlen, wie sich diese Freude sofort in eine gehobene Stimmung der Kinder umsetzte. Als wir unter den Einzugsliedern auch die österreichische Volkshymne sangen, – zwar mit dem vorgeschriebenen Kernstock'schen Text, aber doch sehr feierlich sangen, – fielen meine Geschwister und nach und nach meine Gäste in die Melodie ein; das war ein Bekenntnis für Österreich und klang ergreifend in dieser gewitterschwangeren Zeit. Die Bescherung löste wieder grossen Jubel aus, und mein Bruder Paul, der unsere Feste sehr liebte, hatte immer noch eine kleine Privatbescherung für die Buben, die ihnen eine Extrafreude machte. Gerade diesmal war auch das traditionelle Schusterspiel von Frau Furreg den Buben besonders auf den Leib geschrieben und wurde von ihnen mit besonderer Verve und Freude gespielt. Die Kinder fühlten sich überhaupt, da gar keine andere Gruppe anwesend war, als die Hauptperson, die zu sein sie ja von Anfang an das Recht hatten, sie zeigten sich von ihrer besten Seite und das Fest hinterliess in uns allen, Kindern wie Aufsichtspersonen, die ungetrübteste Befriedigung. (Bei dieser Gelegenheit schalte ich mit Freuden ein, dass ein paar Jahre vorher eine zweite, sehr liebe und fähige Mitarbeiterin, Fräulein Mina Kubat, in unseren Kreis getreten und völlig mit uns eins geworden war, was mir meine Arbeit ganz wesentlich erleichterte.)

Der zweite Abend brachte die jungen Lehrlinge zu unserem Christbaum; diese unterhielten sich prächtig untereinander mit Grammophon, Tanz-und Schlagerplatten, sie sangen, tanzten, spielten Schach und andere Spiele, und meinen beiden Mitarbeiterinnen und mir fiel fast nur eine leicht beaufsichtigende Rolle zu. Am dritten Abend aber kamen die alten getreuen Zöglinge, zum Teil schon verheiratete Männer, und dieser Abend war weitaus der allerschönste! Da sassen wir alle zusammen wie eine grosse Familie und plauderten von alten Zeiten; dazwischen wurde unter der Leitung eines sehr musikalischen Zöglings gesungen; alte und neue Lieder, lustige und ernste, wechselten miteinander ab, und dann kehrte man wieder zu ernsten Gesprächen zurück. Als dem Fest um Mitternacht ein Ende gemacht werden musste, waren wir alle einig, dass es das schönste gewesen war, und wir sprachen schon vom nächsten Weihnachtsfest.

Heute erscheint es mir unbegreiflich, dass wir nicht erkannten, wie unaufhaltsam das Rad ins Rollen gekommen war, das uns hinwegschleudern sollte, aber auch gescheitere Leute als ich sahen den drohenden politischen Ereignissen mit der selben Stumpfheit entgegen. Im Februar schon wurde Bundeskanzler Schuschnigg, der ganz Unpopuläre, von Hitler zu einer sogenannten Besprechung auf den Salzberg zitiert und zu Konzessionen veranlasst, die praktisch genommen der Zustimmung zu einer Doppelregierung gleichkamen. Ein unhaltbarer Zustand, denn die österreichischen Nationalsozialisten sahen jetzt in Hitler den Vorgesetzten Schuschniggs und glaubten sich aller Fesseln ledig. Sogar für diesen Zustand hatten die Wiener nur ein Witzwort: Schuschnigg habe jetzt von Hitler den Führerschein bekommen, hiess es, vorher sei er nämlich schwarz gefahren. Darüber wurde viel gelacht, aber dem Ernst der Situation trug in meiner Umgebung niemand Rechnung, und schon im März darauf war blitzschnell die Besetzung durch deutsche Truppen vollzogen.

Dass ich in diesem Fall meiner jüdischen Abstammung wegen die Beschäftigungsanstalt nicht würde weiterführen können, das war mir von vornherein klar gewesen, nur konnte ich mir nicht vorstellen, wie das Ende sich abspielen werde, und in dieser Unklarheit sagte ich den Kindern, sie könnten am nächsten Tag so wie sonst ins Heim kommen. Unschlüssig erwarteten meine Mitarbeiterinnen und ich auf der Stiege stehend die Kinder, da erschienen plötzlich einige Männer mit dem Abzeichen der nationalsozialistischen Partei und erklärten uns kurz und bündig, wir hätten um vier Uhr nachmittags das Haus, welches wir damals innehatten, vollständig geräumt der Hitlerjugend zu übergeben. So wie die Sache lag, versuchte ich natürlich nicht, eine Änderung des Beschlusses zu erreichen, und unter stumpfsinnigem Gepacke und Geschleppe zerfiel die ganze Knabenbeschäftigungsanstalt sang- und klanglos ins Nichts, denn ihr Inhalt und ihr Zweck, die Kinder waren ja schon von einer anderen Organisation einfach weggesaugt worden. Es war kein schönes Ende, und es täte mir leid, mit diesen traurigen Worten die Beschreibung einer mir wichtigen Lebensperiode abschliessen zu müssen. Zwar winkt mir schon ein sehr ernster Erinnerungsweg, heraufbeschworen durch das Hereinbrechen des Nationalsozialismus, aber vorher möchte ich noch, mir zur Freude, ein paar hübsche Augenblicke, aus meiner Tätigkeit festhalten.

Ein wirkliches Glücksgefühl genoss ich, wenn es mir gelang, die Bubenschar für irgendeine neue Beschäftigung so recht zu begeistern, und ich war deshalb auch fortwährend auf der Suche nach so einer neuen Arbeit. Als wir wieder einmal ausziehen mussten und die neuen Räume kahle, hässliche Wände aufwiesen, geriet ich auf den Gedanken, diese Wände mit meinen Buben zu bemalen, und dieser Gedanke erwies sich als äusserst fruchtbar, er brachte uns Beschäftigung für ein paar Jahre. Zunächst gaben freilich die Vorarbeiten nur mir selbst viel Beschäftigung: aus Bilderbüchern von Meggendorfer, dessen klare, primitive Technik sich für meinen Zweck sehr eignete, wählte ich Szenen, in denen Zwerglein in allen möglichen Situationen eine Rolle spielten. Diese Situationen veränderte ich vollkommen, mischte Tiere und Pflanzen und überhaupt meine eigenen Erfindungen dazu, und brachte so ein paar lustige Bilderzeichnungen zuwege, die mir als Wanddekorationen für eine Knabenheimstätte passend schienen. Diese kleinen, aber deutlichen Zeichnungen überzog ich mit Quadraten, und jetzt konnten endlich ein paar geschickte grosse Buben zugezogen werden, um die Quadrate vergrössert auf die Wand aufzutragen. Die Buben waren begeistert, denn das war ja etwas ganz Neues, Interessantes, wobei man sogar auf Leitern und übereinandergestellten Tischen herumturnen konnte; in die vergrösserten Quadrate trugen andere Buben die Striche der Zeichnung möglichst genau mit Kohle ein, und so erschien nach und nach wirklich die gewünschte Gestalt auf der Wandfläche. Diese Umrisse wurden mit schwarzer Farbe nachgezogen und dann kam das Allerschönste, das Kolorieren mit leuchtend bunten Wandfarben! Ich selbst war oft überrascht von der lapidaren Wirkung einzelner Bildteile.

Das Erste, womit wir unsere Wandmalerei begannen, war ein trommelnder Hase, fast einen Meter gross, und als der ganz allein auf der grossen weissen Wand seine bunte Trommel schlug, mit seinen schwarzen Trommelschlegeln, war er so unbeschreiblich reizend, dass ich ihn am liebsten so allein gelassen hätte, aber hier handelte es sich ja nicht um einen reizvollen Wandschmuck, sondern um eine Beschäftigung für möglichst viele Buben. Also musste jedes Bild so figuren- und gegenstandsreich sein wie nur möglich, musste auch einen vielfarbigen Rand erhalten, damit auch die Ungeschickteren, Kleineren sich bei der Arbeit betätigen konnten. Wir sparten natürlich selbst nicht mit Lob bei jeder neuen Phase unserer Tätigkeit, bei jeder neuen Figur, die ich oft mitten unter der Arbeit dazu erfand, und die Räume wurden so immer anheimelnder und persönlicher. Schade, dass ich keine Photos von dieser ganzen Tätigkeit besitze, die Buben hatten dabei oft so hübsche, gänzlich unbewusste Bewegungen.

Den Schluss dieses Abschnittes soll jetzt unser traditionelles Nikolofest machen, wenn es sich vielleicht auch mehr für den Pinsel als für die Feder eignete; zwei schon erwachsene frühere Zöglinge, ein Langer und ein Kleiner, fungierten durch viele Jahre unerkannt von den Buben am 6. Dezember im Heim, der eine als wilder schwarzer Teufel, mit Rute, Ketten und einer Butte voll täuschend nachgemachter glühender Kohlen, der andere als milder Bischof, mit Krummstab und Messbuch und einem langen, ehrwürdigen Wattebart. So angetan standen die Beiden zuerst wie lebende Statuen auf zwei Postamenten, in ihrer Mitte ein Aufbau aus Äpfeln und Kränzen von Lebkuchen und schwarzen Pflaumen. An dieser höchst eindrucksvollen Gruppe wurden die Buben zu zwei und zwei von mir vorübergeführt, wobei der Krampus, fast ohne sich zu rühren, mit den Ketten rasselte und böse, grollende Töne ausstiess, was den Kleineren immer ein wenig unheimlich war. Meine an den Bischof gerichtete Bitte, die guten Sachen an die Buben verteilen zu dürfen, wurde gnädig gewährt, und jeder Bub erhielt seinen Lebkuchenkranz und seine Äpfel. Dann teilte ich die Buben in kleine und grosse, und die Kleinen, mit denen der gute Nikolo sich liebevoll befasste, durften unter seinem Schutz zusehen, wie der schwarze Krampus die grossen Buben verfolgte und mit der langen Rute zu schlagen trachtete; das war eine wilde und aufregende Hetzjagd, der ich bald aus Mitleid mit dem Krampus ein Ende machte, da es ihm in seinem Kostüm und unter der Schminke zum Schlagtreffen heiss wurde.

Danach sassen wir allesamt mit dem Heiligen und dem Teufel in Ruhe beisammen, und da bestieg einmal der Nikolo, der eine sehr schöne Stimme hatte, das Podium, das in dem Raum – einem ehemaligen Schulzimmer – angebracht war, und sang von dort ernste Lieder und das Lied des Evangelimannes zu den Kindern hinunter; der lange weisse Wattebart störte nicht im geringsten den feierlichen Eindruck. Die Kinder horchten mäuschenstill und schauten mit staunenden Gesichtern andächtig hinauf, und das Ganze war in seiner Improvisiertheit rührend und sehr malerisch. –

Damit habe ich mir die Erinnerung an meine kleine Beschäftigungsanstalt von der Seele geschrieben und mich vielleicht zu lange von diesen harmlosen Szenen nicht trennen können. Nun sollen andere, sehr ernste drankommen, nämlich die Ereignisse der Jahre 1938 und 1939, so wie sie sich auf unsere engste Familie auswirkten, und zu ihnen gehört auch ein Fehler, den meine Schwester Gretl, mein Neffe Arvid Sjögren und ich im Jahre 1938 begangen haben. <u>Es liegt mir im höchsten Ernst daran,</u> dass dieser Fehler, der uns in Untersuchungshaft und auf die Anklagebank gebracht hat, in völlig authentischer Form auf meine Neffen und Nichten und ihre Kinder gelange, denn es war ein <u>warmer</u> Fehler, ohne eine Spur von Eigensucht, und ich bin fest davon überzeugt, dass er mir in einem späteren Leben als Plus angerechnet werden wird.

Ich will die Ereignisse, die zu ihm führten und die, zu denen er führte chronologisch und etwas zurückgreifend niederschreiben; dabei bin ich mir freilich bewusst, dass ich mit meiner gewohnten Darstellungsweise hier nicht das Auslangen finden werde, ja dass ich, zum Teil die Genauigkeit von Aktenstücken anstreben muss. Die Geschehnisse bestimmen selbst den Stil, und wenn das Kapitel, das von den Jahren 1938 und 39 handelt, notgedrungen aus dem Rahmen dieser Familienerinnerungen fällt, so liegt das daran, dass die Ereignisse selbst aus dem freundlichen bürgerlichen Rahmen herausfielen, der bisher unsere Familie umgeben hatte.

Das schuf die Unheimlichkeit der Atmosphäre, die ich nicht mildern will; ich will aber dankbarst feststellen, dass sie nur vorübergehend herrschte, und dass der freundliche Rahmen bald in schöner Weise wieder sichtbar wurde, als hätte er nie gefehlt.

***

VII.

Die Ereignisse der Jahre 1938 und 1939.

Ich habe bei der Schilderung der im Frühjahr 1938 erfolgten gewaltsamen Auflösung meiner Beschäftigungsanstalt darauf hingewiesen, dass niemand in meiner Umgebung rechtzeitig die ganze Bedrohlichkeit des von Deutschland herannahenden Hitlertums erkannt hatte, und dasselbe muss man von den vielen Tausenden von Juden, Mischlingen und jüdisch Versippten sagen, die zu dieser Zeit in Wien lebten. Dem grössten Teil davon war allerdings die Möglichkeit einer Rettung überhaupt versagt, aber auch die kleine Schicht, die sich durch Flucht hätte retten können, ahnte nichts von der Tödlichkeit der nationalsozialistischen Krankheit und scheute sich vor der Flucht wie vor einer Operation auf Tod und Leben.

Halb Wien täuschte sich damals geflissentlich, und es wurde gesagt und geglaubt, dass in Wien die Nürnberger Gesetze einfach nicht durchgeführt werden könnten, weil die ganze Bevölkerung Wiens viel zu sehr mit Juden untermischt sei. Ein verhängnisvoller Irrtum und Trugschluss, denn erstens wirkte gerade die grosse Ansammlung von Juden und jüdisch Versippten aufreizend und nichts weniger als hindernd, zweitens konnte unter dem nationalsozialistischen Regime alles durchgeführt werden; Skrupel hinsichtlich der Mittel gab es überhaupt nicht, es brauchte nur der Befehl dazu von oben zu kommen. Eine derartig starre, vor nichts zurückschreckende Mentalität konnte sich am Anfang noch niemand vorstellen.

Unsere engste Familie hatte sich nie für Juden gehalten, weil unsere drei nicht arischen Grosselternteile alle getauft waren (im Falle Kalmus auch die Urgrossmutter), und so verblendet waren wir, dass sich niemand von uns die Mühe nahm, die Nürnberger Gesetze überhaupt anzusehen. An dieser Verblendung lag auch die Schuld, dass mein Bruder Paul im Jahre 1934 eine Möglichkeit, die uns später hätte retten können, einfach von der Hand gewiesen hat: in diesem Jahr hat nämlich Direktor Groller, unser Vermögensverwalter und Berater ihm vorgeschlagen, gemeinsam mit meiner Schwester Lenka und mir die Liechtenstein'sche Staatsbürgerschaft zu erwerben, die ohne grosse Schwierigkeit zu erlangen war. Groller konnte damals nicht an eine persönliche Gefahr für uns denken, denn, wie schon erwähnt, hielten wir uns ja nicht für Juden; auch zeigte sich das Gespenst einer wirklichen Lebensgefahr für Juden erst im Zusammenhang mit dem Gespenst des drohenden Kriegsausbruches im Herbst 1938, denn erst dieser schien die Ausschaltung oder Austilgung der zu Feinden gemachten Juden zu gebieten. Direktor Groller hat also den Rat gewiss nur im Hinblick auf unser in der Schweiz verankertes Vermögen gegeben, das durch einen Umsturz gefährdet werden konnte, und da ich mich erinnere, wie Paul und ich seinerzeit von Leuten dachten, die aus rein materiellen Gründen ihre Staatsbürgerschaft ändern, so verstehe ich, dass er, der mit Leib und Seele Österreicher und österreichischer Reserveoffizier war, den Rat rundweg ablehnte.

Paul hätte die Sache wohl mit Lenka, meinem Schwager Salzer und mir besprechen können, doch scheint es mir sehr zweifelhaft, dass meine Schwester und mein Schwager zu diesem frühen Zeitpunkt einen Rat angenommen hätten, dessen Durchführung vermutlich mit allerhand kleineren und grösseren Schwierigkeiten verbunden gewesen wäre. Man hätte vielleicht einen Teil des Jahres im Ausland verbringen müssen und die Möglichkeit, zu jeder Zeit und Jagdperiode auf die Hochreit zu fahren, wäre in

Frage gestellt gewesen; mein Schwager war österreichischer Staatspensionist und auch das hätte Komplikationen ergeben können. Das Entscheidende liegt aber darin, dass uns eine klare Voraussicht der Gefahr und der feste Wille, alle Schwierigkeiten zu überwinden, vollkommen fehlten. Mein Vater freilich hätte beides gehabt und wenn er im Jahre 1934 noch gelebt hätte, so wären wir nicht wenige Jahre später plötzlich ahnungslos vor der grossen Gefahr gestanden.

Ich erinnere mich, wie Paul mir eines Morgens nach dem „Umbruch" (dies der offizielle Name für die Einnahme Österreichs) mit bleichem Entsetzen mitteilte, wir gälten als Juden. Ich selbst, in meiner Weltfremdheit, konnte mir nichts anderes dabei vorstellen, als dass mich vielleicht einige Leute nicht mehr grüssen würden, und mein Leben, das sich beinahe nur in meinen vier Wänden abspielte, wäre vielleicht wirklich zuerst kaum berührt worden, mit Ausnahme des Verlustes meiner Tagesheimstätte, die mir ja nicht so unbedingt ans Herz gewachsen war. Anders stand es mit meinem Bruder Paul. Er war schon vor dem ersten Weltkrieg, in dem er den rechten Arm verlor, Pianist gewesen und hatte dann mit bewundernswerter Energie sich trotz seiner Verstümmelung einen Namen als Konzertspieler und Lehrer gemacht, und diese Tätigkeit gab ihm grosse Befriedigung. Als Jude durfte er sie aber nach dem Umbruch nicht mehr ausüben, und niemand kann sich vorstellen, was das für ihn bedeutete. Auch litt er auf seinen täglichen ausgedehnten Spaziergängen und Wanderungen unsäglich unter den abscheulichen Judenverboten, die auf Schritt und Tritt in krassester Weise drohten, und seine Selbstachtung verwundeten. Er ging herum wie einer, dem man die Grundlagen seines Lebens zerstört hat, und sprach nur immer davon, dass er nicht in Österreich bleiben könne.

Paul kam nun zuerst auf den Gedanken, hier in Österreich für unsere Familie auf Grund ihres Rufes und ihrer sozialen und patriotischen Leistungen eine „arische Behandlung" zu erwirken; eine Zusicherung dieser Art konnte er zwar nicht erreichen, doch wurde uns auf irgendeine Weise zugetragen, dass wir wohl bereits einen unterirdischen Schutz geniessen mochten, was sich später auch entschieden bewahrheitete. Ich verfertigte damals im Auftrag von Gretl eine Zusammenstellung aller besonderen Leistungen der Familienmitglieder und wies insbesondere darauf hin, dass die übrige Familie in ihrem ganzen Typus und ihrer ganzen Einstellung so gar nichts Jüdisches an sich trage. Das war ja bei meinem Grossvater Hermann Wittgenstein ganz besonders auffallend, und ein Zweig der Familie war so fest überzeugt davon, dass Hermann Wittgenstein nicht jüdischer Rasse, sondern vielleicht ein angenommenes Kind gewesen sei, dass ein Sippenforscher nach Korbach, seinem Geburtsort geschickt wurde, um irgendeine positive Bestätigung dieser Vermutung zu erbringen. Was er brachte war nur eine Bestätigung, dass er den Namen Hermann Wittgenstein in den Matriken nicht aufgefunden habe, also kein Beweis, aber immerhin soviel, dass Einige die Rassezugehörigkeit vorläufig als nicht völlig erwiesen hinstellen konnten. Um die „arische Behandlung" womöglich doch zu erlangen, fuhren Gretl und Paul, versehen mit meiner schönen übersichtlichen Darstellung, nach Berlin und drangen bis zu hoher Stelle vor, aber vergebens, „ein zweiter arischer Grosselternteil sei nötig", hiess es.

Zu allem oben Erwähnten, unter dem Paul litt und das ihn bedrängte, kam noch der leidenschaftliche Wunsch, sein Vermögen nicht zu verlieren. Über dieses Vermögen und die geschickt ausgeklügelte Art seiner Anlage muss ich eingehender sprechen, denn die letztere beeinflusste geradezu unser Schicksal in den kommenden Tagen, im Sommer 1939:

das grosse Vermögen fast unserer ganzen Familie, das dank der ausgezeichneten Anlage meines Vaters den ersten Weltkrieg überdauert hatte, war im Jahre 1919 durch Ludwig Wittgenstein, den Bruder meines verstorbenen Vaters, aus Angst vor politischen Erschütterungen im Ausland in einer Weise angelegt worden, die den einzelnen Besitzern kein Verfügungsrecht über ihr Kapital, sondern nur über eine relativ kleine Verzinsung liess. Das Kapital war en bloc von einem Treuhänder, in diesem Fall Ludwig Wittgenstein, als Kommanditeinlage bei einem grossen holländischen Bankhaus eingebracht worden. Nur mit diesem Treuhänder hatte das Bankhaus zu tun, die Einzelbesitzer waren ihm vollkommen unbekannt. Nach Ludwig Wittgensteins Tod wurde mein Schwager Salzer sein Nachfolger und noch später, als das Bankhaus das Kommanditverhältnis plötzlich gekündigt hatte, wurde durch den Sohn meiner Schwester Gretl Stonborough eine Schweizer Aktiengesellschaft, die „Wistag A.G." gegründet, und mein Schwager Max Salzer war der Treuhänder, der das Familienvermögen als Kommanditeinlage dort einbrachte und durch Kommanditvertrag bis zum Jahre 1947 unlösbar mit dieser Aktiengesellschaft verband; dies die später für uns sehr wichtige Konstruktion. Bald nach dem Umbruch musste man die Devisen, die man im Ausland besass, anmelden und abliefern; das letztere war aber in unserem Fall nicht möglich, denn wir konnten weder selbst die vertraglich gebundene Einlage angreifen, noch die Schweizer Aktiengesellschaft dazu zwingen, sie der Reichsbank auszuhändigen. Wie lange dieser Rechtszustand halten werde und ob es nicht früher oder später doch zu Zwangsmassnahmen gegen uns kommen werde, das konnte man nicht wissen, ja man konnte überhaupt nicht genau wissen, wie gefährlich unsere Situation als Juden sei. Paul verglich sie mit einem brennenden Haus und sagte, sie rechtfertige den Sprung aus dem Fenster, nämlich die Flucht aus Österreich unter Zahlung der Reichsfluchtsteuer; ich konnte und wollte aber diese Auffassung nicht teilen, da sie mich vor grosse seelische Verluste und vor Probleme gestellt hätte, die ich mich nicht zu meistern traute; ich werde das später noch ausführen.

Um Paul in seinem Unglück zu helfen unternahm es Gretl, die als Amerikanerin viel durchsetzen konnte und die mit einer Menge hoher Funktionäre in Österreich bekannt war, für ihn zu erwirken, dass er befristet, d.h. mit ehrenwörtlicher Zusage der Rückkehr, ins Ausland reisen könne. Paul hatte also die Möglichkeit auszureisen, er hatte sein Vermögen, wenn auch unantastbar, im Ausland und es hielt ihn nichts in der Heimat. Die Versuchung lag für ihn nahe, trotz des Ehrenworts mit Zurücklassung des Inlandvermögens im Ausland zu bleiben und sein dortiges Vermögen doch irgendwie anzutasten, da er gut bekannt mit dem massgebenden Vorstand der Schweizer Gesellschaft war. Aber auch die Möglichkeit war gegeben, dass die Reichsbank dann seine beiden als Juden geltenden Schwestern für diese den Devisengesetzen zuwiderlaufende Handlungsweise zur Verantwortung ziehen werde, und Paul drang daher in mich, ich solle unsere Schwester Lenka dazu bewegen, mit ihrem Mann und mir unter Zahlung der Reichsfluchtsteuer ebenfalls auszuwandern, sobald er selbst im Ausland sei; er wollte dort sein Vermögen mit uns teilen. Dieser Plan war mehr oder weniger eine egoistische Angelegenheit und egoistisch war auch meine Reaktion, denn so wie Paul durch ein Auswandern nur gewinnen konnte, konnte ich nur verlieren: meine Freunde und Schützlinge, meine übrige Familie und meinen kleinen Wirkungskreis in der Familie, mein Gut Hochreit, alles, alles hätte ich hergeben müssen, noch dazu ohne die unbedingte Notwendigkeit einzusehen. Die Sorge um meine vielen Schützlinge und Angestellten quälte mich auch und ich wusste überdies, dass Lenka und ihr Mann bei einer Auswanderung, die sie von ihren Kindern und Enkeln trennen musste, ihren ganzen Lebensinhalt und ihr Lebensglück verlieren würden. Ich weigerte mich also, den Plan zu unterstützen und litt dabei schwer unter dem Zweifel, wo meine Pflicht liege und von welcher Seite die Sache angeschaut und angegangen werden müsse. Eine grosse Angst und Hilflosigkeit begann sich in mir aufzutürmen.

Max und Helene Salzer geb. Wittgenstein

Dass Pauls Plan nicht richtig durchdacht und nur aus einem Wunsch geboren war, dass man uns bestimmt nicht ausser Landes gelassen hätte, so lange wir Vermögen im Ausland hatten, davon bin ich jetzt fest überzeugt und ebenso davon, dass auch andere, entfernter stehende Familienmitglieder oder Direktor Groller für uns haftbar gemacht worden wären, wenn wir Paul gefolgt hätten. Damals aber war mir nichts so klar, dass ich Paul hätte damit entgegentreten können, und ich wagte nicht, mich mit jemand zu besprechen, weil ich nicht an das auswärtige Vermögen und ein eventuelles Antasten von Seiten meines Bruders rühren mochte. Bittere Worte sind damals zwischen Paul und mir gefallen, und ich will meine eigene Lieblosigkeit nicht beschönigen, die mich vielleicht zu verständnislos ihm gegenüber machte.

Gretl, die ich in meiner Not um Rat fragte, tröstete mich und meinte, der Entschluss müsse nicht gleich gefasst werden; Paul solle vorläufig zur Beruhigung seiner Nerven ins Ausland reisen und ich könne wie alljährlich mit Salzers, Stockerts und einigen Freunden auf die Hochreit fahren; dann im Herbst werde man weiter und klarer sehen. Beides geschah; Paul ging im Juli 1938 in die Schweiz und wir auf unseren Hochreiter Berg, wo wir über neuen Sorgen die alten ganz vergassen: mein Schwager Salzer erkrankte schwer und lag viele Wochen dort oben in sehr besorgniserregendem Zustand darnieder, und gleichzeitig mit ihm war auch Mariechen Stockert lange krank und pflegebedürftig. Daher drehte sich alles um die beiden Patienten und nichts kam weniger in unseren Gesichtskreis als Politik oder die Judenfrage, umsomehr als wir ganz unbehelligt geblieben waren.

Anfang September besuchte uns Gretl auf der Hochreit, wurde aber telegraphisch von Paul nach der Schweiz berufen, da er dringend mit ihr zu reden wünschte. Nach ihrer baldigen Rückkehr nach Wien liess sie mich sofort zu sich

Paul Wittgenstein, Mima Sjögren geb. Bacher, Helene Salzer geb. Wittgenstein, Hermine Wittgenstein, Mariechen Stockert geb. Salzer und Leopoldine Wittgenstein auf der Hochreit

kommen und teilte mir in grosser Aufregung mit, was ich jetzt mit dürren Worten schreiben werde: Sie sagte, man wisse im Ausland, dass ein Krieg Deutschland fast unmittelbar bevorstehe, man wisse auch, dass dann gegen die Juden vorgegangen würde, dass sie in Lager gesteckt, ungenügend genährt, schlecht behandelt würden. Alles dieses könne Lenka unmöglich ertragen, und es sei daher unbedingt nötig, sie aus Österreich-Deutschland herauszubringen. Auf dem gewöhnlichen Weg sei das ganz unmöglich, aber es gebe einen Ausweg: man könne um Geld die jugoslawische Staatsbürgerschaft kaufen, dann bekomme man einen fremden, keinen falschen Pass, mit dem man aus- und einreisen könne. Ein jüdischer Anwalt in Wien vermittle die Sache, an der die jugoslawische Regierung ein Interesse habe, und mit diesem Anwalt könne und solle ich selbst sprechen. Nicht nur für Lenka allein müsse die Sache gemacht werden, sondern auch für Paul sei es unbedingt nötig, dass unsere Ausreise zustande komme, da er über sein Geld im Ausland verfügen wolle und das nicht könne, so lange er uns als Juden gefährdet in Österreich wisse. Gretl sagte, Paul könnte mir später den Vorwurf machen, ich habe ihn um sein Vermögen gebracht, es sei also meine Pflicht, Lenka die Sache zu erklären und ihre Einwilligung zu erlangen. Möglicherweise komme es doch zu keinem Krieg, dann würde man eben keinen Gebrauch von den Pässen machen, es sei aber gut, sie für den äussersten Notfall „in der Tischlade zu haben."

Ich hörte das alles an, als hätte ich einen Schlag auf den Kopf erhalten und ich konnte tatsächlich den Fall nicht einmal genügend übersehen, um sehr zu erschrecken; ich fühlte mich nur sofort einem unentrinnbaren Zwang verfallen.

Gab es denn hier eine Handlungsfreiheit? Selbst nach reiflicher, ruhiger Überlegung hätte ich, – wenn ich nicht einfach das Verlangte tun wollte, – erklären müssen: „ich persönlich habe keine Angst vor dem Lager, das ich mir nicht vorstellen kann, und den Andern kann ich auf diese Weise nicht helfen." Hier wurde aber keine ruhige Überlegung von mir verlangt, sondern es wurden mir durch eine mir an Stärke weit überlegene Person Gefahren für andere dargestellt und eine Hilfe für andere einfach gefordert. Ich glaube es kann kein Zweifel darüber sein, wie ich mich einstellte. Gretl zog dann noch Direktor Groller zu, der ganz entsetzt von dem Plan abriet, selbst aber keinen Rat geben konnte, wie der Gefahr zu begegnen sei. Seine Hoffnung, dass die Gefahr doch nicht ganz so gross und drohend sei als sie Gretl schien, und selbst sein Hinweis auf den unterirdischen Schutz der Familie, konnten Gretl, die ihre Information aus dem Ausland hatte, nicht beruhigen. Und wusste man denn, ob dieser Schutz auch im Krieg standhalten werde, ob nicht die Männer, die uns kannten und schützten, von solchen abgelöst werden würden, die in uns nur Juden sahen? Heute wissen wir, dass die Gefahr für Juden sogar unendlich viel grösser war als man damals ahnte, und dass sie im Oktober 1938 nur durch die Unterredung zwischen Chamberlain und Hitler <u>vorläufig</u> abgewendet wurde.

Der jüdische Rechtsanwalt, den ich aufsuchte, – kein Winkeladvokat, sondern Inhaber einer grossen Kanzlei am Kohlmarkt, – bestätigte mir alles, was ich von meiner Schwester gehört hatte, einschliesslich des Interesses der jugoslawischen Regierung, das mich beruhigen sollte und es auch tat, denn ich stellte mir vage vor, die Regierung selbst verkaufe die jugoslawische Staatsbürgerschaft. Er sagte, er kenne Leute, die mit solchen Pässen aus- und eingereist seien, und fügte hinzu, es sei ein günstiger Zufall zu nennen, dass der Mann, der die Sache vermittle, in den nächsten Tagen nach Wien komme, man brauche nur das Geld einzuzahlen. Der Advokat konnte mir nicht nur infolge meiner Weltfremdheit und Arglosigkeit alles glaubhaft machen was er wollte, sondern ich selbst <u>wollte</u> in meiner Zwangslage instinktiv nur das Günstige hören und glauben.

Während ich dies schreibe kommt mir der Gedanke, dass der Advokat vermutlich ein Interesse daran hatte, dass das Geld eingezahlt werde, denn wäre er ganz anständig gewesen, so hätte er sich nicht bemühen dürfen, die Sache möglichst harmlos darzustellen. Er hätte Gretl und mir in allem Ernst sagen müssen, dass es sich bei solchen Pässen darum handelt, sofort nach Erhalt der Pässe, wenn auch eventuell nur mit einem Handtäschchen versehen, über die Grenze zu gehen ohne zurückzuschauen. So wie es in der Bibel heisst: „Lasset die Toten ihre Toten begraben!" so hätte es hier heissen müssen: „Lasset die Zurückbleibenden für ihre Zurückbleibenden sorgen!" Er hätte uns auch aufmerksam machen müssen, dass Gretls fixe Idee von den Pässen, die wir für den äussersten Notfall „in der Tischlade" bereitliegend haben sollten, falsch war, denn gerade in der Tischlade wurden sie selbst zu einer Gefahr! Hätte er uns das alles gesagt, so hätten wir klar gewusst, womit wir manipulierten, aber damit wäre freilich Gretls einzige Hoffnung von ihr genommen worden, denn dazu hätte sie, glaube ich, weder mich noch Lenka überreden können! Auch Gretl <u>wollte</u> eben nur das Günstige hören! Wir waren verblendet wie der unheilbar Kranke, der sich dem Quacksalber anvertraut, den er in gesunden Tagen verachtet hätte; nur so erklärt sich dieses halbe, immer schwankende Bewusstsein von Ungefährlichkeit und doch Gefährlichkeit, Erlaubtheit und doch Unerlaubtheit, in dem wir dahinlebten. Der Gesunde kann sich in so eine Mentalität nicht hineindenken, und das erklärt wieder die abweisende, fast feindselige Haltung Direktor Grollers und Fritz Stockerts, der später gleichfalls gefragt wurde und der gleichfalls nur abraten konnte, ohne doch einen anderen Ausweg zu wissen oder die Gefahr im vollen Ausmass zu ahnen.

Zunächst fuhr ich in einer unbeschreiblichen Aufregung auf die Hochreit zurück, wo ich Lenka überreden sollte. Ich will mich nicht damit aufhalten, meine Gefühle zu beschreiben, sie waren entsetzlich. Die Aufgabe, die ich übernommen hatte, lastete umso stärker auf mir, als ich ja keine persönliche Angst hatte und nur unter Zwang und Suggestion handelte. Am bittersten war mir der Gedanke an Paul und die Gefährdung der Zurückbleibenden.

Als ich auf der Hochreit ankam, fand ich die Freunde und Familienmitglieder ganz heiter beisammensitzend vor, denn eine vorübergehende Besserung im Befinden meines Schwagers hatte die Stimmung gehoben, und diesen Kontrast mit meiner eigenen Stimmung werde ich nie vergessen. Es war mir, als wäre ich meilenweit von den anderen entfernt, als sprächen wir nicht mehr dieselbe Sprache. Ich war auch wie versteinert und versiegelt, als dann einige von ihnen versuchten, mich vom Abgrund zurückzuziehen, denn gerade von dem, was mich am meisten quälte, konnte ich nicht reden und es war ja auch alles weit über das Stadium des Überlegens hinausgehoben oder vielmehr es war für mich nie darin gewesen. Ich war doch nur eine Marionette in der Hand einer stärkeren, wenn auch liebenden Persönlichkeit.

Ich überredete Lenka dann auftragsgemäss, indem ich ihr alles so relativ harmlos darstellte wie es mir dargestellt worden war, und auch sie stimmte schweren Herzens dem Plan zu. Ihre Lage war beinahe noch ärger als die meine, da sie zu aller Aufregung, die ich ihr brachte, noch die Angst um ihren schwerkranken Mann zu tragen hatte; die meine aber war besonders quälend durch die scheinbar handelnde und leitende Rolle, die mir zugefallen war!

Felix Salzer

Nach Wien zurückgekehrt zahlte ich, ohne noch einmal mit Direktor Groller über den Fall zu reden, das Geld für die Pässe ein, und es war geplant, dass Gretl selbst in einiger Zeit eine kleine Autofahrt nach Jugoslawien mit Clärchen und Arvid Sjögren unternehmen sollte, um die Pässe zu holen. Sie wollten zuerst meine Freundin Dorothea Hauser in Hochenegg bei Cilli besuchen und dann zu dem früher erwähnten Zweck nach Agram fahren; so harmlos stellte man sich das Ganze vor! Gretl erkrankte aber und Arvid fuhr allein mit seinem Auto nach Agram. Dort zeigte es sich freilich sofort, dass die Sache keineswegs mit rechten Dingen zuging, dass die Regierung in keiner Weise etwas damit zu tun hatte, sondern dass in Wirklichkeit eine Passfälscherwerkstätte die Pässe ausstellte. Trotzdem brachte sie der gute Arvid nach Wien, der Gefahr wohl bewusst, in die auch er sich begab, und ich erschrak sehr, als ich auf den ersten Blick entdeckte, dass sie nicht die richtigen Daten enthielten, die ich angegeben hatte, sondern willkürlich geänderte. Ja ich erschrak sehr, aber doch nicht annähernd so sehr, als es der Situation entsprochen hätte, es war als liege alles hinter einem Schleier, weil es meine Fassungskraft überstieg.

Der Anwalt, den ich in dieser Angelegenheit aufsuchte, sagte, dass er den Vermittler in den nächsten Tagen erwarte, dass die Daten dann richtiggestellt würden, und ich war nur besorgt, ob das auch rechtzeitig möglich sein werde? Der Vermittler zeigte sich jedoch nicht und die zu ändernden Pässe entschwanden merkwürdigerweise aus meinem und unser aller Gedankenkreis, da die immer mehr sich zuspitzende politische Lage alle unsere Blicke an sich zog; es wurde beschlossen, dass ich nach München fahren sollte, die Visa in die Schweiz für uns Schwestern zu beschaffen, und München wurde gewählt, weil der Name Wittgenstein dort nicht so eindeutig bekannt ist wie in Wien.

Ein Visum hatte man früher, als ich noch Reisen machte, gar nicht gebraucht und ich wusste weder genau, worin es bestand, noch wie man es sich verschaffte. Hätte es sich um eine legale Sache gehandelt, so wäre diese Unwissenheit ganz unwichtig gewesen, denn jedes Reisebüro hätte mich belehren können, in diesem illegalen Fall wäre aber Versiertheit nach allen Richtungen und ein Vorbereitetsein auf jede Frage Grundbedingung gewesen. In unserer Kanzlei, in der sonst derlei Dinge für mich besorgt wurden, konnte ich mich in diesem Fall nicht erkundigen, aber ich hätte mich doch mit Gretls Sekretärin, die von allem wusste, besprechen können. Es ist bezeichnend für mich, dass mir das nicht einfiel, ich ging wie ein Kind auf diese Reise. Auf der Reise erst entdeckte ich, dass die Pässe nicht unterschrieben waren, und ich rief von München aus meine Schwester Gretl telephonisch an, um Weisungen zu erbitten. Gretl war wie erlöst durch meinen Anruf, denn es war ihr inzwischen eingefallen und erschreckend klar geworden, dass ich wohl die am wenigsten geeignete Person für eine derartige Aufgabe war, da mich schon im gewöhnlichen Leben jede unerwartete Frage aus der Fassung bringen konnte. Ich bin auch überzeugt davon, dass ich damals verhaftet worden wäre, wenn ich versucht hätte, etwas mit den Pässen anzufangen; eine Verhaftung in Deutschland aber, wo uns niemand kannte, niemand Rücksicht geübt hätte, wäre unser Verderben gewesen; sie hätte durch das rücksichtslose Aufrollen der ganzen Sache den Tod meines Schwagers im Gefolge haben können. Dieses Fehlen der Unterschriften war der erste in einer Reihe glücklicher Zufälle! Ich flog nun unverrichteter Dinge nach Wien zurück, und gerade an diesem Abend war Wien zum ersten Mal völlig verdunkelt, es machte mir einen unheimlichen Eindruck. Als ich dann unsere Trauerfahne mit den schweren schwarzen Quasten als improvisierte Verdunkelung vor die Hauseingangstür gehängt fand, dachte ich mir, diesmal sei alles zu meiner eigenen schwarzen Stimmung passend.

Nach und nach dämmerte es mir auf, – ich sage absichtlich nicht „es wurde mir klar" – dass wir ein Mittel ins Auge gefasst hatten, bei dem Wahrung des Geheimnisses bis nach dem Übertritt über die Grenze die unerlässliche Voraussetzung des Gelingens war; aber gleichzeitig sah ich die Unmöglichkeit ein, das Geheimnis zu wahren: die Menschen einer höheren Gesellschaftsschicht kennen sich ja meist untereinander, und Reichtum macht fast stadtbekannt, wie hätten wir Schwestern also unerkannt als Jugoslawinnen ausreisen können? Wie hätte ausserdem bewerkstelligt werden können, dass mein kranker Schwager, von dem jede Aufregung ferngehalten werden sollte, nach unserer Abreise mit Arvids Auto über die Schweizer Grenze geschafft werden sollte? Wie war das Visum für ihn zu beschaffen, wenn alles vor ihm verheimlicht und unsere Ausreise erst im äussersten Notfall in Szene gesetzt werden sollte? Wie hätte man ihm die vorherige Abreise Lenkas erklärt? Alle diese Fragen und Erwägungen tauchten nach und nach in mir auf und quälten mich Tag und Nacht, Gretl aber sagte immer wieder: angesichts der enormen Gefahr sei das alles, ja selbst der Tod meines Schwagers nur als eine Möglichkeit in Rechnung zu setzen!

Mittlerweile war es Oktober geworden und mein Schwager Salzer hatte sich endlich so weit erholt, dass meine Schwester mit ihm von der Hochreit nach Wien fahren konnte. Sie und ich, wir unterschrieben die Pässe bei Gretl, da ihre Sekretärin die Visa besorgen sollte, und dadurch befanden sie sich glücklicherweise nicht mehr in meiner Hand, denn schon war das Unheil in Gang gekommen! Bald darauf erfuhr Arvid, dass die Passfälscherwerkstätte aufgeflogen war und die Namen der Leute, die beliefert wurden, bekannt worden waren. Arvid teilte es Gretl mit, die, wie gesagt, krank zu Bett lag, und sie beschloss, die ganze Verantwortung auf sich zu nehmen; sie wollte sagen, dass sie alles aus Angst für uns, <u>ohne unser Wissen</u> ins Werk gesetzt und unsere Unterschriften gefälscht habe.

Ich nahm das ohne Bedenken von ihr an, da ich so unerhört naiv war zu glauben, ihr als Amerikanerin könne nichts geschehen. Ihre Verantwortung in diesem Sinne schien auch, als die Kriminalpolizei begann, sich mit uns und diesem Fall zu beschäftigen, zuerst gläubig und günstig aufgenommen zu werden, und Lenka und ich atmeten auf, nachdem unsere Angst und unsere Aufregung schon den Höhepunkt erreicht hatten. So günstig schien alles, dass Lenka mit ihrem Mann zur Erholung nach Gmunden fuhr, einen Tag später aber wurden Gretl, Arvid und ich verhaftet.

Gerade an diesem Tag wurde der Krieg für diesmal definitiv abgeblasen und das tat mir fast leid, weil es unserem Plan gewissermassen die Berechtigung zu nehmen schien. Ich ahnte nicht, welches Glück darin lag, dass wir nicht im Krieg abgeurteilt wurden, und besonders darin, dass wir gar nicht Zeit gehabt hatten, die Ausreise überhaupt zu versuchen. Sie hätte unmöglich gelingen können, eine Verhaftung aber im Zug oder an der Grenze wäre unvorstellbar schmachvoll, ja sie wäre unser Verderben gewesen.

Das Schmerzlichste in unserem Fall war, dass Gretl schon seit vielen Tagen mit einer Art von schleichender Lungenentzündung sehr elend zu Bett lag und noch längere Zeit das Bett hätte hüten sollen! In diesem Zustand kam sie mit mir in das Polizeigefängnis auf der Rossauerlände, wo wir sofort getrennt und einzeln verhört wurden. Ich meinte zuerst, im Sinne von Gretls erster Aussage sprechen zu müssen, da ich noch an ihre eigene Rettung glaubte, doch bald gingen mir die Augen auf und ich widerrief es dann vor dem Untersuchungsrichter. Im Polizeigefängnis blieben wir nur zwei Nächte und einen Tag; die Behandlung war keineswegs unfreundlich, aber in der Nacht hörte man aus der Entfernung unheimlichen Lärm wie von Schlägen und Schreien. Ich war mit drei Frauen in einer Zelle, erinnere mich aber nur an eine, die als Strabanzerin aufgegriffen war, einen unternormalen Eindruck machte und die ganze Nacht jammerte und weinte. Im Landesgericht, wohin wir im „grünen Wagen" gebracht wurden, kam ich in eine nicht unfreundliche Zelle, die nur eine Bewohnerin hatte, eine ganz vergnügte Ungarin, die, glaube ich, wegen irgendeiner Übervorteilung schon lange in Untersuchungshaft war. Sie kannte sich sehr gut in den Gepflogenheiten des Gebäudes aus, wusste wann sie dem Heizer etwas aus dem Fenster werfen konnte, damit er ihr Briefe oder sonst etwas bringe, und hatte einen guten Freund im Küchendepartement, mit dem sie sich zu bestimmten Zeiten aus dem Fenster durch Zeichen unterhielt. Sie besass auch Nähzeug und einen Bleistift und hatte die Zelle mit einem grünen Zweig geschmückt.

Die äusseren Umstände waren es ja überhaupt nicht, die mir die Haft schwer zu ertragen machten, sondern die bösen Gedanken, die fortwährend um dasselbe kreisten: Was geht draussen vor? Was macht Max? Wie geht es Gretl? War das, was wir taten, notwendig und richtig? Was wird weiter werden und wozu kann man uns verurteilen? So ging das von morgens bis abends. – Eines Tages wurde ich zum Untersuchungsrichter beschieden, dem ich alles wahrheitsgetreu erzählte; der Mann, dessen Namen ich mir leider nicht gemerkt habe, machte einen besonders menschlichen, verständnisvollen Eindruck und sagte sogar ein paar tröstende Worte, die ich aber in meiner Mutlosigkeit gar nicht auffasste; ich dachte, es könne alles nur mit einer Verurteilung enden.

Während dieser Zeit hatten Clärchen Sjögren, – Arvids Frau –, mein Neffe Felix Salzer und Direktor Groller ihr Möglichstes getan, um zu erreichen, dass wir gegen hohe Kaution auf freien Fuss gesetzt wurden, und das gelang ihnen auch: am fünften Tag hiess es, ich sei frei, und an der

Tür des Landesgerichtes wurden Arvid und ich von Clärchen und Felix erwartet; Gretl war noch nicht freigelassen, doch glaubten wir zuerst, es könne sich nur um einen Unterschied von Stunden handeln und waren nur bitter enttäuscht für sie. Als es sich dann aber herausstellte, dass sie noch die Nacht im Gefängnis zubringen musste, da begann die Sache für mich geradezu entsetzlich zu werden, denn ich glaubte, selbst die Ursache dieser Verzögerung zu sein und wusste nicht einmal, ob ich nicht noch Ärgeres angerichtet hätte!

Clara Sjögren geb. Salzer

Am Abend vorher hatte ich nämlich eine grosse Unvorsichtigkeit begangen: es war Feiertag und alles im Gefängnishof war so besonders still, die Luft warm, das Fenster offen und meine Sehnsucht nach Gretl besonders lebhaft;

da rief ich zum Fenster hinaus „Greti" und richtig, sie antwortete aus einem der oberen Stockwerke. Dann frug ich „wie geht es dir", worauf die Antwort kam „nicht schlecht" und dann sagten wir einander gute Nacht. Kaum hatte ich das getan, als mich eine wilde Angst um Gretl ergriff, denn alle Zelleninsassen in dem ganzen riesigen Hof mussten doch das Gespräch gehört haben, konnten sich ungefähr die Nummern der Zellen errechnen und eine Verabredung herauskonstruieren. Ich wollte mich durchaus bei einem der Aufseher melden, aber meine Zellengenossin hinderte mich daran und sagte, ich würde damit nur einen bösen Wirbel aufrühren, womit sie wohl auch recht hatte.

Als nun Gretl nicht gleichzeitig mit uns freigelassen wurde, war ich verzweifelt und traute mich doch nicht, mit jemand darüber zu sprechen. Die Verzögerung hatte, wie sich dann herausstellte, nicht diesen Grund und Gretl kam am nächsten Tag nach Hause, aber in sehr betrüblichem Zustand. Sie war schwer krank gewesen und es ist schrecklich zu denken, dass sie den Fehler, den sie doch nur um unseretwillen begangen hatte, vielleicht mit dem Leben hätte büssen müssen. Sie war von dem Arzt sehr schlecht und überhaupt in jeder Beziehung schlecht behandelt worden: in einem der oberen Stockwerke untergebracht, musste sie für jeden der Wege, die z.B. das Photographieren, das Nehmen der Fingerabdrücke usw. mit sich brachten, viele Stockwerke steigen, und ihr Herz hätte doch dringend der Schonung bedurft. Im Inquisitenspital bekam sie kein Bett und musste nur auf einer Matratze auf dem Steinboden liegen. Der amerikanische Generalkonsul, mit dem sie befreundet war und den sie bitten liess, sie zu besuchen, wurde nicht rechtzeitig verständigt; als er endlich kam, war er empört über diese Behandlung einer amerikanischen Staatsbürgerin und ordnete an, dass sofort Gretls Hausarzt zugezogen werde, und damit hing, glaube ich, die

Verzögerung der Freilassung zusammen. Gretl war noch lange krank und die Folgen der fortgesetzten grossen Aufregungen waren ihren Nerven noch längere Zeit anzumerken, sie erholte sich dann aber gut und wir verlebten einen so ruhigen Winter, dass ich die Episode eigentlich aus den Augen verlor, obwohl sie doch gar nicht abgeschlossen war.

Ehe ich weitergehe, lasse ich die Erzählung von Lenkas Verhaftung folgen, und zwar schliesse ich an das sehr ephemere, erleichterte Aufatmen an, das wir uns nach der ersten, scheinbar günstig aufgenommenen Verantwortung Gretls vergönnt glaubten. Ja wir glaubten damals wirklich, dass so ein Fall durch das Wort einer Amerikanerin einfach aus der Welt geschafft werden könne, und besonders beruhigt fühlte sich Lenka, die ja aktiv gar nicht mitgearbeitet hatte. Sie und ihr Mann fuhren, wie schon erwähnt, nach Gmunden und wohnten dort ganz ausserhalb der Stadt, in der Pension einer Freundin. Mit dieser ging Lenka am nächsten Tag, also einen Tag nach unserer Verhaftung, in die Stadt, wurde plötzlich auf der Strasse von einem Gendarmen verhaftet und auf das Kreisgericht gebracht. Dort wurde sie verhört und gefragt, ob sie Arierin sei. Sie verneinte etwas zögernd und der Beamte, der ein ausgesprochener Gegner des Nationalsozialismus war, sagte gleich: „Ah, ich schreib' arisch." Dann kam sie in eine Zelle.

Ich kann und will ihre furchtbare Aufregung, die Sorge um ihren kranken Mann und die Härten des Gefangenseins nicht beschreiben, ich erwähne lieber den glücklichen Umstand, dass die Verhaftung nicht in der Pension stattfand und daher geheim bleiben konnte, und vor allem will ich der Umsicht und Treue von Lenkas langjährigem Chauffeur Hutter gedenken: Er war an diesem kritischen Tag von ihr voraus in die Stadt geschickt worden, und als er dort erfuhr, was vorgefallen war, telephonierte er es sofort an Lenkas

Tochter Mariechen Stockert und bewog sie, mit dem Nachtzug nach Gmunden zu ihrem Vater zu kommen. Er fuhr ihr auch nach Attnang entgegen, so dass ihr Vater, dem gesagt worden war, seine Frau habe sich einer Grippe wegen, um ihn nicht anzustecken, in eines der oberen Zimmer [ver]zogen, nach ein paar Stunden schon, – von seiner Tochter umsorgt und betreut, – seine Frau kaum vermisste. Hutter war dann weiter darauf bedacht, Lenkas Los durch alles mögliche, das er ihr bringen konnte, zu erleichtern. Mariechen aber fiel, ausser der Pflege des immer noch kranken Vaters, die schwere Aufgabe zu, ihn mit einem hermetischen Lügengewebe zu umspinnen und dabei immer heiter und harmlos – auch vor den Pensionsgästen – zu erscheinen. Die Verantwortung ging beinahe über ihre Kräfte und so liess sie den Bruder ihres Vaters, den Arzt, nach Gmunden kommen, und zu zweit pflegten und zerstreuten sie den Patienten, bis nach einer vollen Woche seine Frau, die nach ihrer Freilassung noch nach Wien zum Untersuchungsrichter gefahren war, wiederkam. (Merkwürdigerweise war Lenkas Verhaftung gar nicht schriftlich angeordnet worden, – als dritte Schwester nahm man sie scheint's automatisch in Haft, – und als Gretl und ich nach fünf Tagen gegen Kaution entlassen wurden, konnte, da kein Verhaftungsbefehl gegen Lenka ergangen war, auch kein Enthaftungsbefehl ergehen. Sie musste daher noch zwei Tage länger die Qual der Haft erdulden, bis das Gmundener Gericht verständigt wurde, dass wir auf freien Fuss gesetzt waren.) Lenka sah sehr schlecht aus und war viel schlanker geworden als sie zu ihrem Mann zurückkehrte, aber die arge Grippe erklärte das vollständig, und wirklich konnte meinem Schwager die ganze Angelegenheit für immer verborgen bleiben, was umso erstaunlicher erscheint, als es ja im Frühjahr 1939 zu einer öffentlichen Gerichtsverhandlung gegen Gretl, Arvid und mich kam.

Da Lenka zu unserer unbeschreiblichen Beruhigung aus dem Verfahren überhaupt ausgeschieden worden war, regte mich die Anberaumung dieser Gerichtsverhandlung nicht sehr auf, – der ruhige Winter hatte mich irgendwie vertrauensselig gemacht. Anders dachten unsere Freunde, die darum wussten, und vor allem bildete für sie die Presse Gegenstand einer schweren Sorge. Die Presse, der diese Verhandlung einen schönen Fall für die Rubrik „Gerichtssaal" bedeuten musste, konnte ja meinem ahnungslosen Schwager die ganze böse Angelegenheit auf die peinlichste Weise verraten und überhaupt die ganze Familie in eine höchst unangenehme Situation bringen. Ich weiss nicht, wer alles mobilisiert wurde, um zu erreichen, dass der Zeitpunkt der Verhandlung so spät angekündigt wurde, dass die Presse so gut wie keine Kenntnis davon erhielt, und es kam tatsächlich nur eine kleine Notiz in eine Zeitung, die meinem Schwager und den Menschen, auf die es uns ankam, ganz entging.

Vor der Verhandlung war Gretl und mir ein jüdischer Konsulent als Verteidiger zugewiesen worden, ein Dr. K., hervorragend guter, gescheiter, ehrenwerter Mann, aber ausgesprochen jüdisch in Aussehen und Sprache. Er nahm den ganzen Fall, den ich wahrheitsgetreu auf Tag und Stunde aufgeschrieben hatte, mit mir durch, um sich selbst ein klares Bild zu machen, und ich wusste dadurch die Geschichte schliesslich ganz auswendig. Am Tag der Verhandlung, als wir schon auf der Anklagebank sassen, was mich übrigens nicht im geringsten aufregte, hiess es plötzlich, der Konsulent könne uns nicht verteidigen, es trete gerade an diesem Tag eine Verordnung in Kraft, die es ihm verbiete. Wir hatten also keinen Verteidiger und wurden gefragt, ob wir eine Vertagung der Verhandlung wünschten; ich verneine auf das entschiedenste und auch die anderen stimmten mir bei. Dass der Konsulent uns nicht verteidigen durfte, zeigte sich dann als ein höchst glücklicher Zufall, denn unsere Art des Sprechens und unser Auftreten waren unsere beste Verteidigung, viel besser als alles, was ein stark jüdischer Verteidiger zu unseren Gunsten hätte vorbringen können.

Als erste wurde Gretl zum Verhör aufgerufen. Ich durfte natürlich ihre Aussage nicht anhören, ebensowenig wie die Arvids, der nach mir verhört wurde, und ich kann also hier nur berichten, was ich erst viel später erfuhr; dass nämlich Gretl bemüht war, alle Schuld ihrer Schwestern auf sich zu nehmen, unbekümmert darum, ob sie sich selbst damit in eine grosse Gefahr brachte, dass andererseits Arvids unverhülltes naives Zugeben aller Details und die ganz unegoistische Hilfsbereitschaft, die allein ihn mit der Sache in Verbindung gebracht hatte, für ihn sehr günstig wirkten. Arvid wurde von Dr. Indra verteidigt, der, soviel ich von Arvid hörte, auch Gretls und meinen Fall sehr geschickt in die Verteidigung mit einbezog. Ich selbst kam als zweite dran und erzählte dem Richter und den Schöffen, – ich sehe noch den einen sehr sympathischen, aufmerksam, zuhörenden Schöffen vor mir, – die ganze Geschichte von A bis Z in einem Zug, kaum einmal von einer Frage unterbrochen, und ich war so ruhig, als stände ich in meinem Zimmer vor Freunden.

Nach den Verhören folgte eine endlos lang scheinende Zeit, während der sich Richter und Schöffen in einem anderen Raum mit einander berieten. Erst viel später erfuhr ich, was damals für Gretl auf dem Spiel stand und wie dankbar wir dem Richter Oberlandesgerichtsrat Dr. Standhartinger sein müssen, der mit einer eigentümlichen Wendung der gefährlichen Sache die Spitze abbrach. Er verglich Gretls angebliches Delikt der gefälschten Unterschrift auf einem falschen Pass mit einem Mordversuch an einem Toten, einem Delikt, das auch nicht als Verbrechen gewertet wird, und auf Grund dieser Anschauung fällte er ein freisprechendes Urteil.

Als nach der langen Wartezeit Richter und Schöffen wieder erschienen und der Freispruch verkündet wurde, war ich so aufgeregt, dass ich gar nichts verstand und nicht einmal die Stimmen richtig hörte: erst nach und nach kam eine grosse freudige Erleichterung über mich! Ja, wir glaubten uns freuen zu dürfen, und doch folgte noch ein sehr böser Schlag! Wir erfuhren nämlich ein paar Tage später, dass der Staatsanwalt Berufung eingelegt hatte! In unserem Fall konnte das geradezu unsere Vernichtung bedeuten, denn die Sache wäre dann an eine höhere Instanz nach Berlin gegangen, dort hätten wir nicht als die Damen Stonborough und Wittgenstein gegolten, die einem Schwindler geglaubt hatten, sondern als zwei alte Jüdinnen, die mit falschen Pässen jonglierten. Diesen Schlag empfand ich fast härter als alles Vorhergehende, weil ich so wenig darauf gefasst war, weil er mich so in der Freude traf! Gretl und gute Freunde fanden aber doch wieder Mittel und Wege, um ihn abzuwehren. Der geeignete Mann wurde gefunden und eingeschaltet, um den Staatsanwalt umzustimmen, und es gelang, die Berufung wurde zurückgezogen und wir waren von dieser sehr schweren Sorge erlöst.

Eine zweite Sorge blieb noch übrig, durch unser ausländisches Vermögen verursacht. Die Reichsbank hatte nämlich im Winter 1938–39, nachdem mein Bruder Paul schon von der Schweiz nach Amerika ausgewandert war, begonnen, in verschärftem, ja in gefährlichem Mass auf die Auslieferung der Kommanditeinlage zu dringen, obwohl diese, wie schon erwähnt, bis 1947 fest im Ausland verankert war. Die Reichsbank verlangte eben, dass unsere Familie dieses Gefüge sprenge und die Devisen gegen Reichsmark abliefere, und es half nichts, wenn man wahrheitsgemäss darlegte, dass die Schweizer Aktiengesellschaft, die die Einlage hielt, den dahin zielenden Befehlen des Treuhänders Max Salzer und des Prokuristen Direktor Groller einfach keine Folge leistete. Wenn ich von Gefahr spreche, so meine ich damit, dass der nationalsozialistischen Reichsbank das Mittel zu Gebote stand, durch Einsperren dieser beiden Herren die Subkommanditisten zu jedem Opfer gefügig zu machen, und ein Hinweis auf eine Drohung dieser Art ist auch in der Korrespondenz der Reichsbank mit Direktor Groller zu finden.

Während wir Kommanditisten uns durch das bedrohliche Drängen der Reichsbank sehr beunruhigt fühlten, erfuhr Gretl, die befähigt war, die Aktiengesellschaft im Namen ihres in Amerika lebenden Sohnes hier in Österreich zu vertreten, dass die Reichsbank in ähnlichen Fällen, wenn es den Kommanditisten gelang, die Einlage vorzeitig freizumachen, mit ihnen einen Vergleich schloss und ihnen Begünstigungen zubilligte. So einen Vergleich zu erlangen, schien auch uns sehr erstrebenswert, ja mir erschien das wie eine Art von Lebensrettung. Ein Dr. Schöne, Rechtsanwalt der Reichsbank in Berlin, wurde veranlasst, nach Wien zu kommen, um in Vorbesprechungen die Basis für eine Vergleichsmöglichkeit zu finden, und da erinnere ich mich, dass Gretl mir vor der ersten Besprechung, die in unserem Haus in der Argentinierstrasse stattfinden sollte, einen mir völlig neuen, erstaunlichen Standpunkt erklärte: sie sagte nämlich, wir Schwestern selbst seien in einer sehr günstigen Position, da wir ja etwas in der Hand hätten, was die Reichsbank haben wollte, und wir müssten trachten, für uns das Meiste herauszuschlagen, nicht an Geld, sondern an Schutz und guter Behandlung.

Von allen Teilnehmern an den vielen Besprechungen, die dann folgten, war aber naturgemäss sie selbst die Einzige, die imstande war, für uns in dieser Richtung zu wirken, denn sie brachte dazu eine nie schwankende Überzeugtheit mit, die allein dazu befähigt, Andere zu überzeugen, und sie sprach im Interesse ihrer Schwestern, die sie liebte! Sie wich auch keinen Augenblick von ihrem Standpunkt ab und vertrat ihn mit einer Energie, die sich mit der unseres Vaters vergleichen lässt.

Teilnehmer an der ersten Besprechung waren Gretl als Vertreterin der Aktiengesellschaft, Max Salzer als Treuhänder der Kommanditisten, Direktor Groller als Einzelprokurist der Kommanditgesellschaft, Dr. Schöne als Vertreter der Reichsbank, Dr. Indra als Gretls Anwalt, Lenka und ich als Subkommanditisten und Mariechen und Fritz Stockert als Vertreter der jüngeren Generation.

Bei dieser Besprechung erwähnte Dr. Schöne so beiläufig, dass jemand in Berlin, anlässlich eines Gesprächs über unsere Familie, die noch im Besitz ihres ausländischen Vermögens sei, gefragt habe: „Und die laufen noch alle frei herum?" Wahrlich eine bezeichnende Äusserung für die damalige Zeit!

Ich bin weit entfernt, mich an Einzelheiten dieser Verhandlungen zu erinnern, die sich lange hinzogen und sich zumeist um vermögenstechnische Detailfragen drehten, ich weiss nur, dass Gretl, trotzdem sie in dieser Zeit gar nicht gesund war, die ganze Angelegenheit in ihrem Sinn lenkte, dass mein Schwager Max Salzer, ein hoher Staatsbeamter, durch seine Rechtlichkeit und Ruhe den besten Eindruck machte, und dass Direktor Groller den Herren Indra und Schöne durch seine genaueste Kenntnis aller Sachverhalte und Möglichkeiten, durch die glasklare Vermögensgebarung und durch sein unbedingtes Stehen zu unserer Familie mehr und mehr imponierte. Ich glaube, auch die Kultur unserer Umgebung blieb nicht ohne Eindruck auf Dr. Schöne, vor allem aber wirkte die Persönlichkeit Gretls. (Sie erzählte Schöne übrigens die ganze Passgeschichte, damit sie ihm nicht vielleicht in entstellter Weise zu Ohren komme.) Die Verhandlungen wurden sehr freundlich geführt und schliesslich wurde es für notwendig gehalten, dass wir alle in den ersten Tagen des Mai 1939 nach Berlin zu einer letzten Besprechung mit dem Leiter der Devisenabteilung der Reichsbank Dr. Görlich führen. Abgesehen davon, dass dieser Mann das letzte Wort in der Angelegenheit des Vergleiches zu sprechen hatte, sollte er auch gewissermassen beurteilen, ob wir wirklich die Rücksicht verdienten, die man uns bisher hatte angedeihen lassen.

Bei dieser Besprechung forderte Gretl wieder in flammender Weise die arische Behandlung für ihre Schwestern, doch erklärte ihr Dr. Görlich, dass dies schon technisch nicht möglich sei, weil nicht jedes einzelne Amt irgendwie angewiesen werden könne, uns ausserhalb der Regel zu behandeln; ein arischer Grossvater sei eben unbedingt nötig. Gretl antwortete sehr energisch und definitiv, der sei nicht da, und unser Grossvater, der ein sehr ehrenwerter Mann gewesen sei, genüge uns vollkommen, wir würden ihn nicht verleugnen. Diese Antwort gefiel Görlich entschieden und, wie Gretl sagt, von da an datiert unsere „Freundschaft mit der Reichsbank". An dieser Stelle mischte sich Direktor Groller ins Gespräch und sagte, ein Zweig der Familie bezweifle die jüdische Rassenzugehörigkeit Hermann Wittgensteins und bemühe sich, den Beweis des Gegenteils zu erbringen. Das griff Görlich sofort auf, denn auch ihm wäre es lieber gewesen, uns anständig behandeln zu können, ja man hatte das Gefühl, er und Dr. Schöne wären geneigt, jedes Fädchen, das für uns günstig schien, so zu drehen, dass es halten könne.

Doch wurde dieses Thema einstweilen fallen gelassen und es folgte nun eine lange und äusserst komplizierte Debatte über das, was die Reichsbank Paul und uns Schwestern als Preis für die Sprengung der „Wistag A.G.u.Co. Kommanditgesellschaft" zugestehen wollte. Endlich blieb es bei einer mir ziemlich hoch scheinenden Devisensumme für Paul, und für ihn war auch die Erlaubnis der freien Ein- und Ausreise nach und aus Österreich vorgesehen, ein Zugeständnis, von dem ich mir viel versprach. Für uns Schwestern wurde eine nicht sehr grosse Devisensumme für den Fall unserer Auswanderung bewilligt; wollten wir dagegen im Land bleiben, so mussten wir selbstverständlich alle Devisen gegen Reichsmark abliefern. Görlich sagte zu mir: „Ich nehme an, Sie werden das erstere wählen; Sie werden doch nicht als Ausnahmsjuden im Land bleiben wollen, gegen den ausdrücklichen Willen des Führers?" Ich gab keine Antwort, denn gerade das war es ja, was ich wollte, nur das! Ich wollte weiter in der gewohnten Atmosphäre leben, wenn auch eventuell in viel einfacheren Verhältnissen, nur nicht auswandern!

Mit den vorerwähnten Vorschlägen, die ich für fixe hielt und die mir günstig und annehmbar schienen, sollte Gretl am nächsten Tag nach Amerika fahren, um ihren Sohn und Paul dazu zu bewegen, das Kommanditverhältnis zu lösen. Als Zeichen des guten Willens sollte sofort eine grosse Summe Devisen an das Reich abgeliefert werden. Die Konstruktion der Aktiengesellschaft brachte es mit sich, dass Gretls Sohn ohne weiteres zustimmte. Anders, ganz anders als ich es mir vorgestellt hatte, war die Sache mit Paul. Die Erlaubnis der Ein- und Ausreise lockte ihn nicht, da er dem Reich, das sie ausstellte, mit Recht misstraute und sich überhaupt ganz auf definitive Auswanderung eingestellt hatte. Diese Einstellung wieder brachte es mit sich, dass er selbst eigentlich gar kein Interesse an einem Vergleich mit der Reichsbank hatte und diesen nur im Hinblick auf seine in der Heimat bleibenden Schwestern als geboten erachten musste. Er hatte seinen Schwestern überdies sein ganzes verfügbares inländisches Vermögen geschenkt, sie waren <u>freiwillig</u> im Inland geblieben, es schien ihm also nicht nötig, den Fall geradezu nur mit ihren Augen zu sehen.

Uns in Österreich war der Vergleich mit der Reichsbank, durch welchen Paul eine gewisse Menge Devisen <u>bewilligt</u> wurde, als etwas Günstiges erschienen, er aber sah nur, dass ihm eine grosse Menge <u>genommen</u> werden sollte, und war umso empörter, als die Reichsbank selbst ihren ursprünglichen Vorschlag bezüglich der zu behaltenden Summe bloss als Ausgangspunkt für Besprechungen darstellte und die Summe heruntersetzte. Paul hatte gleich von Anfang an eine grössere Menge von Devisen verlangt und er weigerte sich daher hartnäckig, einem Vergleich zuzustimmen, ehe ihm die Reichsbank diese Menge bewilligte. Seine Ratgeber in dieser Sache waren ausnahmslos Juden, denen es unerträglich sein musste, ein so grosses Vermögen in die Hände ihres ärgsten Feindes fallen zu sehen, und sie nährten noch seinen Widerstand gegen seine Schwestern, die in dem verbrecherischen Staat bleiben wollten. Sie bagatellisierten auch jegliche Gefahr, die uns drohte, und es gelang weder Gretl noch ihrem Sohn, Pauls Widerstand rasch zu überwinden. Nur die Summe des guten Willens war gegeben worden, – das war unser grosses Glück!

Die Verhandlungen zogen sich durch mehrere Monate in die Länge, ja sie schienen mehrmals sogar scheitern zu wollen, und das bedeutete eine grössere Gefahr für uns Schwestern als wir ahnten und gab Grund zu grossen Aufregungen für Gretl in Amerika. Sie hatte nämlich die Zuteilung der Mischlingseigenschaft für uns Schwestern geradezu als Preis für ihre erfolgreichen Bemühungen um die Freimachung der Devisen von der Reichsbank verlangt, und von Seite der Reichsbank war die entsprechende Zusicherung für den Fall der Unterzeichnung des Vergleiches gegeben worden. Nun drohte aber der Krieg immer unabwendbarer zu werden und es bestand die Gefahr, dass er uns als Geltungs-Jüdinnen in Österreich-Deutschland überraschen werde, ehe eine Einigung mit Paul erzielt wurde. Tatsächlich kam der Vergleich zwischen Paul und der Reichsbank erst am 21. August, kaum zwei Wochen vor Ausbruch des Krieges zur Unterzeichnung, und am 30. August 1939, wahrlich in allerletzter Stunde, hielten wir endlich die Zuteilung der Mischlingseigenschaft in Händen.

Wieder muss ich über meine unbegreifliche Blindheit erstaunen, die bewirkte, dass ich die Gefahr damals einfach nicht sah. Der Krieg schien mir immer noch abwendbar und von der Judenverfolgung, die bestimmt vor uns nicht halt gemacht hätte, ahnte ich trotz aller Anzeichen nichts. Ich war daher nicht annähernd dankbar und beseligt genug über diese Lösung, und erst jetzt, insbesondere seit dieser schriftlichen Niederlegung des ganzen Sachverhaltes ahne ich, <u>was</u> damals knapp an uns vorbeigegangen ist und heisse Dankbarkeit überströmt mich!

Ehe ich dieses ernste Kapitel abschliesse, möchte ich noch des unbeschreiblichen Glücks gedenken, dass es Gretl gelungen ist, zwei sehr liebe, uns sehr nahestehende Freunde im letzten Augenblick, ja mit dem letzten Schiff ausser Landes und nach New York zu bringen, so dass es uns auch erspart geblieben ist, an unseren Freunden das Schreckliche zu erleben.

***

Wenn ich auf den früheren Zwischenblättern immer wieder voll Aufregung Ereignisse des Kriegs erwähnt habe, so muss ich jetzt voll Dankbarkeit auf das Glück hinweisen, das uns zuteil wurde: alle meine lieben Neffen und Grossneffen sind heil an Leib und Seele aus Krieg und Gefangenschaft heimgekehrt und wir beiden Schwestern Lenka und ich durften das schönste Wiedersehen mit unserer Schwester Gretl feiern.

Ja auch manches wertvolle Besitztum wurde der Familie erhalten und ich fasse es kaum, dass ich heute auf dem längst von mir verloren geglaubten Gut Hochreit die Arbeit an diesen Erinnerungen fortsetzen kann, zu denen mir die Anregung auf eben dieser Stelle gegeben wurde.

Meine liebe Schwester Lenka gab sie mir an einem schönen Sommerabend im Juni 1944: der Mond war aufgegangen und rundherum war es so still und friedlich wie es nur auf der Hochreit sein kann. Wir beiden Schwestern und einer meiner jungen Grossneffen Stockert sassen auf der Blockhaus-Veranda im angeregtesten Gespräch, das sich um längst vergangene Familienereignisse, um längst verstorbene interessante Familienmitglieder drehte. Plötzlich sagt meine Schwester zu mir: „Du hast die Pflicht dies alles schriftlich festzuhalten, denn mit uns Beiden wird die Erinnerung an das Meiste, was jetzt erzählt wurde, unwiderruflich zu Grabe gehen!" Ich sah das wohl ein, hätte mich aber nie an diese Aufgabe gewagt, wenn mich nicht am nächsten Tag eine Erkrankung gezwungen hätte, nach Wien zu fahren und dort einige Wochen ganz still und einsam zu verbringen. Dort suchte ich mir die ersten Strohhalme zusammen, die anderen flogen mir zu und jetzt bin ich neugierig, wann und wo ich die letzten anfügen werde und wie sie beschaffen sein werden?

Hochreit im Juli 1947.

VIII.

Im letzten Abschnitt habe ich mich bemüht, eine trockene Darstellung der Ereignisse zu geben, die in den Jahren 1938 und 39 die engste Familie erschütterten, und ich habe dabei empfunden, dass es gut ist, solche Ereignisse schriftlich festzuhalten, man wird gezwungen, mit Ernst zurückzublicken und sich vieles klar zu machen.

So leuchtete es mir plötzlich ein, dass bei der Zuteilung unserer Mischlingseigenschaft nicht allein der Einfluss meiner Schwester Gretl oder das Geld, welches die Reichsbank erlangen wollte, eine Rolle spielten, sondern dass zu den helfenden Faktoren vornehmlich der Ruf gehörte, den die Familie Wittgenstein seit fast hundert Jahren in Österreich genoss, und da gedachte ich in ernster Dankbarkeit der Geschwister meines Vaters, denen ein Grossteil des Verdienstes an dem Ruf zufällt.

Da ich überzeugt bin, dass es die junge Generation interessieren wird, zu hören, wie sich diese Geschwister, von denen einige in den früheren Kapiteln erwähnt wurden, weiter entwickelten und was aus ihnen geworden ist, will ich versuchen, das letztere so gut ich kann zu berichten und gleichzeitig die Einzelnen so zu beschreiben, wie sie meiner Erinnerung vorschweben. (Eine Ausnahme macht Klothilde, die, an einem krankhaften Wahn leidend, gänzlich von der Familie losgesagt in Paris lebte und dort auch starb.)

Es lockt mich jetzt, meiner Schilderung ein paar Worte von Adalbert Stifter wie eine Art von Motto voranzusetzen, weil sie mich immer lebhaft an einige der zu Beschreibenden erinnert haben. Sie stehen in der Vorrede zu „Bunte Steine" und lauten: „Ein ganzes Leben voll Gerechtigkeit, Einfachheit, Bezwingung seiner selbst, Verstandesgemässheit, Wirksamkeit in seinem Kreis, Bewunderung des Schönen, verbunden mit einem heiteren, gelassenen Streben halte ich für gross ..." Meine Aufgabe wird es dann sein, diese Empfindung von Ähnlichkeit auch in Anderen zu erwecken, auch Anderen verständlich zu machen. Und noch etwas Wichtiges muss vorausgeschickt werden: der Grad meiner Liebe für jeden Einzelnen hat keinen Einfluss auf die Ausführlichkeit oder Kürze der Darstellung; diese drängt sich mir, der Dilettantin, vielmehr zwangsweise durch zufällige Erinnerungen oder durch deren Fehlen auf. Ich empfinde das letztere z.B. schmerzlich im Fall der lieben Tante Fine, für deren unendlich wohltuendes, heiteres, kluges Wesen, das ich oft erwähnte, mir kein spezielles Beispiel zur Verfügung steht und zu deren Charakteristik ich daher fürchte, nichts mehr hinzufügen zu können, obwohl gerade auf sie die oben erwähnte Stelle sich schön beziehen liesse.

Am lebendigsten ist in mir und auch in meinen Geschwistern die Erinnerung an Clara, die unverheiratete Altersgenossin meiner Mutter; sie stand uns weitaus am nächsten, aber gerade deshalb möchte ich ihr Porträt erst am Schluss der Reihe bringen, denn da mir für einige Andere nur dürftige Andeutungen zu Gebote stehen, so würden sich deren Porträts dann gar zu unbefriedigend ausnehmen. Ich will mit den älteren Geschwistern anfangen, über die meine Grossmutter in einem Brief aus dem Jahre 1855, – also zu einer Zeit, als Anna, die Älteste, kaum den Kinderschuhen entwachsen war, – interessant charakterisierende Äusserungen gibt. Sie schreibt: „Paul macht hübsche Fortschritte im Zeichnen und Louis qualifiziert sich immer mehr zum Haupt der Familie durch seine Intelligenz; er wird ihre Stütze und Ratgeber werden und wird seine Geschwister vor Dummheiten bewahren. Clara ist hübsch und steht an Talent und Auffassung Anna ganz gleich. Fine sorgt für Belustigung und Spass und Marie ist durch angeborene Selbstverleugnung und Güte die Gehilfin und Pflegerin aller." Erstaunlich scheint mir beim Lesen dieser Briefstelle, dass meine Grossmutter an dem zehnjährigen Louis Eigenschaften erkennen konnte, die ihn tatsächlich später zum Ratgeber eines grossen Teils seiner Geschwister machten, erstaunlich auch, dass sie die fünfjährige Clara in eine Parallele mit der fünfzehnjährigen Anna stellen konnte, und sehr schade ist es, dass sie Carl gar nicht erwähnt, der damals schon acht Jahre alt war und sich doch gewiss bemerkbar machte.

Es soll also mit Anna, der Ältesten, die Reihe eröffnet werden. Von ihr, der Gattin des Landesgerichtsrates Emil Franz, weiss ich nur wenig, denn meine Eltern hatten weniger Kontakt mit ihr als mit den anderen Geschwistern, vermutlich wegen des grossen Altersunterschieds zwischen ihr und meinem Vater. Sie war sehr schön und liebenswürdig, – Liebenswürdigkeit nicht nur gegen Gleichgestellte, sondern gegen jedermann und in jeder Lebenslage war eine charakteristische Eigenschaft der Geschwister Wittgenstein überhaupt, – und sie machte einen sehr harmonischen, formvollendeten Eindruck.

Ihre besonders schöne Sprache, ihr edles Organ klingen mir noch im Ohr. Brahms mit seinem ganzen Kreis verkehrte und musizierte gerne in ihrem gastfreien Haus, aber auch andere Künstler und kunstliebende Menschen aus der Gesellschaft wusste sie auf die erfreulichste Weise, in Verein mit ihrer schönen Tochter Klärchen und ihrem weltgewandten Sohn Otto diesem Kreis einzugliedern. Der jüngste Sohn Erwin hat als Oberleutnant auf eigene Initiative und aus eigenen Mitteln den Krieg zwischen Russland und Japan im Jahre 1905 als Militärattaché mitgemacht und darüber einen interessanten ausführlichen Bericht geschrieben.

Die Familie wurde später baronisiert, und zwar auf Grund der Verdienste eines Schwagers meiner Tante, des Wirklichen Geheimen Rates Dr. Rudolf Franz. Diesem, als Präsidenten des Evangelischen Oberkirchenrates, war der Adel verliehen worden und er hatte beim alten Kaiser Franz Joseph, bei dem er persönlich sehr gut angeschrieben war, um die Gnade angesucht, den Adel auf seine beiden Neffen und seine Nichte vererben zu dürfen. Die Bitte war gewährt worden unter Hinweis auf Dienste, die diese beiden Neffen selbst geleistet hatten; in dem einen Fall handelte es sich um das besonders geschickte und korrekte Verhalten, das der ältere als junger Diplomat in einer Spionageaffäre an den Tag gelegt hatte, im zweiten um die schon erwähnte Teilnahme des jüngeren am russisch-japanischen Krieg.

***

Marie, die Zweitälteste, der das oben erwähnte schöne Wort meiner Grossmutter galt, war, früh von ihrem Gatten verlassen, mit vier Söhnen zurückgeblieben und ich erinnere mich ihrer eigentlich erst von der Zeit an, da ihre Söhne schon reife Männer waren. Ein beglückenderes Verhältnis als das zwischen diesen fünf Menschen kann ich mir nicht vorstellen, sie waren so herzlich stolz auf einander und taten einander alles zuliebe.

Paul Pott, der drittälteste Sohn von Marie Pott, 1915

Meine Tante Marie Pott war klein und zart und von rührend kindlichem Wesen; niemand hätte in ihr die körperliche und seelische Energie vermutet, deren sie fähig war, ja ich selbst habe viele Beispiele davon erst nach ihrem Tod erfahren, denn sie war unendlich bescheiden. Sie besuchte z.B. als alte Frau oft ihre Söhne auf den im hohen Gamsgebirge gelegenen Jagdhütten und kochte dort wohl auch für alle, einschliesslich der Jäger, ein köstliches Mittagessen; sie bestieg mit zweiundsiebzig Jahren in Begleitung ihres Sohnes Paul das 3600 m hohe Wiesbachhorn, eine erstaunliche Leistung, auf die sie selbst nicht stolz war, wohl aber die Söhne. dass sie diesen letzteren, wie mir mein Vetter August versichert, selbst im Mannesalter sehr ernst die Wahrheit sagen konnte, wenn ihr etwas als Unrecht erschien, das zeigt ihre seelische Energie umso deutlicher, als sie geradezu unfähig war, jemandem ein scharfes oder unfreundliches Wort zu sagen. Beweis für das letztere sei das folgende belustigende Vorkommnis: Tante Marie hatte für eine längere Reise eine Begleiterin aufgenommen, war aber mit dieser nicht zufrieden gewesen und erzählte meiner Mutter, sie habe das der Begleiterin auch zu verstehen gegeben. Auf die Frage meiner Mutter, was sie ihr dann gesagt habe, antwortete meine Tante ganz ernsthaft: „Ich habe ihr zum Abschied nur gesagt und grüssen sie mir recht herzlich ihre liebe Schwester!" Meine Mutter meinte lachend, die Betreffende werde das wohl kaum als Tadel empfunden haben, aber Tante Marie beharrte darauf, der Ton sei kein rein freundlicher gewesen. Ein schärferes Mittel als das Fehlenlassen jeder Äusserung der Anerkennung oder des Dankes stand der Guten offenbar nicht zu Gebote, um ihre Missbilligung auszudrücken!

Ein unnachahmlich feines und ernstes Wort meiner Tante lebt als Redensart in unserer Familie fort; sie sprach es als uralte Frau zu ihrem Sohn August nach dem Leichenbegängnis ihres Bruders Louis, das ihr nicht einfach und frommfeierlich genug schien:" So nicht, lieber August," und unausgesprochen hört man darin den Gedanken an ihr eigenes, vielleicht nahe bevorstehendes Leichenbegängnis mitschwingen: „So nicht, lieber August!" – So sagen auch wir jetzt oft, wenn etwas Ernstes nicht nach unserem Sinn ist: So nicht, lieber August!

Nie werde ich die Haltung meiner Tante in schwerstem Unglück vergessen, das ihr bitter reichlich zugemessen war! Zwei ihrer geliebten Söhne wurden ihr im schönsten Mannesalter entrissen, der eine starb an einer tückischen Krankheit, der andere verunglückte tödlich auf einer Klettertour im Hochgebirge, die er, der ausgezeichnete Hochtourist, mit einem ungeübten Freund unternommen hatte. Und im Weltkrieg von 1914 musste sie den dritten verlieren, der als Arzt an der französischen Front kämpfte; ein Schrapnell hatte ihn getroffen als er Verwundete aus dem Bereich des feindlichen Feuers holte, und zwar geschah das zwei Tage vor seiner endgültigen Entlassung aus dem Militärdienst! Die Kugel hatte ihm das Bein zerschmettert, es wurde amputiert und die erste Nachricht, die an die Mutter gelangte, klang noch hoffnungsvoll, wurde aber bald von der Todesnachricht eingeholt. Am Tag, nach dem die Todesnachricht gekommen war, suchte ich meine Tante auf: kein Wort der Klage, nur Worte der herzlichsten Teilnahme für alle anderen habe ich von ihr gehört, ja sie sprach überhaupt nicht von ihrem Unglück, und da man doch wusste, wie sehr sie den Sohn, ihren Stolz, geliebt hatte, lag in diesem ganz schlichten Schweigen eine unbeschreibliche Grösse, vor der man sich neigen musste. Erst später habe ich die Erklärung für den Eindruck von Grösse gefunden, den nicht ich allein damals von ihr empfing; ein Ausspruch ihrer Mutter gab mir darüber Aufschluss, ehe ich ihn aber zitiere, will ich noch die folgende Episode erzählen: Kurz vor ihrem Tod hatte meine Tante einen Erstickungsanfall infolge eines Lungenödems, und sie hätte dem Anfall erliegen können, wäre nicht rechtzeitig ärztliche Hilfe zur Stelle gewesen. Das einzige aber, das sie selbst zu bekümmern schien, war der Umstand, dass der Geburtstag ihres letzten Sohnes durch die Krankheit gestört würde, ihn bedauerte sie von Herzen. Beweist das nicht die Richtigkeit des Ausspruchs, auf den ich hinweisen wollte: „In dem Lexikon meiner lieben Marie fehlt das Wörtchen ‚ich'!"

Meine Tante pflegte ihre Mutter in ihrer letzten Krankheit. Es beglückte sie, wenn die Kranke wiederholt sagte: „Dass meine Marie lieb ist, habe ich immer gewusst, dass ich aber einen solchen Schatz an ihr habe, ahnte ich doch nicht!" und mir scheinen alle diese Worte der Mutter das zarte Charakterbild schön einzurahmen und es zu bestrahlen.

***

Paul, das dritte Kind meiner Grosseltern, war eine Künstlernatur und muss, – wozu mich schon ein Blick auf seine Photographie aus jungen Jahren auffordert, – von dieser Seite her betrachtet und verstanden werden.

Schon als Knabe zeigte er entschiedenes Talent zum Porträtieren, – und es existieren ein paar ganz reizende Zeichnungen, die er in seiner Jugend nach seinen Geschwistern angefertigt hat. Aus späterer Zeit erinnere ich mich mit Freude eines entzückenden Kinderbildnisses, seine Tochter Hanna darstellend, und der schon erwähnten äusserst ähnlichen Brahms-Zeichnung, die beiden letzteren im Besitz meines Bruders Paul.

Das Malen war für meinen Onkel Paul ein Bedürfnis, aber das Ergebnis befriedigte ihn nicht völig, und er übte seine Kunst fast nur im Verborgenen aus. Dagegen verhalf ihm seine Kunstbegeisterung zu Freundschaften mit Künstlern, die sein Leben sehr verschönten.

Seine Bewunderung im allgemeinen gehörte zuerst der Künstlervereinigung „Secession", die in den Neunzigerjahren des vorigen Jahrhunderts das Kunstleben Wiens revolutionierte, und später dem von der Secession sich abspaltenden Kreis um Klimt und um die „Wiener Werkstätte", die hauptsächlich das Kunstgewerbe pflegte und an deren Spitze der Architekt Professor Josef Hof[f]mann stand. Wenn mein Onkel Paul aber bewunderte, geschah das leidenschaftlich und fast kritiklos; eine mittlere Linie lag ihm überhaupt nicht, und ich erinnere mich kaum, ihn anders als heftig entzückt oder schroff ablehnend gesehen zu haben, auch wenn es sich nicht gerade um Kunst handelte. In welche begeisterte Aufregung versetzte ihn z.B. der erste geglückte Versuch Blériots, den Kanal zu überfliegen! Ich glaube noch seine prophetischen Worte von einer „weltumstürzenden Erfindung" zu hören.

Paul Wittgenstein: Porträt seiner Tochter Hanna als Dreijährige

Paul Wittgenstein: Hanna als junges Mädchen

In seiner Jugend hatte Paul Wittgenstein Jus studiert, dieses Studium aber vorzeitig abgebrochen, weil sein Vater sich wünschte, ihn bald als Verwalter der Pachtgüter neben sich zu haben und seine juridischen Kenntnisse offenbar für ausreichend hielt. Sein Bruder Louis stand damals vor der Promotion, trat aber zurück, um den Bruder nicht dadurch zu kränken, dass er etwas vor ihm voraus hätte. Paul widmete sich also der Verwaltung der Pachtgüter und der anderen Familiengüter, eine Beschäftigung, die ihm daneben Zeit für seine Kunstbestrebungen liess.

Paul Wittgenstein: Selbstporträt

Er war als junger Mann, wie Photographien zeigen, und wie er selbst als alter Mann gerne lächelnd erwähnte, auffallend hübsch und fiel auch durch seine gute Gestalt und angenehme Bewegungen auf. Zu dieser ganzen Erscheinung gehörten natürlich auch elegante, gut geschneiderte Anzüge, und wenn ich dann in einem Brief seiner Mutter an eine der Schwestern den humoristischen Satz lese: „Sage dem Fürsten Paul Wittgenstein, dass sichs für unsereinen gewöhnlichen Sterblichen vortrefflich zweiter Klasse reisen lässt, mir und Papa ists gut genug," so scheint mir auch dieser Satz das Porträt folgerichtig zu runden.

Paul war ganz entschieden Augenmensch und sehr empfindlich gegen Gesichtseindrücke; als ihn sein Vater in jungen Jahren mit seinem Bruder Louis auf Reisen schickte und die beiden sich einige Monate in Frankreich und England aufhielten, verwendete Paul einmal sein Taschengeld dazu, das möblierte Zimmer, dessen Wandfarbe ihm widerlich war, nach seinem Geschmack – und es war ein höchst kultivierter Geschmack – malen zu lassen. Auch diese Geste wird seiner Mutter vermutlich sehr „fürstlich" vorgekommen sein!

Mein Onkel Paul war vornehm, innerlich und äusserlich, vom Scheitel bis zur Sohle, und liebenswert trotz mancher grosser Sonderbarkeiten, die nicht zu leugnen sind; er war merkwürdig sprunghaft in seiner Handlungsweise, ja mitunter geradezu unverständlich. So konnte ihn beispielsweise irgendeine Meinungsverschiedenheit plötzlich in solchem Masse unüberbrückbar erscheinen, dass ein schönes freundschaftliches Verhältnis dadurch zerstört wurde, wie sich das erstaunlicherweise zwischen ihm und uns drei Geschwistern Ludwig, Paul und mir ereignete:

Meinem Bruder Ludwig hatte er, während dieser an seinem ersten philosophischen Buch schrieb, die schönste Gastfreundschaft, die kongenialste Atmosphäre geboten, und das wurde vom Empfänger dankbar genossen. Dass aber Ludwig dann nach der Volksschullehrerepisode nicht wieder zur Philosophie zurückkehrte, sondern an dem Haus für Gretl baute, das konnte mein Onkel nicht begreifen und nicht verzeihen. Vielleicht spielte da auch seine Bewunderung für den Architekten Hof[f]mann mit hinein, und er empfand es als eine Anmassung Ludwigs, sich als Laie mit Architektur zu befassen, kurz, ohne das fragliche

Haus je gesehen zu haben, erkaltete er in seiner Freundschaft und diese zerriss. – Was er meinem Bruder Paul und mir, denen er immer höchst freundschaftlich begegnet war, verübelte, war der Standpunkt, den wir Ludwigs Vermögensentäusserung gegenüber einnahmen. Seine Ansicht war es, wie schon erwähnt, dass wir eine Art von Geheimfonds für den Bruder zurücklegen sollten, während wir in so einem Schritt geradezu eine Falschheit gegen Ludwig, in unserer Liebe zu ihm dagegen den sichersten Fonds sahen. Mein Onkel hätte uns gut genug kennen können, um uns zu vertrauen, auch ohne uns zu verstehen, aber eine so einschneidende Meinungsverschiedenheit konnte er nicht verwinden und das freundschaftliche Verhältnis war zerstört. Mein Gefühl für ihn hat sich trotzdem nie geändert und ich freue mich, erzählen zu können, dass auch er später irgendwie zur Einsicht gelangt zu sein scheint, denn er schickte mir kurz vor seinem Tod eine kleine Porträtzeichnung, meinen verstorbenen Vater darstellend, und dazu ein paar sehr liebe Zeilen, für die ich ihm von Herzen dankte, umsomehr als mich das Bild daran erinnerte, wie rührend lieb mein Onkel Paul mit meinem Vater in seiner letzten Krankheit gewesen war und wie wohl er ihm mit seiner schroffen Herzlichkeit getan hatte.

Wie fast alle Geschwister meines Vaters erreichte mein Onkel Paul ein hohes Alter und blieb, wie sie alle, erstaunlich leistungs- und aufnahmsfähig. Im Alter von fast achtzig Jahren fuhr er noch einmal nach Venedig, um dort mit der leidenschaftlichen Begeisterung seiner Jugend Skizzen nach seinen Lieblingsbildern in der Galerie der Akademie zu malen, und diese Skizzen sollen reizend gewesen sein. Sie existieren leider nicht mehr, denn ihr Schöpfer hat die sonderbare letztwillige Verfügung getroffen, sie sich ins Grab mitgeben zu lassen, zusammen mit einigen reizvollen Dingen, Antiquitäten, die er gesammelt hatte und an denen sein Herz hing. Ich erinnere mich z.B. an einen Schmuckträger aus der Empirezeit, ein Tempelchen aus vergoldeter Bronce, in das er die reizendsten alten Schmuckstücke gehängt hatte; das Ganze wirkte als einheitliches Juwel von alten Steinen, Email und Goldschmiedearbeit, und die Idee, so etwas mit ins Grab zu nehmen, scheint mir wie nichts anderes den Künstler und Romantiker zu kennzeichnen, der Paul Wittgenstein Zeit seines Lebens war.

***

Jetzt gilt es, Bertha, die vierte in der Geschwisterreihe, die Gattin des Advokaten Karl Kupelwieser zu beschreiben. Auch sie war in ihrer Jugend sehr schön gewesen, und das Brautbild zeigt ein selten schönes Paar, aber ihre Schönheit hatte nicht standgehalten; sie war, so scheint es mir, durch eine innere Ruhelosigkeit zerstört worden, die mich stark an die Ruhelosigkeit meines Vaters erinnert. Ich jedenfalls habe meine Tante Bertha nicht mehr als schön gekannt, aber als sehr herzlich, lebhaft und impulsiv steht sie mir vor Augen, als eine begabte, energische Frau, die sich für alles mögliche interessierte und sich selbst auch alles mögliche zutraute. Sie hätte am liebsten überall eingegriffen und womöglich immer mehreres gleichzeitig erledigt. Hindernisse wurden nur scheel angesehen und um Kleinigkeiten kümmerte sie sich überhaupt wenig; so sah sie, wenn etwas Staub auf irgendwelchen Dingen lag, grosszügig darüber hinweg, im Geist schon mit etwas anderem beschäftigt. Sie sah freilich auch nicht, dass ihre Kinder, die von zarter Gesundheit waren, ihre Unruhe fast als mörderisch empfanden, und hätte sie es auch gesehen, so konnte sie doch unmöglich ihre eigene Natur, ihre Einfälle, ihre Energie verleugnen, den Motor abstellen, der sie antrieb.

Mit ihrer Sucht, immer noch etwas mehr in die Zeit einzuschachteln, hing übrigens ihre Unpünktlichkeit eng zusammen, und als bezeichnend hiefür sowie für ihre Art, sich über vieles hinwegzusetzen, fällt mir folgende Situation ein: Tante Bertha hatte für ein bestimmtes Datum Gäste zu einer Abendgesellschaft eingeladen, hatte sich aber auf einer Reise dermassen verspätet, dass sie sich kurz vor der festgesetzten Einladungsstunde tatsächlich noch im Eisenbahnzug befand. Um nun die Zeit wenigstens gut auszunützen, zog sie sich, da der einzige Mitreisende im Coupé zu schlafen schien, rasch ihr Reisekleid aus und ein Abendkleid an. Auf unsere Frage, was sie denn getan hätte, wenn der Mann die Augen geöffnet hätte, blieb sie natürlich lachend die Antwort schuldig!

Charakteristisch für ihre wirklich guten Einfälle und für ihre Energie finde ich die Idee, auf ihrem abseits von der Bahnstrecke gelegenen Gut Kyrnberg einen besonders feinen und daher auch einen besonderen Preis erzielenden Schlagoberskäse, den „Gervais", zu erzeugen. Dieser wurde damals nur aus Frankreich importiert und seine Herstellungsart war in Österreich ganz unbekannt. Tante Bertha nahm zuerst in Wien Unterricht in Lebensmittelchemie und ging dann nach Frankreich, um als Volontär in einer Käserei die Erzeugung des fraglichen Produkts zu studieren. Zwar wurde ihr ausser der Verpackung fast nichts gezeigt, denn das Wichtigste blieb natürlich Geschäftsgeheimnis, doch erhaschte sie durch ihre Intelligenz genug Fingerzeige, um dann später in Kyrnberg nach längeren unter ihrer Leitung gemachten Versuchen den Gervais tadellos herstellen zu können. Nun handelte es sich darum, den richtigen Markt für das feine Erzeugnis zu finden, und da gerade zu dieser Zeit ein Diner zu Ehren des deutschen Kaisers in der Hofburg stattfand, setzte meine energische Tante es persönlich beim Küchenchef durch, dass der neue Käse, der noch nicht im Handel war, zum ersten Mal auf der kaiserlichen Tafel erschien. Sie organisierte noch, was ebenso wichtig war, dass er gleich am nächsten Tag auch in den ersten Wiener Geschäften zu haben war, und dass er schliesslich sogar im Ausland Absatz fand. So wurde die Käserei zu einem dauernden Aktivum des Guts, was in der Landwirtschaft nicht so leicht zu erreichen ist. Das alles trug sich freilich in einer Zeit des tiefsten Friedens zu, als Delikatessen, appetitlich verpackt und kredenzt, eine Rolle im Haushalt und im Wirtschaftsleben spielten. Wer kann sich das heute, im Jahre des Mangels 1947, vorstellen.

Wenn ich meine Tante „begabt" nannte, so dachte ich dabei auch an die Freude, die ihr in späteren Jahren ihre Beschäftigung mit der Porträtbildhauerei gewährte, sie schuf eine sehr ähnliche Brahms-Büste, die in Pörtschach, wo Brahms durch viele Sommer gern bei Kupelwiesers verkehrt hatte, öffentlich aufgestellt ist.

Karl Kupelwieser und seine Frau waren unter den Ersten, die das Schicksal ihres Vermögens mit der Tätigkeit und der immer aufstrebender sich zeigenden Begabung meines Vaters verknüpften. Das kam ihnen und in zweiter Linie der Allgemeinheit sehr zugute, denn beide Gatten konnten und wollten aus ihrem dadurch gewonnenen Wohlstand, Grosses für die Allgemeinheit tun. Karl Kupelwieser schreibt darüber einmal, er habe nicht nur die Verpflichtung gefühlt, von seinem Überfluss für gemeinnützige Zwecke zu geben, sondern es auch für eine Gewissenssache gehalten, durch sorgfältige Auswahl für die zweckmässige Verwendung seiner verfügbaren Mittel zu sorgen. Ich muss sagen, dass ich ihn wegen dieses Bestrebens bewundere, denn es war dabei nicht ödes, nacktes Rechnen am Werk, sondern Ernst und Begeisterung für die Sache, und was so mit Kupelwieser'schen Mitteln geschaffen war, das hat der Zeit standgehalten, wie ich jetzt in Kürze zeigen will.

Im Jahre 1908 finde ich eine Spende von 60.000 Kronen verzeichnet zur Erbauung eines Krankenhauses in Scheibbs, das später zum Segen der ganzen Gegend wurde. Diese Spende machten beide Ehegatten gemeinsam anlässlich eines schweren Familienunglücks, des Todes ihres älteren Sohnes Ernst. Später errichtete mein Onkel ganz aus eigenen Mitteln eine landwirtschaftliche Schule in Pyhra, speziell für Bauernsöhne und Töchter, und schenkte die Schule der niederösterreichischen Landesregierung; Anregerin war, so viel ich weiss, meine Tante Bertha, die von der Heranbildung geschulter Bauerntöchter einen Aufschwung und eine Produktionssteigerung in gewissen landwirtschaftlichen Fächern, – Milchwirtschaft, Hühnerzucht, Gemüsebau usw., erhoffte.

Auf seinem Gut in Lunz, auf dem sich drei biologisch sehr interessante Seen in sehr verschiedener Höhenlage befinden, hat mein Onkel – wieder aus eigenen Mitteln – eine „Biologische Station für Plankton-Forschung" errichtet, nachdem die reiflichen Vorarbeiten dafür in seinem Auftrag durch mehrere Gelehrte geleistet worden waren. Er hat alle Einrichtungen und Behelfe angeschafft und alle Gehälter bestritten. Die Station erlangte unter der Leitung seines Sohnes Hans, der Naturforscher von Beruf war, und eines Dr. von Ruttner internationalen Ruf. Erst nach dem Weltkrieg von 1914, da mein Onkel nicht mehr über ein hinreichend grosses Vermögen verfügte, um wie früher die ganzen Auslagen bestreiten zu können, wurde die Biologische Station von ihm selbst einem Verein geschenkt, der zu diesem Zweck gegründet war und der ausser ihm, – dem Stifter, – die Kaiser Wilhelm-Gesellschaft in Berlin, das österreichische, das deutsche und das preussische Unterrichtsministerium, sowie die Akademie der Wissenschaften in Wien umschloss. Vorher, im Jahre 1910, hatte er das Radiuminstitut in Wien gebaut und es völlig eingerichtet der Akademie der Wissenschaften zum Geschenk gemacht.

Alles das und noch einiges mehr wurde von ihm fast im Geheimen ausgeführt und ich gestehe, dass ich selbst sein Wirken kaum ahnte. Ich erfuhr davon erst durch die Reden, die bei seinem Begräbnis gehalten wurden, und durch die Ehrung, die ihm die Universität in Wien als „Ehrenbürger der Universität" angedeihen liess, da seinem Sarg das Universitätsszepter nachgetragen wurde. Ich liess mir dann noch von einem seiner Freunde manche Details über sein Wirken erzählen und werde sie im Anhang bringen. Sie scheinen mir eine leider völlig versunkene Zeit, die Zeit von Österreichs grossem geistigen und materiellen Reichtum hervorzuzaubern und als solche hochinteressant, wenn sie auch für den Abschnitt, den ich eben unter den Händen habe und der meiner Tante Bertha gewidmet ist zu einseitig von ihrem Gatten handeln.

Bis ins hohe Alter blieb mein Onkel gemeinnützig tätig; er baute mit achtzig Jahren auf seinem Lunzer Gut ein Stauwerk, durch welches das Wasser eines tausend Meter hoch gelegenen Sees zur Gewinnung von elektrischer Energie für die Stromversorgung der umliegenden Gemeinden ausgenützt werden sollte. Und ich erinnere mich, dass mir ein Augenzeuge nicht ohne Rührung erzählte, wie entschlossen der immer noch schöne Greis die beschwerlichen, ja stellenweise fast gefährlichen Steige zur Baustelle hinaufkletterte, um die Arbeiten an dem Stauwerk zu verfolgen.

Seine grösste Bewunderin aber, meine Tante Bertha, erlebte das nicht mehr. Sie fiel mit einundsechzig Jahren einem Autounglück zum Opfer, und es ist erschütternd zu denken, dass ihre eigene Natur, ihre Gewohnheit, Hindernisse zu bagatellisieren, an diesem Unglück schuld waren.

Der Chauffeur meiner Tante hatte ihr nämlich längst mitgeteilt, dass ihr Auto dringend einer gründlichen Reparatur bedürfe, trotzdem fuhr sie immer noch mit dem Wagen, ja sie lud sogar einige ihrer Nichten zu so einer Spazierfahrt ein, und ich weiss, dass es diesen als Laien auffiel, wie schlecht der Wagen funktionierte. Für den Tag nach dieser Spazierfahrt hatten meine Tante und ihr Gatte eine Mittagseinladung bei Tante Clara in Laxenburg angenommen. Als die Speisestunde längst vergangen war ohne die Erwarteten zu bringen, geriet Tante Clara in grosse Sorge und Aufregung, umsomehr als sich bald das Gerücht verbreitete, in der Laxenburger Allee sei ein Autounglück geschehen. Das war nur allzu wahr und die Aufregung nur zu berechtigt: in einer scharfen Kurve war das Kupelwieser'sche Auto wegen eines Volantdefektes gegen einen Baum gefahren, und meine Tante Bertha war, obwohl sie keinerlei Verletzungen aufwies und die anderen Insassen nur verhältnismässig leicht verletzt waren, getötet, vermutlich durch den Chok! –

Ihr Andenken lebte noch lange in den vielen Menschen fort, die ihrer impulsiven Güte teilhaftig geworden waren, und ich besonders danke ihr im Geist für wunderschöne Stunden, da ich in dem Chor mitsingen durfte, den sie ins Leben gerufen hatte, um ihrer sehr musikalischen Tochter Ida eine Freude zu machen.

Ida Kupelwieser

Sie selbst hatte, ohne ein direktes musikalisches Verhältnis zu dem Chor zu haben, doch auch eine Freude an den wöchentlichen Proben und hat als „Chormama" verschiedene fröhliche Sängerfahrten mit uns gemacht. Nach dem Tod seiner Gründerin wurde der Kupelwieser-Chor von meiner Schwester Lenka übernommen, um bei ihr, die ein wirkliches musikalisches Verhältnis zu ihm hatte, eine schöne Blütezeit zu erleben und den Namen noch eine Reihe von Jahren dankbar fortklingen zu lassen.

***

Wenn ich jetzt meinen Onkel Louis, das fünfte Kind meiner Grosseltern, beschreiben will, so fällt mir vor allem auf, wie unendlich verschieden er von seinen beiden Brüdern Carl und Paul war, verschieden in allem und jedem, in der äusseren Erscheinung wie im Wesen. Sein Gesicht, wenn auch sehr sympathisch, war unscheinbar, ebenso seine Gestalt, sein Anzug und sein Auftreten, das letztere allerdings irgendwie herausgehoben durch innere Vornehmheit und Grosszügigkeit.

Auch im Wesen war er, wie gesagt, von seinen Brüdern in den meisten Belangen grundverschieden; während ich jedoch für die beiden Anderen leicht einen charakterisierenden Ausdruck finden konnte., – für Carl z.B. den energiegeladenen Tatmenschen, oder für Paul die Künstlernatur, – gelingt mir das bei Louis nicht. Sein Wesen zeigt Widersprüche, und da ich mich erinnere, dass von ihm gesagt wurde, er sehe in einigen Menschen, die er verehrte, Ideale, denen er sich angleichen wollte, so scheint mir auch dieses Bestreben auf eine gewisse Unausgeglichenheit zu deuten, auf das, was Nestroy „die sonderbaren Quadrillierungen des Unterfutters unseres Charakters" nennt. Diese Quadrillierungen waren hier wirklich sonderbar genug, denn in meinem Onkel waren sowohl der Kaufmann wie der Theologe, der Idealist wie der waghalsige Unternehmer vertreten; auch der Jurist hätte es sein können, denn mein Onkel war Dr. juris, wenn er auch den Beruf nie ausgeübt hat, nur kam der Jurist, so scheint es mir, am seltensten zu Wort. Alles aber war mein Onkel – und auf diese Feststellung lege ich ganz besonderen Wert – mit völliger Aufrichtigkeit, mit dem reinsten gütigsten Herzen und mit Grösse. Ich betone das deshalb so nachdrücklich, weil Manche durch die Widersprüche in seinem Wesen an ihm irre wurden und zu der seichten lieblosen Erklärung griffen, ein Teil davon müsse Heuchelei sein.

Ludwig „Louis" Wittgenstein

Marie Wilhelmine Wittgenstein geb. Franz

Im Alltagsleben erweckte mein Onkel Louis den Eindruck eines ruhigen bedächtigen Menschen, und ich vermute, dass das Gleiche schon in seiner Knabenzeit der Fall war und zu der erwähnten Briefstelle seiner Mutter den Anlass gab. Das schwarze Hauskäppchen auf dem Kopf begrüsste er mich, wenn ich ihn und seine sehr liebe Frau, die Tochter des Superintendenten Gottfried Franz, besuchte, voll ruhiger, humorvoller Herzlichkeit.

Louis und Marie Wittgenstein

Er las mir dann auch wohl mit seiner sonoren Stimme etwas Schönes vor, einmal z.B. den „alten Turmhahn" von Mörike, ein Werk, das er sehr liebte und das einer Facette seines Wesens besonders zu entsprechen schien.

Von dieser Wesensseite her angesehen, hätte man meinen Onkel für den Sohn eines evangelischen Geistlichen halten können; er war ja auch der Schwiegersohn eines solchen und ich empfinde das nicht als Zufall, sondern als Beweis einer ähnlichen inneren Einstellung, umsomehr als mir bekannt ist, dass mein Onkel in seiner Jugend Briefe theologischen Inhalts an seine Schwester Clara geschrieben hat. Gewiss war der Wunsch nach einer positiven Religion, nach einer Wesensänderung von innen heraus in ihm lebendig, und wie sehr unterschied doch dieser letztere Wunsch ihn von seinem Bruder Carl, der gewiss nur den Trieb in sich fühlte, seine Fähigkeiten in der ihm gemässen Richtung weiter zu entwickeln. Wie verschieden waren überhaupt die Lebensäusserungen der Beiden!

Da ich in meiner Jugend ganz naiv gewohnt war, meinen Vater quasi als Normalmassstab für „den Mann überhaupt" zu betrachten, musste mir diese Verschiedenheit bei jeder Gelegenheit auffallen. Mein Vater wollte z.B. beinahe niemand um sich sehen als seine engste Familie, und so stark war das Bedürfnis, sich abschliessen zu können, dass er auf der Hochreit mit meiner Mutter nur immer das Blockhaus bewohnte, welches er gleich nach dem Ankauf des Gutes für sie beide, ziemlich entfernt von der ursprünglichen Ansiedlung gebaut hatte. Wir anderen mochten mit vielen oder wenig Gästen, alten oder jungen, Kindern oder Enkeln die übrigen Gebäude bevölkern, er kam nur zu den Hauptmahlzeiten zu uns herüber und wir fanden das vollkommen natürlich.

Innenraum des Blockhauses, gestaltet von Josef Hoffmann

Ganz anders mein Onkel Louis, der mit seiner Frau und der vielköpfigen, sehr lebhaften Familie seines Schwagers Salzer (dessen Frau ebenfalls eine Tochter des Superintendenten Franz war) in den Sommermonaten das alte kleine Franz'sche Familienhaus in Neuwaldegg bewohnte. Das ebenerdige Sommerhaus aus dem Anfang des vorigen Jahrhunderts war zwar reizend behaglich, aber ohne jeden Komfort und vor allem viel zu klein für die Menge der Menschen, die es beherbergte. Heutzutage, im Jahre 1947, unter dem Druck schwieriger Verhältnisse, fügt sich fast jeder in den Zwang einer Wohngemeinschaft, aber bei meinem Onkel war von Zwang keine Rede. Er zog eine wirkliche Beglückung aus diesem engsten Zusammenleben und diese Beglückung war ihm, ja, ich möchte sagen, sogar dem Raum anzusehen, den er mit seiner Frau bewohnte.

Mein Vater, der so einen Zustand nicht einen Tag lang ertragen hätte, stand seinem Bruder Louis immer nur wie einem Rätsel gegenüber, und zwar in grossen Dingen wie in kleinen. Wenn mein Vater über Louis sprach, so fing das häufig mit einem ernsten Kopfschütteln an und den zögernden Worten „... der gute Louis ..." und es kam dann meist eine Handlungsweise des Bruders zur Sprache, die auf folgende schwerwiegende Verschiedenheit der Beiden ein Licht warf: mein sehr rascher, lebhafter Vater war nämlich in Geld- oder Geschäftssachen nichts weniger als impulsiv, sondern handelte wohlüberlegt, während der anscheinend so besonnene, bedächtige Louis schwerwiegende Entschlüsse übereilt, ohne reifliche Überlegung und daher zu seinem grossen Schaden fassen konnte.

Ist es z.B. zu verstehen, dass ein gescheiter Mensch, – ich spreche gar nicht von einem Juristen, – einen Gutsverwalter mit hohem Gehalt auf Lebenszeit anstellt, noch dazu nach verhältnismässig kurzer Probefrist? Das tat mein Onkel und musste dann, als sein Vertrauen in den Mann erschüttert war, mit grossen Opfern den Vertrag lösen. Ähnliches ereignete sich sogar mehrfach in seinem Leben und ich sehe den Grund dafür in Folgendem: es zog meinen Onkel immer wieder zu sogenannten spekulativen Köpfen hin, sie imponierten ihm und sie schienen ihm für gehobene Stellungen besser geeignet als bedächtige, ruhig arbeitende Menschen. Das Fatale dabei war nur, dass er von vornherein den betreffenden Köpfen neben ihren <u>tatsächlichen</u> guten Ideen auch sehr <u>untatsächliche</u> gute Charaktereigenschaften zutraute, und dass keine noch so schlimme Erfahrung, wie er sie dann in Bezug auf mangelnde Ehrlichkeit oder Anständigkeit machen musste, ihn hindern konnte, im nächsten Fall mit der gleichen Vertrauensseligkeit vorzugehen. So wurde er von denen um Unsummen betrogen, die er selbst für ihre guten Ideen fürstlich belohnt hatte.

Dabei war mein Onkel Louis nichts weniger als unpraktisch oder weltfremd zu nennen. Ich weiss genau, dass er in den verhängnisvollen Julitagen des Jahres 1914 augenblicklich den unglücklichen Ausgang des Krieges voraussah und Vermögensmassnahmen danach traf, dass er die Inflation, die sich nach dem ersten Weltkrieg so zerstörend auswirkte, in einem Stadium erkannte, in dem selbst Bankfachleute sie noch nicht sahen. Ich weiss auch, dass wir es einer von ihm ausgedachten geschickten Kombination verdankten, wenn der Reichsbank unser Familienvermögen noch im Jahre 1938 verlockend erscheinen konnte: er war nämlich auf Grund seines zum Teil auf jugoslawischem Gebiet gelegenen Gutsbesitzes Jugoslawe geworden und konnte so als Ausländer und als Treuhänder der Familie das Gesamtvermögen im Ausland verankern.

Und seine Idee war es, im Jahre 1920, – man muss sagen „gegen alles Voraussehen", – ein Mitglied der jugoslawischen Regierung, ausgestattet mit allen möglichen Vollmachten, nach Amerika zu entsenden, um zu trachten, den

Teil des Vermögens, der dort im „Alien property fund" festgehalten wurde, frei zu bekommen. Der erstaunliche Schritt war tatsächlich erfolgreich. Bezeichnend für meinen Onkel ist es, dass ihm dieser Beauftragte, dem er durch das Erteilen weitestgehender Vollmachten ein grosses Vertrauen bewies, persönlich ganz unbekannt war, ja dass selbst der Gewährsmann, der ihn empfohlen hatte, den Herrn nur vom – Kartenspiel her kannte. Allerdings behauptete der Gewährsmann, nichts sei so aufschlussreich über den Charakter eines Menschen wie das Spiel und er bürge selbst für den Mann; das Vertrauen wurde auch nicht missbraucht.

Für Menschen vom Typus meines Onkels Louis Wittgenstein und noch mehrerer anderer der in diesen Blättern Beschriebenen hatte man im alten, guten, noch nicht durch den Weltkrieg zerstörten Österreich den Ausdruck „Grand-Seigneur" und dieses Wort, das eine ganze versunkene Kulturperiode hervorzaubert, scheint mir wie ein gemeinsames Band die Vorzüge und die Schwächen meines Onkels zu umschliessen. Auch die letzteren hatten etwas Unbekümmertes, Grosszügiges an sich, ich rechne dazu sogar seine unbegreifliche Eigenschaft, wichtige Entscheidungen, Versprechen, Verfügungen etc. bloss auf losen Zetteln zu notieren. Er wollte sich wohl nicht gleich völlig binden, wollte sich noch eine Revision seiner Entschlüsse vorbehalten, und in manchen Fällen mag sich ein Zögern auch als richtig erwiesen haben. Als Ganzes gesehen aber war diese Eigentümlichkeit verwerflich und sie hat seinen Erben schwer zu schaffen gemacht! Am meisten machte diesen letzteren freilich ein Umstand zu schaffen, der schon meinen Onkel selbst in seinen letzten Lebensjahren mit Sorge erfüllt hatte: sein grosses Vermögen war teils immobilisiert, teils durch Wohltätigkeit, die er im grössten Stil betrieb, weit über Gebühr belastet; diese beiden Tatsachen sollen im Lauf der Beschreibung plastisch hervortreten.

Mein Onkel hatte sein grosses Vermögen, das er ähnlich wie sein Schwager Kupelwieser der Tätigkeit meines Vaters verdankte, hauptsächlich in Grundbesitz angelegt und war bei dieser Vermögensanlage vielleicht etwas zu einseitig vorgegangen. Er hatte nämlich im hohen Alter noch einmal seine auffallende Raschheit der Entschlüsse bewiesen, als in Kärnten infolge des Aussterbens eines Adelsgeschlechtes eine Reihe von Gütern, verbunden mit ausgedehntem, zum Teil noch unerschlossenem Waldbesitz, zum Verkauf kam. Es handelte sich dabei um einen ausserordentlich hohen Kaufpreis, und mein Onkel kaufte den ganzen Komplex so ohne zu zögern vom Fleck weg, dass der mit dem Verkauf betraute Notar zweifelte, ob der alte Herr wirklich bei gesunden Sinnen sei und ob der Kauf überhaupt gelte. Erst geraume Zeit nach dem Kauf fuhr mein Onkel nach Kärnten, um wenigstens einen Teil seines neuen Besitzes kennen zu lernen. Auf der Reise durch Kärnten fiel ihm eine sehr malerische Burgruine auf, nach deren Namen er einen Mitreisenden frug. „Das ist Burg Landskron" war die Antwort, „ein Herr Wittgenstein soll sie und das Gut gekauft haben."

Es ist für diese Charakterschilderung nicht wesentlich, ob der Kauf günstig oder ungünstig war, – er fiel in den Beginn einer unruhigen Zeit und die Entscheidung der Frage stand gewiss mehrmals auf des Messers Schneide, – wesentlich ist das grosse Risiko, das mein Onkel so rasch und unbedenklich auf sich nahm, der Entschluss auf weite Sicht in einem Alter, in dem das Morgen schon anfängt problematisch zu werden. Er fühlte sich allerdings nicht kinder- oder enkellos, denn er hatte seine beiden Nichten Mitze Salzer und Mine Maresch-Salzer adoptiert und Hans Maresch, den Sohn der letzteren, bewusst daraufhin erzogen, später Grundbesitz zu übernehmen.

Lange vor dem Kauf der Kärntner Güter hatte mein Onkel, der schon verschiedene kleinere Güter in Niederösterreich und Kärnten besass, Koritschan erworben, das Gut, das schon einmal seinem Vater gehört hatte, und zwar hatte er es wie dieser in völlig herabgewirtschaftetem Zustand von einem verschuldeten jungen Adeligen gekauft, der es gezwungenermassen wie es lag und stand veräusserte. Das Gut ging also mitsamt dem Schloss, der Einrichtung, Bildern, Silberzeug etc. in den Besitz meines Onkels über. Die junge, sehr liebe Frau des Vorbesitzers wohnte zu dieser Zeit noch mit ihren zwei kleinen Kindern im Schloss und mein Onkel liess ihr mitteilen, er werde noch etliche Wochen in Wien bleiben und sich nicht auf dem Gut zeigen. Er bitte sie, in dieser Zeit alles, was ihr persönlich gehöre oder woran ihr Herz hänge, ihr Klavier, Silber etc. zu verpacken und wegzuschicken, er könne sich nicht als Besitzer des Gutes fühlen, ehe das geschehen sei. Noch nach vielen Jahren sprach die Gräfin mit Rührung von dieser zartfühlenden Handlungsweise und ebenfalls nach vielen Jahren erzählte mir ein hoher tschechischer Geistlicher, der beruflich verschiedene Pfarren zu bereisen hatte, mit Bewunderung von den sozialen Einrichtungen, die mein Onkel der tschechischen Bevölkerung von Koritschan hatte zugute kommen lassen.

Das soziale Empfinden war ja bei Louis Wittgenstein sehr ausgeprägt; ich habe ihn oft sagen hören, dass er sein Vermögen als anvertrautes Gut betrachte, für das er einmal Rechenschaft zu geben habe. Ehe ich mich aber eingehend mit diesem Charakterzug befasse, möchte ich ganz kurz eine Episode einschalten, die mir bei der Erwähnung von Koritschan eingefallen ist und die noch auf die Zeit meines Grossvaters zurückgreift:

Zu ihm kam, als er noch Koritschan besass, ein armer junger Tischler, der ihm erzählte, er habe ein Verfahren gefunden, zersägtes Buchenholz zu biegen, er besitze aber nicht das Geld, um die Erfindung auszunützen. Mein Grossvater liess sich die Sache genau erklären und da ihm der junge Mann gefiel, die Erfindung auch für die Buchenwälder von Koritschan von Bedeutung sein konnte, streckte er das Geld für eine Verwertung im Grossen vor. Der junge Tischler hiess Thonet und die Sache war tatsächlich von weittragender Bedeutung für die ganze Gegend, denn die Errichtung der Thonet'schen Fabrik in Koritschan hob durch die verschiedenartigsten neuen Arbeitszweige den Wohlstand in hohem Mass. Die Erinnerung an diese Zusammenhänge lebte sogar nach dem Tod meines Onkels noch in alten Koritschaner Tischlern, heute ist sie natürlich gänzlich hinweggefegt, wie das ganze so schöne, wohlbetreute Gut!

Nun will ich versuchen, die charitative Tätigkeit zu beschreiben, die mein Onkel in grösstem Stil nicht nur mit Geld, sondern mit allen seinen Fähigkeiten ausübte. Als Obmann des evangelischen Waisenversorgungsvereins hatte er sich vor allem die Betreuung des evangelischen Waisenhauses in Wien zu seiner Spezialaufgabe gemacht, und es lässt sich kaum in Kürze erzählen, was diese Anstalt ihm verdankte; angefangen von der Einsetzung einer prächtigen Persönlichkeit als Vorsteherin, – des Fräulein Ida Hiemesch, der „lieben Mutter Hiemesch", wie sie dort mit Liebe und Verehrung genannt wurde, – bis zu der Schenkung in Schladming gelegener Häuser und Gartengründe, durch die er den Insassen des Wiener Waisenhauses die beglückende Möglichkeit eines Ferien-Landaufenthaltes gab. Ausserdem hat er ein zweites Waisenhaus in Goisern gebaut und es, völlig eingerichtet, samt Garten dem genannten Verein geschenkt, er hat das ganze Defizit der Waisenhausbetriebe auf sich genommen, und so war es nur richtig und natürlich, wenn er auch eine Ingerenz auf diese Betriebe ausüben wollte, und zwar nicht etwa in Bezug auf die Grösse der Ausgaben, sondern auf das Wohl der Zöglinge, das ihm sehr am Herzen lag. Die Vorsteherin erzählte mir später oft, dass es nicht immer leicht war, dem sehr energischen Herrn Obmann einige allzu rasch und einseitig gefasste Ideen auszureden, dass er sich aber immer wieder ihrer ernsten Sachlichkeit gefügt hat.

Ida Hiemesch

Es kann hier nicht meine Aufgabe sein, eine Aufzählung der vielfältigen Wohltätigkeitsbestrebungen meines Onkels zu geben, wohl aber soll noch ein ganz besonders grosszügig angelegtes Werk beschrieben werden, das „Pflegeheim Bellevue zur Pflege und Heilung von an Knochentuberkulose erkrankten Kindern", durch dessen Gründung er seiner medizinisch hochbegabten Adoptivtochter Mitze Salzer einen Wirkungskreis eröffnen wollte.

Das Schlösschen Bellevue mit Ökonomiegründen, auf einem der schönsten sonnigsten Hügel von Wien gelegen, gehörte der Gemeinde Wien, und Louis Wittgenstein traf mit dieser ein Abkommen, wonach ihm die Gebäude und Gründe für die zu errichtende Anstalt überlassen wurden, gegen die Verpflichtung, eine bestimmte Anzahl von Freiplätzen für erkrankte Wiener Kinder offen zu halten. Mein Onkel hatte also quasi nur die nackten Mauern (und nicht im besten Bauzustand) von der Gemeinde übernommen; die ganze Anstalt mit aller Einrichtung, mit Operationssaal, Apparaten, Behelfen aller Art, stellte er völlig aus eigenen Mitteln her, er zahlte alle Gehälter und trug alle Kosten des komplizierten Betriebs.

Die in der ersten Zeit der Behandlung, das heisst monate- bis jahrelang ans Bett gefesselten Kinder erhielten ja nicht nur die beste fachgemässe Pflege, genau in der Art der Höhenkuranstalt Leysin (Schweiz), nicht nur die ärztliche Betreuung, die in den Händen des Chirurgen Professor Salzer, des Bruders von Mitze Salzer, lag, sie erhielten auch Unterricht in allen Gegenständen der Elementar- und Hauptschule bis zu einer gültigen Abschlussprüfung. Es war alles darauf abgesehen, die möglichste Angleichung der Patienten an gesunde Menschen zu erzielen, und der schöne heitere Geist, in dem die ganze Anstalt geführt wurde, war einer der stärksten Heilfaktoren in dieser Richtung. Der Geist strahlte wohl fühlbar von Mitze Salzer aus, aber wenn ich erwäge, wieviel von ihrer eigenen Charakter-und Herzensbildung auf Louis Wittgenstein zurückzuführen ist, möchte ich diesem unbedenklich ausser den geldlichen Mitteln noch einen indirekten Anteil am Heilverfahren zuschreiben. Nicht übersehen darf auch werden, dass jährlich eine Anzahl der geheilten oder rekonvaleszenten Kinder auf einem Gut meines Onkels Erholung fanden und sich nach Herzenslust an Milch und Butter erlaben konnten.

Die Summen, die in dieses ganze Werk flossen, waren märchenhafte, und der Gedanke stimmt traurig, dass seinem Stifter in seinen letzten Lebensjahren daraus nur Sorge erwuchs. Während nämlich die Anstalt von innen heraus einer Vergrösserung zustrebte, war das Vermögen, aus dem sie zehrte, zum grossen Teil geschmolzen und mein Onkel konnte das Ganze nur mühsam bis zu seinem Tod in gleicher Weise fortführen. Nach seinem Tod im Jahre 1925 übernahm und vergrösserte die Gemeinde Wien den Betrieb, noch unter der ungestörten Leitung von Mitze Salzer, und ich freue mich zu sagen, dass der schöne Geist von persönlicher Initiative, der so stark von ihr ausging, sogar noch eine Zeitlang nach ihrem Tod in ihren Mitarbeiterinnen fortleben durfte!

Die Beschreibung meines Onkels geht jetzt ihrem Ende zu, aber zwei Züge seines Wesens müssen unbedingt noch sichtbar gemacht werden; der erste ist seine absolute Furchtlosigkeit, die man dem unscheinbaren stillen Mann nicht zugetraut hätte, der zweite das für ihn äusserst charakteristische Organ der Verehrung. Als klares Beispiel für den ersteren Zug wähle ich eine Situation aus dem Jahre 1919: damals hatten sich auf einem Gut meines Onkels kommunistische Arbeiter bewaffnet und waren drauf und dran, das Gut aufzuteilen. Der vierundsiebzigjährige, keineswegs robuste Louis Wittgenstein fuhr selbst auf das Gut, obwohl das Reisen zu dieser Zeit nicht bequem war, liess alle Arbeiter antreten und sagte dann wie etwas Selbstverständliches zu ihnen: „die Waffen werden abgeliefert und es wird an die Arbeit gegangen!" Tatsächlich imponierte er den Leuten so sehr durch sein Bewusstsein des Rechts, dass sich keiner widersetzte und die Ordnung dauernd hergestellt war. Mein Onkel hatte auch nie wieder Grund, auf die Sache zurückzukommen. Noch eine Illustration für seinen Mut können die nächtlichen Spaziergänge in den Neuwaldegger Park bieten, die er als alter Mann seiner schweren Schlaflosigkeit wegen ausführte, sehr zur Beunruhigung seiner Angehörigen! Jeder vernünftige Mensch weiss ja, dass ein ausgedehnter Park in der Nähe einer Grossstadt zur Nachtzeit nicht geheuer ist, aber mein Onkel lachte nur, wenn ihm so etwas vorgehalten wurde, und wer weiss, ob er nicht tatsächlich einem Strolch mit seiner Ruhe imponiert hätte? Das Alter machte ihn jedenfalls nicht weniger energisch, das bewies er, indem er mit 78 Jahren, einfach um Zeit zu sparen, von Prag, wo er geschäftlich zu tun hatte, mit Flugzeug nach Wien reiste und diese Fahrt sehr genoss.

Nun erübrigt es sich noch, ein Beispiel für das Organ der Verehrung zu finden, das mein Onkel Louis im hohen Grade besass, und dazu wähle ich sein Verhältnis zu Bismarck.

Als begeisterter Bismarck-Verehrer war Louis Wittgenstein nicht nur empört über die Art seiner Entlassung durch Wilhelm II., sondern mindestens ebensosehr über die Behandlung, die der Reichskanzler nach dieser Entlassung in Deutschland erfuhr. „Ein Volk, das den Mann im Stich lassen kann, der so viel für das Land getan hat, zeigt, dass es dem Untergang zusteuert" sagte mein Onkel, und so intensiv war seine Empfindung, dass er daraufhin seine deutschen Papiere verkaufte. Persönlich gab er seiner Verehrung dadurch Ausdruck, dass er dem Fürsten alljährlich neben anderen Geschenken ein Bild von Gauermann schickte, einem geschätzten Maler des XVIII. Jahrhunderts, der aus Miesenbach in Niederösterreich stammte, einer Gegend, die meinem Onkel sehr lieb und vertraut war. Unterzeichnet waren die Sendungen immer nur mit den Worten: „Von einem guten Österreicher."

Als nun im Jahre 1892 Bismarck zur Hochzeit seines Sohnes nach Wien kam, begrüsste ihn Louis Wittgenstein an der Bahn mit einem grossen Rosenstrauss und sprach dazu die Worte: „von einem guten Österreicher". Bismarck war augenscheinlich sehr erfreut und fand nicht nur Mittel und Wege, um den Namen des guten Österreichers zu erfahren, sondern lud ihn zu sich nach Schloss Friedrichsruh ein. Zweimal war mein Onkel dort und diese Besuche gehörten zu seinen schönsten Erinnerungen. Bismarck war ausserordentlich liebenswürdig und zeigte dem Gast auf seinem Gut, was zu zeigen war; zum Schluss sagte er: „nun werde ich Sie einer Landsmännin vorstellen" und führte Louis mit einer freundlichen Geste zu einer „Pinus austriaca", einer österreichischen Schwarzföhre, die in seinem Park stand. Als Gutsherr und als Bewunderer der deutschen Landwirtschaft hatte mein Onkel ein besonderes Verhältnis zu dem ernsten und gründlichen Gutsherrn Bismarck, und ich kann mir vorstellen, wie ergreifend die Spaziergänge neben einer solchen Persönlichkeit sein mussten, die sich schon rein äusserlich so unvergleichlich dokumentierte.

Leider habe ich meinen Onkel nie gebeten, mir die Gespräche in Friedrichsruh, die doch gewiss nicht alltäglicher Natur waren, zu beschreiben, leider hat er keine Aufzeichnungen darüber hinterlassen, und so schliesst diese letzte Episode eigentlich mit der Erwähnung von etwas Fehlendem, mit einer Art von Vacuum. Ja, die ganze Beschreibung meines Onkels scheint mir mit einem Fragezeichen zu schliessen, denn statt der üblichen zusammenfassenden Sohlussworte kann ich nur wieder einen Hinweis auf die problematischen Quadrillierungen geben; diese allerdings hoffe ich deutlich gemacht zu haben.

***

Zwischen die Beschreibung meines Onkels Louis und diejenige Tante Clara's, welche den Schluss bilden wird, sollen sich jetzt die Charakterschilderungen der Tanten Fine, Lydia und Milly einschieben. Bei den beiden Ersten tritt nun das ein, was ich schon früher ängstlich vorausgesehen und angedeutet habe: die Erinnerungen fliessen spärlicher, die Einzelzüge, um die es mir immer so sehr zu tun war, bleiben fast ganz aus und ich fürchte, ich werde bei der, mir so verhassten blossen Constatierung von Tatsachen landen müssen!

Emilie „Milly" von Brücke geb. Wittgenstein

Tante Fine, zum Beispiel, die jetzt an der Reihe ist, entzieht sich meiner Beschreibungsart gerade durch ihr ausgeglichenes, schön gerundetes Wesen; sie gemahnt mich beinahe an das Mädchen im Märchen, die der Mutter des Freiers die Beste dünkt, weil sich „gar nichts über sie erzählen lässt." Mir als Erzählerin wäre begreiflicherweise ein „mehr" erwünscht gewesen, aber ich muss hoffen, die zu Beschreibende in den früheren Kapiteln schon vorgebildet zu haben.

Was mir an meiner Tante Fine immer besonders wohltuend auffiel, war ihre grosse Wärme und Menschenfreundlichkeit, ihr völliger Mangel an Schärfe; sie war trotz ihrer Klugheit absolut unkritisch eingestellt. Nie habe ich eine scharfe Beurteilung aus ihrem Mund gehört und sie duldete auch keine in ihrer Gegenwart, am allerwenigsten duldete sie Humor auf Kosten von Anderen, selbst wenn er ganz harmloser Natur war.

Äusserst anspruchslos für sich selbst, war sie grosszügig in verborgenem Schenken und bei dieser Erwähnung fällt mir nun doch ein kleiner Einzelzug ein, der mir sehr liebenswürdig vorkommt, wenn ich auch nicht einmal recht angeben könnte, wofür er steht: Tante Fine unterstützte nach dem Tod ihres Mannes (er war Professor an der Wiener technischen Hochschule) jahrelang anonym einen seiner Collegen, indem sie der Bank einen Dauerauftrag gab und stipulierte, dass die Auszahlung ohne Nennung des Auftraggebers zu geschehen habe.

Die Weisung wurde selbstverständlich befolgt, aber der Beschenkte selbst geriet schliesslich auf den Gedanken, dem unbekannten Spender durch die Bank direkt einen Dankbrief zukommen zu lassen. Tante Fine, die den Brief erhielt, war sich im ersten Augenblick nicht klar darüber, dass das Geheimnis ja doch gewahrt war; sie schrieb dem Mann umgehend und sehr unmutig zurück, er befinde sich in einem Irrtum, sie sei <u>nicht</u> die Spenderin, wodurch sie natürlich, ganz unbewusst, aus ihrem Incognito heraustrat. Ist es die unschuldige Naivität, die den Zug so liebenswürdig macht, dass er fast als einziger registriert wird?

Tante Fine's Gatte Johann Nepomuk Oser, Muck genannt, war ein ausgesprochenes Original und ein solches lässt sich schon eher mit Worten festhalten. Mir schien mein Onkel Muck ein so unkompliziert naturgewachsenes Wesen zu sein, – mit seiner geraden, rechtschaffenen Seele, ohne alle verborgenen Falten, – wie nur irgend ein Baum des Waldes und sein Äusseres war eine Projection dieses Innern. Mit dem markanten Kopf, der Habichtsnase, der Pfeife im Mundwinkel, mit dem gewichtigen Gang und der langsamen, gewichtigen Sprache, hätte man ihn nicht für einen Professor und Städter gehalten, wohl aber für die personifizierte Zugehörigkeit zu Wald und Jagd, überhaupt zur Natur.

Als Sohn eines Oberförsters sollte er in seiner Jugend einen ähnlichen Beruf ergreifen, es zog ihn aber zu einer wissenschaftlichen Laufbahn. Während er die Forstakademie besuchte, absolvierte er privat das Gymnasium, dann das Studium an der technischen Hochschule, wo er bald Assistent und später Professor wurde. Über seine professorale Tätigkeit ist mir nichts bekannt, ich glaube aber, das Waldkind in ihm war stärker als der Professor, und die Jagd, d.h. natürlich die Pürsch, war und blieb sein Hauptelement. Ein Leben ohne Jagd hätte er sich nicht vorstellen können und als ihm im hohen Alter ein schweres Augenleiden, verbunden mit seiner Schwerhörigkeit die geliebte Pürsch unmöglich machten, sann er wenigstens auf einem Pürsch-Ersatz: er „passte" mit dem Jäger in ziemlicher Entfernung von einem Fuchsbau, gegen dessen Ausgang ein, an einem Baum befestigtes Gewehr den Lauf richtete. Auf ein bloss spürbares Zeichen des beobachtenden Jägers löste mein Onkel den Schuss aus und wenn auf diese Weise der Fuchs wirklich erlegt wurde, hatte der alte halbblinde Schütze daran, die ihm so natürliche naive Freude.

Jagdeinladungen von Freunden hatten Onkel Muck schon früher nach Böhmen und Ungarn gebracht und wie hätte er es dort als Jagdgast ausgehalten, ohne mit den einheimischen, begleitenden Jägern des langen und breiten über alle Ereignisse der Pürsch sprechen zu können! Glücklicherweise war er ebenso sprachbegabt, wie geradezu verbissen lernbegierig, er lernte also als alter Mann szechisch und ungarisch so weit, dass er sich nicht nur verständigen, sondern in beiden Sprachen lesen konnte.

Eine gewisse Primitivität, eine Über-Anspruchslosigkeit in körperlichen Dingen passt zum Wesen meines Onkels, und ein französischer Jagdgenosse, der mit ihm auf einer Jagdhütte übernachtete, traf den Nagel auf den Kopf, wenn er anlässlich eines Nachthemds die Worte sprach: „Ce bon monsieur Osère! il se contenterait d'une feuille de vigne et encore!" Meine Tante Fine brachte aber alle Verschiedenheiten in Harmonie, (wenn auch vermutlich nicht immer ganz leicht), sie war die Seele des Hauses und wurde auch von ihrem Gatten als das anerkannt und unausgesprochen bewundert.

Brahms verkehrte besonders freundschaftlich im Oser'schen Haus und schätzte beide Ehegatten sehr; sie als ausgezeichnete Hausfrau und harmonische Natur, ihn als Spender einer seelischen Wald-Atmosphäre, die Brahms, als dem berüchtigten Verabscheuer jeder Übersteigertheit sehr wohltun mochte.

Drei Töchter und ein Sohn waren dem Ehepaar geschenkt, aber schweres Unglück kam auch über diese Familie: der Sohn, ein aussergewöhnlich begabter und aussergewöhnlich liebenswerter Mensch, erkrankte mit 21 Jahren an Leukämie, einer Krankheit gegen die bis heute noch kein Heilmittel gefunden worden ist. Er selbst hatte sich als angehender Mediziner die Diagnose gestellt und wusste also, dass ihm ein monatelanges hoffnungsloses Siechtum bevorstehe. Ich gleite über dieses erschütternde Schicksal hinweg, denn jedes Wort, das ich darüber schriebe, klingt mir falsch im Ohr, umsomehr, als zwischen Franz Oser, meinem Bruder Hans und mir ein besonders herzliches Band bestand; wir fühlten bei ihm ein lebendiges Interesse an unserem Wohlergehen und das unterschied ihn so wesentlich von den wenigen jungen Menschen, mit denen wir in unserer sonderbar einschichtigen Jugendzeit zusammenkamen – mit Ausnahme meiner Freundin Mitze

Salzer, die das gleiche lebendige Interesse besass – dass es mir nicht nur unvergesslich blieb, sondern jetzt klarer denn je vor Augen steht.

Nun kehre ich zu meiner Tante Fine zurück. Ein hohes Alter in erstaunlicher Rüstigkeit war ihr beschieden und mit 81 Jahren fühlte sie sich noch so frisch, dass sie den Ausspruch tat: Gott möge sie vor dem alt-werden bewahren! Noch mit 88 Jahren war sie nicht davon abzuhalten, täglich allein einen kleinen Spaziergang von ihrer Stadtwohnung aus zu machen, doch hatte ihre besorgte Tochter Lydia ihr das Versprechen abgerungen, einen bestimmten Weg nicht zu verlassen, da dieser wenigstens keinen Strassenübergang einschloss. Eines Tages fuhr Lydia in der Strassenbahn, sie stand zufällig neben dem Wagenführer und sah, wie dieser plötzlich mit einem Ausruf des höchsten Ärgers stark bremste; gleichzeitig erkannte sie in dem Verkehrshindernis mit Schrecken ihre eigene Mutter, die ganz gemütlich die Schienen überquerte. Lydia konnte mit ihren Vorwürfen nicht zurückhalten, doch die Mutter erzählte nur lachend, der Wind habe ihr den Hut fortgetragen, sie sei also ganz unschuldig an der Übertretung des Verbots. Ihr glückliches Temperament, ihre Heiterkeit haben sie bis zum letzten Augenblick nicht verlassen.

Unzerstörbar ist bei Allen, die sie kannten, die Erinnerung an ihr allgemein menschliches Wohlwollen, an ihr harmonisches Wesen, und diesen Eindruck weiter zu leiten, dazu wäre diese Schilderung bestimmt; möge sie ihrer Aufgabe wenigstens zum Teil gerecht werden.

Die nächste der zu beschreibenden Schwestern ist Lydia, und wenn ich jetzt, um mich so recht mit ihr zu befassen, ihre Jugendphotographie eingehend betrachte, erzählt mir dieses Bild vieles, das sich nach und nach enthüllen wird. Ich sehe darauf ein ganz reizendes Gesichtchen, es scheint mir beinahe zu einer Romanfigur zu passen, und ich kann mir gut vorstellen, dass ein Mann sich in so ein Gesichtchen verlieben muss, umsomehr wenn sich, wie hier, die inneren Eigenschaften mit den äusseren decken.

Lydia von Siebert geb. Wittgenstein

Dieses Schicksal traf den ernsten Generalstabshauptmann Josef Siebert, aber obwohl seine Liebe die schönste Erwiderung fand, konnte er doch nicht daran denken, die Erwählte zu seiner Frau zu machen, denn die schon besprochene Militärfeindlichkeit ihres Vaters war unüberwindlich. Ein gewisser Starrsinn, der wohl immer in Hermann Wittgenstein's Charakter lag, – man sehe nur sein Bild daraufhin an, – hatte sich im Alter so sehr verstärkt, dass von Frau und Tochter nicht einmal der Versuch unternommen wurde, eine Änderung seiner Anschauung herbeizuführen.

Auf diese Situation beziehen sich drei von den Liebenden gewechselte Briefe, die mir leider nur in Abschrift, ja zum Teil nur fragmentarisch vorliegen und die kein Datum zeigen; ich kann daher nicht sagen, wie lange die Wartezeit des Paares gedauert hat, sondern weiss nur, dass der Vater im Jahre 1878 starb, und dass im selben Jahre die Hochzeit stattfand. Sehr bedaure ich es, dass beide Briefe Josef Siebert's unvollständig sind, und doch muss ich noch froh sein, diese Äusserungen eines ernsten, mit Worten sparsamen Mannes zu besitzen. Die ersten lauten:

„… ich weiss auch, dass der Muth, mit dem man als Reiter auf gutem Pferd mit gutem Schwert dem Feind kampfbegierig entgegenjagt, noch nicht den Muth für alle und jede Gelegenheit des Lebens verbürgt. Aber wollten Sie mit meiner nichtssagenden Persönlichkeit vorlieb nehmen, sowie mit dem Los, welches ich als Offizier bieten kann, und meine Braut und liebe Frau werden, dann machen Sie mich glücklich …"

Darauf schreibt Lydia:

„Theurer lieber Freund,
Ich danke Ihnen innigst für Ihre lieben Zeilen. Sie werden mir hoffentlich glauben, wenn ich sage, dass ich zu allem augenblicklich <u>von ganzem Herzen</u> bereit bin, und nur mit Schmerz ein förmliches ‚Ja' zurückhalte. Ich möchte dies aber thun, weil ich es für unrecht halte, einen ernsten Schritt ohne Wissen der Eltern zu begehen. Nun weiss ich leider, dass Papa eine Verlobung mit einem Offizier jetzt um keinen Preis zugeben würde. Mama, die Ihre Zeilen gelesen hat, macht mir Hoffnung, dass Papa's Wille

sich in ein bis zwei Jahren ändern wird. Soll ich mich damit trösten? Dies frage ich Sie mit Angst vor Ihrer Antwort – ob ich auf Ihre Treue hoffen darf.

Von ganzem Herzen Ihre

Lydia Wittgenstein."

Und der uns erhaltene Teil der Antwort lautet dann:

„... hundertmal Dank für Ihre lieben Zeilen! Harren wir aus, mit der Zeit kommt Rath. Ich verliere den Muth nicht, das habe ich schon oft erprobt. Meinen Stand zu verlassen, habe ich tausend Bedenken, da ich glaube, für ihn geboren zu sein und nur in ihm etwas Tüchtiges leisten zu können, und mit tausend Fäden an ihm hänge. Ausserdem bin ich mit meiner einseitigen militärischen Erziehung und Bildung kaum vermögend, etwas anderes mit Aussicht auf Erfolg zu ergreifen. Wir Beide würden dann sicher recht unglücklich werden.
Die von Ihrer Mutter in Aussicht gestellte Zeit ist wenig tröstlich, indes versuchen wir uns doch damit zu trösten! Für alle Fälle rechnen Sie auf mich ..."

Wie sehr die Beiden für einander geschaffen waren, bewiesen sie dann durch ihre selten harmonische Ehe, und wie recht Josef Siebert hatte, nicht von seinem geliebten Beruf zu lassen, zeigt nicht nur sein Aufstieg zum Regimentskommandeur, Divisionär und General der Kavallerie, sondern mehr noch das Andenken, das er bei seinen Berufsgenossen und Untergebenen hinterlassen hat. Von allen Seiten hörte ich immer wieder seine Charakterstrenge, sein unbeugsames Gerechtigkeitsgefühl und das Pflichtbewusstsein rühmen, das er auch von seiner ganzen Umgebung, ob hoch oder niedrig, forderte. Er war ein wirklicher Erzieher, das betonten besonders die Offiziere, die in seinem Regiment, dem seine ganze Liebe gehörte, gedient hatten; den Sechserdragonern anzugehören erfüllte alle mit Stolz!

Lydia Siebert hinwiederum konnte in jeder Rangstufe ihren Takt, ihre Herzensgüte plus den hausfraulichen Künsten auf das schönste verwerten; auch ihr Talent zur Malerei kam noch manchmal zu Wort, da sie gerne und gut porträtierte. Vorbildlich war sie in der Liebenswürdigkeit und dem Herzenstakt, die sie als Divisionärin den Offiziersfrauen aller Rangstufen und Waffengattungen gegenüber an den Tag legte; ich weiss zum Beispiel, dass sie, um keine von ihnen zu erhöhten Auslagen zu verleiten, nicht nur sich selbst jedes Toiletten-Aufwands enthielt, sondern dass sie in gleichem Sinn auf Nichten, die sie anlässlich eines Offiziersballes eingeladen hatte, einwirkte, damit sie nicht zu auffallend elegant erschienen. In allem was sie tat, lag überdies grosser natürlicher Charme, dem sich niemand entzog. Das reizende Gesichtchen blieb auch unter den früh schneeweiss gewordenen Haaren noch reizend und ihrem Gatten gegenüber lag in ihrem Wesen immer noch etwas von dem Schmelz der ersten Liebeszeit.

Ich glaube, es war ein schweres Leid, das die beiden Ehegatten so ganz besonders an einander band, denn ihr erstes und einziges Kind, ihre Tochter Fanny, war taubstumm von Geburt an. Unvorstellbar bitter muss es für eine Mutter sein, nicht zu ihrem Kind reden zu können, weil das kleine Geschöpfchen sie nicht hört, unvorstellbar bitter, wenn Eltern nicht die täglichen kleinen Geistesfortschritte beobachten können, weil dem Kind eine normale Entwicklung versagt ist! Wie lange mag es gedauert haben bis die armen Eltern die Unabänderlichkeit dieses traurigen Schicksals einzusehen gelernt haben!

Familien Siebert, Oser und Brücke

Das Ehepaar Siebert musste zuerst eine Taubstummen-Lehrerin zu sich in die damalige Garnison nehmen, damit der kleinen Fanny die ersten Anfänge einer Verständigungsmöglichkeit beigebracht werden konnten, und je länger je heisser beseelte die Eltern der Wunsch, den furchtbaren Defekt nach Möglichkeit ausgeglichen zu sehen! Daher liessen sie dem Kind nicht nur jede Art von systematischem Unterricht angedeihen, sondern sie waren mit grösstem Ernst bemüht, die konsequente Strenge und stete Aufmerksamkeit aufzubringen, die jeder Augenblick von ihnen selbst forderte. Zu dieser Erziehungsaufgabe brachte nun der Vater seine starken Charaktereigenschaften mit und sie ergänzten sich glücklich mit einigen, offenbar von ihm ererbten Fähigkeiten der Tochter, mit sportlicher Veranlagung, Beobachtungsgabe und Energie. So wurde Fanny trotz ihres Gebrechens das, was man eine richtige Offizierstochter nennt, das heisst nicht nur eine, allen Situationen gewachsene Reiterin, sondern hauptsächlich ein Mensch, der imponieren und befehlen, beobachten und organisieren konnte. Das ist umso erstaunlicher, als ihr Wesen, eben durch ihr Gebrechen, ja doch nur ein schwer zu beschreibendes Nebeneinander von ausgesprochener Persönlichkeit und geradezu toten Stellen des Geistes und des Herzens zeigte, es beweist aber, dass einzelne Fähigkeiten des Menschen oft für andere einspringen können. Das reine Ablesen von den Lippen, zum Beispiel, war trotz des glänzenden Unterrichts nicht Fanny's Stärke, sie verliess sich viel lieber auf ihre Combinationsgabe, auf Deutung von Mienenspiel und unwillkürlichen Bewegungen des Sprechenden; aber sogar diese ihre Bequemlichkeit kam ihr gut zu statten, als sie während des ersten Weltkriegs in einem Lazarett pflegte: sie verstand nämlich die vielsprachigen österreichischen Verwundeten viel besser, als das andere Pflege- und Ärztepersonal konnte, eben weil sie gewohnt war aus ganz wenigen Worten oder Zeichen zu combinieren.

Fanny von Siebert

Ihre positiven Eigenschaften, die Fähigkeit zu imponieren und zu befehlen, zeigte Fanny bei einer anderen Gelegenheit: in Thumersbach, am Zeller See, wo ihre Eltern eine Villa besassen, fand sie plötzlich, es sei eine Schande, dass keiner der Thumersbacher Bauernburschen schwimmen konnte, obwohl sie doch an einem See lebten; also erteilte sie einer Gruppe von Bauernburschen regelrechten Schwimmunterricht. Die Schüler mussten bei der Schlussprüfung sogar angekleidet ins Wasser springen, um zu zeigen, wie man sich auch aus dieser Situation retten könne und Fanny selbst machte ihnen das Kunststück vor (allerdings in einem „zwangsgeborgten" Lodenrock ihrer Mutter, weil es ihr um den eigenen leid tat). Mit der bäuerlichen Bevölkerung der ganzen Thumersbacher Gegend stand Fanny auf bestem Fuss, sie stiefelte überall herum, sprach mit jedem Einzelnen, interessierte sich für die Kinder, griff sogar erzieherisch oder helfend ein; sie baute sich überhaupt nach und nach ihr eigenes Leben auf und besonders war das nach dem Tod ihres Vaters der Fall. Ihr ganzes Naturell, vor allem ihre sportliche Begabung, hatten sie ganz besonders mit dem Vater, den sie verehrte, verbunden und das führte später zu der schwersten Tragik im Leben der Mutter.

Denn als Lydia Siebert nach dem Tod ihres über alles geliebten Gatten, alt und des ganzen Lebensinhalts beraubt zurückblieb, fand sie sich mit der Tochter nicht so zusammen, dass sie das Leben als ein Leben zu zweien hätte empfinden können. So lange sie gesund war, ertrug sie das mit Fassung und scheinbar noch unverändertem Wesen, aber als eine Krankheit bedrohlich zu werden schien, war es mit ihrer Kraft zu Ende. Nachdem sie alles geordnet und sogar einen alten Freund der Familie herbestellt hatte, damit Fanny im ersten Augenblick nicht verlassen sein sollte, ging sie still aus diesem einsamen Loben hinaus, indem sie den Gashahn öffnete.

Die Villa Siebert in Thumersbach

Wenn ich nach diesem traurigen Schluss die Jugendphotographie wieder betrachte, erscheint mir das reizende Gesicht unendlich rührend und eine verhüllte Schwermut glaube ich in diesen Augen zu lesen, die mir vorher nie aufgefallen ist!

***

Jetzt wage ich mich endlich an die Schilderung meiner Tante Clara und da seien mir zuerst ein paar einleitende Worte erlaubt, um meinen Gesichtspunkt zu erklären. Als ich nämlich anfing, mich eingehender mit der Erinnerung an diese Schwester meines Vaters zu befassen, stand ich gerade stark unter dem Eindruck eines Verses, den ich zufällig gelesen hatte; er zwang mich förmlich dazu, alle Menschen, die mir nahe standen, auf seinen Sinn hin anzusehen, so auch meine Tante Clara.

Clara Wittgenstein

Der Vers, von dem ich nur weiss, dass er von Goethe ist, lautet:

Und so lang du das nicht hast,
Dieses: Stirb und werde!
Bist du nur ein trüber Gast
Auf der dunklen Erde.

Und ich dachte mir: nein, sie war kein trüber Gast, sie _ist_ auf irgendeine Weise im Leben durch den Tod gegangen; vielleicht durch ihr intensives Sorgen für Andere in materieller, geistiger, charakterlicher Beziehung, vielleicht auf eine andere Weise, die ich nicht erkennen kann. Auf dieses „Gestorbensein" mag wohl der dunkle Hintergrund deuten, den ich hinter dem lichten und leuchtenden Wesensbild meiner Tante zu sehen glaube, und der, wenn auch von Worten unberührt, ihrer Charakterschilderung Tiefe geben müsste. Sicher ist, dass alles, was ich vor dem „Stirb und werde!" über meine Tante gedacht und geschrieben habe, mehr oder weniger nur an der Oberfläche ihres Wesens kleben blieb.

Ich schrieb damals: Sollte ein Maler ein Porträt von Tante Clara malen, so durfte es nur in zarten Farben gehalten sein, wäre sie ein Musikstück, so müsste sie präzise aber gedämpft gespielt werden, und so müsste, meinem Gefühl nach, auch bei einer Beschreibung mit Worten eine wohlabgewogene Skala eingehalten werden. Diese schwerste Aufgabe ruft geradezu nach der Feder eines Dichters, und ich muss wieder an Adalbert Stifter denken, der ähnliche Gestalten so anziehend und edel geschildert hat.

Dass Tante Clara in ihrer Jugend poetisch schön gewesen war, das zeigen noch alte Photographien, aber auch in späteren Jahren, ja selbst als alte Frau war sie noch entzückend anzusehen. Sie hatte eine zarte ebenmässige Gestalt und von Natur aus reizende Bewegungen, die durch Güte, Herzlichkeit, innere Vornehmheit erst den ganzen ausdrucksvollen Reiz erhielten. Dabei lag in ihren Bewegungen auch etwas eigentümlich Beherrschtes, was ich mit ihrer steten Arbeit an sich selbst in Verbindung bringe. Sogar ihre bezaubernde Art sich zu kleiden, – unauffällig recherchiert bis ins hohe Alter, – liess mich durch die ausserordentliche Sorgfalt irgendwie an diese stete Arbeit denken. Statt „unauffällig" könnte man auch „massvoll" sagen, ein Wort, das zu Tante Clara passt, aber schon indem ich dieses Wort niederschreibe, verändere ich es in „zuchtvoll". Die Selbstzucht, die einer starken leidenschaftlichen Persönlichkeit angelegt war, verlieh ihrem Wesen den ungemeinen Adel, und das oft unerwartete Durchblitzen der ungebrochenen Natur erhöhte noch dessen Relief.

Im weiteren Verlauf meiner Arbeit suchte ich dann das Wesen meiner Tante tiefer zu fassen und da fiel es mir auf, dass das Wort „Tiefe" geradezu bezeichnend für sie ist. Ich dachte an ihre tiefe Liebe und Bewunderung für andere Menschen, an ihr tiefes Gefühl für das Gute und Schöne, an ihr tiefes Mitleid, und ich musste, obwohl ich Tante Clara erst sehr spät mit wachen Augen ansehen gelernt habe und über ihr früheres Leben beinahe nichts weiss, doch an tiefe seelische Wunden denken, deren sorgfältig verborgene Narben man nur ahnen konnte. Es waren edle Narben, soviel ist gewiss, und darum scheinen sie mir in das Bild zu gehören.

Eine böse Wunde hatte ihrer Seele schon in der Jugend die Geisteskrankheit ihrer Schwester Klothilde zugefügt. Die Bedauernswerte, die infolge unerträglicher Kopfschmerzen in jugendlichem Alter Morphinistin und Trinkerin geworden war, stand lange Zeit in Behandlung des Nervenarztes Charcot in Paris, und die Mutter verlangte von den beiden Schwestern Clara und Milly, dass sie die Kranke betreuten, deren Wahn sich abwechselnd in krankhafter Liebe oder krankhaftem Hass äusserte. Beiden Schwestern ist das Gefühl geblieben, durch diesen Zustand um frohe Jahre betrogen worden zu sein.

Traurigerweise fügte viele Jahre später der Wahn einer Freundin, mit der sie lange engst verbunden war, meiner Tante auch eine schwer heilende Wunde zu: im Verlauf einer Nervenkrankheit entwickelte sich die Freundin von ihr weg und selbst die Heilung brachte das alte Verhältnis nicht zurück. Es muss erschütternd für Tante Clara gewesen sein, den tragenden Grund einer Freundschaft sich so förmlich vor ihren Augen in einen trügerischen, anzweifelbaren verwandeln zu sehen.

Wenn ich mir nun so manches durch den Kopf gehen lasse, will es mir scheinen, als ob die Freundin einer gewissen Angespanntheit, die unwillkürlich von meiner Tante ausging, auch später nicht gewachsen war, und daraus entstand eine sonderbare Verkettung: Sowohl die Freundin nämlich, wie deren Schwester, welcher Tante Clara auch in grösster Freundschaft zugetan war, suchten und genossen Entspannung bei meiner Mutter, die nie von Anderen, nur von sich selbst etwas fordern konnte. Sie wurden also geradezu von einer Eigenschaft angezogen und festgehalten, die meiner ausgesprochen erzieherisch veranlagten Tante unbegreiflich erscheinen musste, und das war gewiss in einem bestimmten Sinn verwundend. Es vernarbte aber doch auch auf eine edle und schöne Weise.

Als meine Mutter vor ihrem Tod schon den ganzen Tag in tiefer Bewusstlosigkeit lag, da bat uns Tante Clara, bei ihr allein bleiben zu dürfen; es sollte ein Abschied sein, nicht nur von der Sterbenden, sondern von dem Teil des eigenen Lebens, der sie Beide verknüpft hatte. Lange, lange sass Tante Clara bei der Bewusstlosen im dunklen Zimmer, und als sie herauskam, war sie so weich, wie man sie selten fand, und rührend edel, ja erhaben anzusehen; sie schien in eine Tiefe hinabgetaucht und ihr entstiegen zu sein! So unvergesslich wie dieser Anblick ist es uns auch, wie sie nach dem Tod ihres geliebten Bruders Louis tränenüberströmt meiner Mutter entgegenkam, wie die Grösse ihres Schmerzes die Hülle ihrer Selbstzucht durchbrach! –

Neben dem Wort „Tiefe" muss das Wort „Ernst" als charakterisierend für meine Tante Clara genannt werden. Im Ernst lag die Genauigkeit und Gründlichkeit, die Methodik, mit der sie an alles herantrat, buchstäblich an alles, an Hauswirtschaft, an das Lesen von Büchern, an die Musik, den Verkehr mit Menschen und so fort. Ihre genaue Zeiteinteilung z.B. war nicht Pedanterie sondern Ernst, und dem grossen Ernst entsprang auch ihr völliger Mangel an Eitelkeit. Nie habe ich Tante Clara über sich selbst sprechen hören, nicht einmal um irgend etwas durch ein Beispiel zu erklären, aber zuhören konnte sie vorbildlich und sich für die Ansicht des Andern interessieren.

Meine Schwester Gretl kann es nicht vergessen, dass Tante Clara sie als halbwüchsiges junges Mädchen in einem Alter, in dem man seinerzeit noch keine eigene Meinung äussern durfte, mit einigen ebenso jungen Cousins für ein paar Tage nach Salzburg mitnahm. Dort führte Tante Clara die lebhaften jungen Leute nicht nur ins Theater und in ein Stück, das Gretl in Wien kaum hätte sehen dürfen, sondern sie wollte von ihr sehr ernsthaft die Meinung über das Stück und über die Reiseeindrücke hören. Das war ein bedeutsames und beglückendes Erlebnis für das begabte zwölfjährige Mädchen. Ich selbst freute mich vor jedem Besuch bei Tante Clara darauf, ihr zu erzählen, was mich gerade bewegte und war ihres Interesses sicher, was immer der Gegenstand sein mochte.

Auch für Kinder hatte sie grosses Verständnis und Liebe, die sich nicht bloss darin äusserten, dass ein ganzer grosser Kasten voll Spielzeug für jugendliche Gäste aller Altersstufen bereit stand; die Hauptsache dabei war doch der persönliche Kontakt. Und ist es nicht bezeichnend, wenn meine Cousine Hanna erzählt, dass sie selbst und ihre drei Brüder als Kinder nichts sehnlicher wünschten, als von Tante Clara auf einem Abendspaziergang in Laxenburg mitgenommen zu werden, „weil man da mit der Tante so gut über alles reden konnte." Das Interesse, das meine Tante an ihren Mitmenschen nahm, bildete ja von jeher den springenden Punkt ihres Wesens, und die Anzahl derer, denen sie ihre tätige Anteilnahme zuwendete, war Legion. Schon als Kind war es ihre Freude, für Untergebene oder für Arme zu sorgen. „Sie wusste sehr gut, was in den Kästen ihrer Schützlinge war und noch besser, was darin fehlte!" sagte mir die uralte pensionierte Hausnäherin, die ich über die Jugendzeit meines Vaters und seiner Geschwister befragte. Und wie sorgte Tante Clara später als ich sie kannte für ihre Freunde und Schützlinge, wie konsequent, wie ins Detail gehend. Dass sie z.B. gleich für zwei Monate den Speisezettel aufstellte, als eine alte Freundin in ihrer Abwesenheit bei ihr verköstigt werden sollte, dass sie einen Fragebogen entwarf, den das Stubenmädchen jeden Tag ausfüllen musste: wie lange die Freundin geschlafen hatte, wie lange sie spazieren gegangen war usw., das könnte man für einen vereinzelten übertriebenen Fall halten, aber so war sie überhaupt gegen ihre Freunde eingestellt. Sie machte sich mehr Gedanken über die Bedürfnisse der Andern als diese selbst und sie war ihrer Sache so sicher, dass ihr das die völlige Autorität verlieh, alles durchzusetzen.

Ihre Güte deckte sich nicht mit dem allgemeinen Wort „gütig sein", sie bestand vor allem in dem leidenschaftlichen Wunsch, dem Nebenmenschen in der richtigen Weise zu helfen. Dieses Bestreben machte ihre Güte so energisch, barg wohl manchmal auch die Gefahr allzu subjektiver Lösungen in sich. Einer ihrer alten Freunde z.B. litt unter der Eigentümlichkeit seiner Frau, die unnötigsten und unmöglichsten Dinge aufzubewahren, jede wa[a]grechte Fläche damit zu bedecken, alle Kasten damit zu füllen, so dass man des Staubes gar nicht mehr Herr werden konnte. Das durfte so nicht bleiben! Der Freund wurde also wie alljährlich auf das Landgut meiner Tante eingeladen, wo ihm eine unerhört schöne Zeit beschieden war, seiner Frau wurde ein Kuraufenthalt ermöglicht, und die nun leere Wohnung wurde unter der Aegide einer Bevollmächtigten meiner Tante gesäubert und von allen unnötigen Staubfängern befreit. Punktum! Man könnte diese Handlungsweise geradezu einen Hausfriedensbruch nennen, wäre sie nicht so grimmig ernst zum Wohl des Betroffenen gemeint gewesen (der sie, nebenbei bemerkt, nachträglich dankbarst anerkannt hat). Auf die schlampige schmutzige Frau des Freundes aber, die ihm auch sonst das Leben schwer machte, noch Rücksicht zu nehmen, wäre Tante Clara höchst unangebracht und vor allem höchst unpädagogisch erschienen, vielleicht dachte sie auch an eine

Art der Aneiferung zur Ordnung, so wie man einem Schüler statt des verschmierten Heftes ein reines in die Hand gibt, hoffend er werde es reiner halten.

Es ging ihr ja nicht nur um das leibliche Wohl, es lag ihr der ganze Mensch am Herzen. Wenn ihr Schwager Brücke halb im Scherz von ihr sagte: „die liebe Clara übt mit mehr oder weniger Erfolg das edle Werk der Menschenerziehung!" so berührte er damit gerade diesen wichtigen Punkt, denn aus dem Interesse an dem ganzen Menschen erwuchs der Wunsch, den ihr nahe stehenden zu erziehen. Man darf sich darunter nur nichts Ausgeklügeltes, Schematisches vorstellen, das meiste wirkte Tante Clara ja unwillkürlich durch ihr Beispiel, ihre Lebensauffassung oder durch ihr Eingreifen in wichtigen Lebensaugenblicken. War aber etwas methodisch oder pädagogisch zu erledigen, dann war Tante Clara erst recht in ihrem Element, dann wurde auch das Kleine bis ins Kleinste organisiert. Als z.B. eine ihrer Nichten bei ihrer, d.h. bei Tante Claras Köchin das Kochen lernen sollte und schon über die ersten Anfangsgründe hinausgekommen war, veranstaltete Tante Clara eine Art von Prüfung in der Weise, dass an drei aufeinanderfolgenden Tagen das gleiche Mittagessen gekocht wurde; und zwar kochte es am ersten Tag die Köchin mit Hilfe der Nichte, am zweiten Tag die Nichte unter den Augen der Köchin, am dritten Tag aber die Nichte allein, und an diesem letzten Tag hat sie gewiss das Wertvollste gelernt.

Kennzeichnend für die methodische Erziehung, die Tante Clara ihren Angestellten angedeihen liess, scheint mir eine erstaunliche Einführung, über die mir meine Cousine, ihre Adoptivtochter Lydia Oser berichtete: Tante Clara lenkte ihre Angestellten wohl dauernd und liess nie einen Fehler einreissen, wenn aber doch einmal ein Tadel in einer wichtigen Angelegenheit nötig schien oder eine grössere Auseinandersetzung am Platz gewesen wäre, so wurden der Tadel oder die Anschauung des Falles den Betreffenden schriftlich vorgelegt, und das war dann so meisterhaft abgefasst, dass es nur selten einer weiteren Aussprache bedurfte. Auf diese Weise wurden scharfe Worte vermieden und der Getadelte konnte mit der Sache in Ruhe fertig werden. Aber auch ausserhalb des Dienstes hörte die Betreuung nicht auf. Tante Clara kümmerte sich sorgend um die Familienangelegenheiten ihrer Angestellten, um ihre Zerstreuung in der Freizeit, ihre Vermögenslage und -anlage, und am eingehendsten fand diese Umsorgung bei ihren beiden langjährigen treuen Hausgehilfinnen statt. Für diese Beiden liess sie noch während des Dienstverhältnisses, – das übrigens erst durch den Tod Tante Claras ein Ende fand, – ein hübsches Doppelhaus in einer Gartenvorstadt von Wien bauen, um es ihnen als Legat zu hinterlassen und ihnen einen schönen Lebensabend zu ermöglichen. Mit diesem Legat verband sie noch kompliziert ausgedachte Kautelen, die verhindern sollten, dass arme Angehörige der Beiden ein Interesse an ihrem frühen Tod haben konnten, ja die geradezu deren langes Leben als vorteilhaft für die Angehörigen erscheinen liessen.

Lydia Oser teilte mir auf meine Bitte noch manches mich Interessierende über Tante Clara mit und ich möchte ihre Notizen, die meine Erinnerungen vervollständigen, im Anhang bringen; mich selbst lockt es jetzt, Tante Clara in ihrem Verhältnis zur Musik zu betrachten. Die Musik spielte eine grosse Rolle in ihrem Leben, nicht zum wenigsten dank der Freundschaft, die sie zwei Künstlerinnen entgegenbrachte, von deren eigentümlich beseeltem Spiel hier schon die Rede war: der Pianistin Marie Baumayer nämlich, und der Geigerin Marie Soldat-Roeger, zwei Künstlerinnen, die auch von Brahms hochgeschätzt wurden. Diese Beiden liebte und bewunderte Tante Clara unbegrenzt oder vielmehr sie wollte keine Grenzen gelten lassen. Wehe dem, der die Bewunderung nicht völlig teilte, er hatte bei meiner Tante ganz verspielt. Rührend war es, sie zu sehen, wenn sie in Ergriffenheit den beiden Künstlerinnen lauschte und doch nicht anders konnte, als gleichzeitig die übrigen Zuhörer auf ihren Eindruck des Spieles hin zu beobachten. Selbst wenn ich Tante Clara mir im Rücken wusste, fühlte ich mich von ihr durchschaut, da ich aber selbst eine grosse Bewunderin dieser Künstlerinnen war, hatte ich nichts zu fürchten. Ich stimmte ihr vollkommen bei, wenn sie sagte, in dem Spiel Marie Baumayers finde die schönste Seite österreichischen Wesens ihren Ausdruck und glaube die Bestätigung dieser Ansicht noch heute in den Grammophonaufnahmen zu hören, die Tante Clara von dem geliebten Spiel herstellen liess. Auch ihre Freundin Betty Oser, die Schülerin von Clara Schumann, zähle ich zu diesen geliebten und bewunderten Musikbringerinnen, vor denen sie wie in Waffen stand.

Die unbedingte, beinahe fanatische Stellungnahme für ihre Freunde war ja äusserst charakteristisch für meine Tante, und ihre Loyalität, verbunden mit einem Gran Widerspruchsgeist, konnten sie, – so scheint es mir, – gegebenenfalls sogar dazu bringen, ihrer eigenen Ansicht zu misstrauen, ja sie zu verleugnen. Die so klar und rechtlich denkende gelangte z.B. auf dem Umweg über die Loyalität gegenüber einer Freundin zu einer kritiklosen Sympathie für die Bewegung der englischen Suffragettes, die einige Jahre vor dem ersten Weltkrieg durch Brandstiftung, Zerstörung von Kunstwerken und ähnliche gesetzwidrige Handlungen das Wahlrecht für die Frauen erzwingen wollten. Dieser Bewegung, die natürlich nicht mit einem Wort abzutun ist, hatten sich allerdings auch einige der vornehmsten, edelsten, uneigennützigsten Frauen angeschlossen, in einer Art von missleitetem Idealismus, aber man hätte von Tante Clara doch ein entschiedenes Ablehnen böser Mittel erwartet. Dass im Gegenteil ein Gutheissen stattfand, dafür suche ich die Ursache in dem unbedingten Stehen zu einer Freundin; diese Haltung verdunkelte ihre Klarheit und machte meine Tante unfähig, den Fall leidenschaftslos zu besprechen. Es ist das ein sonderbarer Zug, der mir jedoch in das Porträt hineinzugehören scheint, da er auf den gewiss nicht unbewegten Grund ihres Wesens deutet. Durch diesen leidenschaftlichen Untergrund waren Gespräche mit Tante Clara manchmal erregend, immer aber waren sie anregend und immer wiesen sie unwillkürlich in der Richtung einer Vervollkommnung.

Mit ganz besonderem Entzücken denke ich an Tante Clara in Verbindung mit dem Ort Laxenburg, wo ich so oft Gelegenheit hatte, lang mit ihr sprechen zu können; auf dem Land rechnet man ja nicht mit Minuten, sondern mit Stunden, und sie schenkte mir die beglückendsten Stunden. Dort in Laxenburg verbrachte sie so lange ich denken kann Frühling und Herbst in dem oft erwähnten schönen alten Gebäude, das sie zusammen mit ihrem Bruder Paul besass, und dort zeigt eine Photographie sie während des ersten Weltkriegs, wie sie im Schlosshof so herzlich die rekonvaleszenten Soldaten verabschiedet, die sie wöchentlich zu einer guten Jause einlud. Dort sah ich sie oft wie ein lichtes Pastellbild im Sommerhut und einem zartgefärbten Sommerkleid, wenn ich sie zur Zeit der blühenden Wiesen besuchte, und so ein Tagesbesuch in Laxenburg war mir jedesmal ein Fest. Selbst eine gewisse Regelmässigkeit des Verlaufs, eine Art von Ritus, machte alle Phasen dieses Festes besonders einprägsam und erfreulich.

In früheren Jahren holte mich meine Tante schon vom Bahnhof ab; später, als sie alt geworden war, eilte mir ihre liebe „langjährige Anna", wie die Ebner-Eschenbach so schön sagt, entgegen und gab mir vorläufigen Bericht über das Befinden ihrer Herrin.

Gleich beim Eintreten in den Garten war mirs, als sei ich in einer schöneren Welt. Über einen mit Rosen bestandenen Rasenplatz hinaus sah ich das Schloss liegen, dessen Tür schon einladend offen stand, ich durchschritt eine Seitenallee und den kühlen Parterresaal, dann kam ich in das schöne Stiegenhaus und im ersten Stock empfing mich mit ausgebreiteten Armen die zarte Gestalt meiner Tante. Ich glaube es noch zu fühlen, wie meine Arme sie umschlossen. Ein kleiner Imbiss für den Gast stand schon auf dem Tisch und gleich wurde auch eine Tageseinteilung getroffen. Als erstes führte Tante Clara mich gerne zwischen den Feldern und Wiesen spazieren, die an den Garten stiessen, und wir hatten unsere Freude an der heiteren Aussicht auf den fernen Anninger und den noch ferneren Schneeberg. Dann folgte in erfreulichster Reihe – unterbrochen von sehr erfreulichen Mahlzeiten – das Vierhändigspielen, das Lesen einer schönen Buchstelle, das Besichtigen des prächtig gepflegten Gemüsegartens und ein langer Spaziergang in den ausgedehnten Park, der zu dem kaiserlichen Lustschloss gehörte und der uns in jeder Jahreszeit begeisterte.

Ich erinnere mich noch, wie ehrfurchtsvoll Tante Clara auf diesen Spaziergängen von der Bevölkerung gegrüsst wurde und wahrlich nicht ohne triftigen Grund. Es freut mich aber auch erzählen zu können, dass viele Jahre später und in einer bösen Zeit, in der der Name Wittgenstein nichts mehr galt, der nationalsozialistische Bürgermeister von Laxenburg die Gefahr auf sich nahm, ihr als der Wohltäterin des ganzen Orts Blumen und einen dankbaren Nachruf aufs Grab zu legen. Das war mehr als ein Denkmal! Die „Kaiserin von Laxenburg" nannte eine ihrer Schwestern sie im Scherz nach so einem Parkspaziergang, und irgendwie stimmt das mit einem Wort zusammen, das mir Direktor Groller, der treue Ratgeber unserer Familie, über meine Tante sagte. Sie hatte ihn oft in Laxenburg zu Rate gezogen, wenn ihr ein Fall gerade besonders am Herzen lag, und diese Besuche, wiewohl geschäftlicher Natur, haben ihm den grössten Eindruck hinterlassen, nicht allein wegen des Ernstes und der Gründlichkeit, die Tante Clara allen Fragen entgegenbrachte. Er konnte nie ohne Rührung davon sprechen, mit welcher unbeschreiblich herzlichen Liebenswürdigkeit meine Tante ihn jedesmal empfangen hatte, und er versicherte mich oft, erst mit dem Tod dieser Frau sei für ihn die alte Zeit, das alte Österreich, die Monarchie für immer versunken.

Nun bleibt mir noch ein kleines Erinnerungs-Strohhälmchen in der Hand zurück, für das ich bis jetzt in dem Mosaik meiner Tante Clara nicht den richtigen Platz gefunden habe und das mir doch lieb ist: Tante Clara besuchte uns als alte Frau einmal an einem späten Winternachmittag in unserer Stadtwohnung und entschuldigte sich lachend wegen ihrer beschmutzten Handschuhe, sie hatte sich nämlich nicht enthalten können, an einem beladenen Handwagen mit anzuschieben, den ein alter, ihr ganz unbekannter Mann mit Mühe zog. Selbst in der heutigen, viel sozialer fühlenden Zeit wird sich nicht leicht ein ähnliches Beispiel finden, damals war es natürlich ganz aus der Weise, und so ergibt es noch eine kleine Variation zu dem Thema der unbekümmerten lebendigen Hilfsbereitschaft meiner Tante Clara.

Die stärkste Sprache in dieser Hinsicht scheint mir aber folgende Situation zu führen, von der ich erst vor kurzem Kenntnis erhielt und die jetzt den ernsten Abschluss dieser Beschreibung bilden soll: am Tag nach dem Tod meiner Tante fand sichs, dass ein Zeitungsausschnitt am Nadelkissen neben ihrem Bett befestigt war, er betraf das Schicksal einer armen unglücklichen Familie; meine todkranke, siebenundachtzigjährige Tante hatte selbst kurz vor ihrem Ende die Notiz dort angesteckt, offenbar in der Absicht, den Fall im Gedächtnis zu behalten und sich später damit zu befassen! Setzt das nicht den ergreifendsten Schlusspunkt unter dieses edle Leben?

***

Erinnerungen an Rosalie, 1923 geschrieben.

Die „Rosalie", das war Fräulein Rosalie Herrmann, die langjährige Gesellschafterin und Haushälterin meiner Grossmutter Kalmus; charakteristisch für sie war aber nicht diese äussere Stellung, sondern die tiefe, herzliche Jugendfreundschaft, die sie mit meiner Mutter verband. Rosalie war in das Haus meiner Grossmutter gekommen als sie selbst zwanzig Jahre, Mama neun Jahre alt war, und es scheint sofort die herzlichste Zuneigung zwischen den beiden geherrscht zu haben. Mamas Schwestern, Ella und Sofie, waren älter und nicht von freundlichem Charakter; es gab viel Eifersucht und Zank zwischen ihnen. Mama aber war die Gutmütigkeit in Person, selbstlos, heiter und mit allem zufrieden, dabei ungemein musikalisch.

Ella Gröger geb. Kallmus

Ella und Franz Gröger

Sie war offenbar der Liebling ihres Vaters, wie sie später der Liebling ihrer Mutter war, für Rosalie war sie aber noch viel mehr. Man muss tatsächlich, um Rosalie zu beschreiben, von ihrem Verhältnis zu Mama ausgehen.

Rosalie war ein durchaus harmonischer Mensch, nicht zum wenigsten dadurch, dass ihre Welt einen Mittelpunkt hatte, und der war <u>die Poldy</u>, nämlich meine Mutter. Um diesen gruppierten sich dann: „der Poldy ihr Mann", „der Poldy ihre Mutter", ihre Kinder und Enkel und in grösserer Entfernung der Poldy ihre Schwestern, Schwägerinnen etc. Dabei war Rosalie ganz frei von Sentimentalität. Ihre tiefe Liebe und Zärtlichkeit scheint mir, wenn ich an sie denke, nur wie die sichtbar gewordene Struktur eines ganz unkompliziert gebauten Seelenwesens. Ihre Welt war klein, aber wohlgeordnet, und Rosalie hatte keinen Zweifel, weder an sich, noch an anderen. Wie sie eine Sache heute ansah, sah sie sie auch morgen und ebenso blieb ihre Liebe, wie sie sie einmal an die Zentralsonne und die umkreisenden Gestirne verteilt hatte, eine unwandelbare. Diese Liebe war aber auch eine grosse und konzentrierte und wir Kinder hatten einen grossen Teil daran. Wir wussten, ohne dass es je ausgesprochen worden

Rosalie Herrmann

wäre, dass Rosalie alles für uns getan hätte. Und wie war sie uns Kindern doch von immer und jeher der Inbegriff der Gemütlichkeit. In ihrer Nähe war einem immer wohl, war man gesund oder krank, lustig oder traurig, – sie passte dazu.

Ich war als Kind nur wirklich glücklich, wenn ich einen Tag bei der Grossmutter Kalmus verbringen durfte und das verdankte ich hauptsächlich der Rosalie. Alles was mit so einem Besuch zusammenhing hatte für mich einen besonderen Zauber. Grossmama wohnte seit meiner frühesten Jugend und noch bis zum Jahre 1902 im Winter auf dem Parkring Nr. 20 im dritten Stock. Schon die Stiege, die ich genau anderthalbmal so breit in Erinnerung habe wie jede andere Stiege, vermutlich weil ich selbst im eindrucksfähigsten Alter anderthalbmal so klein war wie ein Erwachsener, diese Stiege schien mir warm und behaglich, und den Geruch nach Leuchtgas und Kautschukteppichen, der darin herrschte, fand ich höchst angenehm und vornehm zugleich. Oben bei der Grossmama wurde man aufs liebevollste empfangen. Der Speisezettel enthielt ausschliesslich Lieblingsspeisen und wenn auch Verbote existierten, wie z.B. dass man nicht alles in die Hand nehmen dürfe, was herumstand, empfand ich das nicht als Schikane. Bei der Grossmama war man ja selbstverständlich „brav". Ich hielt mich aber hauptsächlich bei Rosalie auf und da war alles auf mein Vergnügen abgesehen. Übrigens erinnere ich mich nicht, dass etwas Besonderes geschehen wäre; ich kochte, zeichnete oder las, nicht viel anders als zu Hause. Aber die Atmosphäre war eine andere, oh, eine ganz andere! Um den Unterschied deutlich zu machen, müsste ich auch über unsere alte grantige Kinderfrau schreiben, und das will ich nicht. Mit wenig Worten wäre der Fall nicht zu erledigen und viel Worte will ich ihm, da er ein unangenehmer ist, nicht widmen; also geschwind zurück auf den Parkring.

Auch in späteren Jahren war die mir so liebe Stiege der Auftakt zu erfreulichen Stunden. Am Neujahrstag und am 2. Februar, Grossmamas Geburts- und Namenstag, gingen wir hinauf um zu gratulieren oder vielmehr um ein herrliches Gabelfrühstück einzunehmen, wie es gar nicht mehr vorkommt, denn wie vieles wirkte da zusammen: Nicht nur der Tee mit Schlagobers, die feinen Sandwiches und Bäckereien, wie sie nur die Rosalie mit solcher Liebe herstellen konnte, gehörten dazu, nein, auch unser Jugendappetit, das Traditionelle, feierlich Regelmässige der Sache und vor allem der Umstand, dass keine Erwachsenen an dem Frühstück teilnahmen. Sie waren anständig genug, im Nebenzimmer, im Salon zu bleiben, und wir konnten essen was und so viel wir wollten. So etwas bleibt in Erinnerung.

Die Großmutter Marie Kallmus

Die gute Rosalie hatte immer Zeit und Zärtlichkeit für uns Kinder und selbst wenn sie sich einmal im Ernst über uns ärgerte, so ritzte das nicht einmal die oberste Oberfläche ihrer Liebe. Meist war ihr Tadel übrigens nur humoristisch, und obwohl ihre Ausdrücke regelmässig wiederkehrten, mussten wir doch regelmässig darüber lachen. Schlug eines von uns die Tür zu, so hiess es nur ganz trocken: „Schau, ob's zu ist!" Redete Paul seinen beständigen närrischen Unsinn, mit dem er das alte Kinderfräulein bis aufs Blut zu seckieren pflegte, so fragte sie diese mit unerschütterlichem Ernst: „Hören Sie etwas, Fräul' n Elise? Ich höre gar nichts. Da muss ich rein zum Gruber (dem Ohrenspezialisten) gehen!" „Gimpel! Hätt' ich bald g'sagt!" war ihr Ausruf, wenn sie eine besondere Dummheit tadeln wollte, und so noch mehreres. Dabei ist aber bemerkenswert, dass keiner von meinen Brüdern – und sie waren zum Teil wahrhaftig nicht leicht zu lenken – dass keiner je frech oder unfolgsam gegen Rosalie war oder dass es je Szenen oder Klagen bei ihr gegeben hätte. Herzensgut, gerecht und nie launisch zu sein ist eben schon sehr viel Pädagogik!

Die gute Rosel, das Rosshaar, das alte Ross, wie sie aus Zärtlichkeit bei uns gerufen wurde, war ein goldtreuer, gerader Mensch; eine Diplomatin war sie nicht, im Gegenteil. Sie war fähig, unglaublich ungeschickte Sachen zu sagen und zu tun, wenn das Herz ihr nicht diktierte, und ich höre noch die verschiedenartigen Tonarten, in denen das „aber Rosalie!" darauf zu folgen pflegte: ärgerlich von meiner Grossmama, liebevoll, mit leisem Vorwurf von Mama, sehr gereizt von meinen Tanten Ella und Sofie. Die Tanten waren sehr empfindlich und schwer zu behandeln; sie hatten nicht die selbstlose Güte meiner Mutter, waren sich aber nicht klar darüber und konnten es nie verstehen, warum gerade diese Schwester solche unbegrenzte Liebe und Verehrung genoss. Sie sahen nicht ein, dass Mama, wenn sie der Liebling ihrer Mutter war, nur erntete was sie ihr Lebtag lang gesät und wirklich im Schweisse ihres

Angesichts gesät hatte, denn die Stellung zwischen ihrem Mann und ihrer Mutter, die sie beide durch absolute Selbstlosigkeit verwöhnt hatte, mag in früheren Zeiten oft eine sehr schwere gewesen sein. Nun aber, pekuniär ohne Sorgen, verehrt und geliebt, ja von ihrer Mutter über alles geliebt, schien sie ihren Schwestern sehr beneidenswert und es gab fortwährend kleine und grosse Eifersuchtsszenen, wenn diese Liebe gar zu stark zum Ausdruck kam. Da wäre ein Diplomat sehr wünschenswert gewesen, um Manches zu vertuschen oder zu verschweigen, aber das war nicht die Sache der guten Rosalie; sie hatte, wie gesagt, sogar noch ihre eigenen kleinen Ungeschicklichkeiten und Rücksichtslosigkeiten und das ergab dann, was wir auf gut wienerisch „der Rosalie ihre Stückerln" zu nennen pflegten. Ein charakteristisches ist vielleicht folgendes:

Meine Grossmutter verbrachte als alte Frau am Anfang des Sommers stets einige Wochen bei uns in Neuwaldegg und fuhr dann mit Rosalie und meiner damals schon verwitweten Tante Ella nach Reichenau, wo sie seit undenklichen Zeiten eine Sommerwohnung innehatte. Mehrmals schon hatte Tante Ella den Zeitpunkt der Abreise zu spät erfahren und es herrschte bereits einige Gereiztheit über diesen Punkt. Daher frug Mama, die immer für alle an alles dachte, einmal vor so einer Reise: „Rosalie, weiss die Ella, dass Ihr übermorgen nach Reichenau fahrt, habt Ihr es ihr gesagt?" Rosalie: „Ich glaube nicht, ich kann mich nicht erinnern." Mama: „Aber Rosalie, ich bitte Dich, fahr' gleich in die Stadt und entschuldige Dich! Sie hätte das doch früher erfahren müssen." Später kam Rosalie aus der Stadt zurück und sagte mit etwas zweifelndem Gesicht zu Mama: „Du, ich glaube, ich habe eine Dummheit gemacht ..." Mama: „Was hast Du denn gesagt?" Rosalie: „Ich hab' halt gesagt: no Ella, haben Sie schon eingepackt für Reichenau? Wir fahren übermorgen." Mama: (verzweifelt den Kopf schüttelnd) „Aber Rosalie!!!"

Wenn ich selbst, als schon Erwachsene, im Laufe des Sommers nach Reichenau kam, um Grossmama zu besuchen, wurde ich jedesmal am Bahnhof in Payerbach von Rosalie mit grosser Freude und Zärtlichkeit empfangen. Auf der Wagenfahrt nach Reichenau erfuhr ich dann die harmlosen Neuigkeiten und auch, dass Grossmama oft sehr brummig und Tante Ella oft sehr gereizt sei. In Reichenau erzählte mir dann die „altera pars" die Stückchen der guten Rosel, aber keineswegs humoristisch; wie sie unter anderem immer ins Zimmer hereinplatze und aus ihren Gedanken heraus, die natürlich niemand kennen konnte, die sonderbarsten abrupten Fragen stelle, wie z.B.: „Ob der Hofrat heuer wieder in Aegyd sein wird?" Grossmama (gereizt): „Wer Rosalie? Wen meinen Sie denn?" Rosalie: „No, den Arnold Hälbig." Dieser Arnold Hälbig war ein junger Mensch, den Grossmama vielleicht kaum je gesehen hatte, der Neffe unserer Kinderfrau, und wie konnte man wissen, dass Rosalie ihm wegen seines arroganten Wesens in ihren Gedanken den Namen „der Hofrat" gegeben hatte? Da folgte freilich das übliche: „Aber Rosalie!" in ziemlich gereiztem Ton.

Das waren ja nur Kleinigkeiten, wenn aber zwischen solchen kleinen Gereiztheiten nicht Strecken der Liebe und der Teilnahme liegen, sondern nur ödes Zusammenleben, so gibt das kein heiteres Bild, und es gehörte Rosaliens glückliches Temperament dazu, dabei den Humor nicht zu verlieren. Ich selbst war übrigens viel zu unbeobachtend, um diesen Zustand so recht zu merken – vielleicht war er auch gerade wenn ich dort war weniger auffallend, denn ein neuer Ankömmling bringt in solche stagnierende Gesellschaft immer eine freundlichere Note – kurz, ich fand Reichenau den Gipfel der Gemütlichkeit. Es hatte für mich immer noch etwas von dem Zauber der Kinderzeit, da mir der nicht grosse Garten noch unerforschte Gebiete und romantisch versteckte Gartenhäuschen zu bergen schien, und ich hätte beinahe unterschrieben, was mein Bruder Kurt als Kind behauptet hatte: bei der Grossmama in Reichenau ist alles besser als zu Hause, nur die Kerzen sind gleich!

Es war zwar nur eine gemietete möblierte Sommerwohnung, die Grossmama seit vielen Jahren in der Villa Fischer bewohnte, aber das Haus war hübsch gebaut, mit auffallend grossen Zimmern und guten Türen und Fenstern, die Möbel waren altväterisch und inoffensiv, dazu hatte sich im Laufe der Jahre so viel der Grossmama Gehöriges an Gebrauchs- und Ziergegenständen angehäuft, dass entschieden der Eindruck des eigenen Heims erweckt wurde. Nicht zum wenigsten trug zu diesem Eindruck die Fülle von Blumen bei, mit der die ganze Wohnung geschmückt war. Jede wa[a]grechte Fläche, einschliesslich des verschliessbaren Waschtisches mit seinem winzigen Lavoir und dem runden Porzellankrüglein, trug eine Vase mit Blumen. Das war Rosaliens Werk und fast ihre einzige Freude. Auf ihren Spaziergängen mit Grossmama sammelte sie täglich eine Menge Blumen, – recht wenig offene Blüten, möglichst lange Stengel und recht viel Grün, das war ihr Prinzip. – Die Flora im Tal war schon sehr reichhaltig, und was Rosalie nicht so leicht erreichen konnte, schöne Alpenpflanzen von Rax und Schneeberg, das brachte ihr ein bekannter Bergführer und Holzknecht, der Lanner-Hansl mit. Jeden Vormittag wurden Stunden (oder schien es nur der Grossmama so lange?) damit verbracht, diese Blumen zu pflegen, die verwelkten zu entfernen und die übrigen neu und sehr hübsch zu ordnen. Wir staunten immer, mit welcher Geschicklichkeit und welchem Geschmack Rosels eher harte, knochige Hände da zu Werke gingen.

Das Jahr 1894 brachte für uns alle, einschliesslich der Rosalie, eine Quelle der nachhaltigsten Freuden, denn in diesem Jahre kaufte mein Vater ein sehr schön gelegenes, aber gänzlich verwahrlostes Bauerngut im Gebirge, in der

Nähe von St. Aegyd; es trug den Hausnamen „der Hochreiter". Bald darauf erwarb er noch ein paar angrenzende, ebenso vernachlässigte Bauernbesitze, so dass nach einigen weiteren Arrondierungskäufen ein geschlossener Komplex von über viertausend Joch beisammen war, ein Gut, das den Namen „die Hochreit" erhielt. Mit Absicht habe ich die Vernachlässigtheit der Bauernbesitze hervorgehoben, denn gerade durch sie wurde das Gut zu einem kleinen Juwel für den Natur- und Blumenfreund oder für den Maler; gerade die Verwahrlosung machte es ausserordentlich abwechslungsreich. Die weiten verkarsteten Schläge, auf denen die Sonnenglut zitterte, die einzelnen hohen Grenzbäume am Waldrand, die schwarz und auffallend über die anderen hervorragten, die schlängelnden Bäche im Tal, die Felsen an den Berghängen, die Waldwiesen, die schönen Birken mit ihren ausdrucksvollen Bewegungen, die unerwarteten Ausblicke auf die fernen Berge, alles war von unbeschreiblicher Schönheit. Und diese abwechslungsreiche, gänzlich ungepflegte Gegend besass auch eine äusserst abwechslungsreiche Flora. Sumpfige Wiesen und ausgedörrte Lehnen, Wälder und Lichtungen, jede Stelle hatte ihre eigentümlichen Blumen und in welcher Fülle! Beete, ja Felder von Maiglöckchen im Frühling, von Enzian im Sommer, von allen möglichen Blumen zu allen möglichen Jahreszeiten! All diese Herrlichkeit existiert nicht mehr, sie musste längst sogenannten praktischen Verbesserungen weichen, und was jetzt den Namen „Hochreit" trägt, könnte beinahe ebenso gut auf einem ganz anderen Fleck Erde liegen. Doch ging das Zerstörungswerk, das mich viele Tränen gekostet hat, ja nur langsam vor sich und viele Jahre haben wir uns der wirklichen „Hochreit" gefreut, Rosalie als eine der Begeistertsten.

Mein Vater hatte rasch einige Blockhäuser, später auch ein Steinhaus aufführen lassen, um die grosse Familie aufzunehmen, und dazu die schönste Stelle gewählt: ganz in der Nähe des zuerst gekauften Bauernhauses, des eigentlichen „Hochreiters", an der Lehne eines Berges gelegen. Dieser Berg bildet einerseits den Abschluss eines in der Richtung gegen den Schneeberg laufenden engen Tales, andererseits – mit einem Sattel – die Wasserscheide zwischen den Tälern der Schwarza und der Traisen, und so sieht man auch aus den Fenstern sowohl den breiten, massiven Schneeberg im Schwarza-Gebiet, als auch die scharfen Felsen des Gippel auf der Seite der Traisen. Zwischen beide schiebt sich ein grüner Waldberg und alle Linien sind so schön angeordnet, dass man an dieser Aussicht täglich und stündlich seine Freude haben muss.

Wir brachten nun jedes Jahr die Ferienmonate alle zusammen auf der Hochreit zu und jedes Jahr kamen auch Grossmama und Rosalie für ein paar Wochen hinauf, eine Zeit, auf die sich Beide in gleichem Masse freuten. Sie kamen im Wagen von Reichenau und zuletzt durch das enge Tal, dessen Abschluss unser Berg bildet, und Grossmama erzählte mir oft, wie sie Beide schon lange vorher auf eine gewisse Biegung des Weges warteten, bei der zum ersten Mal das enge Tal sich öffnet und den Blick auf die Häuser der Hochreit freigibt.

Dort oben hatte nun Rosalie wirklich ganz ungetrübt schöne Tage; sie war mit den Leuten zusammen, die sie liebte, und ausser den kleinen persönlichen Dienstleistungen für Grossmama hatte sie nichts zu tun, als was ihr Freude machte. Und wie sie das genoss, wie sie täglich meinen Vater, den sie überhaupt dankbar verehrte, für den Hochreitkauf lobte und bewunderte! Hier konnte sie sich ganz ungestört mit ihren geliebten Blumen beschäftigen! Schon am frühen Morgen sah man sie mit einem Korb, in dem sich eine Kanne mit Wasser und frische Blumen befanden, zu der Kapelle gehen, die sich einige hundert Schritte vom Hause entfernt an der Stelle befindet, wo man von St. Aegyd über den Sattel kommend zum ersten Mal „die Hochreit" sieht. Diese Kapelle wurde täglich als Erstes geschmückt, die Blumen auf dem Altar mit frischem Wasser versehen und das Öl des „ewigen Lichtes" ergänzt. Dann wurden im Hause die Vasen, Krüge und Ampeln vorgenommen und am Nachmittag musste wieder ein weiter Spaziergang gemacht werden, um neue Blumen zu sammeln. Kam endlich der schwere Abschied von der „Hochreit" für Grossmama und Rosalie, dann war es schon die Zeit der bunten Beeren und des Enzians und grossmächtige Sträusse wurden sorgfältig auf den Wagen gebunden; ich glaube, Rosalie hätte lieber alles andere Gepäck zurückgelassen als diese Erinnerungssträusse! Die schöne Zeit auf der Hochreit bildete dann das beliebteste Gesprächsthema beinahe das ganze Jahr hindurch bis zum neuen Hochreiter Aufenthalt! Gute alte Rosel!

Rosalie war zweiundfünfzig Jahre bei Grossmama gewesen, hatte Freud' und Leid mit ihr geteilt, und es war doch auch manches Goldkörnchen der Liebe da zwischen den Beiden, wenn auch vergraben unter dem Sand der kleinen täglichen Reibereien. Da starb Grossmama und hinterliess ihrer Gesellschafterin ein kleines Vermögen und ihre schönen Möbel. Nun war Rosalie ihre eigene Herrin, hatte ihre eigene sehr hübsche Wohnung und ein Dienstmädchen, und es war sehr behaglich bei ihr. Sie wohnte in demselben Hause wie meine Schwester Lenka, die nun selbst schon Kinder hatte, denen Rosalie ebenso das Urbild der Gemütlichkeit war, wie uns als Kindern. Sie erhielt auch oft Besuch, und da musste ich immer wieder den selbstverständlichen Takt bewundern, mit dem sie Damen empfing, die seinerzeit bei Grossmama verkehrt hatten. Ihre frühere Stellung wurde weder verborgen noch hervorgekehrt, sie empfing die Damen auf die freundlichste Weise, legte aber gar keinen

Wert auf diesen Verkehr oder zog gar irgendwelche falsche Konsequenzen aus solchen Besuchen. Sie war eben immer natürlich und so, wie sie in ihrem Arbeitsanzug, der Waschstoffbluse und der gestreiften Schürze richtig angezogen erschien, so erschien sie es auch in ihrem langen schwarzen Moirékleid, ihrem besten und vornehmsten Kleidungsstück, das ihr Lenka hatte machen lassen.

Ein Wort über Rosaliens äussere Erscheinung wäre hier einzuflechten. Sie war gross, hatte eine knochige Rassegestalt und hielt sich immer kerzengerade. Ihr ernstes Gesicht wies grosse Züge auf, und manche fanden ihr Profil dem Dantes ähnlich; mein Vater brachte ihr deshalb einmal zum Scherz eine Kamee mit einem Dante-Kopf aus Italien mit. Wenn von so einer Ähnlichkeit überhaupt gesprochen werden konnte, zeigte das wohl, dass ihre charaktervolle Persönlichkeit in einem Charakterkopf zum Ausdruck kam. Und was für eine angenehme Persönlichkeit war es überdies! Ich verglich sie oft mit gutem Brot, das auf jeden Tisch und zu jeder Gelegenheit passt, und der Vergleich stimmt auch darin, dass man das gute Brot isst, ohne seinen Geschmack zu merken und ohne darüber zu reden. Rosalie war ein unendlich angenehmer Hausgenosse. Mein Vater, der äusserst empfindlich in dieser Beziehung war und nicht leicht jemand täglich an seinem Tisch sehen mochte, hatte Rosalie sehr gern und freute sich, wenn sie wochenlang bei uns lebte, wie das nach Grossmamas Tod oft geschah. Er neckte sie freundlich und sie verstand jeden Spass, aber nie fing sie ein Gespräch an oder machte sich bemerkbar. Das gute Brot war da, aber man merkte es kaum.

Als Rosalie in ihrer letzten Lebenszeit, – das war während des ersten Weltkrieges, – zu kränkeln begann, nahm sie meine Mutter zu sich ins Haus und sie verbrachte noch liebe Tage bei uns, stets den lebendigsten Anteil nehmend an allem was uns betraf. Sie erlebte noch die Rückkehr meines Bruders Paul, ihres besonderen Lieblings, der im Winter 1916 als Austauschgefangener einarmig aus Sibirien heimkam. Und Paul bewies ihr seine herzliche Zuneigung, indem er seinen Spass mit ihr trieb und ihr Zimmer täglich mit schönen Blumen versorgte, was sie beides dankbarst genoss. Heiter und dankbar blieb Rosalie bis zu ihrem Tod, und während ich diese Zeilen schreibe fühle ich noch die Wärme, die bis zuletzt von ihr ausstrahlte und um derentwillen ich ihr dieses kleine Denkmal errichten möchte.

***

Wien im Oktober 1948

Ich habe mir vor nicht langer Zeit auf diesen Blättern die Frage gestellt, in welche Richtung mich diese Erinnerungen wohl führen werden und wie sich einmal das Abschlusskapitel gestalten werde. Damals ahnte ich nicht, woran ich mit dieser Frage rührte, aber das Schicksal selbst hat mir seither durch ein schweres Familienunglück den ernsten Gedankenweg unabweichbar vorgezeichnet und dieses letzte Kapitel muss ein Nachruf werden für eine geliebte Tote.

Eine der mir liebsten, nahestehendsten Gestalten, die noch vor kurzem als glückliche Gattin und Mutter von sieben wohlgeratenen Kindern den lebensfrohen Mittelpunkt ihrer Familie bildete, meine geliebte Nichte und Adoptivtochter Mariechen Stockert-Wittgenstein ist nicht mehr! Sie wurde auf der Höhe ihres Lebens, kurz nach der Feier ihrer silbernen Hochzeit, ganz plötzlich und schmerzlos vom Tod hinweggerafft; ihr also soll dieses Abschlusskapitel zum Abschied gewidmet sein und es soll versuchen, ein Erinnerungsbild von ihr heraufzubeschwören. Ihr Tod hat ja für alle, denen sie nahe stand und denen sie unendlich viel bedeutete, die Welt auf die traurigste Weise verändert und aus den Herzen aller dieser möchte ich sprechen, wenn das Erinnerungsbild Gestalt gewinnen soll.

Einer der stärksten Eindrücke vom Wesen meiner geliebten Nichte drängte sich gewiss uns allen beim Fest der silbernen Hochzeit am 26. Juni 1948 auf, denn im Lichte jener Feier schienen ihre schönen und doch so anspruchslosen Eigenschaften gleichsam wie in dem Brennpunkt einer Linse gesammelt, doppelt hell aufzuleuchten und doppelte Wärme auszustrahlen, ein beglückendes Schauspiel für alle die vielen anwesenden Familienmitglieder und Freunde! Und was waren diese Eigenschaften denn Anderes, als die reinste Menschlichkeit, die sich jederzeit in Anteilnahme, Hilfsbereitschaft, Friedlichkeit den Mitmenschen gegenüber geäussert hatte, mochten es nun Verwandte, Freunde oder Untergebene sein. Dass nun eben an diesem Festtage so viele verschiedenartige Menschen das Strahlende gemeinsam und eindeutig empfanden, dass so viele Herzen dem einen Herzen Antwort gaben, das wirkte ergreifend und der Eindruck wurde noch erhöht dadurch, dass die Gefeierte selbst den Tag bewusst als die Krönung ihres Daseins ansah!

Sieben Wochen später war sie nicht mehr unter den Lebenden. Sie hat die Ihren in Trauer zurückgelassen, sie hat ihnen aber auch ein unvergängliches Erbe hinterlassen in ihrer ganz schlichten hohen Lebensauffassung und in der Gabe Frieden zu verbreiten. Dieses Erbe zu hüten wird das Bestreben aller Zurückbleibenden sein und es wird sie doppelt aneinander binden.

Ich lasse nun meine Gedanken zur Kinder- und Jugendzeit der Entschwundenen zurückschweifen und staune dabei über die Einheitlichkeit ihrer Entwicklung, die mir wie das ganz allmähliche Wachsen und Entfalten einer edlen Blüte vorkommt. Da sehe ich zuerst das herzige, kleine Mädchen, das durch seine Klugheit und Umsicht die Freude meiner beiden Eltern bildete, dann zeigt sich mir deutlich die Zwölfjährige, wie sie, flankiert von zwei Freundinnen einmal vor mir herschritt und bloss durch Gang und Gestalt den bezeichnenden Gedanken in mir erweckte: „Diese Eine sieht aus wie die verkörperte Verlässlichkeit, an diese würde ich mich, wenn ich Hilfe brauchte, wenden, noch ehe ich ihr Gesicht gesehen, oder ihre Stimme gehört hätte."

Mariechen im Alter von ca. 12 Jahren

Ich sehe Mariechen dann während des ersten Weltkriegs, wie sie ihre Freizeit mit Freuden dem Nähen von Soldatenwäsche widmet und ich sehe sie zu meiner eigenen grossen Freude bald ein lebhaftes Interesse an dem Gut Hochreit nehmen, das mir im Jahre 1913 durch Erbschaft zugefallen war. Ihr ungewöhnlich eingehendes Interesse an den Menschen und Dingen auf dem Gut verlockte mich, ihr trotz ihrer Jugend alles zu berichten, oder zu zeigen, was sich dort ereignete und aus solcher unmerklichen Mitarbeit ihrerseits erwuchs ihr tiefes Zusammengehörigkeitsgefühl zu diesem Fleck Erde, ein Gefühl, das sich mit den Jahren noch verstärkte und am natürlichsten zutage trat, als im Jahre 1939 ihre Mitarbeit in teilweisen Mitbesitz überging.

Aber auch ausserhalb des Gutsbetriebes war es mir schon früh zur lieben Gewohnheit geworden, mit meiner jungen Nichte alles zu besprechen, was mich bewegte, denn der Ernst ihrer Anteilnahme und ihre, stets den Nagel auf den Kopf treffende Klugheit liessen sie als die geborene Ratgeberin erscheinen, wie das daher später in ihrem Freundeskreis geradezu sprichwörtlich wurde bei alt und jung. So wuchs sie stetig und gleich erfreuend an Körper, Geist und Seele heran, bis sie sich schliesslich als Gattin und Mutter vor immer grössere und beglückendere Aufgaben gestellt sah. Der Vergleich mit einer sich entfaltenden Blüte scheint mir immer zutreffender zu werden, denn Alles, was wir von jeher an ihr gekannt hatten, ihre unverrückbare Ehrlichkeit sich selbst und anderen Gegenüber, ihre Herzenswärme und Wohlwollen, auch ihr lebendiger Sinn für Humor und ihre Gabe sich an allem Guten und Schönen auf eine so liebe und unschuldige Weise, fast wie ein Kind, aus vollem dankbaren Herzen zu freuen, alles das gewann immer noch gleichsam an Farbe und an greifbarer Gestalt! So steht Mariechen im zweiten Drittel ihres Lebens als eine vollerblühte mütterliche Frau vor mir und diese schöne Phase fällt zusammen mit dem letzten Glanz einer scheinbar noch stabilen Umwelt, eines gesicherten freundlichen Daseins.

Dann aber nahte sich ihr schrittweise und immer härter die letzte Schule, es kamen die bitteren Jahre zwischen 1938 und 1946, über die ich nur schweren Herzens schreibe, denn wenn die Zeit auch ihrer Seele einen unerhörten Tiefgang erteilt hat, so hat sie doch gewiss ihren Körper, dessen Widerstandskraft wir alle überschätzt haben, ebenso unerhört beansprucht. Wie sehr Mariechen unter den Greueln und der Schmach der Hitler-Herrschaft litt – für Andere litt – will ich nicht näher ausführen, ich will vor allem die ernsten pädagogischen Probleme zur Sprache bringen, vor die sie sich als Mutter von sieben heranwachsenden Kindern durch das Hereinbrechen dieser Gewaltherrschaft gestellt sah. Es gab ja keine Möglichkeit, ihre Kinder, deren keines in diesem Zeitpunkt auch nur das vierzehnte Lebensjahr überschritten hatte, dem Zwang der nationalsozialistischen Erziehungs- und Anschauungsweise zu entziehen; nur ein unablässiges Lenken in der Richtung des Guten und Rechten war als Möglichkeit geblieben! Und diese stetige Kleinarbeit, die naturgemäss mehr Sache der Mutter als des Vaters ist, leistete meine Nichte Mariechen ohne grosse Worte oder Verbote, einfach indem sie ihren Kindern die Grundsätze von Rechtlichkeit, Gottesfurcht und Menschenliebe als etwas selbstverständliches einpflanzte und indem sie gleichzeitig mit ihrem Gatten die richtige Atmosphäre schuf, um diese Grundsätze gedeihen und erstarken zu lassen. So einfach und einleuchtend schien das alles, weil es Mariechens innerstem Wesen entsprach und doch geschah es als Gesamtheit vollkommen bewusst und im vollen Gefühl der Verantwortung.

Stärkster Helfer bei der Lösung aller dieser Aufgaben, daher auch den Machthabern äusserst verdächtig, war der katholische Glaube, dem die Kinder in voller Aufgeschlossenheit hingegeben waren und es soll den bösen Geist jener bösen Zeit charakterisieren, wenn ich erzähle, dass der älteste Sohn Ludwig mit einigen Mitschülern der siebenten Gymnasialklasse zur grossen Beunruhigung der Eltern zwei Tage und eine Nacht von der „Gestapo", der geheimen Staatspolizei festgehalten und einem langen Verhör unterzogen wurde, nur weil sie alle als gläubige Katholiken und ehemalige Schüler des Schottengymnasiums fälschlicherweise der Teilnahme an einer geheimen katholischen Organisation bezichtigt waren. Dass trotz dieser unterirdisch drohenden politischen Strömung Hanna, die Älteste, ihre religiösen Pflichten auch im nationalsozialistischen Arbeitsdienst auf das Gewissenhafteste erfüllte, ohne dabei doch die anstrengende Arbeit als bäuerliche Helferin zu vernachlässigen, zeigt die Festigkeit der Grundsätze, die die Kinder aus dem Elternhaus mitbekommen, sozusagen mit der Muttermilch eingesogen hatten.

Marie (Mariechen) von Stockert
als junge Frau

Marie von Stockert mit dem
ältesten Sohn Ludwig

Diese Grundsätze hielten auch der Verschärfung der Probleme stand als nach mehrjähriger Kriegsdauer, im Jahre 1943, Mariechens drei Söhne zum Waffendienst einberufen wurden und als schliesslich zwei von ihnen – noch halbe Kinder – in den Krieg ziehen mussten! Zu dieser Zeit wurde in einzelnen anti-nationalsozialistischen Familien nämlich die Ansicht vertreten, man habe als patriotischer junger Österreicher geradezu die Pflicht, dem herrschenden Regime keine Dienste zu leisten, sondern man habe, wenn sich die Möglichkeit dazu bot, je eher je lieber zu einer militärischen Einheit der Westmächte überzugehen, dadurch spare man seine Dienste für ein späteres, besseres Österreich auf. Aber trotz dieser, allerdings nur scheinbar stichhältigen Motivierung konnten weder meine Nichte, noch ihr Gatte oder ihre Söhne sich eine derarte Anschauung zu eigen machen; sie vertrug sich nicht mit ihrer aufrechten, opferwilligen Haltung jeder Pflicht gegenüber. Ja Mariechen lehnte es sogar ab, irgend eine noch so legale Beeinflussung nach irgend einer bestimmten Richtung hin für ihre Söhne auszuüben; sie hatte für alles derartige die Bezeichnung „Schicksal spielen" und davon hielt eine fromme Scheu sie ab.

So komme ich jetzt zu den schweren Prüfungen, die ihr das letzte der Kriegsjahre und das erste nach dem Waffenstillstand brachten, ich meine die Bombenabwürfe auf Wien und, weit bitterer als alles Andere, das gänzliche Fehlen jeder Nachricht von den beiden eingerückten Söhnen, das mit dem Zusammenbrechen der Fronten eingesetzt hatte. Wohl mag man sagen, das waren die Prüfungen, die in dieser Zeit des Entsetzens unzähligen anderen Müttern auferlegt, ja oft noch unendlich härter auferlegt waren, aber wird dadurch die Angst um die eigenen Kinder weniger unerträglich qualvoll? Und ist nicht für uns, denen Mariechen nahe stand, ihr Fall ein Einzelfall?

Unvergesslich in Hinblick auf Mariechens starke Seele und ihren nicht starken Körper sind mir zwei Gespräche mit ihr. Das erste im Jahr 1944 zeigte mir erschütternd, was sich abspielte, wenn das Zeichen der herannahenden

Luftangriffe ertönte, ehe das jüngste Kind, die kleine Therese, von der Schule heimgekommen war: Mariechen will ihr entgegeneilen, aber die Aufregung statt ihre Schritte zu beflügeln hindert sie beinahe daran, die fünf Stockwerke hinunter zu gelangen und lässt sie den nicht weiten Weg nur atemlos zurücklegen. Es scheint ihr eine Ewigkeit zu dauern bis sie die kleine Gestalt entgegenkommen sieht und fast keuchend schliesst sie sie endlich in ihre Arme! Das zweite Gespräch, viele Monate nach Kriegsschluss geführt, liess mich die Frömmigkeit ahnen, mit der ihre Seele die unausgesetzte Angst um die beiden eingerückten Söhne, von denen damals jede Nachricht fehlte, Gott darbrachte. Alles, auch das Schwerste, sah sie als eine Aufgabe an, die ihr zum Segen auferlegt sein sollte, aber diese Frömmigkeit barg sie in der Tiefe ihrer Seele; darüber gebreitet lagen Freundlichkeit und ruhige Heiterkeit allen Menschen gegenüber und das scheint mir einer ihrer rührendsten Züge. Es wusste auch kaum jemand um die grosse innere Wandlung, die sie in den letzten Jahren durchgemacht hatte: protestantisch erzogen, wenn auch ohne jede Betonung des eigentlich Religiösen, hatte sie nach und nach ein lebendiges Verhältnis zum katholischen Glauben gewonnen, der ihren Kindern so viel bedeutete und der ihr durch die Erfüllung eines wirklichen religiösen Bedürfnisses, Glück und seelischen Halt gab. Dass mit diesen seelischen Vorgängen auch körperliche Veränderungen Hand in Hand gehen mussten, scheint selbstverständlich, nur nahm sie niemand von uns bewusst wahr, weil sie so allmählich kamen. Erst nach Mariechens Tod traf es mich einmal wie ein Blitz ins Herz, als ich die Photographie ansah, die anlässlich der silbernen Hochzeit von ihr hergestellt worden war: da schien mir plötzlich aus diesen Augen die Seele so unmittelbar hervorzublicken, als könne sie jeden Augenblick den Körper verlassen und ein Eigenleben unter uns führen! Und ich frug mich erschrocken, wieso uns dieser Eindruck im Leben so vollkommen entgehen konnte? Die rosige Farbe des Gesichts hatte uns getäuscht und gerade die Nächststehenden sehen meist nur, was von Tag zu Tag an der Oberfläche vorgeht.

Marie von Stockert

Das Schicksal hat sich Mariechen gnädig erwiesen, denn von beiden Söhnen liefen schliesslich Nachrichten ein, beide kamen aus der Gefangenschaft heim, gesund an Leib und Seele und wir alle sahen mit Freuden, dass der fast knabenhaft liebe Ausdruck, mit dem die beiden seinerzeit ins Feld gezogen waren, nicht von ihrem Gesicht verschwunden war. So konnte Mariechen denn beglückt und beglückend zwei reiche Jahre der Ernte dessen geniessen, was sie gesäet hatte. Nur gleichsam unterirdisch und ihr selbst kaum bewusst, schwelte eine Angst in ihr fort, vor dem drohenden Schatten eines neuen Krieges, der ihre drei Söhne verschlingen konnte; oder richtiger gesagt, war es geradezu die Angst vor der Angst, in die dieser neue Krieg sie stürzen müsste und die zu ertragen sie einfach nicht mehr die Kraft in sich fühlte. Wer sie einmal in einem elementaren Ausbruch dieser Empfindungen gesehen hatte, konnte den erschütternden Eindruck nicht vergessen, wenn auch alles rasch wieder in die Tiefe zurückgestaut und vom Alltag bedeckt war.

An der Oberfläche blieben Fragen, die Mariechen oft – nicht etwa ängstliche, sondern nur mit einer Art von heiterem Ernst – an ihren Gatten oder ihre nächsten Freundinnen richtete. „Ist das Gebäude des guten Willens und der schönen menschlichen Beziehungen, das ich bemüht war um mich herum aufzurichten, noch von mir abhängig? oder kann es auch ohne mein fortwährendes Arbeiten, der Zeit und der Verschiedenartigkeit der Menschen standhalten?" Dies frug sie sich unablässig, während sie bewusst jedes eigene Verhältnis zu den Menschen vertiefte und schöner gestaltete. Und noch etwas lag ihr sehr am Herzen, das war der Jugendverkehr ihrer Kinder. Sie wollte nicht, dass diese die Fröhlichkeit ausserhalb des Elternhauses suchten, sondern die Kinder sollten Fröhlichkeit ins Haus ziehen; daher begünstigte sie es freudig, dass sich um die älteren Kinder nach und nach ein liebenswerter Kreis von charakterlich sympathischen, fröhlichen jungen Leuten beiderlei Geschlechts sammelte. Mariechen interessierte sich für jeden einzelnen und eine grosse Freude bereitete es ihr und ihrem Gatten in den beiden letzten Jahren, die jugendliche Schar auf die Hochreit einzuladen. Da erschallte das Familienblockhaus, das schon unter zwei Generationen gedient hatte und in dem jetzt Mariechen so umsichtig für mich und für ihre vielen alten und jungen Gäste sorgte, fast ununterbrochen von frohem Lachen und sie selbst genoss diese Atmosphäre in vollen Zügen.

Kurze Zeit vor dem unseligen vierzehnten August zerflatterte diese Gästegruppe in alle Winde, neue Gäste rückten nach, darunter ein Neffe von Mariechens Gatten mit seiner jungen Frau und einem, wenige Monate altem Baby, für dessen gesunde Stillvergnügtheit sich meine Nichte geradezu begeistern konnte, in ihrer reizenden mütterlichen Art. Der Neffe war musikalisch begabt und von ihm liess sie sich gerne etwas vorsingen; vor allem liebte sie die Löwe'sche Ballade „Die Uhr" zu hören, zu der sie von langer Zeit her eine besondere Beziehung hatte; meine Cousine Elsa Stradal, deren selten schöne Stimme ich schon einmal erwähnt habe, sang uns diese Ballade, von meiner Mutter begleitet oft auf die ergreifendste Weise vor und jeder der Zuhörer wird sich der lautlosen Stille erinnern, die den letzten Worten und Tönen folgte: „Sieh Herr, ich hab nichts verdorben, sie blieb von selber stehn!" Kein Wort des Beifalls konnte sich da hervorwagen. Dieses Lied wollte Mariechen auch am vierzehnten August sich noch einmal vorsingen lassen, nur bat sie den Neffen, vorher einen Brief an ihre ferne Schwester schreiben zu können; sie zog sich ins behagliche Wohnzimmer zurück, um einen sehr heiteren Brief zu beginnen und mitten in dieser lieben Tätigkeit blieb ihre Lebensuhr plötzlich von selber stehen.

Wie könnte man da noch ein Wort hinzufügen?

Ich kann es nicht und es bleibt mir jetzt nur noch übrig, von diesen Familienerinnerungen wehmütig Abschied zu nehmen. Durch fast fünf Jahre haben sie mir eine beglückende Beschäftigung gegeben, sie haben mir eine längst versunkene schöne Zeit hervorgezaubert und geliebte Verstorbene zu neuem Leben erweckt. Sie haben, was fast das Schönste ist, mich mit meiner Familie, für die ich ja schreibe, besonders verbunden. Wie oft kam Mariechen noch in diesem Sommer mit der Frage in mein Hochreiter Zimmer: „Hast Du wieder etwas neues geschrieben? um dann das

Neue voll Interesse anzuhören und durch Beistimmung oder Kritik gleichermassen anzuregen. Ach, viele habe ich schon durch den Tod verloren, denen ich gerne die ersten Teile vorlas und jetzt lege ich den Übrigen das Ganze in die Hände und denke wieder dabei: „Möchte es ihnen Freude bereiten."

8. April 49 Den Nachruf habe ich geschrieben so gut und ernst als es mir möglich war. Wo aber bleibt eine Spur des wirklich warmen Lebens? Wo bleibt unser lebensfrohes Mariechen? Es ist mir versagt das Kapitel zu Ende zu bringen. Ich fühle mich geistig und körperlich nicht mehr im Stande dazu.[15]

---

15   Diese Zeilen befinden sich auf einem separaten Blatt.

Kommentar

I n d e x : Der auf der ersten Buchseite sich befindliche, in Tinte geschriebener Index von unbekannter Hand, weist Fehler in der Reihenfolge der Nummern auf. Die angegebenen Seitenzahlen beziehen sich auf die Seiten des Original-Typoskripts, nicht auf die Buchseiten der vorliegenden Edition. **16**

S t r a w s h o w s h o w t h e w i n d b l o w s : Vgl. „A straw shows which way the wind blows". Bedeutet, sich ändernde Gegebenheiten zu verstehen und zu akzeptieren. Der Spruch geht zurück auf die Seefahrer, Jäger und Bauern, für die das Wissen um die Windrichtung in Zusammenhang mit ihren Tätigkeiten von Bedeutung war. Der übertragene Sinn des Satzes wurde im frühen 19. Jahrhundert verwendet. Im November 1819 veröffentlichte *The Times* eine Werbung für die Neuerscheinung des Buches *The Political House that Jack Built*, das „A straw – thrown up to show which way the wind blows" sein sollte. **17**

18

F a n n y F i g d o r : Franziska Christine Wittgenstein geb. Figdor: Geb. 7. 4. 1814, Wien; gest. 21. 10. 1890, Wien, Hietzing. Tochter von Wilhelm Figdor und Amalia Figdor geb. Strim, auch Veith. (S. auch McGuinness, S. 49). Am 27. 11. 1839 Heirat mit Hermann Wittgenstein.

W i l h e l m F i g d o r : Wilhelm Figdor: Geb. 23. 3. 1793, Kittsee; gest. 28. 4. 1873, Wien. Großhandelskaufmann. Der Name Figdor ist eine Abkürzung von Avigdor, dem Namen des Gründers der Familie, die zu Beginn des 18. Jahrhunderts in der kleinen Stadt Kittsee (Köpcsény) in Ungarn lebte. Wilhelm Figdor war ein Enkel von Avigdor und Sohn von Isaak Figdor, der in Wien, England und in den Niederlanden die Wollhandlung „Figdor & Söhne", später „Gebrüder Figdor" betrieb, an der seine Söhne Nathan und Wilhelm ab 1836 offiziell beteiligt waren. Wilhelm Figdor nahm regen Anteil am religiösen und caritativen Leben der jüdischen Wiener Gemeinde.

Die Todesanzeige von Wilhelm Figdor befindet sich in der *Neuen Freien Presse* Nr. 3119 vom Mittwoch, den 30. April 1873:

Todes-Anzeige.
Die Gefertigten erfüllen hiemit die traurige Pflicht, Nachricht zu geben von dem sie auf das tiefste betrübenden Ableben ihres innigstgeliebten Vaters, beziehungsweise Bruders, Schwieger- und Grossvaters, des Herrn
Wilhelm Figdor,
Bürgers von Wien und kaisl. köngl. privilegierten Großhändlers, welcher Montag den 28. April 1873 Nachmittags, nach langem Leiden, im 80. Lebensjahre sanft entschlafen ist.

Die irdische Hülle des theuren Verblichenen wird Mittwoch den 30.d.M. um 10 Uhr Vormittags vom Trauerhause: Leopoldstadt, Praterstrasse Nr. 8, nach dem israelitischen Friedhofe nächst Währing überführt und dasselbst zur ewigen Ruhe bestattet werden.

Wien, den 29. April 1873.

Fanny Wittgenstein, geb. Figdor, als Tochter,
Gustav Figdor, als Sohn.
Regine Boskowitz, geb. Figdor, Ferdinand Figdor,
Sigmund Figdor, als Geschwister.
Hermann Wittgenstein, als Schwiegersohn,
Betti Figdor als Schwiegertochter.
Anna Franz, Marie Pott, Josephine Oser, Bertha Kupelwieser, Clara, Lydia, Milly, Clothilde, Paul, Louis und Karl Wittgenstein, Gustav, Josefine, Hermine, Marie, Eduard, Emilie und Wilhelm Figdor, als Enkel.

Gustav Figdor: Geb. 14.4.1816, Kittsee; gest. 26.4.1879, Wien. Privilegierter Großhandelskaufmann und Direktor der „Österreichisch-ungarischen Bank". Gustav Figdor konvertierte zum Christentum und unterstützte literarische und künstlerische Bestrebungen. Er war ein Freund Franz Grillparzers und spielte eine bedeutende Rolle als Mitglied des Gemeinderats in Wien. Gustav Figdor war verheiratet mit Betty und hatte sechs Kinder: Gustav, Eduard, Wilhelm, Hermine, Marie und Emilia, genannt Emmy. Emilia heiratete Michael Hainisch (1858–1940), den ersten Präsidenten der Österreichischen Republik. Sie war ausserordentlich gebildet, von nobler Gesinnung und verschwieg nie ihre jüdischen Wurzeln.

Grillparzer: Franz Grillparzer: Geb. 15.1.1791, Wien; gest. 21.1.1872, Wien. Österreichischer Erzähler, Lyriker und Dramatiker. Wie Grillparzer in seinen Reisetagebüchern festhielt, versuchte Figdor, ihn in die englische Gesellschaft einzuführen. (Vgl. *Wittgenstein in Wien*. Hg. von Allan Janik und Hans Veigl. Wien, New York: Springer, 1998, S. 183)

Grillparzers Tagebuch: Vgl. *Grillparzers sämtliche Werke* in zwanzig Bänden. Hrsg. und mit Einleitungen versehen von August Sauer. Stuttgart: Verlag der I.G. Cotta'schen Buchhandlung. Zwanzigster Band: Inhalt: „Ein Erlebnis" (Aus dem Tagebuche 1822). „Tagebuch auf der Reise nach Deutschland" (1826). „Tagebuch auf der Reise nach Frankreich und England" (1836). „Tagebuch auf der Reise nach Griechenland" (1843). „Erinnerungen aus dem Jahre 1848". „Erinnerungen an Beethoven" (1844–1845).

auf seiner Reise nach England: Vgl. Grillparzers Tagebücher aus oben erwähnter Ausgabe.

Islington: Einst ein verschlafenes Städtchen am Rande von London, das sich ab Ende des 18. Jahrhunderts zu einem wichtigen Stadtteil der City entwickelte.

19 Stammbuchblatt: Das Stammbuchblatt, das Fanny Figdors Bruder Gustav von der Hand Grillparzers erhielt, befindet sich unter den Gedichten im III. Band von *Grillparzers sämtlichen Werken*. Hrsg. und mit Einleitungen versehen von August Sauer. Stuttgart: Verlag der I.G. Cotta'schen Buchhandlung, S. 49.

Metternich: Klemens Wenzel Lothar Graf (seit 1813 Fürst) von Metternich-Winneburg zu Beilstein: Geb. 15.5.1773, Koblenz; gest. 11.6.1859, Wien. Diplomat und Staatsmann im Kaisertum Österreich. 1809 Außenminister, ab 1813 Aufstieg zu einem der führenden Staatsmänner in Europa, der vor allem auf dem Wiener Kongress eine tragende Rolle bei der politischen und territorialen Neuordnung Europas im Sinne eines Gleichgewichts der Mächte innehatte. Als politischer Ausgestalter der Heiligen Allianz stand er als führender Politiker der Restaurationszeit für das monarchische Prinzip und bekämpfte die nationalen und liberalen Bewegungen, insbesondere in Deutschland und in Italien.

Ludw. Aug. Frankl: Ludwig August Frankl (von Hochwart): Geb. 3.2.1810, Chrast, Bezirk Chrudim (damals Böhmen), Tschechien; gest. 12.3.1894, Wien. Arzt, Journalist, Schriftsteller (Lyriker, Epiker und Herausgeber). 1880 wurde er Ehrenbürger der Stadt Wien.

20 Anhang: Trotz mehrfacher Nachfrage bei den Nachkommen der Familie Wittgenstein konnte der „Anhang" nicht aufgefunden werden.

B a u e r n f e l d : Eduard von Bauernfeld: Geb. 13.1.1802, Wien; gest. 9.8.1890, Wien. Österreichischer Schriftsteller. Bauernfeld hatte zu seiner Zeit große Bühnenerfolge mit Lustspielen, witzig-eleganten Konversations- und Salonstücken nach französischem Vorbild. Er wurde zum Hausdichter des Wiener Burgtheaters und hatte enge Kontakte zu Franz Schubert, Moritz von Schwind, Nikolaus Lenau und Franz Grillparzer.

C a s t e l l i : Ignaz Franz Castelli. Pseudonyme: Bruder Fatalis, Kosmas, Rosenfeld, C. A. Stille. Geb. 6.3.1781, Wien; gest. 5.2.1862, Wien. Schriftsteller. Als populärer und vielseitiger Dichter des Wiener Biedermeier verfasste er ab 1811 für das Wiener Kärntnertortheater rund 200 Stücke, die zum Großteil in dem von ihm herausgegebenen Almanach *Dramatisches Sträußchen* (1809, 1817–35) erschienen. Castelli war Herausgeber der Zeitschrift *Der Sammler* (ab 1808) und der *Wiener Modezeitung* (1815–48) sowie Begründer der *Ludlamshöhle* (1819) und Mitbegünder des Wiener Tierschutzvereins (1847).
Werke: *Poetische Kleinigkeiten*, 5 Bände, 1816–26; *Wiener Lebensbilder*, 1828 (Skizzendichtung); *Gedichte in niederösterreichischer Mundart*, 1828; *Sämmtliche Werke*, 15 Bände, 1844–46; *Wörterbuch der Mundart in Österreich unter der Enns*, 1847; *Erzählungen von allen Farben*, 6 Bände, 1839–40; *Memoiren meines Lebens*, 4 Bände, 1861.

K i t t s e e : Ortschaft im heutigen Burgenland, am Neusiedlersee, direkt an der Grenze zur Slowakei bei Bratislava. Ethnographisches Schloß.
Bis 1921 gehörte Kittsee wie das gesamte Burgenland zu Ungarn und hieß Köpcsény. Unter dem Schutz des Fürsten Esterházy durften sich dort seit 1670 Juden niederlassen; 1735 lebten in Kittsee 266 Juden, 1821 waren es 789.

21 E y b l : Franz Eybl: Geb. 1. 4. 1806, Wien; gest. 29. 4. 1880, Wien. Österreichischer Maler und Lithograph. Stark beeinflusst von Johann Peter Krafft, ab 1853 Kustos an der k.k. Gemäldegalerie im Belvedere, ab 1867 Lehrer an der kaiserlichen Restaurierungsanstalt. Eybl war einer der Hauptmeister der bürgerlichen Genremalerei des Vormärz unter dem Einfluß von Ferdinand Georg Waldmüller, dessen Lichteffekte er aufgriff. Seine große Bedeutung liegt aber in seinen Porträts.

O t t o F r a n z : Einer der beiden Söhne von Dr. jur. Gustav Adolf Emil und Anna Franz geb. Wittgenstein. Geb. 21. 7. 1871, Dornbach bei Wien; gest. 28. 7. 1930, Muri bei Bern. 1905 Heirat mit Ida Louise Constanze von Ernst, geb. 5. 7. 1884, Muri bei Bern, gest. 24. 6. 1968, Muri, Tochter des Armand von Ernst und der Adele Wildbolz.

22 V e r w a n d t e g l e i c h e n N a m e n s : Vermutlich Fanny Figdor: Geb. 1801; gest. 15. 2. 1873, Wien, verheiratet mit Rafael Geiringer.

H e r m a n n W i t t g e n s t e i n : Hermann Christian (Herz) Wittgenstein: Geb. 12. 9. 1802, Korbach; gest. 19. 5. 1878, Wien III, Salesianergasse 2. Jüngster Sohn des Moses Meier (geb. 1761; gest. 3. 1. 1822, Korbach) und der Brendel Meier geb. Simon (geb. 1768; gest. 24. 6. 1829, Korbach). Enkel des Meier Moses (gest. 25. 11. 1804, Korbach) und der Sarah (gest. 20. 7. 1821, Korbach) sowie Urenkel des Ahron Meier Moses (gest. 1774, Korbach). Hermann hatte drei Geschwister: Simson (geb. 8. 12. 1788, Korbach; gest. 22. 3. 1853, Korbach); Richard Simon (geb. um 1796, Korbach; gest. 13. 2. 1862, Leipzig); Julie (geb. um 1800, Korbach).

A u g s b u r g : 2000-jährige Stadt in Bayern, Süddeutsch- **23**
land. Schnittpunkt wichtigster Verkehrsverbindungen des
Kontinents. Die Fuggerstadt Augsburg ist auch Universitäts-
stadt und Sitz der Regierung von Schwaben.

B a d e n : Kurstadt und Bezirkshauptort 26 km südlich von
Wien, am Ausgang des Schwechattals (Helenental) aus dem
Wienerwald gelegen.

M a d a m e O p p e n h. : Möglicherweise eine Angehörige
der jüdischen Patrizierfamilie Oppenheimer. Näheres nicht
ermittelt.

M ä h r c h e n : Richtig: Märchen.

S c h n e e b e r g p a r t i e : Der Schneeberg ist der höchste **24**
Berg von Niederösterreich und der östlichste Zweitausen-
der der Alpen. Gebirgsstock der Niederösterreichischen
Kalkalpen. Hausberg der Wiener.

B e r n h a r d : Vermutlich Bernhard Figdor: Geb. 1806, Kittsee; gest. 1870. Begraben in Le Plessis-Robinson (nahe Paris). Kaufmann in London, später Privatier in Wien, wo er
1859 in der Praterstr. 43 einen Wollhandel führte, Ferdinand
Figdor in der selben Straße Nr. 499 einen Großhandel. (Vgl.
Janik/Veigl, S. 184)

F r i t z : Möglicherweise Ferdinand Joachim Figdor (s. Kommentar zu „Ferdinand").

P e s t h : Pest: Stadtteil von Budapest. Bis zur Eröffnung der
Kettenbrücke, die offiziell erst am 20. November 1849 er-
folgte, waren die beiden Städte Buda und Pest nur in den
Sommermonaten durch eine Schiffsbrücke verbunden.

N e l l i s o n : Höchstwahrscheinlich handelt es sich um den Besitzer der Tuchfabrik Nellessen, die 1737 nach Aachen verlegt wurde, anfangs unter *Gebrüder Nellessen* und später als *C. Nellessen, J.M Sohn* firmiert war. Nach dem Tod des Seniorchefs Franz Carl Nellessen (1752–1819, Bürgermeister der Stadt Aachen) wurde die Tuchfabrik von seinen vier Söhnen Heinrich (1789–1866), Carl (1799–1871), Theodor (1802–1888) und Franz Nellessen (1805–1862) geleitet. Carl wurde 1856 geadelt und in den preußischen Freiherrnstand erhoben. Er war der Stifter des Nellessen'schen Majorats auf Gut Schönthal und des anliegenden „Nellessenparks". Im Laufe der Jahre wurde die Tuchfabrik noch um eine Spinnerei, Weberei und Färberei erweitert. Die Wirtschaftskrise Ende der 1920er Jahre führte zur Stilllegung von *C. Nellessen, J.M. Sohn* und die Fabriksgebäude gingen im Rahmen einer Versteigerung an die von Paul Dechamps geleitete Tuchfabrik *Dechamps & Merzenich* über, die dort bis in die 1960er Jahre ansässig war.

B r ü h l : Die Hinterbrühl: Erholungsgebiet mit der Marktgemeinde Hinterbrühl in der Nähe von Wien. Seit 1927 befindet sich dort eine Seegrotte – Europas größter unterirdischer See.

25 N a n e t t e : Möglicherweise Nanette Figdor, geb. Heymann: Geb. 7. 4. 1819, Augsburg; gest. 25. 1. 1879, Wien.

F e r d i n a n d : Vermutlich Ferdinand Joachim Figdor: Geb. 16. 2. 1805, Kittsee; gest. 27. 3. 1876, Wien. Teilhaber des Großhandelshauses für Schaf- und Baumwollwaren und Gründer der Großhandlung und des Bankhauses. Verheiratet mit Nanette, geb. Heymann.

27 M a y e r : Häufig auch Meier oder Meyer geschrieben.

Korbach: Kreisstadt des Landkreises Waldeck-Frankenberg, Hessen, auf der Waldecker Hochfläche.

Fürstentum Waldeck: Ehemaliges Fürstentum des Deutschen Reiches, Hauptstadt war Arolsen. Seit 1945 gehört Waldeck zu Hessen.

Mayersches Altersheim: Hermine meint wohl die „Jakob-Wittgenstein-Altersversorgungsanstalt", die von Jakob, einem Sohn von Simson Meier-Wittgenstein, gegründet wurde. (Von 1892–1894 erbaut)

Gohlis bei Leipzig: Gohlis war bis 1890 eine selbstständige Gemeinde zum südlich gelegenen Leipzig, dann wurde sie in die Stadt Leipzig als ein Stadtteil im Norden eingemeindet. Heute ist Gohlis in drei Ortsteile (Gohlis-Süd, -Mitte und -Nord) eingeteilt, die alle zum Stadtbezirk Nord gehören.

zehn Kinder: Von den insgesamt elf Kindern (Anna, Marie, Paul, Josephine, Ludwig bzw. Louis, Karl, Bertha, Clara, Lydia, Emilie bzw. Milly und Clothilde) wurden nur acht in Leipzig geboren, die drei jüngsten in Vösendorf bei Wien.

Joseph Joachim: Geb. 28.6.1831, Kittsee, damals Ungarn; gest. 15.8.1907, Berlin. Österr.- ungarischer Violinist, Dirigent und Komponist. Joseph Joachim war das siebente Kind des jüdischen Wollhändlers Julius Joachim (um 1791–1865, Pest) und der Fanny geb. Figdor (um 1791–1867), der Tochter des Großhändlers Isaak Figdor, Kittsee.
Joachims Talent wurde früh von Stanislaus Serwaczynski entdeckt und gefördert. Bereits im Alter von sieben Jahren trat er als Geigensolist auf und galt als Geige spielendes Wunderkind, das auch von Felix Mendelssohn-Bartholdy

gefördert wurde. Nach dem Besuch des Konservatoriums der Gesellschaft der Musikfreunde in Wien bei Joseph Böhm (1795–1876) setzte er seine Ausbildung von 1843–1849 am Leipziger Konservatorium fort, von 1848 bis 1850 war er auch Mitglied des Gewandhausorchesters. Nach Mendelssohns Tod wurde Franz Liszt zu seinem neuen Vorbild und dieser ermutigte ihn auch zum Komponieren. Joachim komponierte Werke für Violine und schrieb eine „Violinschule". Von 1852 bis 1866 war Joachim Königlicher Konzertmeister in Hannover. Bekanntschaft mit Clara Schumann, Robert Schumann und über diese mit Johannes Brahms, dem er bei dessen Violinkonzert D-Dur op. 77 und dessen Doppelkonzert beratend zur Seite stand. Auch Max Bruch wandte sich an ihn, als er sein 1. Violinkonzert nach der Uraufführung von 1866 überarbeitete und griff dafür Joachims Anregungen auf. Dieser trat auch als Solist für die erstmalige Aufführung der endgültigen Fassung auf.

1868 zog Joachim mit seiner Frau, der Opernsängerin Amalie Schneeweiß und den drei Kindern nach Berlin und wurde von Kaiser Wilhelm I. von Preußen zum Gründungsrektor der *Königlich Akademischen Hochschule für ausübende Tonkunst*, der späteren Musikhochschule von Berlin, ernannt. Joachim war nicht nur ein bedeutender Solist und Kammermusiker, u. a. in seinem eigenen Streichquartett, sondern auch einer der einflussreichsten Musiker seiner Zeit, der das Musikleben im Zweiten Deutschen Kaiserreich maßgeblich bestimmte. Obwohl er sich im Erwachsenenalter protestantisch taufen ließ, wurde er von bestimmten Kreisen der Gesellschaft als Jude wahrgenommen und musste antisemitische Angriffe von Seiten der Wagnerianer erleiden. Im Laufe seiner Karriere spielte oder besaß Joachim eine erstaunliche Anzahl von berühmten Stradivari-Violinen, als Hauptinstrument spielte er eine aus dem Jahr 1714 („ex-Joachim").

Felix Mendelssohn: Felix Mendelssohn-Bartholdy: Geb. 3.2.1809, Hamburg; gest. 4.11.1847, Leipzig. Deutscher Komponist, Pianist und Organist. Einer der bedeutendsten Musiker der Romantik, weltweit erster Dirigent in heutiger Funktion und Gestalt, Gründer der ersten Musikhochschule in Deutschland und „Apostel" der Werke Händels und Johann Sebastian Bachs. Er war ein Enkel des Philosophen Moses Mendelssohn und Bruder der musikalisch begabten Fanny verh. Hensel.
Ludwig Wittgensteins Bemerkungen über Mendelssohn sind vielfältig: U.a. meinte er, dass Mendelssohn wohl der „untragischste Komponist" sei (MS 107, zit. nach VB, S. 22) – im Zusammenhang damit, dass die Tragödie „etwas unjüdisches" sei. Brahms tue „das mit ganzer Strenge was Mendelssohn mit halber getan hat." (VB, S. 44). Drury gegenüber bemerkte er allerdings, dass Mendelssohns Violinkonzert das letzte große Violinkonzert sei, das je geschrieben wurde. Im zweiten Satz gebe es eine Stelle, die zu den großartigsten Momenten der Musik gehöre. (Drury in Rhees, S. 160).

Konservatorium: 1843 gründete Mendelssohn in Leipzig das *Conservatorium* – die erste Musikhochschule Deutschlands. Die Eröffnung fand am 3. April in den Gebäuden des Gewandhauses statt. Im selben Jahr wurde Mendelssohn zum Ehrenbürger der Stadt Leipzig ernannt. Nach Aufenthalten in London, Berlin und Frankfurt kehrte er 1945 nach Leipzig zurück, nahm seine alte Stelle am Gewandhaus wieder auf und lehrte regelmäßig am Konservatorium. Die Hochschule für Musik und Theater „Felix Mendelssohn-Bartholdy" Leipzig (HMT) ist eine staatliche Hochschule und entwickelte sich zu einer der renommiertesten in Europa.

Louis Wittgenstein: Ludwig (Louis) Franz Ernst Wittgenstein: Geb. 26.7.1845, Leipzig; gest. 23.3.1925, Wien

I, Goethegasse 3 (Palais Schey). 16.9.1876 Heirat mit Maria Wilhelmine Franz, geb. 8.7.1850, Neuwaldegg bei Wien, gest. 21.2.1912, Wien, Albrechtgasse 3 (Palais Schey), Tochter des Gottfried Franz und der Maria Feodora Plattensteiner.

Joachim – Biographie von Moser: Vgl. Andreas Moser: *Joseph Joachim*. Ein Lebensbild. Neue, umgearbeitete und erweiterte Ausgabe in zwei Bänden. Bd. 1: (1831–1856), 1908. Bd. 2 (1856–1907). Berlin: Verlag der Deutschen Brahms-Gesellschaft.

des Beethovenschen Violinkonzertes: Ludwig van Beethoven: Violinkonzert in D-dur op. 61. 1806 geschrieben und im selben Jahr uraufgeführt.

32 Clavier: Klavier

33 kömmt: Veraltete und literarische Form des heutigen „kommt".

34 Anna: Anna Franz geb. Wittgenstein: Geb. 31.10.1840, Leipzig; gest. 22.9.1896, Wien-Hietzing, Gloriettegasse 1. Am 5.10.1867 in Wien Heirat mit Dr. jur. Gustav Adolf Emil Franz, k.u.k. Landesgerichtsrat, mit dem sie drei Kinder hatte: Clara, Otto und Erwin.

35 Augsburger Bekenntnis: „Confessio Augustana", Abk. CA (bzw. AB) , die grundlegende Bekenntnisschrift der lutherischen Kirche, die, von Philipp Melanchthon verfaßt, am 25.6.1530, am Augsburger Reichstag in deutscher Sprache verlesen und von den Protestanten Kaiser Karl V. vorgelegt wurde. Die Schrift handelt im ersten Teil von Glauben und Lehre der evangelischen, im zweiten Teil von abgestellten Missbräuchen der katholischen Kirche. In späteren Drucken

änderte Melanchthon mehrfach den Text, dogmatisch bedeutsam wurden die Änderungen in der lateinischen Ausgabe von 1540 – der „Confessio Augustana Variata", kurz „Variata".

H e l v e t i s c h e n   G l a u b e n : Glaubensbekenntnis der evangelisch-reformierten Kirche. **35**

G o t t f r i e d   F r a n z : Dr. Gottfried Franz: Geb. 29. 9. 1803, Eufingen (heute Hünfelden); gest. 10. 6. 1873, Wien. Reformierter Pfarrer und von 1834 bis zu seinem Tod Superintendent der evangelischen Kirche H.B in Österreich. 1848 war er maßgeblich an der evangelischen Kirchenverfassung Österreichs beteiligt. Verheiratet war er mit Maria Feodora Plattensteiner, gest. 10. 6. 1878, Neuwaldegg, Wien. Er war der Schwiegervater von Anna und Louis Wittgenstein.

d a s   G e f r o r e n e : Damalige Bezeichnung für Speiseeis. **37**

B i s m a r c k : Otto Eduard Leopold von Bismarck-Schönhausen, ab 1865 Graf, ab 1871 Fürst von Bismarck, ab 1890 Herzog zu Lauenburg: Geb. 1. 4. 1815, Schönhausen; gest. 30. 7. 1898, Friedrichsruh. Deutscher Politiker und Staatsmann. Von 1862 bis 1890 war Bismarck Ministerpräsident von Preußen, von 1867 bis 1871 zugleich Bundeskanzler des Norddeutschen Bundes, von 1871 bis 1890 erster Reichskanzler des Deutschen Reiches, dessen Gründung er maßgeblich vorangetrieben hatte.

C l a r a : Clara Hedwig Emma Wittgenstein: Geb. 9. 4. 1850, Leipzig; gest. 29. 5. 1935, Laxenburg. **38**

K l o t h i l d e : Emma Clothilde Wittgenstein: Geb. 22. 6. 1854, Vösendorf bei Wien; gest. 1937, Paris. Ledig. Clothilde war die jüngste Tochter von Hermann und Fanny Wittgenstein.

Marie Pott: Marie Eugenie Pott geb. Wittgenstein: Geb. 25.10.1841, Leipzig; gest. 10.11.1931, Wien. Am 21.1.1865 Heirat mit Moritz Wilhelm Martin Christian Pott.

Fine Oser: Hermine Fanny Josephine Oser geb. Wittgenstein: Geb. 18.4.1844, Leipzig; gest. 20.3.1933, Wien, Hegelgasse 8 (Herzklappenentzündung). Mit Johann Nepomuk Oser verheiratet, der Professor an der Technischen Hochschule in Wien und dort eine Zeitlang Rektor war.

Bertha Kupelwieser: Ottilie Ida Bertha Kupelwieser geb. Wittgenstein: Geb. 9.5.1848, Leipzig; gest. 8.6.1909 (auf der Laxenburger Allee zwischen Inzersdorf und Biedermannsdorf nach einem Sturz aus dem Auto). Am 29.4.1869 Heirat mit Dr. Karl Kupelwieser, geb. 30.10.1841, Wien; gest. 16.9.1925, Seehof bei Lunz.

Milly von Brücke: Emilie Anna von Brücke geb. Wittgenstein: Geb. 18.3.1853, Vösendorf bei Wien; gest. 30.1.1939, Thumersbach bei Zell am See. Am 9.10.1878 in Wien Heirat mit Hofrat Dr. Theodor Hermann Matthäus Ritter von Brücke, geb. 9.10.1853, Wien, gest. 5.1.1918, Wien, Elisabethstr. 16, Sohn des Univ.-Prof. Dr. med. Ernst Wilhelm Ritter von Brücke, gest. 7.1.1892 zu Wien III, und der Emilie Friederike „Dorette" Brünslow, gest. 21.5.1893, Wien.

Lydia von Siebert: Franziska Lydia Siebert geb. Wittgenstein: Geb. 5.9.1851, Vösendorf bei Wien; gest. 23.5.1920, Wien. Am 26.10.1878 Heirat mit Josef Norbert von Siebert, geb. 25.5.1843, Hadamar (Hessen-Nassau); gest. 30.4.1917, Wien IV, Paniglgasse 24.

Gut Kyrnberg: In der Nähe von Pyhra in Niederösterreich.

P o t t ' s c h e n S ö h n e : Hermann August Wilhelm Pott: **39**
Geb. 16.6.1866, Neuwaldegg bei Wien; gest. 4.3.1902, Wien
III, Salesianergasse 2. Bergingenieur und königlich-sächsischer Leutnant der Landwehr-Cavallerie I. Ledig.
August Paul Alois Constantin Pott: Geb. 4.10.1867, Wien IV,
Obere Alleegasse 5; gest. 12.6.1952, Wien. Ledig.
Paul Louis Emil Pott: Geb. 26.10.1868, Wien IV, Obere Alleegasse 5; genaues Todesdatum nicht ermittelt.
Ing. Felix Constantin Pott: Geb. 14.2.1870, Wien I, Himmelpfortgasse 19; gest. 14.10.1900, Krumau (Reichenstein, Admont), Bergunfall. Ledig.

D r . A l b e r t F i g d o r : Albert Figdor: Geb. 16.5.1843, **40**
Baden, Niederösterreich; gest. 22.2.1927, Wien. Bankier
und Kunstsammler. Verwandter von Ludwig Wittgensteins
Großmutter Fanny Wittgenstein geb. Figdor. (Vgl. McGuinness, 1992, S. 49) Mit Schwerpunkt auf dem Kunstgewerbe
trug er eine der bedeutendsten österreichischen Privatsammlungen vor dem Zweiten Weltkrieg zusammen; eine
Schenkung an das neu eröffnete Kunsthistorische Museum
in Wien 1891 kam nicht zustande, später vererbte er die
Bestände nach Heidelberg. Nach Versteigerungen in Wien
und Berlin 1930 gelangte nur ein kleiner Teil in Wiener
Museen. Albert Figdor war Margaret Stonborough ein liebevoller Berater in ihrer Tätigkeit als Kunstsammlerin.
(Vgl. Prokop, S. 119) Er war auch Kurator von Clothilde
Wittgenstein.

Ü b e r s i e d l u n g : Die Familie Wittgenstein übersiedelte
1851 nach Österreich.

m e l i o r i e r e n : [spätlatein. meliorare]: 1. (bildungssprachl.
veraltet) verbessern. 2. (hier): In der Landwirtschaft die
Verbesserung des Bodens betreiben.

C a r l : Karl Otto Klemens Wittgenstein: Geb. 8.4.1847, Gohlis bei Leipzig; gest. 20.1.1913, Wien IV, Alleegasse 16, Wien. Ingenieur, Großindustrieller, „Schöpfer" der österreichischen Stahlindustrie, die bis zum Jahre 1879 zum großen Teil aus unrentablen Einzelunternehmungen bestand, die von Karl Wittgenstein zusammengefasst, ausgebaut und rationalisiert wurden. Karl Wittgenstein gründete auch das Edelstahlwerk „Poldihütte" in Kladno, die steirischen Gußstahlwerke in Judenburg und bewirkte die Verschmelzung der beiden Industriezentren Böhmen und Alpenländer. Wittgenstein betätigte sich auch journalistisch. Im Jahre 1898 schrieb er in einem Artikel: „Der Industrielle muß wagen, er muß, wenn es der Moment erfordert, imstande sein, auch alles auf eine Karte zu setzen, selbst auf die Gefahr hin, daß er die Früchte, die er zu erreichen hofft, nicht einheimst, seinen Einsatz verliert und wieder von neuem anfangen muß." (Vgl. „Die Ursachen der Entwicklung der Industrie in Amerika", in: *Viennese Heritage. Wiener Erbe. Karl Wittgenstein. Politico-economic writings.* Ed. by J.C. Nyíri. Amsterdam/Philadelphia: John Benjamins Publishing Company 1984, S. 59). Karl Wittgenstein war ein kunstsinniger Mensch, in dessen Hause u. a. Johannes Brahms, Clara Schumann, Gustav Klimt, Max Klinger, Rudolf von Alt, Josef Labor, Pablo Casals, Marie Soldat-Roeger, Erica Morini, Marie Baumayer und Marcella Pregi verkehrten. Er förderte das Ausstellungsgebäude der *Wiener Secession* so großzügig, daß sein Name neben denen der Künstler Rudolf von Alt und Theodor von Hörmann im Vorraum des Secessionsgebäudes angebracht wurde. (Vgl. *Klimt. Leben und Werk.* Hrsg. von Susanna Partsch. München: I.P. Verlagsgesellschaft 1990, S. 239). Als Karl Wittgenstein am 20.1.1913 an Krebs verstarb, schrieb sein Sohn Ludwig am 21.1.1913 an Russell: „Gestern ist mein Vater gestorben. Er hatte den schönsten Tod, den ich mir vorstellen kann; ohne die mindesten Schmerzen schlief er ein wie ein Kind! Während der ganzen letzten Stunden war ich keinen Augenblick traurig, sondern voller Freude, und ich glaube, dieser Tod war ein ganzes Leben wert." (Vgl. *Briefe*, S. 26).

Vgl. die Nachrufe auf Karl Wittgenstein in der *Neuen Freien Presse* am 21.1.1913, sowie in der *Times* vom 22.1.1913.

P a u l : Paul Joseph Gustav Wittgenstein: Geb. 18.12.1842, Leipzig; gest. 7.11.1928, Wien. Dr. jur. und Maler. 8.7.1876 Heirat mit Justine Karoline Hochstetter, später war er mit Justines Schwester Helene Hochstetter liiert. Mit seiner Frau Justine hatte Paul drei Kinder: a) Johanna Justine Caroline Wittgenstein: Geb. 23.5.1877, Wien III, Traungasse 4; gest. 12.1.1953, Wien. Verheiratet mit Dr. med. Johannes Heinrich Salzer, geb. 12.8.1871, Wien, gest. 30.10.1944, Wien. (Sohn des Dr. med. Friedrich Salzer und der Ida Hermine Maria Franz.)

b) Dr. med. Hermann Karl Christian Wittgenstein: Geb. 15.8.1879, Laxenburg, Haus Esterhazy; gest. 27.12.1953, Wien.

c) Paul Karl Wittgenstein, genannt Carletto (1880–1948), verheiratet mit Hilde Köchert.

Paul Wittgenstein lebte die meiste Zeit in Oberalm in der Nähe von Hallein, Salzburg, wo Ludwig Wittgenstein im Juli 1918 die endgültige Fassung der *Logisch-Philosophischen Abhandlung* niederschrieb.

E m i l F r a n z : Dr. jur. Heinrich Gustav Adolf Emil Franz: Geb. 8.12.1839, Wien; gest. 24.3.1884, Wien I, Elisabethstraße 8, k.k. Landesgerichtsrat, Sohn des am 10.6.1873 zu Wien verstorbenen Dr. Gottfried Franz und der am 10.6.1878 zu Neuwaldegg verstorbenen Maria Feodora Plattensteiner, Tochter des k.k.priv. Großhändlers in Wien Christian Heinrich Bartholomäus Plattensteiner und der

Anna Maria Junge. (Vgl. Kommentar zu Anna Franz geb. Wittgenstein)

H e r r n P o t t : Moritz Wilhem Martin Christian Pott: Geb. 10. 12. 1839, Odenburg; gest. 1902.

K a r l K u p e l w i e s e r : Dr. jur. Karl Kupelwieser: Geb. 30. 10. 1841, Wien; gest. 16. 9. 1925, Seehof bei Lunz. Jurist, Land- und Forstwirt, Großwildjäger und Mäzen. Gatte von Bertha Wittgenstein. Sohn des bekannten Malers Leopold Kupelwieser und älterer Bruder von Paul Kupelwieser, dem ehemaligen Stahlmanager der Witkowitzer Eisenwerke von Albert Rothschild, und Wiederentdecker der Brioni-Inselgruppe. Karl Kupelwieser trat dem Aktienkonsortium der Teplitzer Walzwerke bei und war letzlich auch die „Verbindung, durch die Karl Wittgenstein in die Stahlindustrie Eingang fand". (McGuinness, S. 27). Das Konsortium erwarb bald darauf das Eigentum der Böhmischen Montangesellschaft und die Stimmmehrheit der Prager Eisenindustrie-Gesellschaft. Karl Kupelwieser fungierte als juristischer Beirat, wodurch er zu großem Wohlstand kam. Er und seine Frau kauften 1891 das Gut Kyrnberg bei St. Pölten und 1897 das Gut Seehof-Hirschtal in Lunz am See aus dem Besitztum des Grafen Festetics von Tolna. Der Seehof war ein Wirtschaftsgut der berühmten Kartause Gaming. Die Marktgemeinde Lunz im Bezirk Scheibbs liegt an der Ybbs, einem Donauzubringer, ca. 100 km südwestlich von Wien. In Pyhra bei St. Pölten ließ Kupelwieser eine landwirtschaftliche Schule für Gebirgswirtschaft errichten, die er mit Wohn- und Wirtschaftsgebäuden sowie den notwendigen Lehrmitteln ausstattete. Zudem besaß er großes Interesse an naturwissenschaftlichen Forschungen. und war Stifter des Instituts für Radiumforschung in Wien (1910) und des (Hydro-)Biologischen Instituts Lunz am See (1906). Die Institute wurden von den Kupelwiesers bis 1920 finanziert. Karl Kupelwieser wurde Ehrenmitglied der Österreichischen Akademie der Wissenschaft.

des Malers Kupelwieser: Leopold Kupelwieser: Geb. 17. 10. 1796, Piesting (Niederösterreich); gest. 17. 11. 1862, Wien. Zunächst Anhänger des Wiener Klassizismus und durch Porträts bekannt, schloss er sich 1823 in Rom der Schule der Nazarener an und malte unter ihrem Einfluß Altarbilder und Fresken, u. a. auch in der Johannes-von-Nepomuk-Kirche in Wien, 1846. Wie sein älterer Bruder, der Theaterdichter Josef Kupelwieser, gehörte Leopold Kupelwieser dem Freundeskreis Franz Schuberts an, von denen er Porträts anfertigte, durch die er heute noch bekannt ist.

Johann Oser (Muck): Johann Nepomuk Oser: Geb. 8. 4. 1833, Haitzendorf bei Schloß Grafenegg; gest. 1. 11. 1912, Wien I, Hegelgasse 8. Hofrat, Professor an der Technischen Hochschule in Wien. Sohn des Johann Oser und der Barbara Edlinger.

Theodor Brücke: Hofrat Dr. Theodor Hermann Matthäus Ritter von Brücke: Geb. 9. 10. 1853, Wien; gest. 5. 1. 1918, Wien. Sohn des am 6. 6. 1819 in Berlin geborenen und am 7. 1. 1892 zu Wien verstorbenen k.k. Univ.-Prof. Dr. med. Ernst Wilhelm Ritter von Brücke und der ca. 1820 in Stralsund geborenen und am 21. 5. 1893 zu Wien verstorbenen Emilie Friederike „Dorette" Brünslow. Ernst Wilhelm Ritter von Brücke war der Sohn des Porträt- und Historienmalers Johann Gottfried Brücke.

Josef Siebert: Josef Norbert von Siebert, seit 1898 Edler von Siebert: Geb. 25.5.1843, Hadamar (Hessen-Nassau); gest. 30.4.1917. K.u.k. General der Kavallerie, der auch bei Sadowa (Königgrätz) gekämpft hat. (Vgl. Kommentar zu Lydia von Siebert)

Justine Hochstetter: Justine Karoline Hochstetter: Geb. 7.4.1858, Hruschau, Österr. Schlesien; gest. 13.8.1918, Laxenburg bei Wien. Tochter des Christian Gottlob Ferdinand Ritter von Hochstetter und der Justine Elisabeth geb. Bengough (geb. 1836; gest. 16.12.1913, Wien).
Ferdinand von Hochstetter (geb. 30.4.1829, Esslingen am Neckar; gest. 18.7.1884, Oberdöbling bei Wien) war Geologe, Prähistoriker, Direktor des Naturhistorischen Museums in Wien; er nahm an der Novara-Expedition teil, wo er Neuseeland erforschte. Von ihm stammen die ersten geologischen Karten Neuseelands und nach ihm sind der „Hochstetter Peak" (Berg in Neuseeland) und der „Hochstetter-Fjord" in Grönland benannt. Von Hochstetter stammt die erste wissenschaftliche Beschreibung des Tsunami, da er anlässlich des Erdbebens vor der damaligen peruanischen Küste Peru (13.8.1868) und dem Erdbeben an den Ostküsten Neuseelands und Australiens (15.8.1868) den Zusammenhang zwischen Erdbeben und den sich verbreitenden Flutwellen im Pazifischen Ozean erkannte.

Marie Franz: Maria Wilhelmine Franz, Schwester von Emil Franz, verheiratet mit Louis Wittgenstein. (Vgl. Kommentar zu Louis Wittgenstein.)

Schloss Vösendorf: Ehemaliges Wasserschloss in Vösendorf, einer Marktgemeinde in der Nähe von Wien, am Eingang des Wienerwaldes. 1175 erstmals urkundlich genannt, mehrmals umgebaut, in verschiedenen Kriegen mehrmals zerstört und wieder aufgebaut. Die heutige Form des Schlosses geht auf den Umbau unter Kaiser Franz II. im Jahre 1808 zurück.

K a l e s c h e : Ursprünglich ein mit einem einzelnen Pferd als Zugtier bespannter vierrädriger Reisewagen mit vier Sitzen, später auch zwei- und vierspännig gefahren. **42**

R e m i s e : [französ. remise] 1. veraltend: Schuppen o.ä. zum Abstellen von Wagen, Kutschen, Geräten, Werkzeugen. 2. in der Jägersprache: dem Niederwild als Deckung und Unterschlupf dienendes (künstlich angelegtes) Gesträuch, Gehölz. Hier wohl Schuppen gemeint.

K l o s t e r n e u b u r g : Stadt im niederösterreichischen Bezirk Wien-Umgebung. **43**

G l a s e r d i a m a n t e n : In einen hammerkopfartigen Halter eingesetzter, spitzer Diamant zum Schneiden bzw. Ritzen von Glas. **44**

a u f d e m G l a c i s : „glacis" stammt aus dem Französischen und bedeutet „Abhang/Abdachung", in der Geomorphologie „der untere Teil" bzw. die „Fußfläche" eines Gebirges, im neuzeitlichen Festungsbau von der Feldseite her leicht ansteigende Erdanschüttung vor dem Graben. In Wien geht der Glacis auf die Stadtmauern zurück, die in Zeiten des Kelten- und Römerlagers Vindobona der Befestigung der Stadt Wien dienten. Lange Zeit eine Staubwüste, wurden ab 1776 Laternen errichtet; 1781 befahl Kaiser Joseph II. die Anlage von Alleen. Der Glacis wurde zunehmend zu einem Erholungsgebiet mit „herrlichen Aussichten auf den Stephansdom und die Vorstädte und deren Paläste", wie Joseph von Eichendorff bei seinem Wienbesuch im Juli 1811 in seinem Tagebuch festhielt.

Anfang des 19. Jahrhunderts wurde mit dem Abriss der Wiener Stadtbefestigungen begonnen; mit der Eröffnung der Wiener Ringstraße am 1. Mai 1865 hatte die Ära der Wiener Stadtmauer ein Ende gefunden.

46 S e i l e r g a s s e : Am Graben im 1. Wiener Gemeindebezirk. 1786 nach der einstigen Verkaufsstätte der Seiler benannt, 1547 als „Unter den Seilern" urkundlich erwähnt.

K o r i t s c h a n i n M ä h r e n : Koryčany, kleine Stadt in Südmähren, heute Tschechien.

G r a f e n T r a u t t m a n s d o r f f : Trautman(n)sdorff ist der Name eines hochadeligen österreichischen und böhmischen Adelsgeschlechts, das dem Steiermärkischen Uradel entstammt. Bei Hermines Hinweis auf einen Grafen Trautmannsdorff in Südmähren handelt es sich vermutlich um Franz Wenzel Graf von Trautmannsdorf, der nach dem Tod von Graf Wenzel von Sternberg im Jahre 1701 in den Besitz der Minderstadt Dürnholz (Drholec) in Südmähren kam. Nach dessen Tod und dem Tod seines Bruders, die beide keine Kinder hatten, wurde Dürnholz bis 1848 ein Kaiserlich Königliches Theresianisches Fondsgut. Ein Großteil der Bevölkerung lebte von Viehzucht und Landwirtschaft und es soll sich in der Gegend von Butschowitz und Stanitz auch ein Dorf namens „Trautmannsdorf" befunden haben.

47 K l e n o w n i g i n K r o a t i e n : Klenovnik: Gemeinde in Kroatien im Bezirk Varaždin.

48 e h e m a l i g K a u n i t z s c h e s S c h l o ß : Es handelt sich dabei um ein Palais in der niederösterreichischen Marktgemeinde Laxenburg, das in den Jahren 1698 bis 1703 unter Fürst Dominik Andreas Graf Kaunitz gebaut wurde. Das ursprünglich dreiflügelige Palais entstand in einer Zeit, als auch die Kaiserschlösser erbaut wurden und sich mehrere Adelige in der Nähe ansiedelten. Nach mehrmaligem Besitzerwechsel (Gräfin Victoria Colloredo, Fürst Nikolaus Esterhazy, Salzer) erwarben im Jahre 1907 Clara Wittgenstein und Geschwister das Palais. Clara Wittgenstein war eine große Wohltäterin für Laxenburgs Schule, Kindergarten und für minderbemittelte Bürger. Nach ihrem Tod im Jahr 1935 verkaufte ihr Bruder Paul den angrenzenden Besitz den Barmherzigen Schwestern vom heiligen Kreuz zu einem günstigen Preis. Die damalige Oberin gab dem Palais den Namen „Stella", in Angleichung an den Namen des „Sterngebäudes". Dort befanden sich eine Schule zur Ausbildung von Kindergartenpädagogen, eine Haushaltsschule und eine Hauptschule mit Internat. 1938 wurde den Geistlichen Schwestern die Erziehertätigkeit verboten, 1941 wurden die Räume der Stella nach Beschlagnahme der Klostergebäude in ein Lazarett umgewandet. 2010 wurden Teile des Palais von der Republik Österreich umgebaut und sind heute Standort der Internationalen Anti-Korruptionsakademie der UNO.

L a x e n b u r g : Marktgemeinde im Bezirk Mödling in Niederösterreich, im Wiener Becken an der Schwechat. Der von vielen Wasserläufen durchzogene Laxenburger Park ist der ehemalige Schloßpark des Alten Schlosses, einer ehemaligen Wasserburg. Diese wurde in der Gotik begonnen und seit 1693 als kaiserlicher Sommersitz in barockem Stil ausgebaut. Heute beherbergt das Schloß das Österreichische Filmarchiv mit Museum. Auf einer Insel im Park wurde von 1798 bis 1836 die Franzensburg als mittelalterliche Ritterburg im Sinne der Romantik erbaut (heute ein Schloßmuseum). Die ehemalige Hofkirche ist heute Pfarrkirche.

51 A l e x a n d r i e n : Alexandrien oder Alexandria (griech. Alexándreia, nach Alexander dem Großen): Hafenstadt am Delta des Nils an der Mittelmeerküste Ägyptens.

K h e d i v e n : Khedive: (türk. = eigentlich kleiner König); Titel sowie Träger des Titels des Vizekönigs von Ägypten.

52 K a r l s b a d : Der Kurort Karlsbad, heute Karlovy Vary, bekannt durch seine Heilquellen. Von 1938 bis 1945 gehörte Karlsbad dem Deutschen Reich an, danach bildete die Stadt einen eigenen Landkreis.

53 H e b b e l : Christian Friedrich Hebbel: Geb. 18.3.1813, Wesselburen, Dithmarschen; gest. 13.12.1863, Wien. Deutscher Dramatiker und Lyriker. Werke u. a.: *Judith*, 1840; *Genoveva*, 1841; *Maria Magdalena*, 1844; *Gedichte und Epigramme*, 1845; *Herodes und Mariamne*, 1848; *Agnes Bernauer*, 1851; *Gyges und sein Ring*, 1854; *Mutter und Kind*, 1857; *Die Nibelungen*, 1861.

E r n s t v o n B r ü c k e : Franz Theodor Ernst Ritter von Brücke: Geb. 8.10.1880, Wien; gest. 12.6.1941, Boston, USA. Physiologe. Ältester Sohn von Theodor von Brücke und seiner Frau Emilie „Milly" geb. Wittgenstein. Von 1916 bis 1938 war Ernst von Brücke Professor für Physiologie an der Universität Innsbruck.

L i t t r o w : Vermutlich handelt es sich um Karl Ludwig von Littrow: Geb. 18.7.1811, Kasan; gest. 16.11.1877, Venedig. Österreichischer Astronom und Fachbuchautor. Er war der Sohn des Astronomen Joseph Johann von Littrow (geb. 13.3.1781, Bischofteinitz, heute Horovský Týn, Tschechien; gest. 30.11.1840, Wien), nach dem ein Mondkrater benannt wurde. Karl Ludwig von Littrow folgte seinem Vater als Direktor der Wiener Universitätssternwarte. Er beteiligte sich lebhaft an den Arbeiten der mitteleuropäischen Gradmessung und lieferte eine neue Methode der Längenbestimmung zur See. Gemeinsam mit Edmund Weiss bearbeitete er die meteorologischen Beobachtungen der Wiener Sternwarte und schrieb u. a. eine „Populäre Geometrie" (1839).

B o n i t z : Hermann Bonitz: Geb. 29. 7. 1814, Langensalza (Thüringen); gest. 25. 7. 1888, Berlin. Klassischer Philologe. 1849–67 Universitätsprofessor in Wien, wo er das Philologische Seminar errichtete. Bonitz arbeitete mit Franz Serafin Exner zusammen, mit dem er das von diesem geschaffene Grundkonzept für den „Entwurf der Organisation der Gymnasien und Realschulen in Österreich" (Organsationsentwurf 1849) ausarbeitete. Nach Exners Rückkehr nach Berlin ließ sich Bonitz von ihm bei der Reform des preußischen höheren Schulwesens leiten. Bonitz' Werke über Platon und Aristoteles, sein *Index Aristotelicus*, die *Platonischen Studien* und seine Übersetzung von Aristoteles' *Metaphysik* wurden Standardwerke der Geisteswissenschaften.

C l a r a S c h u m a n n : Clara Schumann geb. Wieck: Geb. 13. 9. 1819, Leipzig; gest. 20. 5. 1896, Frankfurt a. Main. Deutsche Pianistin, die auch komponierte. 1840 Heirat mit Robert Schumann. Hervorragende Interpretin der Werke ihres Mannes, Beethovens, Chopins und Brahms'. Sie war mit Brahms befreundet und hatte häufig Kontakt mit der Familie Wittgenstein.

W i e c k : Johann Gottlob Friedrich Wieck: Geb. 18. 8. 1785, Pretzsch/Elbe; gest. 6. 10. 1873, Loschwitz (heute zu Dresden). Musikpädagoge. Ab 1840 Klavierlehrer in Dresden. Wurde durch die Erfolge seiner Töchter Clara Schumann und Marie Wieck als Klavierlehrer berühmt. Weitere Schüler waren u. a. Hans von Bülow und Robert Schumann.

Herr Wessel: Hauslehrer der Wittgensteins. Gelehrter und Freund von Theodor Gomperz. (Vgl. McGuinness, S. 32) Theodor Gomperz (1832–1912) war Philosoph und Klassischer Philologe, der u. a. in Wien bei Hermann Bonitz studiert hatte.

55 Laufberger: Ferdinand Laufberger: Geb. 16. 2. 1829, Mariaschein (Böhmen); gest. 16. 7. 1881, Wien. Maler, Radierer, Lithograph. Ab 1868 Professor an der Kunstgewerbeschule des Österreichischen Museums in Wien.

des „Letzten Aufgebots" von Defregger: Franz, ab 1883 Ritter von Defregger (1835–1921) stammte aus Tirol und lehrte an der Kunstakademie in München. Er ist einer der Gründerväter der Münchner Historienmalerei und malte Porträts, Motive aus dem bäuerlichen Alltagsleben sowie dramatische Szenen aus dem Tiroler Volksausfstand von 1809. Berühmt wurde er mit seinem Monumentalwerk „Das letzte Aufgebot" (2 Fassungen: 1872 und 1874), einer Ikone der Historienmalerei, das die Tiroler Unabhängigkeitskriege verherrlicht. Die Dorfgasse in Villanders wird dabei zum Schauplatz für die Abschiedsszene der zur Landesverteidigung aufbrechenden Männer und der zurückbleibenden Frauen und Kinder.

Johannes Brahms: Johannes Brahms (geb. 7. 5. 1833, Hamburg; gest. 3. 4. 1897, Wien) lebte nach 1872 als freischaffender Künstler in Wien und Umgebung. Er war mit dem Geiger Joseph Joachim und mit Robert und Clara Schumann befreundet. Der Musikkritiker Eduard Hanslick und der Musiker Hans von Bülow zählten zu seinen glühendsten Verehrern. Wie Hermine berichtet, war Brahms ein guter Freund der Familie Wittgenstein und häufig zu Besuch in der Alleegasse. Ludwig Wittgenstein äußerte sich in seinen

Schriften mehrmals über Brahms, so schrieb er u. a.: „Die musikalische Gedankenstärke bei Brahms" (MS 156b 14v; ca. 1932–1934), oder: „Das überwältigende Können bei Brahms" (MS 147 2r; 1934).

S t o c k h a u s e n : Julius Christian Stockhausen: Geb. 22. 7. 1826, Paris; gest. 22. 9. 1906, Frankfurt. Sänger (Bariton), Gesangspädagoge und Dirigent. Wurde vor allem als Konzert- und Liedersänger (Brahms) bekannt. Von 1862–67 war Stockhausen Dirigent der Philharmonischen Konzerte und der Singakademie in Hamburg, von 1874–78 Leiter des Stern'schen Gesangvereins in Berlin. 1878 wurde er an das Hoch'sche Konservatorium in Frankfurt am Main berufen. Stockhausen verfasste eine *Gesangsunterrichtsmethode* (2 Bände, 1886–87).

G ä n s b a c h e r : Josef Gänsbacher: Geb. 6. 10. 1829, Wien; gest. 5. 6. 1911, Wien. Musikpädagoge. Sohn des Komponisten und Dirigenten Johann Baptist Gänsbacher (1778–1844). Josef Gänsbacher war von 1863–1904 Gesangslehrer am Wiener Konservatorium der Gesellschaft der Musikfreunde, ab 1876 Professor. Er zählte zu den angesehensten Gesangsbildnern seiner Zeit. Johannes Brahms widmete ihm seine Cellosonate Nr. 1 in e-moll.

G o l d m a r k : Karl (Károly) Goldmark: Geb. 18. 5. 1830, Keszthely, Ungarn; gest. 2. 1. 1915, Wien. Österreichisch-ungarischer Komponist. Lebte als Violinist und Klavierlehrer in Ödenburg, Budapest und Wien. In seinen Opern (*Die Königin von Saba*, 1875; *Das Heimchen am Herd*, 1896; *Ein Wintermärchen*, 1908, u. a.) verband Goldmark Elemente der französischen großen Oper mit den Neuerungen des frühen Richard Wagner. Er setzte als einer der ersten orientalisches Kolorit als Klangmittel ein. Außer seinen Opern schrieb

Goldmark sinfonische Dichtungen, Konzerte, Kammer- und Klaviermusik und Vokalwerke.

„Consilium abeundi": Einem Schüler oder Studenten förmlich erteilter Rat, die Lehranstalt zu verlassen, um ihm den Verweis zu ersparen. Grund für Karl Wittgensteins „consilium abeundi" war sein Aufsatz, in dem er die Unsterblichkeit der Seele bestritt.

57 die pecuniäre Seite: „pecuniär": veraltet für „pekuniär": [französ. pécuniaire; lat. Pecuniarius, zu „pecunia" = Geld]: schwierige Lage, Sorgen (auch finanzieller Art).

III.

58 Krugerstraße: Im 1. Bezirk von Wien. In der Krugerstraße 10 war der Sitz der Amerikanischen Gesandtschaft, in der später Margaret Stonborough die amerikanische Quäker-Hilfsorganisation mitorganisierte, die vom späteren US-Präsidenten Hoover ausging.

Bodenbach: Ortsgemeinde in der Verbandsgemeinde Kelberg im Landkreis Vulkaneifel in Rheinland-Pfalz, Deutschland.

am Perron: Der Perron (französ.): Veraltetete Bezeichnung für Bahnsteig, in der Schweiz noch in Verwendung.

59 Minstrel-Truppe: Als Minstrel wurde eine im 19. Jahrhundert in den USA populäre Form der Unterhaltungsmusik bezeichnet. Der Name geht zurück auf „Ménestrel", eine Bezeichnung für mittelalterliche Spielleute. Ursprünglich wurden die sogenannten Minstrel Shows von weißen

Unterhaltungsmusikern aufgeführt, die ihre Gesichter schwarz färbten und aus heutiger Sicht auf rassistische Weise das vermeintliche Leben der Afroamerikaner karikierten. Die Musik wurde als afroamerikanisch ausgegeben, war aber generisch rein europäische Fiddlemusik. Die Minstrel-Musik beeinflusste die US-amerikanische Musik dieser Zeit, aber auch Bluegrass und Country sowie archaischen Jazz.

Ermordung des Präsidenten Lincoln: Am Karfreitag des Jahres 1865 wurde Abraham Lincoln beim Besuch des Ford's Theatre in Washington D.C. von dem Schauspieler John Wilkes Booth, einem fanatischen Sympathisanten der Südstaaten, angeschossen und erlag am folgenden Tag, dem 15. April 1865, seinen Verletzungen.

Christian-Brothers-College: „A Lassalian Catholic College". Das College wurde 1853 gegründet und verdankt sein Lassalisches Erbe den ersten Gründer-Brüdern und denen, die dem College danach dienten. Die Bezeichnung „Bruder" gilt für einen Mann, der sein Leben einem bestimmten geistlichen Amt oder sonstigen Tätigkeit innerhalb einer religiösen Gemeinschaft widmet. Manchmal sind diese Personen Priester und Brüder. Bei den La Salle Christian Brothers handelt es sich nur um „Brüder", zu deren Hauptaufgaben Dienstleistungen, Frömmigkeit, Erfüllung und Freude in der Mission ihres religiösen Auftrags gehören.

Westchester: Stadt am Hudson River, im Westchester County, einem County im Südosten des US-Bundesstaates New York.

Asylum for destitute children in Westchester: Die für arme Kinder vorgesehene Institution wurde am 14. April 1863 ins Leben gerufen – dem Jahr, als die Legislatur einen Akt verabschiedete, indem sie der Gesellschaft für den Schutz armer katholischer Kinder die Macht gab, realen und persönlichen Besitz (Grundstück durch Schenkung, Testament oder Erbschaft) anzunehmen, gemäß den vom Gesetz vorgeschriebenen Beschränkungen, das Einkommen der Gesellschaft von 20.000 Dollar nicht zu überschreiten. (Vgl. *New York Times*, July 24, 1855)

C o l l e g e   i n   R o c h e s t e r : Rochester – Stadt im Staat New York, USA, an der Mündung des Genese River in den Ontariosee und am New York State Barge Canal.

M a n h a t t a n v i l l e : Ein Viertel im New Yorker Stadtbezirk Manhattan und der gleichnamigen Insel. Im 19. Jahrhundert war Manhattanville eine Stadt mit einem wichtigen Fähranleger. Es war die erste Haltestelle der *Hudson River Railroad* nördlich von New York City und Haltestelle der Postkutsche sowie von Bus- und Straßenbahnlinien.

62 u n k i n d l i c h : Nicht kindlich. Hier vermutlich „nicht einem dankbaren Kinde gebührend". Es könnte aber auch sein, dass Karl Wittgenstein damit „unfreundlich" gemeint hat, da er aufgrund seiner Vermischung von englischen mit deutschen Ausdrücken (wie auch Hermine erwähnt) das englische Wort „unkind" im Kopf hatte.

63 „ Y a n k e e " : Im 18. Jahrhundert Spitzname für die Bewohner Neuenglands, mit dem sich Eigenschaften wie Scharfsinn, Sparsamkeit und Einfallsreichtum verbinden; während des Sezessionskriegs von den Südstaatlern verwendete Bezeichnung für die Nordstaatler. Im Ausland wurde „Yankee" zum oft spöttisch bis abschätzig gemeinten Spitznamen für alle Staatsbürger der USA, während der beiden Weltkriege speziell für die amerikanischen Soldaten.

T e n o r – H o r n : Tenorhorn ist die deutsche Bezeichnung für ein Bügelhorn in B mit aufwärts gerichtetem Schalltrichter in ovalen Windungen oder in Tubaform oder trompetenförmig mit nach vorn gerichtetem Schallstück. In Großbritannien und den USA wird das Tenorhorn Baritone genannt, während englisch „tenor horn" das Althorn in Es, eine moderne Form des Alt-Saxhorns, bezeichnet.

C h o c : Veraltet für Schock.   **66**

D e u t s c h – K r e u z : Ortschaft in Siebenbürgen, Rumänien.

T e c h n i s c h e H o c h s c h u l e : Die heutige Technische Universität Wien wurde 1815 als k.k. polytechnisches Institut von Kaiser Franz I. gegründet. Erster Direktor war Johann Joseph von Prechtl. 1872 wurde das polytechnische Institut in die „Technische Hochschule" umgewandelt, 1975 diese in „Technische Universität" umbenannt. Das Hauptgebäude befindet sich am Karlsplatz im 4. Wiener Gemeindebezirk.

S i g l : Ort in Oberösterreich.   **67**

N e u b e r g : Neuberg an der Mürz: Markt (1996) in der Steiermark, Bezirk Mürzzuschlag, am Fuß der Schneealpe gelegen.

M a r i a – Z e l l : Stadt in den Nördlichen Kalkalpen, im Bezirk Bruck an der Mur in der Steiermark und meistbesuchter Wallfahrtsort Österreichs. Romanische Pfarr- und

Wallfahrtskirche Mariä Geburt – „Magna Mater Austriae" – um 1200 erbaut, im 17. Jahrhundert durchgreifend verändert, mit Hochaltar (1700–04) und Gnadenaltar (1727) nach Entwürfen von Johann Bernhard Fischer von Erlach.

S z a t m a r : Sathmar – rumänische Stadt. Der ungarische Name lautet Szatmárnémeti.

T e r n i t z : Stadtgemeinde im südlichen Niederösterreich.

P a u l K u p e l w i e s e r : 1843–1919. Bruder von Karl Kupelwieser. Führte erfolgreich die Eisen- und Stahlwerke in Ternitz in Niederösterreich, in Teplitz in Böhmen und von 1876–1893 die Rothschildwerke in Witkowitz in Böhmen. Ternitz und Teplitz waren auch die ersten Stationen in Karl Wittgensteins Karriere. 1882 erwarben Karl Kupelwieser, Karl Wittgenstein und weitere Mitglieder dieser Gruppe (Weinberger, Wessely, Wolfrum) die Böhmische Montan-Gesellschaft unter günstigen Bedingungen, was letztlich die Grundlage für Wittgensteins Aufstieg als Großindustrieller war. (Vgl. McGuinness, S. 38)

T e p l i t z : (tschechisch: Teplice): Stadt im Landkreis Teplitz-Schönau, tschechisch Teplice-Sanov, im nordböhmischen Kreis, am Südfuß des Erzgebirges. Heilbad und Kurort (alkalisch-salinisch-radioaktive Quellen mit warmen Thermen). Braunkohletagebau, Benediktinerinnenkloster. Bis 1919 gehörte Teplitz zu Österreich-Ungarn, von 1919 bis 1938 zur Tschechoslowakei, von 1938 bis 1945 zum Reichsgau Sudetenland.

68 „ A u f s i t z e r n " : Im österreichischen Sprachgebrauch bedeutet ein „Aufsitzer" so viel wie ein Reinfall, eine Täuschung.

W e n d i n : Als Wenden werden alle in Mittel- und Ostdeutschland ansässigen Slawen bezeichnet, im engeren Sinn wurden früher die Serben als Wenden gesehen. **69**

M a j o r   v o n   B r u c k n e r : Moriz Karl Borromäus Ritter von Bruckner: Geb. 30.9.1823; gest. 5.3.1884, Venedig. K.k. Oberstleutnant des Regiments der Kaiserjäger. **70**

d i e   j u n g e   F r a u   d e s   M a j o r s : Maria Sophia Aloisia Johanna von Bruckner geb. Kallmus: Geb. 13.8.1846, Wien Leopoldstadt; gest. 15.12.1903, Purkersdorf. Mit Moriz von Bruckner hatte sie zwei Söhne: Moriz und Walter.

P o l d y   K a l m u s : Leopoldine Maria Josepha Wittgenstein geb. Kallmus, auch Kalmus geschrieben: Geb.14.3.1850, Wien; gest. 3.6.1926, Wien XVII, Neuwaldeggerstraße 38. Tochter des am 9.2.1814 in Prag geborenen und am 13.11.1870 in Wien verstorbenen bürgerlichen Handelsmannes Jacob Kallmus und der am 2.2.1825 in Lichtenwald bei Cilli geborenen und am 27.3.1911 in Wien verstorbenen Maria Stallner. Am 14.2.1874 in Wien Heirat mit Karl Wittgenstein. Wie Hermine berichtet, war ihre Mutter sehr musikalisch und spielte ausgezeichnet Klavier und Orgel. Sie war eine Schülerin von Goldmark gewesen und spielte mit Bruno Walter vierhändig. Rudolf Koder, ein enger Freund Ludwig Wittgensteins und häufiger Gast in der Familie, behauptete, dass Leopoldine Wittgenstein besser Klavier spielte als alle anderen Mitglieder der Familie, auch als ihr Sohn Paul, der bekannte Pianist. (Mitteilung von John Stonborough, 2.4.1993).

F i n e s   H o c h z e i t : Die Hochzeit von Fine Wittgenstein mit Johann Nepomuk Oser fand am 24.8.1872 in Wien statt. **74**

v o r k ö m m t : Altösterreichisch für „vorkommt". **75**

77 Alt – Aussee : Altaussee: Fremdenverkehrsort in der Steiermark, im steirischen Salzkammergut am Altausseersee gelegen.

79 Calmus : Kalmus, auch Kallmus geschrieben.

Muck : Johann Nepomuk Oser.

81 Direktor Pechar : Johann Pechar, Eisenbahn-Direktor in Teplitz. Anlässlich der Welt-Ausstellung 1878 in Paris verfasste er die Schrift: *Eisen und Kohle in allen Ländern der Erde*. (Gruppe V, Classe 43.). Unter Mitwirkung hervorragender Fachgenossen herausgegeben von Joh. Pechar, Eisenbahn-Director in Teplitz. Dieses Werk wurde 2012 im Europäischen Hochschulverlag GmbH & Co KG, Bremen, neu herausgegeben.

Eichwald bei Teplitz : Heute „Dubi", Stadt in der tschechischen Republik. Eichwald wurde an einer Furt im Eichenwalde gegründet, durch die ein alter Handelsweg der Kelten führte. Die Stadt liegt 4 km nördlich von Teplitz (Teplice) in 389 m Höhe am Südhang des Ostererzgebirges.

Mining : Kosename für Hermine Maria Franziska Wittgenstein: Geb. 1.12.1874, Eichwald bei Teplitz, Böhmen; gest. 11.2.1950, Wien. Laut Auskunft von John Stonborough wurde Hermine nach einer Figur in Fritz Reuters Roman *Ut mine Stromtid* („Das Leben auf dem Lande", 3. Teile. Wismar: Historrf'sche Hofbuchhandlung 1863–64) Mining genannt.
Hermine war die Älteste der Geschwister Wittgenstein. Ihr folgten Dora (geb. und gest. 1876), Hans, Kurt, Helene, Rudi, Margaret(Gretl), Paul und Ludwig.

M e i d l i n g e r   E i n g a n g : Der Meidlinger Eingang bzw. **82**
das Meidlinger Tor zum Park von Schloss Schönbrunn befindet sich an der Grünebergstraße.

S c h ö n b r u n n e r   P a r k : Park von Schloss Schönbrunn, 1779 der Öffentlichkeit zugänglich gemacht und seither beliebtes Erholungsgebiet der Wiener sowie der internationalen Besucher.

X A I R E : Griech.: Χ Α Ί Ρ Ε [xaíre] = „Sei gegrüßt!" (Imperativ von χαίρω = grüßen). **83**
Die Villa XAIPE befindet sich in Wien an der Grünebergstraße und am Meidlinger Tor des Schönbrunner Schlossparkes. Das Schlösschen wurde Ende des 18. Jahrhunderts erbaut, als sich adelige Familien in der Nähe der kaiserlichen Sommerresidenz Schloss Schönbrunn ansiedelten – im Wiener Vorort Meidling, der sich damals zum beliebtesten Erholungsort und Heilbad entwickelte.

M e i d l i n g : 12. Bezirk von Wien, aus den Gemeinden Untermeidling, Obermeidling, Gaudenzdorf, Wilhelmsdorf, Hetzendorf und Altmannsdorf gebildet.

H a n s : Hans Wittgenstein: Geb. 1877; gest. 1902, Everglades, Florida, USA. Musikalisch hochbegabt, spielte er schon mit neun Jahren Geige in der Peterskirche. Sein Verschwinden und vermutlicher Tod in der Chesapeake Bay wird als Selbstmord gedeutet. Das Neue Wiener Tagblatt vom 6. Mai 1902 schreibt: „Der Großindustrielle Carl Wittgenstein wurde von einem schweren Verlust betroffen. Sein ältester Sohn Hans, ein junger Mann von 24 Jahren, ist vor ungefähr drei Wochen in Amerika, wo er sich auf einer Studienreise befand, während einer Kanufahrt verunglückt." **84**

K u r t : Konrad Carl Leopold Wittgenstein: Geb. 1. 5. 1878, Wien; gest. 9. 9. 1918, an der Piave (Selbstmord). Rittmeister d.R. im k.k. reitenden Schützen-Regiment No. 5. Kurt wurde als heiter veranlagt geschildert, der beim Cello- und Klavierspiel ausgesprochene Musikalität bewies. Sein Vater kümmerte sich darum, dass er zum Direktor einer Firma ernannt wurde.

Laut McGuinness wird Kurts Selbstmord in der Familie auf verschiedenste Weise ausgelegt: Als Grund für die Schande, dass seine Soldaten den Dienst verweigerten, vielleicht auch, dass er ihnen einen aussichtslosen Kampf ersparen wollte oder der Schande der Kapitulation und der Kriegsgefangenschaft entgehen wollte. Einhelligkeit bestehe darüber, dass Kurts starkes Ehrgefühl den Ausschlag gab. (Vgl. McGuinness, S. 413f.)

85   K a r l   W o l f r u m : Karl Georg Wolfrum: Geb. 17. 11. 1813, Hof, Oberfranken; gest. 30. 5. 1888, Aussig, damals Böhmen. Karl Wolfrum stammte aus einer ursprünglich böhmischen und protestantischen Familie und arbeitete sich aus ärmlichen Verhältnissen zu einem der bedeutendsten Geschäftsmänner von Ústi nad Labem hervor. Er gründete in der Stadt eine Färberei und wandelte diese 1876 in eine Weberei um. 1861 wurde Wolfrum von den Städten Aussig und Teplitz in den böhmischen Landtag gewählt. Von 1865 bis 1874 war er Vorstand des Gemeinderats. Nach dem Tod von Graf Albert Nostic im Jahre 1871 wurde Karl Wolfrum Präsident der Ústi-Teplitzer Eisenbahn. Er gründete auch die Zeitschrift *Aussiger Anzeiger*, die für die Stadt sehr wichtig wurde. In späteren Jahren zog er sich von sozialen und politischen Kreisen zurück.

W e s s e l y : Karl von Wessely war einer der besten Freunde Karl Wittgensteins, der wie Max Feilchenfeld, Isidor Weinberger, Karl und Otto Wolfrum, Karl und Paul Kupelwieser und Wilhelm Kestranek seine geschäftlichen Positionen übernahm und als Strohmann für die unter Wittgensteins Einfluss stehenden Banken wie die Böhmische und die Niederösterreichische Escompte Bank und die PEG fungierte.

r u s s i s c h - t ü r k i s c h e r   K r i e g : (1877–1878). Russland nahm Ausschreitungen gegen Christen auf dem Balkan zum Anlaß eines Krieges. Serbien, Rumänien und Montenegro schlossen sich an. Der von den Panslawisten vorbereitete Krieg hatte das Ziel, alle slawischen Völker auf dem Balkan unter der Führung und dem Schutz Russlands zu vereinigen. Russische Truppen stießen bis vor Konstantinopel vor und zwangen die Türkei zum Frieden von San Stefano: Die Türkei sollte ihren gesamten Besitz auf dem Balkan verlieren. Da Österreich keine Stärkung Rußlands auf dem Balkan wünschte und England die Meerengen nicht in russischer Hand haben wollte, erhoben die beiden Länder Einspruch. Bismarck bot sich als Friedensvermittler an und es kam zum „Berliner Kongreß". Bismarck versuchte dabei, alle Beteiligten zufriedenzustellen – England erhielt Zypern, Österreich die Verwaltung Bosniens und der Herzegowina. Russlands erneuter Vorstoß auf dem Balkan war gescheitert, die nationalen Selbständigkeitsbestrebungen wurden gestärkt und bedrohten Österreichs Bestand.

B e n d e r : Deutsch-türkischer Name für „Tighina", eine am Fluß Dnister (russ. Dnestr) gelegene Stadt in Moldawien. Kreisstadt und wichtige Festung in der russischen Provinz Bessarabien. Tighina gehörte bis 1538 zum Fürstentum Moldau, danach war die Stadt Teil des Osmanischen Reiches. Anfang des 16. Jahrhunderts ließ der Fürst Stefan cel Mare dort eine Festung bauen, deren Reste noch heute zu sehen sind. Die türkischen Eroberer nannten die Festung „Bender" (türkisch: das Tor). Möglicherweise wurde der Name auch vom persischen „Bandar" für „Hafen" abgeleitet. 1912 wurde die Festung von den Russen erobert und danach Teil der Provinz Bessarabien, 1918 kam Tighina zu Rumänien. 1944 eroberte die Sowjetunion das Gebiet zurück. Nach einer Unabhängigkeitsbewegung innerhalb Moldawiens kam es 1992 zu blutigen Kämpfen zwischen der moldauischen Armee und bewaffneten Kräften der Separatisten aus Transnistrien. Seither ist Tighina Bestandteil der international nicht anerkannten Transnistrischen Moldauischen Republik (kurz TMR).

G a l a t z : (rumänisch: „Galati") Hafenstadt in der Walachei, an der Donau. Schwerindustrie wie Hütten- und Stahlwerke, Maschinenbau und Schiffswerft.

P o l j a k o f f : Baron Poljakoff war ein russischer Großbauunternehmer, der im russisch-türkischen Krieg die Bahnstrecke Bender-Galatz baute, die vom 4. bis 7. 11. 1877 eröffnet wurde. Poljakoff tätigte auch die meisten Lokomotivbestellungen.

K r u p p : Deutsches Schwerindustrie-Unternehmen mit Sitz in Essen. 1811 hatte Friedrich Krupp (1787–1826) die „Gußstahlfabrik Krupp" gegründet und als 1826 der 14-jährige Alfred Krupp (1812–1887) diese von seinem Vater erbte, hatte er lediglich zwei Angestellte und 10.000 Taler Schulden. Sechzig Jahre später arbeiteten 21.000 Menschen für Krupp und sein Vermögen war gewaltig. Die Familie besaß Zechen, Erzbergbaugruben, Hütten und verschiedene Weiterverarbeitungsbetriebe. Zwei Produkte bildeten die Grundlage des Erfolges: Kanonen und der nathlose Reifen für die Eisenbahn. Alfred Krupp war ein patriarchalischer

Arbeitgeber, zahlte hohe Löhne und gründete Kranken- und Pensionskassen für seine „Kruppianer", baute Krankenanstalten und Werkswohnungen. Andererseits versagte er seinen Arbeitnehmern das Recht, die eigenen Interessen, z.B. in Gewerkschaften, zu vertreten. Könige und Kaiser zählten zu Alfred Krupps Kunden, doch als ihm der Adelstitel angeboten wurde, lehnte er – wie später auch Karl Wittgenstein – ab. Alfreds Sohn Friedrich Alfred Krupp (1854–1902), an den sich vermutlich Karl Wittgenstein wandte, ergänzte seine Fabrik durch ein neues Hüttenwerk in Rheinhausen und produzierte hauptsächlich Rüstungsgüter. Für seine ca. 45.000 Arbeiter schuf er zahlreiche soziale Maßnahmen, u. a. gründete er die Siedlung Altenhof in Essen-Rüttenscheid. Anfang des 20. Jahrhunderts bildete sich aus dem Krupp'schen Familienunternehmen die Friedrich-Krupp AG.

per Pud und Werst: Pud = altes russisches Gewicht (16,38 kg); Werst = altes russisches Längenmaß (1, 067 km).

Baron Günsburg: Vermutlich Naphtali Herz Günzburg: **87**
Geb. 8. 2. 1833, Swenyhorodka; gest. 2. 3. 1909, St. Petersburg. Russischer Bankier. Günzburg war Direktor der von seinem Vater Joseph Günzburg (1812–1878) gegründeten Bank, die eines der zentralen Finanzinstitute in Russland war. Er managte auch die Finanzgeschäfte von Großherzog Ludwig III. von Hessen-Darmstadt, der ihn zum Generalkonsul in Russland (1868–1872) machte. Die russische Regierung wiederum ernannte Günzburg zum Staatsrat. Dank seiner Beziehungen zu Aristokratie und Behörden gelang es Günzburg, die Lage der Juden im russischen Reich zu verbessern – ein Anliegen, das bereits sein Vater verfolgt hatte. Aufgrund einer Krise im russischen Kreditwesen stellte die Günzburg-Bank 1892 ihre Geschäftstätigkeit in Russland ein.

Naphtali Herz Günzburg war bis 1892 Petersburger Ratsherr sowie auch Präsident der Petersburger jüdischen Gemeinde und der „Gesellschaft zur Förderung der Kultur unter den Juden", die sein Vater Joseph Günzburg 1863 gegründet hatte und von der er bis zu seinem Tode Präsident gewesen war. Als Vorsitzender des russischen Komittes der *Jewish Colonization Association* drängte Naphtali Günzburg darauf, dass die Gelder des Hirsch-Fonds zur Förderung von Landwirtschaft und Handwerk unter den Juden in Russland benutzt wurden.

88 Prager Eisenindustriegesellschaft: Die Prager Eisenindustriegesellschaft mit Hauptsitz in Kladno war eines der größten Montanunternehmen der Donaumonarchie und um 1900 die Machtbasis von Karl Wittgenstein. Dieser fungierte von 1885–1898 als Zentraldirektor des Unternehmens. 1886 brachte er die Teplitzer Walzwerke im Austausch für Aktien in die „Prager Eisenindustriegesellschaft" ein und begründete damit das erste österreichische Eisenkartell. 1889 gründete er in Kladno die Poldihütte, benannt nach seiner Frau Leopoldine. Ein zweites Hauptwerk befand sich in Königshof. Das Unternehmen zählte für kurze Zeit zum Einflussbereich der Creditanstalt, Karl Wittgenstein entschied sich dann aber für die Niederösterreichische Escompte-Gesellschaft als Hausbank. Das Unternehmen erhielt umfangreiche Rüstungsaufträge für das österreichisch-russische Heer während des Zweiten Weltkriegs, im Zweiten Weltkrieg wurde es Teil der Reichswerke Hermann Göring. Die Prager Eisenindustrie-Gesellschaft betrieb bei Kladno als auch bei Pilsen eigene Montanbahnen wie die Kladno-Nučicer Bahn und die Wilkischner Montanbahn.

Böhmische Montangesellschaft: Aktiengesellschaft, vormals Fürstliche Fürstenberg'sche Montanwerke in Böhmen.

Thomas-Verfahren: Ein Verfahren zur Stahl-Erzeugung, nach dem britischen Metallurgen Sidney Thomas (1850–1885) benannt. Es ist ein sogenanntes Blasverfahren, bei dem Luft von unten durch einen Düsenboden in die Schmelze geblasen wird, um die Begleitelemente und den Kohlenstoff herauszubrennen. Roheisen mit hohen Anteilen an Phosphor und Schwefel wird hierbei in einem „basisch" ausgemauerten Konverter („Thomas-Birne") zu Stahl umgewandelt. Reiner Sauerstoff eignet sich besonders gut für das Frischen, jedoch konnte man zur Zeit der Erfindung des Thomas-Verfahrens diesen nicht herstellen.

Herr Bontoux: Paul Eugène Bontoux (1820–1904) war **89** Industrieller, Bankier, politischer Katholik und Monarchist, der die Union Générale zur Zeit ihres Zusammenbruchs gegründet und geleitet hatte. Mit Finanzierung der Österreichischen Länderbank gründete er 1881 die Österreichische Alpine Montangesellschaft (ÖAMG), die so gut wie alle bis Ende der 1860er Jahre in der Steiermark gegründeteten Gesellschaften zusammenfasste und auch die Hüttenberger Eisenwerks-Gesellschaft in Kärnten integrierte. (Vgl. Jakob Veit: „Wie kommt die Kohle zum Eisen?" Standortkombination und Eisenbahn in Österreich 1830–1914 am Beispiel der Eisenindustrie. Diplomarbeit aus Geschichte zum Magister der Philosophie. Universität Wien, 2012)

Ilseder Hütte: Ilsede ist eine Gemeinde im Kreis Peine **90** in Niedersachsen, in der Braunschweig-Hildesheimer Lößbörde. 1976 wurde der Eisenerzbergbau aufgegeben. Die Eisenhütte – um die es sich hier vermutlich handelt – wurde 1983 geschlossen.

Weinberger: Isidor Weinberger (1837–1915): Als Angestellter der Domänendirektion der ungarischen Werke der

Staatseisenbahn-Gesellschaft kam Weinberger nach Dognaczka im Banat. Fasziniert vom Mineralreichtum dieses Gebiets, begann er bereits in jungen Jahren Mineralien zu sammeln. Später wurde er in das Direktorium der Gesellschaft nach Wien berufen. Gemeinsam mit seinem Freund Karl Wittgenstein erwarb er in Böhmen ein stillgelegtes Eisenwerk. Dessen Wiederinbetriebnahme und der gewinnbringende Verkauf der früher auf Halde geschütteten Thomasschlacke begründeten das Vermögen Weinbergers. Durch Krankheit in seiner Tätigkeit gehemmt, widmete er sich später dem Ausbau seiner Mineraliensammlung, die so zu einer der besten der Monarchie wurde. Weinberger war Mitbegründer der Wiener Mineralogischen Gesellschaft im Jahre 1901 (heute Österreichische Mineralogische Gesellschaft). Er förderte die mineralogische Wissenschaft und war um 1900 einer der bedeutendsten Mäzene des k.k. Naturhistorischen Hofmuseums. Die Sammlung Weinbergers gelangte nach dem Ersten Weltkrieg in den Besitz des Maschineningenieurs und späteren Technischen Direktors der Steyr Werke, Dr. Hans Karabacek. Heute befindet sie sich in der Sammlung der Harvard Universität in Cambridge, Massachusetts.

91 K l a d n o : Stadt in Tschechien, damals Böhmen, ca. 25 km nordwestlich von Prag entfernt. Durch die Entdeckung von Kohle um 1840 entwickelte sich der anfangs unbedeutende Marktflecken zu einem wichtigen industriellen Gebiet Böhmens. Die Entfaltung der Steinkohleförderung und des Hüttenwesens trug im Jahre 1879 zur Erhöhung Kladnos zur Stadt bei. 1898 wurde ihr der Ehrentitel „königliche Bergstadt" verliehen und am Vorabend des Ersten Weltkriegs verbesserte Kaiser Franz Joseph I. das Stadtwappen um Symbole des Bergbaus – überschlagene silberne Hammer verziert mit einem goldenen Band.

Die Herrschaft der Nationalsozialisten traf Kladno schwer – die Gestapo in Kladno war einer der Initiatoren der Ausrottung der Gemeinde Lidice.

F u r t h o f : Zur Gemeinde Hohenberg im Bezirk Lilienfeld in Niederösterreich (Mostviertel) gehörend.

S t . A e g y d : St. Aegyd am Neuwalde. Markt in Niederösterreich im Bezirk Lilienfeld.

S e n s e n w e r k e i n S t e i e r m a r k : Das 1849 in Deutschfeistritz in der Steiermark errichtete Sensenwerk produzierte bis 1984 hochwertige Sensen, die weltweit exportiert wurden. Mit großen Wasserrädern wurden schwere Schmiedehämmer und Maschinen betrieben und bei dumpfen Hammerschlägen das glühende Eisen geformt. Heute befindet sich in Deutschfeistritz ein Museum, in dem u. a. der letzte vollständig erhaltene „Steirische Sensenhammer" zu besichtigen ist, der von einer einst blühenden Zeit der inneralpinen Eisenverarbeitung zeugt.

H o c h r e i t : Auch Hochreith geschrieben. Das südlich von Wien in Hohenberg gelegene Land- bzw. Jagdhaus ließ Karl Wittgenstein 1905/1906 um- und ausbauen. Geplant und eingerichtet wurde es von Josef Hoffmann, der auch die beiden 1900 im Ortsverband errichteten Häuser, Forstamt und Forsthaus, übernahm. (Vgl. Bundesdenkmalamt.at, 21. Dezember 2010) Heute noch ist die Hochreit ein beliebter Ort für Zusammenkünfte der Nachkommen der Familie Wittgenstein. **93**

D a r g e s t e l l t : Im Original großgeschrieben. **94**

m e i n V e t t e r A u g u s t P o t t : August Paul Alois Constantin Pott: Geb. 4.10.1867, Wien IV, Obere Alleegasse 5;

gest. 12.6.1952, Wien. Ledig. Ab 1925 folgte August Pott seinem Onkel Louis Wittgenstein als Obmann des Evangelischen Waisenversorgungsvereins Wien.

S t a h l w e r k K ö n i g s h ü t t e : Königshütte ist ein Ortsteil der Stadt Oberharz am Brocken im Landkreis Harz in Sachsen-Anhalt. Der einst selbständige Ort entstand durch die Zusammenlegung von Königshof und Rothehütte am 1.4.1936. Rothehütte war als Standort mehrerer Eisenhüttenwerke bekannt, so der „Neuen Hütte" und von „Lüdershof". Königshütte hatte Eisenbahnanschluss bis Blankenburg; 1999 wurde der Personenverkehr auf dem Abschnitt Elbigenrode-Königshütte eingestellt, am 31.8.2000 erfolgte die endgültige Stilllegung des Streckenabschnitts bis Königshütte.

95 B r ü x : (tschech. Most = Brücke) Stadt im Landkreis Brüx, Rheinland-Pfalz. Bis 1919 gehörte der Landkreis Brüx zu Österreich-Ungarn, von 1919–1938 zur Tschechoslowakei, von 1938–1945 zum Reichsgau Sudetenland, Regierungsbezirk Aussig. 1870 erhielt Brüx durch die Aussig-Teplitzer Eisenbahn den ersten Eisenbahnanschluss.

96 G r a f T h u n : Franz Anton Fürst von Thun und Hohenstein: Geb. 2.9.1847, Tetschen (heute Deutschalndecin, Tschechische Republik); gest. 1.11.1916, ebenda. Österreichischer Politiker, langjähriger Statthalter von Böhmen und kurzzeitig Ministerpräsident von Cisleithanien, der österreichischen Hälfte des Habsburgerreichs. Als Statthalter von Böhmen strebte er eine Versöhnung zwischen deutscher und tschechischer Bevölkerung an, stieß dabei jedoch auf den Widerstand von deutsch-böhmischen Politikern im Landtag. Dabei erwies er sich als geduldiger Förderer einer Verständigungspolitik bei den Ausgleichsverhandlungen mit den Tschechen.

D e m e l : K.u.k. Hofzuckerbäckerei im 1. Bezirk Wiens am **98**
Kohlmarkt, nahe dem Michaelerplatz. Gegründet 1786.

S a c h e r : Berühmtes Hotel und Kaffeehaus im 1. Bezirk Wiens
in der Philharmonikerstraße 4, 1876 von Eduard Sacher, dem
Sohn des Erfinders der Original Sacher-Torte, eröffnet.

P r o f e s s o r S c h w e n i n g e r : Dr. Ernst Schweninger. **99**
Geb. 15.6.1850, Freystadt, Deutschland; gest. 13.1.1924,
München. Mediziner und Medizinhistoriker. Bedeutender
Wissenschaftler, der aber von den Zeitgenossen nicht anerkannt wurde. Er wurde Leibarzt von Bismarck, der ihn sehr
schätzte und ihm volles Vertrauen schenkte. Durch dessen
Heilung wurde Schweninger zum Professor an der Universität Berlin berufen und zum Direktor der Abteilung für
Hautkrankheiten an der *Charité* ernannt. Schweninger
stand Bismarck bis zu dessen Tod zur Seite.

d e m b e r ü h m t e n B i s m a r c k - A r z t : im Original:
„den berühmten".

M i m a B a c h e r : Hermine (Mima) Sjögren geb. Bacher:
Geb. 29.11.1871; gest. 1965. Witwe des schwedischen Ingenieurs Carl Sjögren, der als Direktor an einem von Karl
Wittgensteins Walzwerken tätig gewesen war und mit dem
sie drei Söhne hatte: Nils, Arvid und Talla. Mima war mit
Wittgensteins Schwestern eng befreundet und Ludwig mit
Arvid. Bereits Mimas Vater, Bergrath Gottfried Bacher
(1838–1897), arbeitete für Karl Wittgenstein. Er verbrachte
lange Zeit in der Poldihütte in Kladno (in der Nähe von
Prag) und seine Tochter Mima hatte daher laut ihrem Enkel
Andreas Sjögren zeitlebens einen böhmischen Akzent. Sie
wurde früh Witwe, ihr Mann Carl Sjögren (geb. 1865), starb
bereits 1903. Hermine Sjögren war eine begabte Malerin;

von ihr sind beachtliche Bilder und Zeichnungen, u. a. von ihren Kindern, erhalten.

100 T o t i s: Totis (ungar. Tata) ist eine ungarische Stadt, ca. 67 km von Budapest entfernt und in der Seenplatte der „ungarischen Toskana" zwischen Wien und Budapest gelegen.

102 A l l e e g a s s e : In der Alleegasse Nr. 16, im IV. Bezirk Wiens, hatten die Wittgensteins ein Stadtpalais, das 1871–73 vom Architekten Friedrich Schachner für einen Bauherrn namens Pranter errichtet wurde, bevor es in den Besitz von Karl Wittgenstein überging. Nach dessen Tod im Jahre 1913 kam es zu verschiedenen Besitzerwechseln innerhalb der Familie, seit Anfang der 1930er Jahre war Hermine Wittgenstein alleinige Hausherrin. Das prachtvoll eingerichtete Palais überstand den Krieg praktisch ohne Schäden, allerdings quartierte das NS-Regime Behörden ein. Nach Hermines Tod wurde das Palais von den Erben veräußert und bald darauf abgerissen. (Vgl. Prokop, S. 256)
Früher hieß die *Alleegasse Haferpoint*, erst um 1700 *Alleegasse*. 1921 wurde die Alleegasse in *Argentinierstraße* umbenannt – da der argentinische Präsident Hipólito Yrigoyen nach dem Ersten Weltkrieg Österreich mit einer Spende von 5 Millionen Pesos unterstützt hatte.

103 M i t z e S a l z e r : Marie Anna Gottfrieda Salzer: Geb. 8. 5. 1873, Wien I, Mehlmarkt 1; gest. 5. 12. 1936. Ledig. Leiterin des Pflegeheims Bellevue. Eine Tochter von Dr. med. Friedrich Salzer und Ida Hermine geb. Franz sowie Nichte und Adoptivtochter von Louis Wittgenstein, der das „Pflegeheim Bellevue zur Pflege und Heilung von an Knochentuberkulose erkrankten Kindern" gründete, um Mitze einen Wirkungskreis zu eröffnen. Auch Clara Sjögren arbeitete für einige Zeit in diesem Pflegeheim.

der jetzige Direktor des Blindeninstituts: Das Wiener Blindeninstitut wurde im Jahre 1804 von J. W. Klein als das erste Blindeninstitut im deutschsprachigen Raum begründet. Seit dieser Zeit wechselte das Blindeninstitut mehrmals seinen Standort. 1898 wechselte es in den zweiten Wiener Gemeindebezirk, Wittelsbacherstraße 5, wo es sich heute noch befindet, unterbrochen nur durch die Zerstörung des Gebäudes im Jahre 1945 und die Zeit des Wiederaufbaus, der bis 1958 dauerte. Unter der Gewaltherrschaft des Nationalsozialismus wurde es in eine „städtische Blindenschule mit Heim für Mädchen" umgewandelt. 1949 wurde das Institut dem Bund zugeordnet und führt seither den Namen „Bundes-Blindenerziehungsinstitut".
Das bereits von J. W. Klein 1837 gegründete Museum für das Blindenwesen, das auch im neuen Haus eingerichtet wurde, fand die besondere Unterstützung von Karl Wittgenstein, der mit Glasvitrinen und Glaskästen das gesamte Museum ausstattete.

die Frau des damaligen Direktors: Aller Wahrscheinlichkeit nach Marie geb. Rocek, die Frau von Alexander Mell (geb. 17. 2. 1850, Prag; gest. 30. 9. 1931, Wien), der von 1886 bis 1919 Direktor des Blindeninstituts war. Alexander Mell gliederte dem Institut eine Druckerei für Blindenschrift (1889) und eine Blindenbibliothek an, schuf Organisationen für Blindenfürsorge (1. Blindenerholungsheim der Welt, Blindenarbeiterheim, Mädchenheim) und erweiterte das Museum für Blindenwesen. 1914 wurde er Inspektor der österreichischen Blindenanstalten. Alexander Mell war der Vater des Schriftstellers Max Mell (geb. 10. 11. 1882, Marburg/Drau; gest. 12. 12. 1971, Wien) und der Burgschauspielerin Maria Josefa Mell verehelichte Goltz (geb. 12. 7. 1885, Wien; gest. 29. 10. 1954, Wien).

Frau Mell war eine besonders engagierte Frau, die Frau Editha Mautner von Markhof, eine prominente Gönnerin des Blindeninstituts, bat, bei der dieser befreundeten Familie Dreher ein gutes Wort einzulegen, um einen Preisnachlass von 100.000 Gulden auf das Grundstück zu bekommen, das dem Großgrundbesitzer und Großindustriellen Anton Dreher (1849–1921) gehörte. Am 24. 3. 1896 wurde eine Stiftung mit Bauverpflichtung zusätzlich zum Fonds des k.k. Blindeninstituts eingerichtet. So bekam das Institut ein Baugrundstück geschenkt. (Vgl. den Bericht von Hofrat Dr. Friedrich Benesch auf der Homepage des jetzigen Blindeninstituts Wien.)

104 N e u w a l d e g g e r   S t r a s s e : 1894 benannt zur Wahrung des Namens der ehemals selbständigen Gemeinde Neuwaldegg, die 1530 gegründet und 1892 mit Dornbach und Hernals zum 17. Bezirk eingemeindet wurde. Die Straße hieß vorher Hauptstraße.

Die „Sommervilla" der Wittgensteins befand sich in der Neuwaldeggerstraße 38, heute im XVII. Bezirk von Wien. Dort wurde Ludwig Wittgenstein geboren.

In den 1930er Jahren fanden dort manchmal die Treffen zwischen Ludwig Wittgenstein und Mitgliedern des Wiener Kreises statt, um über philosophische Fragen zu diskutieren. (Vgl. *Wittgenstein und der Wiener Kreis*, Werkausgabe Bd. 3. Frankfurt: Suhrkamp, 1989) In den 1970er Jahren wurde die Villa abgerissen.

A l s b a c h : Alserbach, Als, im oberen Verlauf auch Dornbach, ist ein großteils als Bachkanal geführter Fluss in Wien.

105 L e n k a : Helene Gabriele Sophie Salzer geb. Wittgenstein: Geb. 23. 8. 1879, Wien, Dornbach; gest. 7. 4. 1956, Wien XIX, Billrothstraße 78. Von der Familie „Lenka" genannt. Helene war die viertälteste unter den Geschwistern Wittgenstein. Am 23. 5. 1899 heiratete sie Dr. Max Salzer (geb. 3. 3. 1868, Wien; gest. 28. 4. 1941, Wien. Sektionschef im Bundesministerium für Finanzen), mit dem sie vier Kinder hatte: Marie bzw. Mariechen, verh. von Stockert (1900–1948); Friedrich bzw. Fritz (1902–1922); Felix bzw. Lixl (1904–1986) und Clara bzw. Pussy, verh. Sjögren (1913–1978).

D o r n b a c h e r : Dornbach; um 1115 als „Doringinpach" erwähnt, war bis 1891 eine selbständige Gemeinde am Rande des Wienerwalds (Heuberg, Schafberg), seither Teil des 17. Wiener Bezirks. **106**

C a r l S j ö g r e n : Geb. 18. 1. 1865, Karlskrona, Bezirk/Kreis Blekinge im Südosten Schwedens; gest. 1903, Donawitz. Direktor des Stahlwerks Donawitz bei Leoben. Verheiratet mit Hermine (Mima) geb. Bacher. (Vgl. Kommentar zu Mima)

D o n a w i t z e r E i s e n w e r k : Die Ursprünge des heutigen Stahlwerks in Donawitz gehen auf die urkundlich nachweisbaren Hammerwerke aus dem Jahre 1436 zurück, in denen der Abbau des Erzbergs aufgearbeitet wurde. Eine Erzeugung ist seit 1529 nachweislich. 1868 erfuhr Donawitz durch den Anschluss an die Eisenbahn mittels der Verbindungsbahn zwischen Südbahn und Kronprinz-Rudolfs-Bahn einen starken wirtschaftlichen Aufschwung, da nun Steinkohle in großen Mengen aus Nordmähren heran geschafft und die Eisenwaren schneller und günstiger zu Kunden transportiert werden konnten. Ab 1878 gab es ein Siemens-Martin-Stahlwerk, 1881 entstand die Österreichisch-Alpine Montangesellschaft durch den Zusammenschluss mehrerer Hüttenbetriebe in der Steiermark und in Kärnten, mit ihrem Hauptwerk in Donawitz. 1891 wurde der erste Kokshochofen mit 200 t Tagesleistung in Donawitz angeblasen, es folgten weitere

Hochöfen mit noch mehr Leistung; 1911 wurde der nicht mehr zeitgemäße Hochofen I durch einen weiteren 400-t-Ofen ersetzt. Die größte Jahresproduktion der Hochöfen mit ca. 410.000 Jahrestonnen Roheisen wurde 1916 infolge des Rüstungsbedarfs duch den Ersten Weltkrieg erzielt.

A r v i d : Arvid Sjögren: Geb. 17. 4. 1901, Donawitz/Kreis Leoben; gest. 8. 3. 1971, Wien. Mechaniker und Kaufmann. Einer der drei Söhne von Mima und Carl Sjögren. Ludwig Wittgenstein unternahm mit Arvid mehrere Reisen und riet ihm, anstelle eines Studiums einen einfachen Beruf zu ergreifen. Arvid wurde Mechaniker und heiratete später Clara Salzer, eine Tochter von Helene Wittgenstein. Ludwig Wittgenstein reiste mit Arvid auch nach Den Haag, und während Wittgenstein mit Russell den *Tractatus* diskutierte, schlief Arvid auf dem Fußboden ein. (Mitteilung von John Stonborough an die Herausgeberin, 14. 11. 1992)

N i c h t e C l a r a : Clara Hermine Margarethe Salzer, genannt Clärchen oder Pussy: Geb. 7. 9. 1913, Wien; gest. 29. 10. 1978, Wien. Am 29. 4. 1933 Heirat mit Arvid Sjögren, mit dem sie fünf Kinder hatte: Anna, Andreas, Katharina, Gabriella und Cecilia.

107 W i e n e r N e u s t a d t : Stadt in Niederösterreich, südlich von Wien.

109 P l e i n - a i r : Das Malen unter freiem Himmel, „Pleinairmalerei", „Freilichtmalerei" im Gegensatz zur „Ateliermalerei", für die allenfalls Skizzen und Studien im Freien hergestellt wurden. Bezeichnend für die Pleinairmalerei ist die Helligkeit der Farbgebung. Um die atmosphärische Stimmung einer Landschaft einzufangen, malten zu Beginn des 19. Jahrhunderts John Constable und Richard Parkes Bo-

nington in England unmittelbar vor der Natur. Ihnen folgten insbesondere in Frankreich die Maler der Schule von Barbizon. Die Freilichtmalerei wurde zu einer wesentlichen Forderung des Impressionismus.

„S e c e s s i o n ": Ende des 19. Jahrhunderts entwickelten sich in verschiedenen europäischen Kunstzentren, besonders in Deutschland und in Österreich, Sezessionsbewegungen d.h. die bewußte Abspaltung von Künstlergruppen von herkömmlichen, oft offiziellen Künstlervereinigungen wie auch der Zusammenschluss von Künstlern mit neuen Zielen. Sie wandten sich gegen die akademische Malerei. Die wichtigste Sezession wurde die im Jahre 1897 gegründete *Wiener Secession*, die der österreichischen Variante des Jugendstils den Namen Secessionsstil gab. Hauptvertreter waren Gustav Klimt, Koloman Moser und Joseph Maria Olbrich. Olbrich war auch der Architekt des Gebäudes der *Wiener Secession* (1897–98).

N a c h r u f : Vermutlich meint Hermine den Artikel „Karl Wittgenstein als Kunstfreund" in der *Neuen Freien Presse*, Morgenblatt, 21. Jänner 1913, S. 11, Mitte rechts. Vgl. auch den Artikel „Heute mittag entschlief (...) Karl Wittgenstein (...)" in der *Neuen Freien Presse*, Morgenblatt, 21. Jänner 1913, S. 25.

R u d o l f v o n A l t : Rudolf von Alt: Geb. 28. 8. 1812, Wien; gest. 12. 3. 1905, Wien. Österreichischer Maler und Aquarellist. Schüler seines Vaters Jakob Alt (1789–1872), der ebenfalls Maler war. Von 1825 bis 1832 besuchte er die Wiener Akademie, ab 1826 war er in der Landschaftsklasse von Josef Mössmer. Er unternahm Studienreisen durch ganz Europa, 1879 wurde er Professor an der Wiener Akademie, 1897 war er eines der Gründungsmitglieder der *Wiener Secession*, deren Ehrenpräsident er im selben Jahr noch wurde. Rudolf von Alt wurde durch seine Stadtansichten und Landschaften seiner Heimat und Italiens zum bedeutendsten Vertreter der österreichischen Vedutenmalerei des 19. Jahrhunderts. („Canaletto Wiens").

T h e o d o r H ö r m a n n : Theodor von Hörmann: Geb. 13.12.1840, Imst in Tirol; gest. 1.7.1895, Graz. Österreichischer Landschaftsmaler. Hörmann erzielte große Erfolge mit seiner Freilichtmalerei in Paris. In Wien wurden dieselben Bilder von der Jury abgelehnt. Mit seiner Kritik an der Genossenschaft bildender Künstler Wiens (die ihren Sitz im Künstlerhaus in der Ringstraße hatte), wurde Hörmann zum Vorkämpfer für die später ausgetragene Auseinandersetzung. Doch erst nach seinem Tode wurde er geehrt; 1895 kam es zu einer Gedächtnisausstellung seiner Werke. Am 1. Jahrestag der Gründung der Secession trafen sich deren Mitglieder an Hörmanns Grab. 1899 kam es zu einer Versteigerung seiner Bilder. (Vgl. *Klimt. Leben und Werk*. Von Susanna Partsch. München: International Publishing GmbH, 1990, S. 86–91)

d e r M a l e r E n g e l h a r d t : Josef Anton Engelhart: Geb. 19.8.1864, Wien; gest. 19.12.1941, Wien. Engelhart war in Paris mit den Impressionisten in Berührung gekommen, was entscheidend zur Entwicklung seines Malstils beitrug. 1893 kehrte er nach Wien zurück. Er wollte im Künstlerhaus sein Bild „Kirschenpflückerin" zeigen, doch die Jury lehnte aus „sittlichen Gründen" ab. (Das Bild stellte ein nacktes Mädchen unter Bäumen dar). Engelhart verlangte daraufhin eine allgemeine Reform der Genossenschaft. (Vgl. *Klimt. Leben und Werk*, S. 91). Die spätere Verbindung der Secession mit einer Verkaufsgalerie ging Engelhart zu weit und er warf den Stilkünstlern vor, Kunst und Geld miteinander zu verquicken – wie die Genossenschaft, aus der sie damals ausgetreten waren. Es kam zu einer Kampfabstimmung, in der die Klimt-Gruppe mit einer Stimme unterlag. 18 Mitglieder – die profiliertesten – verließen die Secession. Diese löste sich nicht auf, sondern blieb bestehen; das Zentrum des Jugendstils verlagerte sich jedoch auf die Wiener Werkstätte. (Vgl. *Klimt. Leben und Werk*, S. 107)

Q u e l l e d e s U e b e l s : Öl auf Leinwand. 78x125,5 cm. **111** Gemälde von Giovanni Segantini. Signiert und datiert mit „G. S. Maloja 1897". Heute befindet sich das Bild im Privatbesitz in Mailand.

S e g a n t i n i : Giovanni Segantini: Geb. 15. 1. 1858, Arco am Gardasee (damals Kaisertum Österreich); gest. 28. 9. 1899, auf dem Schafberg bei Pontresina, Oberengadin, Schweiz. Maler des realistischen Symbolismus, der in der Brianza tätig war, ab 1886 in Savognin im Oberhalbstein, ab 1894 in Maloja im Oberengadin. Für seine Landschaftsbilder mit Bauern, Hirten und Weidetieren verwendete er, nach naturalistischen Anfängen, pointillistische Mittel. Ab 1891 verarbeitete er literarische und philosophische Ideen, insbesondere von Friedrich Nietzsche, sowie Anregungen von Richard Wagner und Max Klinger zu schwer deutbaren symbolistischen Werken, die einem mystischen Pantheismus Ausdruck geben. Zu seinen Hauptwerken gehören: „An der Tränke" (1888), „Das Pflügen" (1890), „Böse Mütter" (1894), das sog. Alpen-Triptychon oder „Werden-Sein-Vergehen" (1898/99).

G o y a – P o r t r ä t : Francisco José de Goya y Lucientes: Geb. 30. 3. 1746, Fuendetodos, Aragón; gest. 16. 4. 1828, Bordeaux. Spanischer Maler und Graphiker. Der hauptsächlich in Madrid wirkende Goya schuf zunächst Entwürfe für Teppiche und trat 1786 als Hofmaler in den Dienst des spanischen Königs Karls III. und ab 1788 in den Dienst Karls IV. Er schuf religiöse Fresken und von Giovanni Battista Tiepolos Malerei beeinflußte Altarbilder, zahlreiche Porträts für den Adel und das spanische Königshaus, u. a. schonungslos in seiner realistischen Darstellung. Welches Porträt Goyas Hermine anspricht, konnte nicht eruiert werden.

Plastiken von Max Klinger: Im Jahre 1900 erwarb Karl Wittgenstein auf der Klinger-Ausstellung in der Secession die berühmte Plastik „Kauerndes Mädchen", später das „Beethovendenkmal". Vermutlich fertigte Max Klinger auch einen Kopf von Margaret Stonborough an. (Auskunft von Pierre Stonborough) Anlässlich der Hochzeit von Margaret und Jerome Stonborough ließ Klinger Karl Wittgenstein ein Aquarell mit dem Titel „Siena" zustellen. (Vgl. einen Brief Max Klingers vom 27. Januar 1905 an die Kunsthandlung Artaria, Wien.)

Das umstrittene Hauptwerk Max Klingers, der nach antikem Vorbild dargestellte sitzende Beethoven (1897 begonnen, 1902 vollendet), hätte ursprünglich von der Stadt Wien angekauft werden sollen, wurde aber nach längeren hitzigen Kontroversen im Gemeinderat und in der zeitgenössischen Presse von Karl Wittgenstein erworben, um den Verbleib in Wien sicherzustellen. (Vgl. *Neue Freie Presse*, 30. 4. 1902. Vgl. auch Prokop, S. 39). Heute befindet sich die Beethovenstatue im Museum der bildenden Künste in Leipzig.

Max Klinger: Geb. 18. 2. 1857, Leipzig; gest. 4. 7. 1920, Großjena (bei Naumburg/Saale). Maler, Radierer und Bildhauer. Vertreter des Symbolismus. Vom Einfluß Arnold Böcklins geprägt. Seine bedeutendste Leistung sind seine Radierungen. Als Bildhauer suchte er durch Verwendung von verschiedenfarbigem Marmor und anderen Materialien die farbige Wirkung antiker Plastiken zu realisieren.

R o d i n : Auguste Rodin: Geb. 12.11.1840, Paris; gest. 17.11.1917, Meudon. Französischer Bildhauer, Graphiker und Maler. 1876 Entstehung der Skulptur „Das eherne Zeitalter". 1880 erhielt Rodin den Auftrag, ein Portal für das Musée des Arts décoratifs zu gestalten. Für das sogenannte Höllentor wählt er Dantes „Inferno" als Thema. 1886 Auftrag für das Denkmal „Die Bürger von Calais". 1891 Auftrag zu einem Porträt von Honoré de Balzac, 1909 Porträt Gustav Mahlers. Laut Auskunft von Pierre Stonborough hat Karl Wittgenstein von Rodin die „Studie für eine Hand" bekommen – aus Dankbarkeit für seinen bestellten „L'homme qui marche", den Karl Wittgenstein wieder zurückgab, da Rodin die Skulptur für die französische Botschaft im Palazzo Farnese in Rom liefern wollte. Unter weiteren Plastiken Rodins, die Karl Wittgenstein für seine Kunstsammlung erwarb, waren vermutlich „Le Penseur", „La Pensée" sowie die spätere der zwei Fassungen von „Le Christ et la Madeleine", von denen die erste Fassung der Industrielle August Thyssen besaß. (Vgl. Josef Rothhaupt: „‚L'homme qui marche' – Karl und Ludwig Wittgenstein, Auguste Rodin, Rainer Maria Rilke, Ivan Meštrovič". In: *Realismus – Relativismus – Konstruktivismus. Beiträge des 38. Internationalen Wittgenstein-Symposiums* in Kirchberg am Wechsel. 9.–15. August 2015, S. 260–263.

M e s t r o v i c : Ivan Meštrovič: Geb. 15.8.1883, Vrpolje (Kroatien, damals Österreich-Ungarn); gest. 16.1.1962, South Bend, Indiana. Bildhauer und Architekt. Professor für Bildhauerei an der University of Notre Dame in South Bend. Von 1901–1905 Studium an der Kunstakademie in Wien, zwischen 1907 und 1912 Aufenthalte in Paris. Von 1922–1944 lehrte Meštrovič in Zagreb, ab 1947 in den USA. Meštrovič suchte die Stilformeln der *Wiener Secession* mit Gestaltungscharakteristika Rodins, Maillols und Michelangelos zu verbinden und in eine nationale jugoslawische Kunst mit politischen, religiösen und mystischen Inhalten umzusetzen. Sein Werk umfasst Einzelfiguren (insbesondere weibliche Akte), Denk- und Mahnmale sowie Grabmale. Karl Wittgenstein kaufte von Meštrovič mehrere Skulpturen, u. a. den Wandbrunnen „Quelle des Lebens", der im Atrium des Palais Wittgenstein in der Alleegasse angebracht wurde, sowie die Skulptur „Mme Wittgenstein", die Leopoldine Wittgenstein darstellt. Meštrovič war es auch, der den Kontakt zwischen Karl Wittgenstein und Auguste Rodin herstellte. (Vgl. Josef Rothhaupt: „,L'homme qui marche' – Karl und Ludwig Wittgenstein, Auguste Rodin, Rainer Maria Rilke, Ivan Meštrovič".

K l i m t : Gustav Klimt: Geb. 14. 7. 1862, Baumgarten bei Wien; gest. 6. 2. 1918, Wien. Österreichischer Maler, Hauptvertreter des österreichischen Jugendstils. Von 1897–1905 leitete Klimt die von ihm mitbegründete *Wiener Secession*. Klimt war der von Karl Wittgenstein meistgeschätzte Künstler, von dem er neben besonders schönen Landschaftsbildern (wie dem „Bauerngarten mit Sonnenblumen") die „Wasserschlangen" und das Bild „Ein Leben ein Kampf" (heute unter dem Titel „Goldener Ritter") sowie zahlreiche Zeichnungen besaß. Letzteres erwarb die Familie Wittgenstein im Zuge der ausschließlich Gustav Klimt gewidmeten Herbstausstellung der *Secession* von 1903. (Vgl. Prokop, S. 44). Wittgenstein hielt Klimt auch nach der Spaltung innerhalb der *Secession* die Treue, einer Spaltung, die zum Ausscheiden der Klimt-Gruppe führte.
(Vgl. „Karl Wittgenstein als Kunstfreund". In: *Neue Freie Presse*, Morgenblatt, 21. Jänner 1913, S. 11, Mitte rechts.)

Den Kompositionsentwurf *Die Medizin* (1897–1898) erwarb Hermann Wittgenstein (ein Sohn von Paul und Justine Wittgenstein bzw. ein Cousin Hermines) direkt von Klimt und das Werk blieb in der Familie, bis es das Israel-Museum in Jerusalem kaufte. Es ist die einzig erhaltene Studie in Öl für eine umstrittene Serie von monumentalen Bildern, die Klimt für den Großen Festsaal der Universität Wien an der Wiener Ringstraße schuf. Im Auftrag des Österreichischen Kulturministers ist *Die Medizin* eines von vier Bildern, die in allegorischer Weise die vier klassischen Fakultäten einer europäischen Universität darstellen sollten, um die Decke des Großen Festsaals zu schmücken. Klimt übernahm dabei die Medizin, die Philosophie und die Jurisprudenz, Franz Matsch sollte das Bild für die Theologie anfertigen. Bereits bei der ersten Ausstellung des Bildes „Philosophie" kam es zu öffentlicher Kritik, vor allem seitens der Professoren der Universität, da Klimts Darstellung eine pessimistische und kritische Perspektive der Wissenschaft zeigte. Das Bild „Medizin" erregte ähnlichen Anstoß, was dazu führte, dass Klimt die „Jurisprudenz" noch aggressiver gestaltete. Im Zuge der heftigen Auseinandersetzungen entschloss sich Klimt im Jahre 1905, seine Bilder mit Hilfe privater Gönner zurück zu kaufen und so kamen alle drei Bilder in Privatbesitz. Bei Arisierungsmaßnahmen während des Nationalsozialismus kamen die Bilder wieder in staatlichen Besitz. Während des Zweiten Weltkriegs wurden sie in das Schloss Immendorf in Niederösterreich ausgelagert; dieses wurde gegen Ende des Krieges von SS-Truppen in Brand gesteckt und mit allen dort gelagerten Kunstschätzen zerstört. Heute existieren noch Entwürfe und Schwarzweiß-Fotografien der Originale.

Die wahrscheinlich erste Studie in Öl zur *Medizin* ist voll Bewegung und Dramatik: Im Vordergrund steht Hygiene, die griechische Göttin der Gesundheit, in der Morgendämmerung, mit einem goldenen Blatt, das Klimts Signatur werden sollte. Über Hygiene zur Linken schwebt eine provokativ erscheinende weibliche Nackte, während zur Rechten eine Säule von Figuren – als „Das Rad des Lebens" beschrieben – wirbelt. Das Gemälde stellt den Triumph der Wissenschaft in Frage und suggeriert, dass es keinen Ausweg aus Krankheit und Tod gibt. (Vgl. The Israel Museum, Jerusalem: *Gustav Klimt's Only Surviving Study for Destroyed Viennese Commission Acquired by Israel Museum*.)

112 Elsa von Bruckner: Elsa Stradal geb. von Bruckner war die Tochter von Leopoldine Wittgensteins Schwester Sophie geb. Kallmus. Verheiratet mit dem Regierungsrat Dr. Karl Eduard Stradal (geb. 1863 in Liket, Tschechien; gest. 18.12.1932, Teplitz), mit dem sie in Teplitz lebte und drei Kinder hatte: Else, Grete und Heinrich. Elsa Stradal war aufgrund ihrer schönen Stimme ein gern gesehener Gast bei der Familie Wittgenstein, wo sie bei deren Musikabenden als Sängerin auftrat. Auch ihre Tochter Else war sehr musikalisch.

113 Joachim – Quartett: Das nach 1879 gegründetete und nach Joseph Joachim benannte Joachim'sche Streichquartett mit Joseph Joachim (1. Violine), Heinrich de Ahna, ab 1897 mit Carl Halir (2. Violine), Emanuel Wirth (Viola) und Robert Hausmann (Violoncello) wurde einer der Hauptrepräsentanten der deutschen Musikkultur zum Ende des 19. Jahrhunderts. Neben seiner Hochschultätigkeit waren Joseph Joachim diese Quartettabende sehr wichtig; er wollte damit bewusst ein Gegenstück zu Wagners Musikveranstaltungen schaffen.

114 Pablo Casals: Geb. 29.12.1876, El Vendrell bei Tarragona; gest. 22.10.1973, San Juan (Puerto Rico). Spanischer Cellist,

Komponist und Dirigent. Lehrer am Konservatorium in Barcelona, seit 1905 Leiter eines eigenen Orchesters in Barcelona. Nach dem Ende des spanischen Bürgerkriegs lebte er in Prades in Südfrankreich. 1956 ließ er sich auf Puerto Rico nieder und gründete die Festspiele in San Juan, das Sinfonieorchester und das Konservatorium von Puerto Rico. Casals komponierte Orchesterwerke und geistliche Vokalwerke.

M a r c e l l a P r e g i : Geb. 12. 1. 1866, Zürich; gest. 28. 10. 1958, Zürich. Sopranistin, Gesangslehrerin, Liedersängerin. Wirkte in zahlreichen Städten in Deutschland, Frankreich, England, der Schweiz sowie in Wien, Moskau und Warschau. Ein Foto von Marcella Pregi ist Helene Salzer mit folgenden Worten gewidmet: „A Madame Héléne Salzer. Souvenir reconnaissant de la représentation extraordinaire du 17 [March]. Marcella Pregi." (Siehe den Beitrag von Cecilia Sjögren: „Die Familie". In: *Wittgenstein. Eine Ausstellung der Wiener Secession*. Vom 13. September bis 29. Oktober 1989. S. 105.)

E r i k a M o r i n i : Erica Morini: Geb. 5. 1. 1905, Wien; gest. 31. 10. 1995, New York. Österreichisch-US-amerikanische Violinistin. Erhielt anfangs Unterricht bei ihrem Vater Oscar Morini, einem Schüler von Jakob Grün und Joseph Joachim, und danach ihre Ausbildung als eine der ersten Frauen an der Wiener Musikakademie. Ab 1916 konzertierte sie als Solistin, zunächst in Wien, 1918 bei den Berliner Philharmonikern und 1919 mit dem Leipziger Gewandhausorchester unter Arthur Nikisch sowie 1921 in der Carnegie Hall in New York. Emigrierte 1938 in die USA, wo sie bis 1976 Konzerte gab und am Mannes College of Music Violine unterrichtete. 1955 erhielt sie die Ehrendoktorwürde des Smith College, Massachusetts und 1963 die des New England Conservatory of Music, Boston.

M a r i e   B a u m a y e r : Marie Baumayer: Geb. 12.7.1851; gest. 23.1.1931, Wien. Klavierlehrerin und Konzert-Pianistin. Privatschülerin von Clara Schumann, Wilhelm Mayer-Rémy, Julius Epstein, Carl Evers. Klavierlehrerin am Wiener Konservatorium, ab 1926 Professorin. Marie Baumayer war eine geschätzte Kammermusikerin, die sich vor allem als Wegbereiterin der Werke Johannes Brahms' bekannt machte. Sie war mit Clara Wittgenstein eng befreundet. Aus einem Brief Hermines vom 4.5.1930 geht hervor, dass sie auch mit Ludwig korrespondierte.

S c h u m a n n : Robert Schumann (1810–1856).

M a r i e   S o l d a t - R o e g e r : Geb. 25.3.1863, Geidorf bei Graz als Maria Ernestine Soldat; gest. 30.9.1955, Graz. Violinvirtuosin. Ihr Vater, der Organist und Klavierlehrer Julius Soldat (1834–1876), erteilte ihr ersten Unterricht am Klavier und schickte sie später an die Musikschule Buwa in Graz. Ab 1871 erlernte sie das Violinenspiel und trat 1874 erstmals öffentlich auf. 1879 wurde sie von Brahms entdeckt und Joseph Joachim in Berlin empfohlen. Sie studierte dort an der Königlichen Hochschule für Musik und lernte Clara Schumann kennen. Marie Soldat-Roeger spielte lange Zeit als einzige Frau das Brahms'sche Violinkonzert. 1887 gründete sie ihr erstes eigenes Damen-Streichquartett, 1894 ein weiteres Streichquartett in Wien. Bis 1913 trat sie als Solistin auf, später erteilte sie Unterricht, ab 1936 zog sie sich aus dem öffentlichen Musikleben zurück.

J o s e f   L a b o r : Geb. 29.6.1842, Horowitz (Böhmen); gest. 26.4.1924, Wien. Komponist. Labor erblindete früh und wurde am Wiener Blindeninstitut und am Wiener Konservatorium ausgebildet. Bei seinem ersten Auftreten als Pianist im Jahre 1863 fand er allgemeine Anerkennung und wurde in Hannover zum Königlichen Kammerpianisten ernannt. Von 1866 an bildete er sich in Wien auch im Orgelspiel aus und begann 1879 als Orgelvirtuose aufzutreten. Bald genoss er den Ruf des besten Organisten in Österreich. Werke u. a.: *Sonate* für Violine und Klavier op. 5; *Klavierquartett* op. 6; *Sonate* für Violoncello und Klavier A-Dur op. 7; *Thema und Variationen* für Horn oder Violoncello und Klavier op. 10; *Quintett* für Klarinette, Violine, Viola, Violoncello und Pianoforte op. 11; *Orgelsonate* h-moll op. 15; *Quintett* für Klavier, Violine, Viola, Violoncello und Kontrabass; *Konzert* für Violine und Orchester G-Dur. Unter Labors Schülern sind Julius Bittner, Arnold Schönberg und Alma Schindler (später Mahler-Werfel) zu nennen. Labor verkehrte viel im Hause Wittgenstein und wurde vor allem von Hermine protegiert. 1923 wurde ein „Labor-Bund" gegründet, um die „durch die gegenwärtigen Zeitverhältnisse erschwerte Wirksamkeit des Orgelvirtuosen und Tonkünstlers Josef Labor zu erleichtern, insbesondere die „Drucklegung zahlreicher unveröffentlichter Tondichtungen zu ermöglichen". (Vgl. *Hänsel*, S. 287) Brian McGuinness schreibt, dass Labors Kammermusik die einzige zeitgenössische Musik war, die Ludwig Wittgenstein gelten ließ. (Vgl. McGuinness, S. 206)

„ Z a u b e r f l ö t e " : „Die Zauberflöte": Oper in zwei Aufzügen von Wolfgang Amadeus Mozart (1756–1791), KV 620. Text von Emanuel Schikaneder. Uraufführung am 30. 9. 1791, Wien (in Schikaneders Freihaustheater im Starhembergschen Freihaus auf der Wieden); Erstaufführung in Deutschland am 21. 1. 1793, Augsburg.

„ F i d e l i o " : „Fidelio oder die eheliche Liebe": Oper in zwei – bzw. in der Urfassung unter dem Titel „Leonore" drei – Akten von Ludwig van Beethoven (1770–1827), op. 72, Text von Joseph Ferdinand von Sonnleithner nach Jean Nicolas Bouillys Libretto „Léonore ou l' amour conjugal". Urauff.: 20.11.1805 in Wien (Theater an der Wien).

„Die Entführung aus dem Serail": Singspiel in drei Akten von Wolfgang Amadeus Mozart, KV 384, Text von Johann Gottlieb Stephanie dem Jüngeren, nach Christoph Friedrich Bretzners Libretto „Belmont und Constanze". (Urauff.: 25.5.1781 in Berlin mit der Musik von Johann André.) Uraufführung: 16.7.1782 in Wien (Hofburgtheater).

115 letzten Krankheit: Um 1909 wurde bei Karl Wittgenstein eine Neubildung am Gaumen festgestellt. Im Rahmen der von Emil Theodor Kocher in Bern vorgenommenen Behandlung folgten zwölf schwere Operationen, die letztlich eine Wiederkehr des Leidens nicht zu verhindern vermochten. (Vgl. „Karl Wittgenstein als Kunstfreund". In: *Neue Freie Presse*, Morgenblatt, 21. Jänner 1913, S. 11, Mitte rechts.)

Klarinetten – Quintett: Johannes Brahms: *Klarinettenquintett h-Moll, opus 115*. 1891 komponiert, die öffentliche Erstaufführung fand am 12.12.1891 im Saal der Berliner Singakademie in Berlin statt. Bei der privaten Erstaufführung am 24.11.1891 in Meiningen spielte der Klarinettist der Meininger Hofkapelle, Richard Mühlfeld (1856–1907), die Klarinettenstimme, begleitet vom Joachim-Quartett. Brahms widmete Mühlfeld, mit dem ihm seit 1881 eine nähere Freundschaft verband, das Quintett. Außerdem widmete er ihm das *Trio für Klarinette, Violoncello und Klavier a-Moll op. 114*.

116 Rosé – Quartett: Benannt nach dem Violinisten Arnold Josef Rosé: Geb. 24.10.1863, Jassy in Rumänien; gest. 25.8.1946, London. Von 1881–1938 war Rosé Konzertmeister am Wiener Hof- bzw. Staatsopernorchester und Mitglied

der Wiener Philharmoniker, von 1888–1896 trat er öfters auch bei den Bayreuther Festspielen auf und war Professor an der Wiener Staatsakademie. Das 1882 von ihm gegründete Streichquartett wurde eines der bekanntesten seiner Zeit und trat, neben dem klassischen Repertoire, auch mit Werken zeitgenössischer Komponisten wie Brahms, Korngold, Schmidt, Schönberg und Webern auf.
Zu den Mitgliedern gehörten Arnold Rosé (Violine), Julius Egghard d.J., Anton Loh, August Siebert, Albert Bachrich und Paul Fischer (Violine); Anton Loh, Sigismund Bachrich, Hugo von Steiner, Anton Ruzitska, Max Handl und Julius Stwertka; Eduard Rosé, Reinhold Hummer, Friedrich Buxbaum, Anton Walter (Violoncello).

K l a r i n e t t i s t   S t e i n e r : Wie oben ersichtlich, findet sich unter den Mitgliedern des Rosé-Quartetts zwar ein Hugo von Steiner, allerdings spielte dieser Viola und nicht Klarinette. Laut Aussagen von Bruno Walter handelte es sich jedoch um den Klarinettisten Mühlfeld von der Meininger Hofkapelle: „ [...] irre ich nicht, so war das Brahmssche Klarinettenquintett mit dem herrlichen Klarinettisten Mühlfeld dort zur privaten Uraufführung gekommen." (Vgl. *Thema und Variationen*. Erinnerungen und Gedanken von Bruno Walter. Stockholm: Bermann-Fischer Verlag, 1947, S. 227.) Da bei der privaten Uraufführung in Meiningen Richard Mühlfeld vom Joachim-Quartett begleitet wurde, Hermine anlässlich der Aufführung in der Alleegassse vom Rosé-Quartett schreibt, dürfte sie sich auf den Violinisten Steiner bezogen haben.

G r e t l : Margarete Anna Maria Wittgenstein verh. Stonborough, nach ihrer Heirat Margaret genannt: Geb. 19. 9. 1882, Wien, Neuwaldegg; gest. 27. 9. 1958, Wien. Am 7. 1. 1905 Heirat in Wien mit Dr. Jerome Stonborough. Das Paar hatte zwei

Söhne: Thomas bzw. Tom (geb. 9.1.1906, Berlin; gest. 14.2.1986, Wien) und John Jerome (Geb. 11.6.1912, Wien; gest. 29.4.2002, Glendon, England). Nach der Heirat übersiedelten Margaret und Jerome nach Berlin, 1913 kauften sie die Villa Toscana in Gmunden. Margaret war wißbegierig, allem Neuen aufgeschlossen, las Ibsen, Schopenhauer und Weininger, in späteren Jahren vor allem Kierkegaard. Sie interessierte sich für Sozialwissenschaften, Pädagogik und Psychologie und setzte sich intensiv mit Freuds Psychoanalyse auseinander. (Vgl. McGuinness, S. 62f. sowie Wuchterl und Hübner, S. 30) Nach ihrer Heirat besuchte sie in Berlin zunächst als außerordentliche Hörerin Vorlesungen und bereitete sich nach der Übersiedlung nach Zürich für die Externistenmatura vor, um ein korrektes Studium beginnen zu können. (Vgl. Prokop, S. 67). Nach Ablegung der Matura inskribierte sie im Sommersemester 1909 an der Universität Zürich die Fächer Physik und Mathematik.[16] Durch eine neuerliche Übersiedlung – diesmal nach Paris – musste sie ihr Studium wieder abbrechen, nahm es aber wieder auf. Margaret war zeitlebens sozial engagiert, u.a. wirkte sie beim „Verein gegen Armut und Bettelei" mit – einem bereits 1897 ins Leben gerufenen Vereins, von dem Margarets Großmutter Fanny Wittgenstein eines der Gründungsmitglieder und ihr Onkel Ludwig bzw. Louis langjähriger Obmann gewesen war. (Vgl. Prokop, S. 139). Ziel des Vereines war es, neben der materiellen Hilfeleistung, verarmte Menschen zu höheren sittlichen Werten hinzuführen. (vgl. ebenda).

Wie Hermine schreibt, beteiligte sich Margaret während des Ersten Weltkriegs maßgeblich an der Quäker-Kinderhilfsaktion, die in der Schweiz vom späteren Präsidenten Hoover ausging, um nach Kriegsende während der Lebensmittelblockade hungernden Kindern in Österreich Kondensmilch

---

16 Rektorat der Universität Zürich/18 770 – SS 1909. Zit. nach Prokop, S. 69.

zukommen zu lassen. Sie war es auch, die gemeinsam mit Prinzessin Marie Louise Bonaparte von Griechenland Sigmund Freud zur Flucht verhalf. In Gmunden finanzierte Margaret ein Kinderkrankenhaus, in dem vor allem an Tuberkulose Erkrankte untergebracht wurden. All ihre karitativen Tätigkeiten hielt sie aber – wie ihr Vater – geheim und trat wie er niemals einem Komitee bei. (Auskunft von Major John Stonborough).

Abgesehen von ihrer karitativen Tätigkeit engagierte sie sich für die Förderung von Wissenschaft und Kunst, wobei sie, gemeinsam mit ihrem Mann Jerome, verschiedensten Institutionen großzügige Spenden zukommen ließ. Insbesondere unterstützten die beiden die Akademie der Wissenschaften, womit sie eine Wittgensteinsche Tradition fortsetzten. Margaret stand in persönlichem Kontakt zu Wissenschaftlern der Akademie und 1921 wurde der Stonborough-Wittgenstein-Fonds ins Leben gerufen, der die Veröffentlichung von Forschungsarbeiten unterstützte. (Vgl. Prokop, S. 138f.) Außerdem kümmerte sich Margaret auch tatkräftig um Künstler und Intellektuelle, die in der Zeit zunehmender Arbeitslosigkeit ein mehr oder weniger mittelloses Dasein führten.

F r a u T r u x a : Celestine Truxa: Geb. 1858, Salzburg (Tochter von Oswald Truxa, der kunstvolle Figuren als Spielzeug für die Kinder der Aristokratie schnitzte); gest. 1937. Nach dem Tod ihres Mannes zog Celestine Truxa mit ihren zwei Kindern nach Wien, in die Karlsgasse 4. Von 1887 bis 1897 führte sie den Haushalt von Johannes Brahms. Celestines Sohn, Hofrat Ing. Leo Truxa, erbte von seiner Mutter eine wertvolle Brahms-Sammlung, die er am 2. 3. 1966 der Wiener Stadtbibliothek schenkte. 118

M ü r r e n : Fremdenverkehrsort im Berner Oberland in der Schweiz, zur Gemeinde Lauterbrunnen gehörend. 119

120 T r a i s e n t a l : Das Traisental liegt im niederösterreichischen Mostviertel und erstreckt sich von St. Aegyd am Neuwalde (Unrecht Traisen) bzw. von Annaberg und Türnitz (Türnitzer Traisen) über Freiland, wo sich die beiden Traisenbäche zur Traisen vereinen. Weitere Orte im Traisental sind Lilienfeld, Traisen, Wilhemsburg und die niederösterreichische Landeshauptstadt St. Pölten. Die Traisen mündet bei Altenwörth in die Donau.

G i p p e l : Berg in den Mürzsteiger Alpen, Niederösterreich, 1669 m hoch. In der Nähe von St. Aegyd am Neuwalde.

G ö l l e r : Berg in den Niederösterreichischen Voralpen, 1766 m hoch.

S c h w a r z a t a l : Tal in Niederösterreich im Bezirk Neunkirchen.

124 G m u n d e n : Stadt in Oberösterreich, im Bezirk Gmunden. Luftkur- und Fremdenverkehrsort am Nordufer des Traunsees, beim Ausfluß der Traun.

B e s i t z   m e i n e r   S c h w e s t e r   G r e t l : Damit ist die „Villa Toscana" gemeint, die Margaret Stonborough in Gmunden, ganz in der Nähe von Schloß Orth am Traunsee, im Jahre 1912/13 erworben hatte und von Rudolf Perco umbauen ließ. Das Gebäude wurde zwischen 1870 und 1877 inmitten eines riesigen Parks als Prinzendomizil der exilierten Großherzogin der Toskana, Maria Antonie von Neapel-Sizilien errichtet. Der eigentliche Bauplaner war das jüngste ihrer zehn Kinder, Johann Salvator von Österreich-Toskana. Margaret Stonborough benützte die „Villa Toscana" vor allem als Sommersitz. Nach ihrem Tod im Jahre 1958 verkauften die Erben 1975 die Schlossvilla und große Teile des Geländes an die Republik Österreich und zogen in die sogenannte „Kleine Villa Toscana" auf dem gleichen Grund um, die Freiherr von Pittel 1849 im Biedermeierstil hatte errichten lassen und nach dessen Tod von Großherzog Leopold II. erworben worden war. 1994 wurde auch dieses Gebäude an die Stadt Gmunden verkauft. Seit 1.1.2000 steht die im landschaftlichen Stil des späten 19. und frühen 20. Jahrhunderts konstruierte Parkanlage unter Denkmalschutz. Auf einem Teilstück wurde ein Kongresszentrum errichtet. In der im Jahre 2001 restaurierten Kleinen Villa befindet sich nun ein Thomas-Bernhard-Archiv.

IV.

G r o ß m u t t e r : Maria Kallmus geb. Stallner: Geb. 2.2.1825, Lichtenwald bei Cilli; gest. 27.3.1911, Wien. Mutter von Leopoldine Wittgenstein. Am 2.2.1825 katholisch getauft. Maria Stallner-Kallmus war der einzige belaubigte nichtjüdische Großelternteil der Geschwister Wittgenstein. (Vgl. McGuinness 1992, S. 49f.)

J o h a n n S t a l l n e r : Geb. 10.11.1785, Radkersburg, Steiermark; gest. 15.8.1868, Cilli, Steiermark. Provinzkaufmann und Grundbesitzer.

L i c h t e n w a l d : Ortschaft in der Südoststeiermark, zur Gemeinde Bad Waltersdorf gehörend. Der Kurort Bad Waltersdorf ist eine Marktgemeinde im Bezirk Hartberg in der Steiermark und setzt sich aus den Ortschaften Waltersdorf, Leitersdorf bei Hartberg, Wagerberg, Hohenbrugg und Lichtenwald zusammen.

Ehepaar Stallner: Johann Stallner (geb. 10.11.1765, Radkersburg; gest. 15.8.1868, Cilli) war verheiratet mit Therese Stallner geb. Zöhrer: Geb. 13.10.1797, Steinbrück; gest. 1830, Lichtenwald.

windischen Heimat: „Windische" ist die in Österreich noch übliche, z.T. abwertende Bezeichnung für die Slowenen in Kärnten und in der Steiermark. (Vgl. Kommentar zu „Wendin".) Hier ist die Steiermark, als „slowenische Heimat", gemeint.

eines Freiherrn von Rebenburg: Möglicherweise Gottfried, Edler von Rebenburg, Hanns, Edler von Rebenburg oder Ludwig, Edler von Rebenburg (gest. 1881). Die beiden Erstgenannten waren Mitglieder des *Naturwissenschaftlichen Vereins für die Steiermark*, dem Erzherzog Carl Ludwig (1833–1896) als Schirmherr vorstand.

Erzherzog Johann von Steiermark: Erzherzog Johann von Österreich: Geb. 20.1.1782, Florenz; gest. 10.5.1859, Graz. Mitglied des Hauses Habsburg, Sohn des Großherzogs Leopold von Toskana, später Kaiser Leopolds II. Erzherzog Johann war österreichischer Feldmarschall und deutscher Reichsverweser. Als Truppenführer in den Kriegen gegen Napoleon war er wenig erfolgreich. Durch die Einrichtung der Landwehr förderte er die Landesverteidigung. Nach 1915 widmete er sich vor allem historischen und naturwissenschaftlichen Studien. Seine Volkstümlichkeit beruhte zum einen auf seiner bürgerlichen Lebensführung (Heirat mit der Postmeisterstochter Anna Plochl), zum anderen auf den von ihn geführten kulturellen, gemeinnützigen und wirtschaftlichen Unternehmungen sowie seinen liberalen Neigungen.

Postmeisterstochter: Anna Plochl (1804–1885). Tochter des Postmeisters von Aussee, später von Kaiser Franz Joseph I. zur „Gräfin von Meran" ernannt. Die Hochzeit mit Erzherzog Johann fand am 18. 2. 1829 in der hauseigenen Kapelle auf dem Brandhof in Gußwerk bei Mariazell statt.

Aussee: Bad Aussee: Kurstadt in der Steiermark, im steirischen Salzkammergut, Bezirk Liezen (Gerichtsbezirk Liezen). Bad Aussee gilt als der Hauptort des Ausseerlandes.

ihrer Schwiegermutter: Sophie Anna Kallmus geb. Wehli: Geb. 1790, Prag; gest. 6. 9. 1859, Wien. Tochter von Isaak/Ignaz Ephraim und Esther Wehli.

Pater Kalmus: Möglicherweise Karl Josef Kallmus: Geb. ca. 1789, Prag; gest. 7. 11. 1842, Wien.

128

Jakob Kalmus: Jacob Maximilian Kallmus: Geb. 9. 2. 1814, Prag; gest. 13. 11. 1870, Wien. Vater von Leopoldine Wittgenstein. 1832 konvertierte Jacob Kalmus zum Katholizismus, am 15. 4. 1845 heiratete er in Cilli Maria Stallner. Die Todesanzeige von Jacob Kalmus befindet sich in der *Neuen Freien Presse* vom 16. 11. 1870:

Marie Kallmus, geborene Stallner, gibt in ihrem und im Namen ihrer Töchter Gabriele, verehelichte Gröger, Sophie, verehelichte von Bruckner, und Leopoldine Kallmus, ihrer Schwiegersöhne Franz Gröger, Hauptcassier der Anglo-Österreichischen Bank, Moriz Ritter von Bruckner, k.k. Oberstlieutenant, und ihrer Enkel Moriz und Elisabeth von Bruckner, die schmerzliche Nachricht von dem Hinscheiden des innigstgeliebten Gatten, beziehungsweise Vaters, Schwieger- und Großvaters, des Herrn
Jacob Kallmus

Kaufmann,
welcher am 13. November 1870, 9 Uhr Morgens, nach längerem Leiden und Empfang der heiligen Sterbe-Sacramente im 67. Lebensjahre sanft in dem Herrn entschlafen ist. Die Hülle des theuren Verblichenen wird Donnerstag den 17. d. M., um 3 Uhr Nachmittags, vom Trauerhause: Stadt, Seilerstätte 14, in die Metropolitan-Domkirche zu St. Stephan geführt und nach erfolgter feierlicher Einsegnung in die Familiengruft am Marter Friedhofe zur Ruhe gebettet. Die heiligen Seelenmessen werden Freitag den 18.d.M., um 11 Uhr Vormittags, in obgenannter Kirche gelesen werden.
Wien, am 15. November 1870.

eine Villa auf der Hohen Warte bei Wien: Die Hohe Warte oder Hohenwarth (heute „Türkenschanze") ist eine plateauartige Erhebung im 18. Wiener Gemeindebezirk Währing. Sie ist Teil des östlichen Ausläufers des Michaelerberges. 1873 begann der Wiener Cottageverein mit der Errichtung der ersten Villen auf der Hohen Warte und es entwickelte sich zwischen Währing und Döbling das erste Wiener Cottageviertel. Zur selben Zeit wurde mit dem Bau der Universitätssternwarte Wien begonnen, 1888 der Türkenschanzpark angelegt und 1896 das Hauptgebäude der Hochschule für Bodenkultur eröffnet.
Die „Villa Hohe Warte" ist auch die Bezeichnung für das von der Gemeinde Wien 1907/08 errichtete städtische Waisenhaus im 19. Wiener Gemeindbezirk Döbling, Hohe Warte 1–3.

Rosalie Herrmann: Geb. 4.9.1839, Wien; gest. 4.5.1916, Wien. Haushälterin der Großmutter Kallmus.

129 Drei Töchter: Sophie (1846–1903), Gabriele (1848–1925) und Leopoldine bzw. Poldy (1850–1926).

Mendelssohn'schen Chorlieder: Felix Mendelssohn-Bartholdy: Chorlieder opus 48, 1839 komponiert.

transponieren: Das proportionale Verändern der Höhe von Tönen um ein bestimmtes Intervall.

Mendelssohn'sche Duette: Vgl.: Felix Mendelssohn-Bartholdy: Duette für zwei Singstimmen und Klavier. Duett: „Denn in seiner Hand ist, was die Erde bringt" aus: Psalm 95, op. 46;
Duett: „Ich harret des Herrn, und er neigte sich zu mir" aus: Symphony Nr. 2 (Lobgesang) op. 52; Duett „O wie selig ist das Kind" aus Athalia op. 74; Duett „So kehrest du wieder, Geliebter, mir treu?" aus: Die Hochzeit des Camacho op. 10; Duett „Wohin habt ihr ihn getragen?" aus: Motette Surrexit pastor bonus Nr. 3 op. 39; Duett „Zion streckt ihre Hände aus" aus: Elias op. 70; Duett Nr. 1 „Ich wollt', meine Lieb', „Ich wollt', meine Lieb' ergösse sich" E-Dur op. 63 (1836); Duett Nr. 1: Sonntagsmorgen, „Das ist der Tag des Herren" Es-Dur op. 77 (1836); Duett Nr. 2: Abschiedslied der Zugvögel, „Wie war so schön doch Wald und Feld!" g-Moll op. 63; Duett Nr. 3: Gruß, „Wohin ich geh und schaue" Es-Dur op. 63; Duett Nr. 3 Lied aus Ruy Blas, „Wozu der Vöglein Chöre belauschen fern und nah?" A-Dur op. 77 (1839); Duett Nr. 4: Herbstlied, „Ach, wie so bald verharret der Reigen" f-Moll op. 63; Duett Nr. 5: Volkslied, „O säh ich auf der Heide dort im Sturme dich" B-Dur op. 63 (1842); Duett Nr. 6: Maiglöckchen und die Blümelein, „Maiglöckchen läutet in dem Tal" G-Dur op. 63 (1844).

Schumanns Terzette: Robert Schumann komponierte drei Terzette: Vgl. op. 114. Nr. 1: Drei Lieder: Nänie; op. 114, Nr. 2: Drei Lieder: Triolett; op. 114, Nr. 3: Drei Lieder: Spruch.

„Das Paradies und die Peri": Weltliches Oratorium. Vgl. Robert Schumann: Op. 50. „Das Paradies und die Peri". Dichtung für Solostimmen und Chor, entstanden zwischen Februar und Juni 1843. Auf dem Titelblatt steht: „Fertiggemacht zu Himmelfahrt, den 25. Mai 1843". Uraufführung am 4.12.1843 n Leipzig. Schumann betrachtete die Peri als sein „größtes Werk" und empfand sie „als in der Musik noch nichts ähnliches dagewesenes."

132   Matthäus-Passion von Bach: [Im Typoscript Matthäus mit einem „t"]. Vgl. Johann Sebastian Bach: Matthäus-Passion. BWV 244. Uraufführung nach neuestem Stand der Forschung am 11. April 1727, einem Karfreitagnachmittag, in der Leipziger Thomaskirche innerhalb des Vespergottesdienstes – allerdings ohne große Begeisterung hervorzurufen. Die heute allgemein gültige Version gründet auf der von Bach im Jahre 1736 selbst geschriebenen Partitur. Eigentlich wiederentdeckt wurde Bachs „Matthäus-Passion" im Jahre 1829 in einer gekürzten Version durch Felix Mendelssohn-Bartholdy.

138   Nichte Mariechen: Marie Ida Leopoldine von Stockert, geb. Salzer: Geb. 6.3.1900, Wien IV, Wiedner Hauptstr. 25; gest. 14.8.1948, Rohr im Gebirge. Am 26.6.1923 Hochzeit in Wien mit Fritz Lothar Ritter von Stockert, geb. 14.7.1893, Klosterneuburg; gest. 28.9.1973, Hochreit bei Wien, Sohn des am 30.7.1929 verstorbenen Hofrats Ludwig Ritter von Stockert und der am 3.1.1926 verstorbenen Friederike Pollet.

142   Schwarzenbergplatz: Im 1. Bezirk von Wien. Gegenüber dem 1861 eröffneten Café Schwarzenberg befindet sich die Reiterstatue von Karl Philipp Fürst zu Schwarzenberg (1771–1820), dem einstigen Sieger von Leipzig. Das

Werk des Dresdner Bildhauers Ernst Julius Hähnel wurde am 20.10.1867 in Anwesenheit Kaiser Franz Josephs feierlich enthüllt. Es ist das erste aller Ringstraßendenkmäler. Auf dem Schwarzenbergplatz gaben Bankiers und Großindustrielle den Ton an, denn bereits 1855, dem Jahr der Gründung der Credit-Anstalt, hatte das Haus Schwarzenberg, gemeinsam mit den Rothschilds, Auerspergs, Fürstenbergs und Choteks 100 Millionen Gulden an Grundkapital für die Gründung der Bank aufgebracht und somit eine Versöhnung zwischen Hochadel und Großindustrie eingeleitet. (Vgl. Janik/Veigl, S. 209). Der Finanzmann Eduard von Wiener war Subskribient bei der Gründung der Credit-Anstalt und leitete schließlich die Bank als Präsident von 1874 bis zu seinem Tod im Jahre 1886. Er war Bauherr und Besitzer des Palais auf dem Schwarzenbergplatz 2, in das im Jahre 1881 Karl Wittgenstein mit seiner Familie einzog und bis Ende des Jahres 1891 blieb. (Vgl. ebenda)

P e t e r s k i r c h e : Römisch-katholische Kirche am Petersplatz im 1. Wiener Gemeindebezirk. Gilt als zweitälteste Kirche Wiens. **144**

P r ä l u d i e n u n d F u g e n v o n B a c h : Vgl. Johann Sebastian Bach (1685–1750): „Acht kleine Präludien und Fugen, BWV 553–560 (Urtext): Präludium und Fuge in C-Dur, BWV 553; Präludium und Fuge in d-Moll, BWV 554; Präludium und Fuge in e-Moll, BWV 555; Präludium und Fuge in F-Dur, BWV 556; Präludium und Fuge in G-Dur, BWV 557; Präludium und Fuge in g-Moll, BWV 558; Präludium und Fuge in a-Moll, BWV 559; Präludium und Fuge in B-Dur, BWV 560. Vielleicht meinte Hermine *Das Wohltemperierte Klavier* (Originaltitel: „Das Wohtemperierte Clavier oder Praeludia, und Fugen durch alle Tone und Semitonia...", abgekürzt WK), eine Sammlung von J.S. Bach (BWV 846–869, entstanden in Köthen ab 1722), die heute als Teil 1 des *Wohltemperierten Klaviers* bezeichnet wird. Der sogenannte Teil 2 (BWV 870–893), entstanden in Leipzig 1744) wurde von Bach selbst nicht mit diesem Titel versehen. Jeder der beiden Teile umfasst 24 Präludien und 24 Fugen für „Clavier", wobei „Clavier" zur Zeit Bachs allerdings jegliche Art von Tasteninstrumenten, wie z.B. Clavichord, Cembalo, Pedalcembalo, Spinett, Lautenclavier Orgel oder Piano-Forte bzw. Hammerclavier bedeutete.

R e i c h e n a u : Reichenau an der Rax, Niederösterreich. Markt und heilklimatischer Kurort. Schloß Wartholz, das früher im Besitz des Stiftes Neuberg war.

P a y e r b a c h : Markt in Niederösterreich, Bezirk Neunkirchen. Am Fuße von Rax, Schneeberg und Semmering gelegen.

E d l a c h : Edlach an der Rax: Ortschaft in Niederösterreich.

d i e P r e i n : Die Prein an der Rax: Ortschaft in Niederösterreich.

147 P a u l : Paul Carl Hermann Wittgenstein: Geb. 5.11.1887; Wien: gest. 3.3.1961, Manhasset/Long Island (NY). Pianist. Paul Wittgenstein studierte bei Malvine Bree und später bei dem berühmten Teodor Leszetycki das Klavierfach. Über sein Debüt am 26. Juni 1913 im Wiener Musikverein erschienen einige beachtenswerte Rezensionen. Im Ersten Weltkrieg rückte Paul als Reserve-Offizier an die russische Front ein. 1914 wurde er für eine besonders wichtige Meldung, die die Umzingelung durch die Russen verhinderte, mit dem M.V.K.III.KL. mit den Schwertern ausgezeichnet. Im Zuge dieses Einsatzes wurde er bei einem Angriff in Polen nahe

Zamość verwundet und von russischen Soldaten gefangengenommen, sein rechter Arm wurde ihm im Feldspital amputiert. Dank eines Austausch-Programms des Roten Kreuzes wurde er aus einem Kriegsgefangenenlager in Omsk entlassen und war zu Weihnachten 1915 wieder in Wien. 1917 wurde er mit der Großen Silbernen Tapferkeitsmedaille der k.u.k. Armee ausgezeichnet. Trotz seiner Behinderung rückte er im Sommer 1917 wieder freiwillig an die kärntnerisch-italienische Front ein und diente bis 1918. Während seiner Genesung entschloss er sich, seine Karriere mit der linken Hand fortzusetzen und betrieb dafür u. a. die Neuausgabe von Wilhelm Tapperts *Fünfzig Übungen für die linke Hand* allein und griff des weiteren auf Kompositionen von Franz Liszt für Géza Graf Zichy zurück. Nach dem Krieg arrangierte er selbst Werke von Bach, Beethoven, Chopin, Grieg, Mendelssohn-Bartholdy, Haydn, Meyerbeer, Mozart, Puccini, Schubert, Schumann, Johann Strauss oder Wagner für die linke Hand allein. Er studierte neue Stücke ein, die sein alter Lehrer Josef Labor für ihn geschrieben hatte. Zusätzlich begann er bei bekannten zeitgenössischen Komponisten wie Franz Schmidt, Maurice Ravel, Richard Strauss, Josef Labor und Sergej Prokofieff Werke für Klavier für die linke Hand in Auftrag zu geben. Viele dieser Stücke werden immer noch von zweihändigen Pianisten gespielt, doch auch von solchen, die ihre rechte Hand verloren haben, wie z.B. Leon Fleisher.

Das von Ravel 1929 eigens für Paul Wittgenstein geschriebene *Klavierkonzert in d-Moll für die linke Hand* dürfte wohl das bekannteste sein. Dieses Konzert wurde mit Paul Wittgenstein am Klavier und den Wiener Symphonikern unter Robert Heger im Jahre 1932 in Wien uraufgeführt. Allerdings kam es dabei zum Bruch zwischen beiden Künstlern, da Wittgenstein den Notentext für die Aufführung teils stark verändert hatte und Ravel diese Eigenmächtigkeit missfiel.

Das Klavierkonzert Nr. 4 in B-Dur, op. 53 (1931) von Sergej Prokofieff spielte Paul Wittgenstein nie. Seine Begründung geht aus einem Brief an den Komponisten hervor: „Vielen Dank für das Konzert. Ich verstehe aber keine einzige Note davon und werde es deshalb auch nicht spielen." Anläßlich des am 27.11.1920 veranstalteten Labor-Abends berichtete die *Wiener Zeitung* am 18.1.1921: „Der tiefschürfende Musiker und bedeutende kontrapunktische Könner spricht aus allen Kompositionen von Josef Labor. Gar mancher seiner Einfälle ist schön erfunden, doch nie sehr langatmig und landet nach dem ersten Aufschwung im Gewühl der Imitation (die Form, die zumal in der Gestalt des Kanons für Labor besonders charakteristisch ist). Wir hörten ein neues Trio für Klavier, Klarinette und Viola, bei dem die noble charakteristische Verwendung des Blasinstruments hervorgehoben werden muß, ferner eine Klavierphantasie in Fis-Moll für die linke Hand allein, von Paul Wittgenstein, für den sie geschrieben ist, meisterhaft bewältigt; die Kraft und Spielgewandtheit des Einarmigen sind noch im steten Wachsen begriffen."

Von 1931 bis 1938 leitete Paul am Neuen Wiener Konservatorium eine Klavierklasse. Eine seiner Schülerinnen war Hilde Schania (1915–2001), die er 1940 heiratete und mit der er zwei Töchter und einen Sohn hatte. Am 11. März 1938 musste Paul wegen seiner jüdischen Abstammung seine Stelle am Konservatorium aufgeben und emigrierte schon bald nach Amerika. 1946 wurde er amerikanischer Staatsbürger. Er lebte in der Nähe von New York City und unterrichtete in New Rochelle (NY), am Ralph Wolfe Conservatory (1938–1943) und in New York am Manhattanville College of the Sacred Heart (1940–1943).

Paul Wittgenstein starb an Herzversagen. Sein Nachlass kam nach dem Tode seiner Frau an das Auktionshaus Sotheby's in London, wo er am 22. Mai 2003 versteigert wurde. Der größte Teil davon befindet sich heute im privaten Paul-Wittgenstein-Archiv in Hongkong.

1923 komponierte Paul Hindemith für Paul eine *Klaviermusik (Klavier: linke Hand) mit Orchester* op. 29, die 1925 in Wilhelm Altmanns *Versuch einer Bibliographie über Hindemith* als *Konzert für Klavier und Orchester* op. 29 erstmals erwähnt wird, mit der Bemerkung „soll 1925 erscheinen". Der Publikationsplan muss sich dann zerschlagen haben und es kam auch nie zu einer Aufführung des Stückes. Durch wiederholtes Nachfragen des Pianisten Siegfried Rapp bei Paul Wittgenstein um die Erlaubnis, das Stück zu spielen (die ihm dieser verweigerte) im Jahre 1949, bei Hindemith selbst sowie bei Pauls Witwe Ende 1950 erhielt er schließlich von deren Rechtsanwalt im Dezember 1962 die Auskunft, dass sich im Nachlass kein Hinweis auf dieses Manuskript befände. Nach weiteren falschen Auskünften erhielt schließlich das Hindemith-Institut in Frankfurt am Main eine anonymisierte E-mail, ob es am Erwerb des Manuskriptes des für Wittgenstein geschriebenen Klavierkonzerts interessiert sei. Nach Überprüfung in New York im November 2002 stellte sich die Authentizität des gesuchten Werkes heraus; allerdings handelte es sich um eine Abschrift in allerdings fehlerfreier Notation. Die Hindemith-Stiftung erwarb diese Abschrift als einzige Quelle des überlieferten Werkes und dieses konnte am 9./10./11. Dezember. 2004 schließlich mit Leon Fleisher und den Berliner Philharmonikern uraufgeführt werden – 81 Jahre nach seiner Komposition. (Vgl. Giselher Schubert: „Hindemiths Klaviermusik mit Orchester für Paul Wittgenstein". In: *Empty Sleeve. Der Musiker und Mäzen Paul Wittgenstein*. Hg. von Irene Suchy, Allan Janik und Georg Predota. Innsbruck: Studien Verlag, 2006. S. 171–180)

L u d w i g : Ludwig Joseph Johann Wittgenstein: Geb. 26. 4.1889, Neuwaldegg bei Wien; gest. 29. 4.1951, Cambridge. Taufe am 19.5.1889, Wien XVIII, Pfarre Dornbach. Begraben am 1.5.1951, St. Giles Cemetery, Cambridge.

148 M a r i e F i l l u n g e r : Geb. 27.1.1850, Wien; gest. 23.12.1930, Interlaken (Schweiz). Österreichische Sängerin. Von 1869 bis 1873 Studium am Konservatorium der Gesellschaft der Musikfreunde in Wien bei Mathilde Marchesi, von 1874 bis 1879 auf Empfehlung von Johannes Brahms Studium an der Hochschule für Musik in Berlin. 1889 übersiedelte sie nach London und wurde dort vor allem als Interpretin der Lieder von Schubert und Brahms bekannt. Konzerttourneen nach Australien und Südamerika, von 1904 bis 1912 gab sie Unterricht am Royal College of Music in Manchester. Nach dem Ersten Weltkrieg lebte sie bis zu ihrem Tod in der Schweiz. Marie Fillunger, „Fillu" oder „Filu" genannt, war häufiger Gast bei der Familie Wittgenstein. Auch im Briefwechsel der Geschwister ist von ihr oft die Rede. Anlässlich ihres 75. Geburtstags schickte Ludwig folgendes Gedicht, datiert mit „Otterthal 21.1.25": „Gesang an Filu // Lieblich ist der Wachtel Schlag / Lieblich Bulbüls süßes Klagen / Doch der Filu Lustgesänge /Füllt Dein Herz mit Wonne-Zagen. // Zart ist Moos auf Waldes Boden / Zephirs lind-geschäftig Säuseln / Zarter Filu's Wolle-Fäden / Wenn sie unterm Fuß sich kräuseln. // Dauerhaft der Eiche Stamm / Quarzes berggetürmtes Ragen: Ewig Filu's Netzgewebe, / Die den Schritt geflügelt tragen!" (Zit. nach *Familienbriefe*, S. 104.)

V.

152 R e a l g y m n a s i u m n a c h L i n z : Nach anfänglichem Privatunterricht seiner Kinder entschloss sich Karl Wittgenstein, diese doch in eine öffentliche Schule zu schicken – höchstwahrscheinlich als Folge der Suizide seiner Söhne Hans und Rudi. Von 1903 bis 1906 besuchte Ludwig die k.u.k. Realschule in Linz. Sein Bruder Paul wurde in das Gymnasium Babenbergerring in Wiener Neustadt geschickt.

T e c h n i s c h e   H o c h s c h u l e   i n   B e r l i n : Von 1906– 1908 studierte Wittgenstein an der Technischen Hochschule in Berlin-Charlottenburg. **153**

F r e g e : Gottlob Frege: Geb. 8.11.1848, Wismar; gest. 26.7.1925, Bad Kleinen. Philosoph. 1879–1918 Professor der Mathematik in Jena. Durch die „Begriffsschrift" wurde er zum eigentlichen Begründer der modernen Logik. Freges Neubegründung der philosophischen Semantik bestand in der Unterscheidung zwischen „Zeichen", „Sinn" und „Bedeutung" von Eigennamen, Sätzen und Begriffen. Werke u. a.: *Die Grundlagen der Arithmetik* (1884); Über Sinn und Bedeutung (1892); *Grundgesetze der Arithmetik* (2 Bände, 1893/1903); *Logik* (1898); *Logik in der Mathematik* (1913). Als Russell entdeckte, daß seine Gedankengänge in *The Principles of Mathematics* im wesentlichen bereits von Frege in dessen *Grundgesetze der Arithmetik* behandelt worden waren, fügte er seinem Buch einen Aufsatz mit dem Titel „The Logical and Arithmetical Doctrines of Frege" hinzu, worin er Freges *Grundgesetze* – ein bis dahin wenig beachtetes Werk – lobte. Wittgenstein schätzte Freges *Grundgesetze der Arithmetik*, die für die Abfassung des *Tractatus* eine wichtige Grundlage bilden sollten. Als er Frege nach der Fertigstellung seines Werks eine Abschrift zukommen ließ, reagierte dieser jedoch mit wenig Verständnis. (Vgl. Freges Briefe an Wittgenstein vom 28.6.1919 und vom 30.9.1919 in den *Grazer Philosophischen Studien*, Vol. 33/34, 1989, S. 5–33, hg. von Allan Janik und Christian Paul Berger).

R u s s e l l : Bertrand Russell: Geb. 18.5.1872, Trellech (Monmouthshire); gest. 2.2.1970, Plas Penrhyn bei Penrhyndeudraeth (Wales); Mathematiker und Philosoph; 1910–1916 Dozent am Trinity College, Cambridge; 1916 vor Gericht gestellt wegen Aufforderung zur Kriegsdienstverweigerung. 1918 wieder vor Gericht gestellt und wegen aufwieglerischer Bemerkungen für sechs Monate inhaftiert („for prejudicing His Majesty's relations with the US of America"). Trat nach dem Zweiten Weltkrieg öffentlich gegen eine atomare Rüstung, später auch gegen die amerikanische Beteiligung am Vietnamkrieg und gegen die Intervention der Warschauer-Pakt-Staaten in der Tschechoslowakei auf. 1950 Nobelpreis für Literatur. In der mathematischen Grundlagenforschung ist Russell einer der Hauptvertreter des Logizismus. Die philosophischen Grundlagen für die Reduktion der Mathematik auf reine Logik hatte Russell im Anschluss an seine Entdeckung der Russellschen Antinomie und deren Erörterung mit Frege geschaffen. Seine Analyse der logischen und semantischen Antinomien führte ihn zu verschiedenen Formulierungen seines Vicious-Circle Principle und der darauf aufbauenden Typentheorie. Dabei stehen neben mathematischen und logischen auch sprachphilosophische Überlegungen. Werke: *Principia Mathematica* (1910–13; zusammen mit A. N. Whitehead), *Probleme der Philosophie* (1912), *Grundlagen für eine soziale Umgestaltung* (1916), *Mystik und Logik* (1918), *Einführung in die mathematische Philosophie* (1919), *Religion and science* (1935), *Philosophie des Abendlandes* (1946), *Das menschliche Wissen* (1948), *Mein Leben* (1967–1969).

Wittgenstein lernte Russell im Oktober 1911 kennen, als er, angeblich auf Anraten Gottlob Freges, nach Cambridge kam, um bei Russell zu studieren. Zu der Zeit hatte Russell gerade nach einer Arbeit von zehn Jahren sein Werk *Principia Mathematica* (gemeinsam mit A. N. Whitehead) beendet und stand vor einer Wende in seinem Leben – in philosophischer wie auch in persönlicher Hinsicht.

n a c h N o r w e g e n : Nachdem Wittgenstein im September 1913 mit seinem Freund David Pinsent eine Reise nach Norwegen unternommen hatte, entschloss er sich im Oktober zu einem längeren Aufenthalt in diesem Land, um in der Einsamkeit über Fragen der Logik nachzudenken. Mitte Oktober ließ er sich in Skjolden, einer kleinen Ortschaft am Sognefjord, nieder, wo er zunächst in einem Gasthaus, später im Haus des Postmeisters Hans Klingenberg wohnte. Er schloß Freundschaft mit der Familie Klingenberg, weiters mit Halvard Draegni, dem damals 13 Jahre alten Schüler Arne Bolstad und Anna Rebni, einer Lehrerin, die einen Bauernhof bewirtschaftete, später auch eine Jugendherberge führte. Am 26. März 1914 kam George Edward Moore für zwei Wochen nach Nowegen und Wittgenstein diktierte ihm einige Ergebnisse seiner Arbeit über Logik, die als *Notes dictated to Moore* veröffentlicht sind.

154

B l o c k h ü t t e : Im Frühjahr 1914 begann Wittgenstein mit dem Bau einer Hütte in der Nähe von Skjolden am Sognefjord, in den Bergen über dem Eidsvanet-See. Im Sommer 1921 bezog er seine Hütte zum erstenmal, als er mit Arvid Sjögren nach dem Krieg nach Norwegen reiste. Von Mitte August 1936 bis Dezember 1937 weilte Wittgenstein wieder in Norwegen – von kurzen Unterbrechungen um Weihnachen abgesehen, als er sich in Wien und Cambridge aufhielt. Bereits unmittelbar nach dem Ersten Weltkrieg hatte er die Hütte Arne Bolstad (1899–1972) geschenkt. Dieser verkaufte sie einige Jahre nach Wittgensteins Tod und der neue Besitzer ließ sie abreißen. Später wurde der Platz, worauf die Hütte stand, „Österrege" (Österreich) genannt. (Vgl. einen Brief von Arne Draegni an Wittgenstein, datiert mit 12. 11. 1945)

155 W u n s c h d u r c h : Trotz Freistellung aufgrund eines beidseitigen Leistenbruchs, sah es Ludwig Wittgenstein als unbedingte Pflicht an, im Krieg aktiv teilzunehmen. Es war ihm ein Wunsch, etwas Schweres auf sich zu nehmen, um dadurch sich selbst besser kennen zu lernen bzw. mit sich „ins Reine zu kommen". Anfangs bediente er auf dem Wachschiff „Goplana" auf der Weichsel den Scheinwerfer, später kam er in eine Artilleriewerkstätte und schließlich diente er auf ausdrücklichen persönlichen Wunsch als Soldat im Haubitzen Regimemt an der Galizischen Front, wo er sich gefährlichen Situationen ausgesetzt sah.

T a p f e r k e i t s m e d a i l l e n : Ludwig Wittgenstein wurde im Ersten Weltkrieg mehrfach ausgezeichnet: am 6. 10. 1916 erhielt er die Silberne Tapferkeitsmedaille 2. Klasse (Kriegsakt), am 19.10. die Bronzene Tapferkeitsmedaille (Kriegsakt); am 1. 12. 1916 wurde er zum Fähnrich i.d. Reserve ernannt. Am 25. 8. 1917 erhielt er die Silberne Tapferkeitsmedaille 1. Klasse (Kriegsakt). Am 1. 2. 1918 wurde er zum Leutnant i.d. Reserve ernannt und am 22. 9. 1918 erhielt er die Militärverdienstmedaille am Band mit Schwertern.

v e r w u n d e t : Um den 17. 7. 1915 erlitt Ludwig bei einer Explosion in der Werkstätte „einen Nervenschock und ein paar leichte Verletzungen". (Vgl. dazu seinen Brief an Ludwig von Ficker vom 24. 7. 1915, den er nach eigenen Angaben vom Spital aus schrieb).

O f f i z i e r s k u r s i n O l m ü t z : Am 16. September 1916 wurde Wittgenstein zum Korporal befördert. Anschließend war er als Einjähriger an der Artillerie-Offiziersschule in Olmütz, wo er Paul Engelmann kennenlernte. Am 1. Dezember wurde er zum Fähnrich in der Reserve befördert und am 26. Jänner 1917 kehrte er zu seinem Regiment in die Bukowina zurück.

O l m ü t z : (tschechisch: Olomouc) Sechstgrößte Stadt Tschechiens, Sitz eines Erzbistums, der zweitältesten tschechischen Universität und eines der beiden tschechischen Obergerichte. Bis ins 17. Jahrhundert war Olmütz das historische Zentrum Mährens und ist auch heute noch als Handels-, Kultur- und Verwaltungszentrum von Bedeutung.

P a u l   E n g e l m a n n : Geb. 14. 6. 1891, Olmütz; gest. 5. 2. 1965, Tel Aviv. Architekt und Literat. Engelmann studierte Architektur in Wien bei Adolf Loos und war ein Jahr lang freiwilliger Privatsekretär von Karl Kraus. Bis zu seiner Auswanderung nach Palästina im Jahre 1934 lebte er vorwiegend in Wien und in seiner Heimat in Olmütz, danach bis zu seinem Tode in Tel Aviv. Unter seinen Arbeiten als Innenarchitekt in Israel sind u. a. die Einrichtung der Halle des ersten großen Hotels in Palästina – „King David" in Jerusalem – sowie der Thronsaal des Königs Abdallah vom damaligen Transjordanien zu nennen.

Engelmanns schriftstellerische Tätigkeit umfaßte außer Arbeiten auf dem Gebiet der klassischen deutschen Literatur auch Übersetzungen hebräischer Dichtungen, darunter das epische Gedicht „Der Mathmid" von Bialik. Zudem hinterließ er umfangreiche, bisher meist unveröffentlichte Studien auf dem Gebiet der theoretischen Psychologie, der Soziologie und des Städtebaus. Bekannt wurde er vor allem durch seine Erinnerungen an Ludwig Wittgenstein[17], in Israel als Anhänger von Karl Kraus.

---

17 1967 erstmals in englischer Übersetzung von L. Furtmüller, hg. von Brian McGuinness: *Paul Engelmann. Letters from Ludwig Wittgenstein. With a Memoir*. Oxford: Basil Blackwell. Die deutsche Ausgabe erschien 1970: *Paul Engelmann. Ludwig Wittgenstein. Briefe und Begegnungen*. Hg. von Brian McGuinness. Wien und München. R. Oldenbourg. Eine erweiterte Ausgabe mit nunmehr auch von Engelmann aufgefundenen Briefen und zusätzlichen Notizen erschien 2006:

Engelmann war Mitherausgeber der Schriftenreihe *Gedanken* in Tel Aviv (Eigenverlag) sowie der Zeitschrift *Prozdor* („Korridor")[18]. In der Schriftenreihe *Gedanken* sind folgende Beiträge von ihm erschienen: „Geist und Gesellschaft" (1944), „Ein verfehlter Versuch" (1945), „Adolf Loos" (1946) und „Die Sprache des Dichters" (Tel Aviv, 1949). Dieser Aufsatz wurde 1967 von Elazar Benyoëtz neu herausgegeben, wie auch Engelmanns Aufsätze „Die unverstandene Botschaft des Satirikers Karl Kraus", „Die Sprache des Dichters", „Wittgenstein. Kraus. Loos" und das Gedicht „Das Haus auf dem Michaelerplatz". (Vgl. *Paul Engelmann. Dem Andenken an Karl Kraus*. Hg. von Elazar Benyoëtz Wien: O. Kerry, 1967).

Im *Prozdor* publizierte Engelmann „Who was Ludwig Wittgenstein"[19] und „Speech and Action" (engl. Version, Nr. 6/7, Sept. 1963). In der Nr. 8 (Mai 1964) erschien sein Beitrag „Freud and Jung" (engl. Version).

Im *Alleingang* (hg. von Paul Schick und Michael Guttenbrunner) erschienen folgende Aufsätze Engelmanns: „Die seelische Valuta" (1. Jg., Nr. 8, Mai 1964), „Die Rationalisierung", „Zum Andenken an den Rezitator Emil Stein" (2.

Wittgenstein – Engelmann. Briefe, Begegnungen, Erinnerungen. Hg. von Ilse Somavilla unter Mitarbeit von Brian McGuinness. Innsbruck, Haymon.

18 In einem Brief an Paul Schick vom 19. April 1964 schrieb Engelmann über diese Zeitschrift, daß sie der Behandlung religiöser Themen in einem geistigen Sinn gewidmet sei und ihr Verhältnis zur jüdischen Religion vielleicht einigermaßen dem des *Brenner* zur katholischen zu vergleichen sei. (Zit. nach Elazar Benyoëtz: „Engelmann, Der Andere. Ein Teppich, aus Namen geknüpft, zu seinem Gedenken aufgerollt." In: *Wittgenstein Jahrbuch 2001/2002*. Hg. von Wilhlem Lütterfelds, Andreas Roser und Richard Raatzsch. Frankfurt a. Main: Peter Lang Verlag, 2003, S. 375.

19 Engelmanns Aufsatz über Ludwig Wittgenstein bewirkte den Beginn einer Wittgenstein-Literatur in Israel. (Vgl. Elazar Benyoëtz: „Engelmann, Der Andere", S. 376)

Jg., Nr. 5, Juli 1965) und „Die unverstandene Botschaft des Satirikers Karl Kraus" (2. Jg., Nr. 6, Oktober 1965). Unter den noch unveröffentlichten Werken Paul Engelmanns sind „Orpheus", „Psychologie graphisch dargestellt", „Die urproduzierende Großstadt" und eine von ihm zusammengestellte Anthologie deutscher Dichtung aus vier Jahrhunderten zu nennen.

Engelmann war Herausgeber der Werke von Joseph Markus und Gustav Steinschneider.

In seinem Gedicht auf das Haus am Michaelerplatz (erstmals in der *Fackel* Nr. 317/318, 28.2.1911 publiziert) bezeichnete Engelmann dieses „als erstes Zeichen einer neuen Zeit". Am 15.5.1911 las Kraus auch Engelmanns Gedicht *Das Adolf Loos-Haus*.

Leopold Goetz schreibt in einem Nachruf auf Engelmann u. a.: „Paul Engelmann war einer der ersten Mitglieder der Philosophischen Gesellschaft in Tel-Aviv. [...] Durch seine originellen Auffassungen, seine lebhafte Debattierkunst und oft überraschenden Entgegnungen, belebte er stets die Diskussionen. Immer wirkte er anregend und zu geistiger Mehrleistung anspornend. Man übersah gern sein etwas übertrieben anmutendes nonkonformistisches Äußere, das leicht an so manche Literaten Wiens um die Zeit des Ersten Weltkriegs erinnerte." (In: Jedioth Chadaschoth, 10.2.1965 und in MB Nr.14 v. 2.4.1965, S.7).

J.K. Unger schrieb in einem Brief an Elazar Benyoëtz: „Wenn er [Engelmann] in guter Form war, konnte sein ‚Auftreten' einen Abend zu einem köstlichen Erlebnis machen, da er im Erzählen von Anekdoten, Witzen und ‚Olmützer Geschichten' und im Vorlesen meist humoristischer Stücke einzigartig und unerschöpflich war." (Haifa, 15. Dez.1967)

Paul Engelmann war ein gern gesehener Gast im Hause der Familie Wittgenstein und ein geschätzter Architekt von ihr: Hermine beauftragte ihn mit einer Neugestaltung der Villa in Neuwaldegg und Margaret mit dem Bau ihrer Villa in der Kundmanngasse. Da Ludwig Wittgenstein dann sozusagen die Führung übernahm und sich als eher rücksichtsloser Verfolger seiner Ideen durchsetzte, kühlte die Freundschaft der beiden für Jahre ab. Nach einem letzten Brief Paul Engelmanns an Wittgenstein vom 3. 9.1930 gibt es erst 1937 eine Wiederaufnahme ihrer Korrespondenz.

M ö r s e r : Geschütz mit einem kleinen Verhältnis zwischen Rohrlänge und Kaliber. Entwickelt im 14. Jahrhundert, wurde der Mörser ausschließlich für Steilfeuer eingesetzt. Im Ersten Weltkrieg wurden weitere, heute zusammenfassend als Mörser bezeichnete Waffen entwickelt, die ursprünglich andere Namen hatten.

T o l s t o i s B e a r b e i t u n g d e r E v a n g e l i e n : Vgl. Leo Tolstoi: *Kurze Darlegung des Evangelium*. Aus dem Russischen von Paul Lauterbach. Leipzig: Reclam, 1892. Wittgenstein hatte diese Schrift Tolstois während des Krieges in einem Buchladen in Tarnow entdeckt und sie wurde ihm bald zum unentbehrlichen Begleiter während der Kriegsjahre. Zahlreiche Eintragungen in seinen Tagebüchern von 1914 bis 1916 zeugen von seiner Auseinandersetzung mit Tolstois *Kurzer Darlegung des Evangeliums*, die sich vor allem in einer Suche nach dem „Geist" bzw. nach Gott und in einem Kampf gegen die Sinnlichkeit äußert. In einem Brief (Poststempel 24. 7.1915) an Ludwig von Ficker schrieb er, daß Tolstois Schrift ihn „geradezu am Leben erhalten" hätte. (Vgl. *Briefe an Ludwig von Ficker*, S. 28)

156 s o n d e r b a r e n W a f f e n s t i l l s t a n d : Die am 24.10.1918 losbrechende Offensive der Alliierten an der Piave führte zu Auflösungserscheinungen der k. u. k. Armee, da nun auch mehrheitlich ungarische Verbände die Front verließen. Der am 3.11.1918 abgeschlossene Waffenstillstand von Villa Giusti (bei Padua) sollte erst am 4.11. in Kraft treten, gleichwohl befahl das k. u. k. Armee-Oberkommando die sofortige Einstellung der Kampfhandlungen. Dadurch gelang es den italienischen Verbänden, bis 11.11.1918 noch 356.000 Angehörige der k. u. k. Armee gefangen zu nehmen. Italienische Verbände rückten bis 20.11.1918 nach Nordtirol vor, während bayerische Truppen noch versuchten, eine neue Südfront gegen Deutschland, die aufgrund der im Waffenstillstand geforderten Bewegungsfreiheit innerhalb der Monarchie drohte, zu verhindern; an der Westfront mußte Deutschland am 11.11.1918 einem Waffenstillstand zustimmen.

italienische Gefangenschaft: Am 3. November 1918 geriet Ludwig Wittgenstein bei Trient in italienische Gefangenschaft. Nach Stationen in Verona, Como und Bellagio kam er im Jänner 1919 in ein Kriegsgefangenenlager bei Cassino, aus dem er am 26. August zurückkehrte.

seines Vermögens zu entledigen: Nach der einschneidenden Erfahrung des Ersten Weltkriegs und vermutlich unter dem Einfluss von Tolstoi entschloss sich Ludwig Wittgenstein, auf sein Erbe zu verzichten. Laut Bericht von John Stonborough verglich er den Reichtum mit einem „schweren Rucksack", der einen beim Aufstieg auf einen Berg belaste. (Mitteilung an die Herausgeberin, 13.11.1992)

157 Brüder Karamasoff: Vgl. Fjodor M. Dostojewski. *Die Brüder Karamasoff.* Erschienen 1879/80. Vgl. die Ausgabe von 1908: *Die Brüder Karamasoff.* Roman in zwei Bänden. Übersetzung von E. K. Rahsin. München und Leipzig: R. Piper und Co., 1908.

Wittgenstein schätzte Dostojewski hoch, insbesondere *Die Brüder Karamasoff*, aus denen er gerne vorlas oder das Buch an Freunde verschenkte. Maurice O'Connor Dury berichtet, dass Wittgenstein ihm den Rat gab, die *Brüder Karamasoff* zu lesen, er hätte dieses Buch zur Zeit seiner Volksschullehrertätigkeit ständig gelesen und es auch dem Dorfpfarrer vorgelesen. (Vgl. Maurice O'C. Drury: „Gespräche mit Wittgenstein", in: *Porträts und Gespräche*, S. 149). Wittgensteins Meinung nach waren Dostojewski und Tolstoi die einzigen Autoren der jüngeren Vergangenheit, die „zum Thema Religion wirklich etwas Wichtiges zu sagen hatten" (vgl. Drury: „Bemerkungen zu einigen Gesprächen mit Wittgenstein", in: *Porträts und Gespräche*, S. 129). Franz Parak berichtet, dass Wittgenstein in der Gefangenschaft bei Cassino ihn wiederholt auf die große Bedeutung von Dostojewksi, insbesondere auch auf dessen Werk *Die Brüder Karamasoff* aufmerksam gemacht hätte. (Vgl. Franz Parak, „Wittgenstein in Monte Cassino", in *Ludwig Wittgenstein. Geheime Tagebücher 1914–1916*, S. 146f.)

159 G ä r t n e r g e h i l f e : Nach der Kriegsgefangenschaft und der Ausbildung zum Volksschullehrer arbeitete Ludwig von Ende Juli bis Ende August 1920 als Gärntnergehilfe im Stift Klosterneuburg. Später, nachdem er Ende April 1926 seinen Schuldienst aufgegeben hatte, arbeitete er wiederum als Hilfsgärtner, diesmal im Kloster der Barmherzigen Brüder in Hütteldorf.

L e h r e r b i l d u n g s a n s t a l t : Vom 16. September 1919 bis Juli 1920 besuchte Ludwig den vierten Jahrgang der Staatslehrerbildungsanstalt in der Kundmanngasse im III. Bezirk von Wien. Aufgrund seiner Reifeprüfung an der Staatsrealschule in Linz mußte er nur mehr die Fächer Pädagogik, Spezielle Methode und Praktische Übungen, Hygiene, Landwirtschaftslehre, Schönschreiben, Singen, Orgel- und Geigenspiel absolvieren, um zum Volksschullehrer ausgebildet zu werden.

V o l k s s c h u l l e h r e r : Von Mitte September 1920 bis Juli 1922 unterrichtete Ludwig in Trattenbach im Feistritztal; im September 1922 war er für kurze Zeit als Hauptschullehrer in Haßbach bei Neunkirchen, dann für zwei Jahre in Puchberg am Schneeberg und schließlich von September 1924 bis April 1926 in Otterthal.

T r a t t e n b a c h : Ortschaft im Feistritztal im Bezirk Neunkirchen, südlich von Wien, Niederösterreich. Nachdem Wittgenstein die ihm vom Landesschulrat zugewiesene Stelle in Maria Schutz am Semmering abgelehnt hatte, weil ihm dort – laut Aussagen von Leopold Baumruck – zu wenig „ländliche Verhältnisse" waren, entschied er sich für Trattenbach.

O t t e r t h a l : Gemeinde im Bezirk Neunkirchen, Niederösterreich, wo Wittgenstein von Herbst 1924 bis Ende April 1926 an der Volksschule unterrichtete. Am 19.12.1924 wurde er vom Landesschulrat für Niederösterreich zum definitiven Volksschullehrer an der öffentlichen allgemeinen Volksschule in Otterthal ernannt. Im April 1926 kam es zu einem Zwischenfall mit einem Schüler, der nach einer Ohrfeige Wittgensteins ohnmächtig wurde. Obwohl sich herausstellte, daß der Schüler an Leukämie litt und daher des öfteren ohnmächtig wurde und Wittgenstein bei einem anschließenden Dienstaufsichtsverfahren der Schulbehörde von jeder Schuld freigesprochen wurde, bat er trotzdem um seine Entlassung. Diese erfolgte offiziell am 28. April 1926.

P u c h b e r g : Puchberg am Schneeberg. Marktgemeinde im Bezirk Neunkirchen, Niederösterreich, ca. 58 km von Wien entfernt. Nach ca. 14 Tagen Unterricht in der Hauptschule von Haßbach bei Neunkirchen im September 1922 kam Wittgenstein nach Puchberg am Schneeberg, wo er zwei Jahre als Volksschullehrer tätig war. Im März 1923 besuchte ihn Frank Plumpton Ramsey, um mit ihm das Manuskript des *Tractatus* zu besprechen. Auch lernte Ludwig den Volksschullehrer Rudolf Koder kennen, mit dem er sich durch das gemeinsame Interesse an der Musik anfreundete. In der Zusammenarbeit mit seinen Schülern kam Wittgenstein auf die Idee, ein eigens für die Landkinder konzipiertes Wörterbuch herauszugeben. Dabei legte er Wert auf den alltäglichen Sprachgebrauch der österreichischen Volksschüler, und zwar möglichst ohne Fremdwörter und auch ohne jene Wörter, die nur in Deutschland gebräuchlich und den österreichischen Kindern nicht geläufig waren. Er erhoffte sich dadurch eine Verbesserung in der Rechtschreibung, wofür seiner Meinung nach die damals an österreichischen Schulen verwendeten Wörterbücher des Schulbücher-Verlags nicht geeignet waren. In Puchberg begann er mit der Anlegung einer Wörtersammlung. Das Wörterbuch enthält 3000 Wörter, einschließlich der schwierigen Abwandlungen und Wortformen. Stellen, wo Schüler Gefahr laufen, Rechtschreibfehler zu machen, hob er durch Fettschrift hervor. Der Verlagsvertrag datiert vom 2.11.1925. Erschienen ist das Wörterbuch bei Hölder-Pichler-Tempsky im Jahre 1926. Abgesehen vom *Tractatus*, ist das *Wörterbuch für Volksschulen* das einzige Werk Wittgensteins, das zu seinen Lebzeiten erschien.

160 etwas ganz Neues, Unerwartetes: Damit ist Wittgensteins Tätigkeit als Architekt am Bau des Hauses für seine Schwester Gretl gemeint.

seines Buches: Es handelt sich um die *Logisch-Philosophische Abhandlung,* an der Wittgenstein schon vor dem

Krieg und während des Krieges geschrieben hatte. Zur endgültigen Niederschrift kam es im Sommer 1918 im Hause seines Onkels Paul Wittgenstein in Hallein. Nach gescheiterten Versuchen, seine Arbeit bei Jahoda, Braumüller und im *Brenner* zu veröffentlichen, erschien diese schließlich 1921 im letzten Band der *Annalen der Naturphilosophie*, Bd. 14, Heft 2–4, S. 184–262. Diese Zeitschrift wurde 1901 von Wilhem Ostwald begründet und von ihm herausgegeben. Wittgenstein bezeichnete die Veröffentlichung seines Werks als „Raubdruck" (Brief an Paul Engelmann, Poststempel 5. VIII.22, in *Wittgenstein – Engelmann*, S. 69) und nahm für die spätere zweisprachige Ausgabe in der Übersetzung von C.K. Ogden und Frank Plumpton Ramsey Korrekturen vor.

L u d w i g s B u c h i n s E n g l i s c h e ü b e r s e t z t : 1919 hatte Russell ein Vorwort für die *Logisch-Philosophische Anhandlung* geschrieben, um eine Veröffentlichung bei Reclam zu sichern. Durch die Übersetzung seines Vorworts war jedoch die Feinheit seines englischen Stils verloren gegangen, weshalb sich Wittgenstein gegen eine Publikation entschied. Die englische Übersetzung des ganzen Buches nahm dann nicht Russell, sondern C.K. Ogden vor. Im März 1922 erhielt Wittgenstein von diesem das Manuskript der Übersetzung seines Buches und überarbeitete diese in einer ausführlichen Korrespondenz mit Ogden. Am 22. Juni übertrug er in einem Brief sämtliche Publikationsrechte an den Verlag Kegan Paul in London. Im November erhielt er die ersten Autorenexemplare der deutsch-englischen Ausgabe der *Logisch-Philosophischen Abhandlung* mit dem neuen, von G.E. Moore vorgeschlagenen Titel *Tractatus logico-philosophicus*.

h a l b – p o p u l ä r e A b h a n d l u n g e n : Damit sind wohl Russells Schriften über Ethik, Religion und Politik gemeint, die Wittgenstein mißbilligte – im Gegensatz zu dessen

Schriften über Logik, die er schätzte. Demgemäß bemerkte er Drury gegenüber einmal, dass Russells Schriften in zwei verschiedenen Farben gebunden sein sollten: Die über mathematische Logik in Rot (und diese sollten alle Philosophiestudenten lesen) und jene über Ethik und Politik in Blau (und niemand sollte sie lesen dürfen). (Vgl. Drury in Rhees, S. 161)

Von den *Principia Mathematica* sprach er mit Hochachtung, verglich sie mit Musik, die populären Schriften Russells lehnte er jedoch vehement ab, insbesondere: „The Free Man's Worship" und das letzte Kapitel von *Probleme der Philosophie* zum Thema „Der Wert der Philosophie", da ihm bereits das Wort „Wert" mißfiel. (Vgl. Monk, S. 61)

Vermutlich erregten auch folgende Schriften Russells Wittgensteins Unmut: *Our Knowledge of the External World*, 1914; *Justice in War-time*, 1916; *Political Ideals*, 1917; *The Analysis of Mind*, 1921; *What I Believe*, 1925; *Why I Am Not A Christian*, 1927; *Religion and Science*, 1935; *Marriage and Morals*, 1929; *Unpopular Essays*, 1950.

161 Professor Eiselsberg: Anton Freiherr von Eiselsberg: Geb. 31.7.1860, Schloß Steinhaus bei Wels, Oberösterreich; gest. 25.10.1939, bei St. Valentin, Niederösterreich, (Eisenbahnunglück). Bedeutender Chirurg und Schüler von Theodor Billroth. Ab 1893 Universitätsprofessor in Utrecht, ab 1896 in Königsberg, von 1901–1931 Vorstand der I. Chirurgischen Universitätsklinik in Wien. Eiselsberg war einer der Begründer der Neurochirurgie und erhob sein Fach zur selbstständigen Wissenschaft. Seine Forschung erstreckte sich vorwiegend auf die Chirurgie des zentralen Nervensystems, der Schilddrüse und des Magen-Darm-Kanals. Gemeinsam mit Julius Hochenegg schuf er 1909 Unfallstationen, die für die ganze Welt vorbildlich wurden. 1910 gründete Eiselsberg mit den Ärzten Julius Hochenegg, Alexander Fraenkel, Ludwig

Teleky, Richard Paltauf und Josef Winter die „k.k. österreichische Gesellschaft für Erforschung und Bekämpfung der Krebskrankheit", dem Ursprung der Österreichischen Krebshilfe-Krebsgesellschaft. Außerdem bildete Eiselsberg in Wien eine der größten medizinischen Schulen heran und war Ehrenmitglied der Akademie der Wissenschaften.

P l ä n e f ü r e i n F a m i l i e n h a u s : Paul Engelmann, der die Innenräume der Wittgenstein-Villa in Neuwaldegg renoviert und für Paul, den Komponisten, mehrere Räume im Stadthaus eingerichtet hatte, wurde im Jahre 1925 von Margaret Stonborough mit der Planung eines Hauses in der Kundmanngasse beauftragt. Im Frühjahr 1926 zeichnete Engelmann eine Reihe von Entwürfen, für die Ludwig großes Interesse zeigte. Immer wieder gab er seinem Freund neue Anregungen und Ratschläge und nachdem er aus dem Schuldienst freiwillig ausgeschieden war, wurde er im Herbst 1926 von seiner Schwester als Architekt beigezogen. Im November genehmigte der Magistrat die von Engelmann und Wittgenstein gemeinsam unterfertigten Pläne, und Wittgenstein übernahm von da an die Bauüberwachung und die gesamte Detailplanung. (Vgl. *Haus Wittgenstein. Eine Dokumentation.* Text von Otto Kapfinger. Wien: Kulturabteilung der Botschaft der Volksrepublik Bulgarien 1984).

163

K u n d m a n n g a s s e : Die Kundmanngasse befindet sich im III. Bezirk Wiens. Das Grundstück, auf dem Margaret Stonborough ihr Stadthaus erbauen ließ, befindet sich zwischen Kundmanngasse, Gesaugasse und Parkgasse.

M i c h a e l D r o b i l : Michael Drobil: Geb. 19. 9. 1877, Wien; gest. 12. 9. 1958, Wien. Akademischer Bildhauer, den Wittgenstein während der Kriegsgefangenschaft bei Monte Cassino kennengelernt hatte. Drobil studierte von 1897–1905 bei

166

Eduard Helmer an der Wiener Akademie. Von 1920–1939 war er Mitglied der *Wiener Secession*, seit 1940 Mitglied des Künstlerhauses, das ihn mit dem goldenen Lorbeer auszeichnete. Träger mehrerer Staatspreise der Republik Österreich. Werke und Ausstellungen in der *Wiener Secession* (Nr. = Nummer der jeweiligen Secessionsausstellung): Nr. 57 (April–Juli 1920): „Lachendes Kind" (Marmor), „Weiblicher Studienkopf" (Marmor); Nr. 80 (November–Dezember 1924): „Am Morgen" (Bronze); Nr. 85 (Oktober–November 1925): „Kinderkopf" (Bronze), „Bildnis" (Bronze), „Schlummernde" (Bronze); Nr. 96 (26.11.1927–8.1.1928): „Knabe" (Halbfigur in Marmor); Nr. 101 (Oktober–Dezember 1928): „Brunnenfigur" (Gips); Nr. 112 (9. Mai–31. August 1939): „Mädchenkopf" (Marmor); Nr. 114 (November–Dezember 1939): „Karyatide" (Kalkstein).

K o p f : Der Kopf, den Wittgenstein (höchstwahrscheinlich) in Drobils Atelier modellierte, ist seine einzige bekannte Arbeit als Bildhauer. Der Mädchenkopf ist eine Modellierung aus Ton (Terrakotta) und bemalt (bzw. glasiert). Es wird verrmutet, dass Wittgenstein als Modell dabei den Kopf von Marguerite Respinger vor Augen hatte. Nach der Fertigstellung befand sich die Skulptur im Besitz von Margaret Stonborough und war in ihrem Haus in der Kundmanngasse aufgestellt; nach Margarets Tod blieb sie weiterhin in Familienbesitz. Danach war sie Eigentum des Verlags Helmut Ritter in Klagenfurt. Nach dem Konkurs des Verlags im Jahre 1996 gelangte Wittgensteins „Mädchenkopf" in der Konkursmasse zur Volksbank GHB Kärnten, Klagenfurt. Hier befindet er sich nun seit 2011, allerdings nicht öffentlich ausgestellt, jedoch auf Anfrage zu besichtigen. Gemäß dem denkmalpflegerischen, rechtlichen Status in Österreich steht sie „rechtskräftig unter Denkmalschutz". (Vgl. Sascha Windholz, August 2011. Vgl. auch Robert Fleck: *Was gezeigt*

werden kann, kann nicht gesagt werden. Wittgensteins Mädchenkopf. Klagenfurt, Ritter Verlag, 1993.)
Laut Auskunft von Pierre Stonborough ließ Ludwig von dem in Gips gefertigten Mädchenkopf nie einen Guß machen, erst Margarets Sohn Thomas Stonborough veranlasste, dass davon vier Güsse aus Bronze hergestellt wurden.

P o r t r ä t v o n K l i m t : Nach der Verlobung von Margaret **168**
Wittgenstein mit dem Amerikaner Jerome Stonborough gab Karl Wittgenstein – angeblich auf Initiative seiner Frau Leopoldine – Gustav Klimt den Auftrag für ein lebensgroßes Porträt von deren Tochter. Dieser Auftrag dürfte zu Beginn des Jahres 1904 erfolgt sein, da Klimt in einem Antwortschreiben mitteilt, nicht vor Mitte März anfangen zu können. (Vgl. Prokop, S. 44; vgl. auch Thomas Zaunschirm: *Gustav Klimt – Margaret Stonborough-Wittgenstein.* Frankfurt a. Mai, 1987, S. 16.) Obgleich laut Gerüchten das Bild weder das Gefallen von Margaret und ihrer Familie noch das von Klimt selbst gefunden haben soll, gibt es Beweise, dass Klimt dieses Porträt sogar sehr schätzte. Immer wieder wählte er es für große internationale Ausstellungen aus, dies bereits 1905 anlässlich einer Ausstellung des Deutschen Künstlerbundes in Berlin, als es sich noch in unfertigem Zustand befand. Ebenso präsentierte er es 1908 bei der großen Wiener Kunstschau und 1911 bei der Internationalen Kunstausstellung in Rom. (Vgl. *Kunst und Künstler*, Bd. 3, 1905, S. 398; *Deutsche Kunst und Dekoration*, 1908/9, S. 44; *Der Architekt*, 1911, S. 45 und *Klimt und die Frauen* (Katalog), Wien 2000, S. 108, zit. nach Prokop, S. 44f.) Das Gemälde wurde 1963 aus dem Familenbesitz von Thomas Stonborough verkauft und befindet sich seither in der Pinakothek der Moderne in München.
Eine Zeichnung, die dem „Bildnis Margarethe Stonborough-Wittgenstein" als Studie vorausging, vermachte der US-amerikanische Sammler John Goelet im Februar 2014 der Staat-

lichen Graphischen Sammlung der Münchner Pinakothek der Moderne. Laut Aussage der Albertina-Expertin Marian Bisanz-Prakken handelt es sich bei der bisher unveröffentlichten Studie um ein Original, das zudem an einer Schwelle in Klimts Oeuvre stand: Zur damaligen Zeit experimentierte Klimt mit einer neuartigen Papiersorte aus Japan sowie mit roten und grünen Buntstiften, wobei er letztere zur Anfertigung der Studie verwendete. (Vgl. SPEKTRUM, 28. März 2014/Nr. 5/Kunst und Auktionen.)

B l e i s t i f t s k i z z e n : Drobils Bleistiftskizzen von Ludwig Wittgenstein befinden sich heute teils im Besitz von Dr. Ingrid Hänsel, teils im Besitz von Univ.-Prof. Peter Dal-Bianco, Wien.

169 i n N o r w e g e n : Hermine irrt in der Annahme, dass Ludwig nach dem Hausbau für seine Schwester Margaret nach Norwegen ging. Er begab sich zunächst nach England, um seine philosophische Tätigkeit wieder aufzunehmen. Erst Mitte August 1936 ging er wieder nach Norwegen, wo er – mit einer Unterbrechung zu Weihnachten nach Wien und Cambridge – am 23. Jänner nach Skjolden zurückkehrte. Anfang Mai reiste er erneut nach Wien, kehrte jedoch am 10. August nach Skjolden zurück und blieb dort bis zum 11. Dezember 1937.

n a c h C a m b r i d g e : Anfang Januar 1929, nach der Unterbrechung als Volksschullehrer und Architekt, war Wittgenstein wieder in Cambridge und bemühte sich, mit Ramsey's Hilfe, um einen Abschluß seiner Studien. Die englische Übersetzung der *Logisch-Philosophischen Anhandlung* bzw. des *Tractatus logico-philosophicus* wurde als Doktorarbeit anerkannt.

z u m P r o f e s s o r f ü r P h i l o s o p h i e e r n a n n t : Nach seiner Rückkehr nach Cambridge und dem Abschluss seiner

Doktorarbeit erhielt Ludwig ein Fellowship am Trinity College. Zum Professor für Philosophie wurde er jedoch erst 1939 ernannt – als Nachfolger von George Edward Moore.

f e i e r l i c h e   P r ü f u n g : Anfang Juni 1929 fand das Rigorosum mit Russell und Moore als Prüfer statt und am 18. Juni erhielt Wittgenstein den Doktortitel der Universität Cambridge.

m i t   D i r e k t o r   G r o l l e r : Anton Groller (gest. 1945) war der Vermögensverwalter und Berater der Familie Wittgenstein, der als „Arier" auch in der Zeit der NS-Verfolgung loyal zur Familie stand. (Vgl. Prokop, S. 253) Mit ihm reiste Ludwig Wittgenstein im Sommer 1939 nach Berlin und anschließend nach Amerika, wie Hermine berichtet. Laut Auskunft von Pierre Stonborough lag der Hauptgrund darin, bei der Auflösung der WISTAG A.G. zu unterschreiben – eine Anforderung an alle männlichen Mitglieder der Familie. Ludwigs Bruder Paul unterschrieb angeblich als Letzter und schließlich, am 30. August 1939, erhielten die Schwestern Hermine und Helene „die Zuteilung der Mischlingseigenschaft" – Voraussetzung, um unbehelligt in Wien bleiben zu können. (Vgl. S. 238f.)

L e i t e r   d e r   R e i c h s b a n k – D e v i s e n s t e l l e : Die Reichsbank war die Zentralnotenbank des Deutschen Reiches. Nach der Machtübernahme durch die Nationalsozialisten im Jahr 1933 wurde der Nationalrat abgeschafft, der Reichspräsident allein ernannte und entließ die Präsidenten sowie die Mitglieder des Direktoriums. Ab 10. 2. 1937, mit dem *Gesetz zur Neuregelung der Verhältnisse der Reichsbank und der Deutschen Reichsbahn*, unterstand die Reichsbank wieder der Reichsregierung. Nach der Absetzung des Reichsbankpräsidenten Schacht im Januar 1939 folgte noch im gleichen Jahr durch das Reichsbankgesetz vom 15.6.1939 die Neuordnung und Umbenennung in *Deutsche Reichsbank*, die nun direkt dem „Führer und Reichskanzler" Adolf Hitler unterstand, der damit selbst die Kredite an das Reich gewähren konnte. Fortan war die Deutsche Reichsbank „nur mehr ein Rad im Getriebe der deutschen Kriegswirtschaft" (Harold James: Die Reichsbank 1933–1945. Berlin 2000, S. 188). Am 1.5.1942 erhielt die seit 1939 von Reichswirtschaftsminister Walther Funk geführte Reichsbank die Bezeichnung „Nationalsozialistischer Musterbetrieb" (*Ein Ehrentag der Deutschen Reichsbank*, Barch R2501/6366).

Funk (1890–1960) war ein deutscher Journalist, der in der Zeit des Nationalsozialismus Wirtschaftsminister und Reichsbankpräsident war. Im Februar 1938 wurde er zum Reichswirtschaftsminister ernannt, nachdem sein Vorgänger Hjalmar Schacht zurückgetreten war und ab Januar 1939 war Funk zudem Präsident der Reichsbank, sein Stellvertreter auf diesem Posten war der deutsche Bankier Emil Puhl. Als Reichswirtschaftsminister war Funk maßgeblich daran beteiligt, Juden aus dem Wirtschaftsleben hinauszudrängen und ihre Enteignung voranzutreiben. Mit der „Verordnung über die Anmeldung des Vermögens von Juden" vom 6. Juli 1938 und der „Dritten Verordnung zum Reichsbürgergesetz" vom 14. Juni 1938 wurde die wirtschaftliche Tätigkeit von Juden erfasst, kontrolliert und schließlich zum Erliegen gebracht. Am 9. August 1940 versagte Funk in seiner Funktion als Wirtschaftsminister und Reichsbankpräsident Juden den Zugriff auf ihr bei Banken oder anderen Institutionen angelegtes Vermögen. 1942 vereinbarte er mit Heinrich Himmler in einem Geheimabkommen, die Wertgegenstände der in den Vernichtungslagern ermordeteten Juden an die Reichsbank weiterzuleiten.

Nach Kriegsende fassten britische Einheiten Funk im Juni 1945 im Ruhrgebiet und er wurde im Nürnberger Kriegsver-

brecherprozess wegen Kriegsverbrechen und Verbrechen gegen die Menschlichkeit zu lebenslanger Haft verurteilt; am 16. Mai 1957 wurde er allerdings aus gesundheitlichen Gründen vorzeitig aus der Haft im Kriegsverbrechergefängnis Spandau entlassen. (http://de.wikipedia.org/wiki/Walther_Funk, 25.9.2013)
Während sich Reichsbankpräsident Funk kaum ins Tagesgeschäft einmischte, wurde die Zentralbank praktisch von Reichsbankdirektor Emil Puhl (1889–1962) geführt, der enge Beziehungen zur nationalsozialistischen Elite pflegte. (http://de.wikipedia.org/wiki/Reichsbank, 25.9.2013) Puhl war ein deutscher Bankier und von 1939–1945 Vizepräsident der Deutschen Reichsbank. Er galt als „Hitlers wichtigster Staatsbankier und Devisenbeschaffer" (Wirtschaftswoche, Bd. 50/1996, S. 121) während des Zweiten Weltkriegs. Ab 1924 war er als stellvertretender Vorstandsbeamter an der Reichsbankhauptstelle Leipzig, ab Februar 1929 als Leiter der Nebenstelle Worms tätig, worauf einige Monate später seine Berufung nach Berlin erfolgte, wo er als Referent des Reichsbankdirektoriums mit der Bearbeitung von Devisenangelegenheiten beschäftigt war. Auf Vorschlag des neuen Präsidenten Walter Funk, wurde Puhl am 11.2.1939 im Rang eines Staatssekretärs als Nachfolger von Rudolf Brinkmann zum Vizepräsidenten der Deutschen Reichsbank ernannt und amtierte vom 2.8.1940 bis zum 8.5.1945 als „geschäftsführender Vizepräsident". Puhl galt als „heimlicher Herrscher der Reichsbank mit exzellenten Beziehungen zu Himmler, Heydrich und zur SS". (Jean Ziegler: *Die Schweiz, das Gold und die Toten.* Bertelsmann 1997, S. 54.) Puhl verstand es, sich im Ausland als weltläufiger Banker mit Distanz zum nationalsozialistischen Regime zu geben, während er sich in Deutschland als systemtreu und Anhänger Hitlers inszenierte.
Am 1.5.1945 wurde er von den Alliierten festgenommen und am 4.11.1947 im Wilhelmstraßen-Prozess angeklagt und am

11. 4. 1949 wegen seiner herausragenden Rolle bei der Verwertung des SS-Raubgoldes zu fünf Jahren Gefängnis verurteilt, doch noch vor Weihnachten 1949 aus dem Kriegsverbrechergefängnis Landsberg vorzeitig entlassen. (http://de.wikipedia.org/wiki/Emil_Puhl, 25. 9. 2013)

VI.

173 „ J u g e n d " : Die *Jugend – Münchner illustrierte Wochenschrift für Kunst und Leben* war eine von Georg Hirth und Fritz von Ostini gegründete deutsche Kultur- und Literaturzeitschrift, die von 1896 bis 1940 in München erschien. Sie wurde zum Namensgeber der Kunstrichtung Jugendstil, doch es spielten auch andere Kunstrichtungen, insbesondere der Impressionismus, sowie auch moderne Illustrationen und Ornamente des art nouveau eine Rolle. Außerdem betätigte sich die Zeitschrift satirisch und kulturkritisch. Bis in die 1920er Jahre prägten die Künstler der *Scholle* das künstlerische Erscheinungsbild der *Jugend*.
Nach dem Tode Hirths im Jahre 1916 wurde Franz Schoenberger Herausgeber.

R u d i : Rudolf Ludwig Wittgenstein: Geb. 27. 6. 1881, Wien, Neuwaldegg Nr. 73; gest. 2. 5. 1904, Berlin. Student der Chemie. Viertes Kind und drittältester Sohn von Karl und Leopoldine Wittgenstein. Er wird als verängstigtes, nervöses Kind beschrieben und als derjenige, der am meisten Sinn für Literatur hatte. Sein Selbstmord – er vergiftete sich im Alter von 23 Jahren in Berlin – wird auf seine vermeintliche Homosexualität zurückgeführt, doch sollen auch die Schwierigkeiten mitgespielt haben, auf die er als erwachsener Mann in Berlin nach einem behüteten Leben im Elternhaus gestoßen war. (Vgl. McGuinness, S. 59)

Willy und Harry Zitkovsky: Dr. Wilhelm von Zitkowsky war offenbar Mitglied der anthroposophischen Institution „Akademischer Hochschulbund." Nähere Daten nicht ermittelt.

Berta in der Ahnfrau: Vgl. Franz Grillparzer (1791–1872): „Die Ahnfrau" (1817 in Wien uraufgeführt). Inbegriff der „Schicksalstragödie". Die Ahnfrau steht als Gespenst uralter Erbschuld über dem Geschlecht der Grafen von Borotin, greift als bewegende Schicksalsmacht immer wieder in die Handlung ein und nimmt dabei die Gestalt Berthas, der jungen Tochter des Grafen, an. Als Vorlage diente Grillparzer eine südböhmische Legende unter dem Titel „Pramáti" (Die Ahnin), die sich auf die Burg Borotin in Südböhmen bezieht. **175**

Professor Emil Fischer in Zürich: Möglicherweise Emil Fischer, doch dieser war in Deutschland tätig. Geb. 9.10.1852, Euskirchen (Rheinland, bei Bonn); gest. 15.7.1919, Berlin. Gilt als der Begründer der klassischen organischen Chemie und als einer der größten Chemiker des ausgehenden 19. Jahrhunderts. 1902 erhielt er den Nobelpreis für Chemie. Hermine meinte wohl ein chemisches Labor Fischers in Berlin. **176**

weibliche Insassen eines Jugendgefängnisses: Vermutlich das Jugendgefängnis Kaiser-Ebersdorf, der früheren, von Richard Seyss-Inquart geführten Erziehungsanstalt. (Siehe Kommentar zu diesem) **177**

Quantité négligeable: Geringfügige, unbedeutende Sache; Nebensache.

ernsten Buch von Wilhelm Busch: *Eduards Traum* von Wilhelm Busch. Ludwig Wittgenstein schätzte

Busch sehr, betrachtete ihn als eine Art Philosophen. In einem Brief vom 22.1.1950 an seinen Freund und Schüler Rush Rhees schreibt er über Busch u. a.: „He has the real philosophical urge". Im Manuskript 137 bezeichnet er die Zeichnungen von Busch als „metaphysisch" – „Gesehen, mit dem Ewigen als Hintergrund" (Vgl. VB, S. 143). Gerne zitierte Ludwig folgende Worte aus *Eduards Traum*: „[...] und, Spaß beiseit, meine Freunde, nur wer ein Herz hat, kann so recht fühlen und sagen, und zwar von Herzen, daß er nichts taugt. Das Weitere findet sich." (Zit. nach Wilhelm Busch: *Eduards Traum*. Zehnte Auflage. München: Verlag Friedrich Bassermann, 1922, S. 85f. Vgl. *Wittgenstein – Engelmann*, S. 121f.)

178   R a x g e b i e t : Die Rax ist ein Kalkgebirgsstock nordwestlich des Semmerings, ein Hochalpenplateau an der niederösterreichisch-steirischen Grenze. Schneeberg und Rax sind durch das Höllental voneinander getrennt.

181   S. F r e u d : Sigmund Freud (1856–1939): Margaret Stonborough interessierte sich schon früh für Freuds psychoanalytische Studien, doch stand sie ihm kritisch gegenüber. Ihre Beobachtungen von Traum und Unterbewusstsein konzentrierten sich auf deren biologische Funktion, die von zeitgenössischen und naturwissenschaftlichen Theorien und ihren eigenen physikalischen Studien beeinflusst waren (Vgl. Prokop, S. 11f.)
In der Zeit des Nationalsozialismus verhalf sie gemeinsam mit Prinzessin Marie Louise Bonaparte von Griechenland Freud zur Flucht nach England.

R i c h a r d S e y s s - I n q u a r t : Geb. 3.4.1883, Iglau, Mähren; gest. 11.6.1941, Wien. Justizbeamter, Seelsorger und Schriftsteller. Zunächst katholischer Priester, wegen seiner

Eheschließung Austritt aus dem Klerikerstand. 1921 als Adjunkt im Gefangenenhaus des Wiener Landesgerichts II und in Stein an der Donau. Ab 1923 Direktor des Jugendgerichtsgefangenenhauses in Wien III, mit 1. Jännner 1929 wurde Seyss-Inquart nach dem vom Nationalrat am 18. Juli 1828 beschlossenen Jugendgerichtsgesetz zum Leiter der Bundesanstalt für Erziehungsbedürftige in Kaiser-Ebersdorf bestellt. (Vgl. Herbert Exenberger: *Gefängnis statt Erziehung: Jugendgefängnis Kaiser-Ebersdorf 1940–1945.* www.doew.at). Hier versuchte Seyss-Inquart mit seinem Team durch ein breites Angebot pädagogischer und psychologischer Maßnahmen den Jugendlichen zu helfen, nach dem Grundsatz „Ihr sollt nicht strafen, bessern sollt ihr."
Nach dem „Anschluß" Österreichs an das nationalsozialistische Deutschland musste Seyss-Inquart jedoch den abrupten Abbruch seiner pädagogischen Bemühungen in Kaiser-Ebersdorf zur Kenntnis nehmen. Die einstige Erziehungsanstalt wurde zu einem Jugendgefängnis, in der Strafe statt Erziehung vorherrschte. Unter den Jugendlichen befanden sich zahlreiche, die Widerstandshandlungen gegen das nationalsozialistische Gewaltregime gesetzt hatten.
Richard Seyss-Inqart war ein Bruder des berüchtigten nationalsozialistischen Politikers Arthur Seyss-Inquart (1892–1946). Werke u. a.: *Sturmglocken! Kriegsballaden von Richard Seyss-Inquart.* Mönchengladbach: Sekretariat Sozialer Studentenarbeit, 1915.

182 m i t i h r e m M a n n : Jerome Hermann Stonborough: Dr. Jerome Stonborough: Geb. 7. 12. 1873, New York; gest. 15. 6. 1938, Gmunden. Dr. der Chemie. Sohn des in New York lebenden Industriellen Hermann Stonborough deutsch-jüdischer Herkunft und der Delia Bach. Der Name Stonborough ist eine Anglisierung des ursprünglichen Namens Steinberg. Zur Zeit des Kennenlernens war Jerome Stonborough bereits promovierter Geisteswissenschaftler und studierte in Wien bei dem Pathologen Professor Rudolf Maresch Medizin (vgl. Prokop, S. 42). Rudolf Maresch (1868–1936), 1931/32 Rektor der Universität Wien, war Trauzeuge bei der Hochzeit von Margarete Wittgenstein und Jerome Stonborough; bei ihm hatte sich das Paar kennengelernt. Die Hochzeit fand am 7. Jänner 1905 in der Wiener Innenstadt in der evangelischen Kirche in der Dorotheergasse statt. Obwohl die Trauung nach protestantischem Ritus vorgenommen wurde, blieb Margaret weiterhin katholisch. (Vgl. Prokop, S. 51)

Jerome interessierte sich auch für Ägyptologie und studierte in späteren Jahren bei dem Ägyptologen Hermann Junker. (Mitteilung von John Stonborough an die Herausgeberin). Offenbar setzte er sich auch für die Wiener Secession ein, da ihm als Einzigem von dieser eine kupferne Münze verehrt wurde. (Mitteilung von Pierre Stonborough)

Nach der Trennung von seiner Frau im Jahre 1923 lebte Jerome vorwiegend in Paris, wo ihn Margaret jedoch des öfteren besuchte. Er litt an Depressionen und beging im Juni 1938 in der Villa Toscana Selbstmord durch Erschießen.

i h r e n b e i d e n k l e i n e n S ö h n e n : Thomas bzw. Tom, geb. 1906 und John Jerome, geb. 1912.

184   H e r r W e n n a b e r : Vgl. Wilhelm Busch: *Eduards Traum*.

185   A m e r i k a n i s c h e s K i n d e r h i l f s w e r k : Das Amerikanische Kinderhilfswerk war der Anschlussauftrag der *American Relief Administration*.

Nach dem Ende des offiziellen Einsatzes der ARA durch den Friedensvertrag wurden noch im Juli und August laufende Projekte abgearbeitet. Angesichts der 10 bis 12 Millionen unterernährten Kinder schlossen sich die Leiter der ehemaligen Lebensmittelverwaltung Herbert Hoover an, und man gründete als privatrechtliche New Yorker Körperschaft den ARA European Children's Fund (Europäischer Kinderfonds), der mit einem Teil des alten Personals und der verbliebenen Ausrüstung nahtlos das Programm fortsetzte.

Hoover wurde Präsident des ECF, der unter dem gut eingeführten Namen ARA weiterarbeitete. Da die wirtschaftliche Erholung in Europa langsamer als erwartet erfolgte, benötigten geschätzte 2,5 Millionen Kinder, darunter 1 Million deutsche Kinder, Hilfe bis 1921; Österreich und Polen waren 1922 die beiden Länder, in denen die letzten mitteleuropäischen Hilfsaktionen endeten.

Cacao: Kakao

Hoover: Herbert Clark Hoover: Geb. 10.8.1874, West Branch (Iowa); gest. 20.10.1964, New York. 31. Präsident der USA (1929–1933). Republikanische Partei. Hoover war ursprünglich Bergbauingenieur, von 1915–1919 Leiter des Hilfswerks für Belgien, von 1917–1919 Organisator der amerikanischen Lebensmittelversorgung – der *United States Food Administration* Als Handelsminister förderte er die Expansion des amerikanischen Außenhandels. Hoover scheiterte mit seiner Politik an den Problemen der Weltwirtschaftskrise. In und nach dem Zweiten Weltkrieg war Hoover führend in karitativen Organisationen tätig.

Luzern: Stadt am Ausfluß der Reuß aus dem Vierwaldstätter See in der Schweiz. Luzern heißt auch ein Kanton in der Zentral- und Nordwestschweiz.

American Relief Association: Damit ist wohl die *American Relief Administration* gemeint, ein amerikanisches Hilfswerk für Europa und Russland nach dem Ersten Welt-

krieg nach der Revolution; der spätere Präsident Herbert Hoover war Direktor des Programms. Unmittelbarer Vorgänger der ARA war die *United States Food Administration*, der Präsident Hoover ebenso vorstand. Er und einige seiner Mitarbeiter hatten bereits Erfahrung durch die Führung des Hilfskomittees in Belgien, durch das sieben Millionen Belgier und zwei Millionen Nordfranzosesn während des Ersten Weltkriegs ernährt wurden.
ARA wurde durch den US Congress am 24.2.1919 mit einem Budget von 100 Millionen Dollar gebildet. Das Budget wurde durch private Schenkungen auf weitere 100 Millionen Dollar aufgestockt. In der darauffolgenden Nachkriegszeit verteilte ARA mehr als vier Millionen Tonnen von Hilfsgütern an 23 kriegsgeschädigte Länder. 1922 beendete ARA seine Tätigkeiten außerhalb Russlands, in Russland erst 1923.

186 D i e b e s t e F r e u n d i n v o n J a n e A d a m s : Vermutlich Mary Rozet Smith, mit der Jane Addams von 1890 bis zu Smith's Tod im Jahre 1933 eine Partnerschaft führte.

J a n e A d a m s : Richtig: Jane Laura Addams: Geb. 6.9.1860, Cedarville, Illinois; gest. 21.5.1935, Chicago. US-amerikanische Soziologin, Feministin und Journalistin der Friedensbewegung. Gründerin der „National Foundation of Settlements and Neighbourhood Centers". 1889 gründeten Addams und ihre Freundin Ellen Gates Starr das „Hull House" in den Slums von Chicago, eines der ersten sogenannten „Siedlungshäuser" der USA, und wurde somit bedeutendste Vertreterin der amerikanischen Settlement-Bewegung. Obwohl Jane Addams vor allem als selbstlose Helferin der Armen in Erinnerung ist, war sie auch eine treibende Kraft in der Arbeiterreform, die Gesetze bezüglich der Arbeitsbedingungen für Frauen und Kinder zu bewirken suchte. Außerdem war sie Mitbegründerin der

NAACP (National Association for the Advancement of Coloured People). Sie arbeitete in der Gemeinde von Chicago für die Frauenbewegung und wurde 1911 die erste Vize-Präsidentin der National American Suffrage Association. 1912 unterstützte sie den Wahlkampf für Theodore Roosevelt und damit die Progressive Partei. 1915 organisierte sie die „Women's Peace Party" und den „International Congress of Women". Später wurde sie beschuldigt, eine Anarchistin und Kommunistin zu sein. Jane Addams erhielt zahlreiche Auszeichnungen, 1931 den Friedensnobelpreis.

P e r c y   S t i c k n e y - G r a n t : Dr. Reverend Percy Stickney-Grant (1860–1927), geboren in Boston und ausgebildet an der Harvard University und an der Episcopal Theological School in Cambridge, war Pfarrer der *Church of the Ascension*, von 1893–1924 Rektor der Pfarrgemeinde der *Church of the Ascension* von New York City. Bekannt wurde er für seine Unterstützung des Sozialismus und für sein „Forum" der offenen Ansichten über Arbeits- und Lebensbedingungen. U.a. setzte er sich auch für die Aufnahme aller Immigranten ein, kam dann mit Bischof Manning über die Frage der Scheidung in Konflikt und trat schließlich von seinem Amt als Rektor zurück. Schriften u. a.: *Ad Matrem*, 1905; *The Search of Belisarius*, 1907; *Observations in Asia*, 1908; *Socialism and Christianity*, 1910; *The Return of Odysseus*, 1912; *Fair Play for the Worker*, 1918; *Essays and Poems*, 1922; *The Religion of Main Street*, 1923.

ö s t e r r e i c h i s c h e   V o l k s h y m n e : „Gott erhalte, Gott beschütze Unser'n Kaiser, unser Land! [...]" Weise: Joseph Haydn; Worte: Johann Gabriel Seidl. Diese Version wurde durch Allerhöchsten Handbillet Seiner K.K. Apostolischen Majestät vom 27. März 1854 zum authentischen Text erklärt. Frühere Fassungen waren „Gott! erhalte Franz den Kaiser"

(Volkshymne in der Textversion nach der englischen Hymne „God save the King". Weise: Joseph Haydn; Worte: Lorenz Leopold Haschka) und die spätere, verbreitetere Textversion „Gott erhalte Franz den Kaiser, Unsern guten Kaiser Franz, [...]" (Weise: Joseph Haydn; Worte Lorenz Leopold Haschka). Die Hymne „Segen Öst'reichs hohem Sohne, Unserm Kaiser Ferdinand! " entstand nach den Worten von Freiherr von Zedlitz.

Bei allem Wechsel der Hymnentexte lauteten die Volkshymnen stets auf eine Melodie von Joseph Haydn, das *Kaiserlied* (Hob XXVIa: 43), das Haydn in seinem Wohnhaus „Zu den sieben Schwaben" am heutigen Neuen Markt im 1. Wiener Gemeindebezirk auf Vorschlag von Franz Josef Graf Sarau in der Zeit zwischen Oktober 1796 und Januar 1797 auf den Text der Haschka-Hymne komponiert hatte. Es handelt sich um dieselbe Melodie, zu welcher heute die deutsche Nationalhymne *Das Lied der Deutschen* gesungen wird, wofür August Heinrich Hoffmann von Fallersleben im Jahre 1841 den Text geschrieben hat. Es handelt sich dabei um einen großdeutschen Gegenentwurf zur Volkshymne, der sich auch gegen das Haus Habsburg richtet.

187 A b r a h a m L i n c o l n : Geb. 12. 2. 1809, bei Hodgenville, Kentucky; gest. (ermordet) 15. 4. 1865, Washington, D.C. Von 1861 bis 1865 Präsident der USA, als der erste aus den Reihen der Republikaner.

S c h l a c h t i m S ü d e n : Der amerikanische Bürgerkrieg, der am 12. 4. 1861 begann, führte am 21. 6. 1861 zu der blutigen Schlacht bei „Bull Run", die dem Süden einen grandiosen Erfolg über den Norden brachte. Im Laufe des amerikanischen Bürgerkriegs kam es noch zu weiteren Schlachten (insgesamt 26), u. a. zu einer zweiten Schlacht bei „Bull Run" (29. 8.–30. 8. 1862) und zu einer Schlacht bei Atlanta (2. 9. 1864).

Die blutigste Schlacht, in der über 43.000 Tote zu beklagen waren, fand vom 1.7. bis zum 3.7.1863 bei Gettysburg in Pennsylvania statt. Die verheerenden Auswirkungen der Schlacht waren noch vier Monate später sichtbar, als der Nationale Soldatenfriedhof auf dem Cemetery Hill eingeweiht wurde. Zu diesem Anlass hielt Präsident Lincoln die berühmte *Gettysburg Address* („Regierung des Volkes durch das Volk für das Volk"), in der er die Nation aufrief, an eine gemeinsame Zukunft der Kriegsparteien zu glauben, damit kein Soldat umsonst gefallen sei. Ebenso sprach er davon, „die Wunden zu heilen", wie Hermine erwähnt.

K a r d i n a l   M u n d e l i n e : George William Kardinal Mundelein: Geb. 2.7.1872, Manhattan, New York City; gest. 2.10.1939, Mundelein, Illinois. Nach dem Studium an der La Salle Akademie und am Manhattan College trat Mundelein in das St. Vincent Seminar in Latrobe, Pennsylvania ein und studierte an der Päpstlichen Universität Urbaniana in Rom, wo er am 8.6.1895 zum Priester geweiht wurde. Nach seiner Rückkehr in die USA arbeitete er in der Diozöse Brooklyn und diente Bischof McDonnel bis 1897 als Sekretär. Am 30.6.1909 wurde er von Papst Pius X. zum Titularbischof von Loryma und zum Weihbischof in Brooklyn ernannt. Am 9.12.1915 erfolgte die Ernennung zum Erzbischof von Chicago, am 30.11.1915 der Amtsantritt. Im Konsistorium von 1924 kreierte ihn Papst Pius XI. zum Kardinal, mit der Titelkirche *Santa Maria del Popolo* in Rom. Mundelein war der erste Kardinal westlich der Allegheny Montains. Er nahm an der Papstwahl im Jahre 1939 in Rom teil und starb im gleichen Jahr im Alter von 67 Jahren.

Mundelein galt als moderater Theologe und war mit Präsident Franklin D. Roosevelt befreundet. Er setzte sich für soziale Fragen ein, unterstützte den New Deal sowie den Missionar Edwad Galvin bei seiner Mission und Sozialarbeit in China. In seiner Pastoralarbeit versuchte er, verschiedene ethnische Gruppen in gemeinsame Kirchengemeinden zusammenzuführen. In seiner bekannt gewordenen *Paper Hanger Rede* kritisierte er Adolf Hitler und dessen Gefolgsleute. 1921 erwarb Mundelein die Sheldon's School in Illinois, die er zu einem Seminar ausbauen ließ; dort wurde auch ein Frauen-College gegründet, das 1991 ein Teil der Loyola-Universität wurde. Der Ort dieser Schule ist seit 1924 nach dem Gründer Mundelein benannt.

188 Akademie der Wissenschaften in Wien: Österreichische Akademie der Wissenschaften: Selbständige Körperschaft, großteils vom Bund, aber auch durch Stiftungen und Subventionen finanziert, gilt als ranghöchste Repräsentanz der Wissenschaftskontinuität und als führende Forschungsinstitution in Österreich. Die zahlreichen Anregungen zur Errichtung einer Akademie der Wissenschaften in Wien wurden lange Zeit von den jeweiligen Herrschern hauptsächlich aus Rücksicht auf den Staatshaushalt nicht verwirklicht, erst eine Bittschrift von zwölf namhaften österreichischen Gelehrten im Jahr 1837 führte unter Mitwirkung Metternichs zum Gründungspatent vom 14. 5. 1847. Die „Kaiserliche Akademie der Wissenschaften in Wien" verstand sich als Gelehrtengesellschaft und Hort wissenschaftlicher Freiheit. Auch in der Republik wurde die Akademie der Wissenschaften durch das Bundesgesetz 1921 als „Akademie der Wissenschaften in Wien", 1947 als „Österreichische Akademie der Wissenschaften" rechtlich und finanziell abgesichert und ihre Aufgabe bestätigt, die Wissenschaft „in jeder Hinsicht zu fördern". Von Anfang an übte die Akademie eine rege Gründer- und Förderungstätigkeit auf allen Gebieten der Wissenschaft aus.

Wie Hermine schreibt, wurde die Akademie der Wissenschaften von der Familie Wittgenstein über Jahrzehnte hinweg maßgeblich unterstützt – u. a. von Karl Kupelwieser, dem Mann von Bertha Kupelwieser geb. Wittgenstein, dem die Akademie die Gründung des 1910 eingerichteten Instituts für Radiumforschung zu verdanken hatte. Die gesamten 1920er Jahre hindurch untertützten Margaret und Jerome Stonborough maßgeblich die Akademie und retteten diese sozusagen vor dem finanziellen Ruin. Nach dem Freitod Jeromes Stonborough schrieb der damalige Präsident der Akademie, Heinrich von Srbik, am 21. Juni 1938 an Margaret: „Die Akademie gedenkt hiebei dankbarst der grossen Förderung, die Herr Dr. Jerome Stonborough in einer Zeit, in der die allgemeine Staatsnot die Akademie fast zum Aufgeben ihrer Publikationstätigkeit zwang, durch seine namhaften Geldzuwendungen der Akademie hat zuteil werden lassen, sodass es der philosophisch-historischen Klasse erst durch diese Zuwendungen von Ihnen und Ihrem Herrn Gemahl möglich wurde, die Sitzungsberichte überhaupt weiter erscheinen zu lassen. Die Akademie der Wissenschaften und speziell die philosophisch-historische Klasse werden daher dem verehrten Abgeschiedenen stets ein dankbares und ehrendes Andenken bewahren." (Vgl. den Artikel „Mäzene in schweren Zeiten. Die Eheleute Jerôme und Margaret Stonborough". Aus dem Archiv der Österreichischen Akademie der Wissenschaften)

W e t t s t e i n : Richard Wettstein, Ritter von Westersheim: Geb. 30. 6. 1863, Wien; gest. 10. 8. 1931, Trins, Tirol. Österreichischer Botaniker. Wettstein studierte ab 1881 Naturwissenschaften und Medizin in Wien, wo er 1884 zum Dr. phil. promovierte. 1886 wurde er Dozent für Botanik und ab 1892 ordentlicher Professor für Botanik und Direktor des Botanischen Gartens und Instituts der Universität Prag. 1899 Ruf nach Wien für Systematische Botanik der Universität Wien, wo er als Direktor auch dem erneuerten Botanischen Garten und dem Institut für Botanik vorstand. 1901 Forschungsreisen als Teilnehmer einer botanischen Expedition der Wiener Akademie der Wissenschaften nach Brasilien und 1929/30 mit seinem Sohn Fritz (1895–1945, Botaniker) nach Süd-und Osteuropa. Ab 1910 Mitglied der Akademie der Wissenschaften und 1919 deren Vizepräsident, 1913/14 Rektor der Universität Wien. Wettstein arbeitete vor allem als Pflanzensystematiker; er begründete die Pflanzensystematik nach Wettstein und stellte die Pseudanthien-Theorie auf. Er war einer der bedeutendsten akademischen Lehrer seines Fachs und einer der wichtigsten Vertreter der phylogenetischen Forschungsrichtung der Pflanzensystematik. Veröffentlichte u. a. das *Handbuch der systematischen Botanik* (2 Bde, 1901–1908). 3. Auflage 1924, 4. Auflage 1933–1935 (von seinem Sohn Fritz von Wettstein herausgegeben). Weitere Werke: *Grundzüge der geographisch-morphologischen Methode der Pflanzensystematik*, 1898; *Botanik und Zoologie in Österreich 1850–1900*, 1901.

Nach dem Ersten Weltkrieg gehörte Wettstein der 1919 gegründeteten österreichisch-deutschen Arbeitsgemeinschaft an, deren Mitglieder sich für einen „Anschluß" Österreichs an das Deutsche Reich einsetzten.

R e d l i c h : Oswald Redlich: Geb. 17. 9. 1858, Innsbruck; gest. 20. 1. 1944, Wien. Österreichischer Historiker und Archivar. Studierte Geschichte und Geographie in Innsbruck und in Wien. Zu seinen Hochschullehrern zählten Julius von Ficker und Theodor von Sickel. Nach seiner Tätigkeit als Archivar in Innsbruck, kehrte er nach Wien zurück, wo er von 1893 bis 1934 als Professor wirkte. Von 1919–1938 leitete er als Präsident die Österreichische Akademie der Wissenschaften. Aufgrund seiner 1903 erschienenen Monographie über Rudolf von Habsburg – *Rudolf von Habsburg. Das Deutsche Reich nach dem Untergange des alten Kaisertums* wurde Red-

lich als der führende österreichische Historiker seiner Zeit angesehen. In diesem Werk verband er Fragestellungen der sogenannten „klassischen" Politikgeschichte mit denen der Verfassungs-, Rechts- und Kulturgeschichte. Außerdem verfasste er eine zweibändige *Urkundenlehre* sowie eine *Geschichte Österreichs* (Bd. 6 u. 7, 1921–38).
Zu Redlichs Schülern zählte u. a. der Schriftsteller Heimito von Doderer (1896–1966)

J u n k e r : Hermann Junker: Geb. 29. 11. 1877, Bendorf/Rhein; gest. 9. 1. 1962, Wien. Deutscher Ägyptologe. Durch seine wissenschaftlichen Grabungen in El-Kubanieh (Nubien) wurde er 1912 zum Ordinarius für Ägyptologie an der Universität Wien ernannt. Im selben Jahr wirkte er bei Arbeiten am Westfriedhof der Cheops-Pyramide von Gizeh mit. 1923 war er maßgeblich an der Gründung des Instituts für Ägyptologie und Afrikanistik an der Universität Wien beteiligt und wurde zu dessen erstem Direktor gewählt. 1929 übernahm er die Leitung der Abteilung Kairo des Deutschen Archäologischen Instituts und hatte auch einen Lehrauftrag als Professor für Ägyptologie an der Universität Kairo. Junkers zwölfbändiges Werk über die Ergebnisse seiner Grabungen in Ägypten stellt einen der wichtigsten Beiträge zur Geschichte Ägyptens in der Zeit des Alten Reiches dar.

R a d e r m a c h e r : Martin Ludwig Radermacher: Geb. 7. 10. 1867, Siegburg; gest. 28. 6. 1952, Wien. Altphilologe und Archivar. Studium der Altphilologie in Bonn bei Hermann Usener. 1897 Habilitation. 1903 Ruf in das Greifswalder Extraordinariat. 1906 ging Radermeister nach Münster, 1909 folgte er dem Ruf an die Wiener Universität als Lehrstuhlnachfolger von Theodor Gomperz und lehrte dort bis zu seiner Emeritierung im Jahre 1937. Radermacher war Lehrer u. a. von Ludwig Bieler und machte sich einen Namen als Erforscher antiker Rhetorik, Metrik, Mythik und Folklore, aber auch in der Beobachtung einfacher literarischer Formen. Es war ihm ein Anliegen, „die Dinge in dem Zusammenhang, in dem sie auftreten, zu verstehen."

189 i n e i n e m S p i t a l : Hermine betätigte sich während des Ersten Weltkriegs in der chirurgischen Ambulanz der k.k. Krankenanstalt Rudolf-Stiftung in Wien. Wie aus mehreren Briefen an ihren Bruder Ludwig hervorgeht, erfüllte sie diese Aufgabe nicht, da sie sehr wenig zu tun hatte, sogar Zeit zum Malen fand. (Vgl. Hermines Brief an Ludwig vom 16. 4. 1916 in *Familienbriefe*, S. 28. Vgl. auch ihre Briefe vom 3. 11. 1915 und vom 1. 3. 1917 in ebenda, S. 25 und S. 32f.) Hermine blieb in der Krankenanstalt bis zum Frühjahr 1919.

F r a n z   H o h e n b e r g e r : Geb. 14. 8. 1867, Wien; gest. 17. 12. 1941, Wien. Maler. Nach Studien an der Wiener Akademie von 1891–93 war er in Paris tätig. Später begleitete er Forschungsreisende nach Indien, China und Japan. 1898 Mitglied der Wiener Secession, von 1906–1908 deren Präsident. Im Ersten Weltkrieg war er als Kriegsmaler in Polen tätig. Werke: Fassade des Annahofs in Wien I; Theatervorhang in Wiesbaden, 1894; Hochaltarbild der Brigittakirche in Wien 20; Schauspielerporträts für das Theater Berndorf; Raimundzyklus im Schloß Kogl im Attergau, 1913; Bilder in der Österreichischen Galerie Belvedere, im Heeresgeschichtlichen Museum und im Historischen Museum der Stadt Wien; Zeichnungen in der Albertina.

190 C a l i g a r i : „Das Cabinet des Dr. Caligari" ist ein deutscher Spielfilm von Robert Wiene aus dem Jahr 1920. Der expressionistische Stummfilm erzählt die Geschichte des Dr. Caligari, der auf dem Jahrmarkt ein somnambules Medium namens Cesare aufstellt und hellsehen läßt. Zwei Freunde besuchen die Vorstellung und einer der beiden wird in der darauffolgenden Nacht ermordet, nachdem ihm Cesare zuvor den Tod prophezeit hatte. Caligari stellt sich als Wahnsinniger heraus, der Cesare als Mordinstrument benutzt. Am Ende des Films wird allerdings gezeigt, daß die ganze Handlung nur die Wahnvorstellung eines Insassen einer Irrenanstalt war, Caligari der Direktor dieser Anstalt, der nun allerdings weiß, wie der Wahnsinnige zu heilen wäre. Der Film hatte am 27. Februar 1920 Premiere und wurde als einer der Meilensteine der Filmgeschichte berühmt. Im zeitgenössischen Kontext stellt die Figur des Caligari eine unverhohlene Kritik an Obrigkeit und Kultur des im Ersten Weltkrieg unterlegenen deutschen Kaiserreichs dar. Für den durch „Das Cabinet des Dr. Caligari" geprägten filmischen Stil wird auch der Begriff „Caligarismus" verwendet. Der Film wurde 1933 in Deutschland verboten und 1937 zum Bestandteil der Ausstellung „Entartete Kunst" gemacht.

B a r o n i n L e i t n e r : Baronin Louise Marie von Leithner geb. Philipp (1867–1952). Baronin Leithner war die Witwe von Generalfeldzugmeister Ernst von Leithner und laut Bericht von Elsa Björkmann-Goldschmidt „persönlich anspruchslos" und von unglaublichem Arbeitsvermögen. Ihr Impuls war „Arbeitshunger"; „Für mich ist Arbeit wie eine Droge" gestand sie einmal. Weiterer Antrieb für ihren Einsatz bei Kriegerwaisen und Kinder war ihre große Kinderliebe. (Vgl. „Es geschah in Wien: Erinnerungen von Elsa Björkmann-Goldschmidt." (https://www.google.de/search, 28.1.2014). Vgl. auch: Louise Leithner: *Tagesheimstätten für Kriegerwaisen und Kinder*: Freiwilliger Fürsorgeverein; Sektion Österr. Nächstenhilfe, Sektion: Erste Wiener Mütterschule; 1916–1936.

F r ä u l e i n   M i l d n e r : Nähere Daten nicht ermittelt.

191 H e l e n e   L e c h e r : Helene Lecher, geborene von Rosthorn: Geb. 8. 9. 1865, Wien; gest. 2. 10. 1929, Wien. Gattin des Physikers Ernst Lecher (Geb. 1. 6. 1865, Wien; gest. 19. 7. 1926, Wien). Tochter von Josef von Rosthorn und Schwester des Arztes Alfons von Rosthorn (1857–1909, ein Schüler des berühmten Chirurgen Theodor Billroth) und des Sinologen und Diplomaten Arthur von Rosthorn. Helene Lecher stammte aus der Industriellenfamilie von Rosthorn, die 1830 in Frantschach in Kärnten das erste und 1833–35 in Prävali in Slowenien das bedeutendste Puddel- und Walzwerk Kärntens errichtet hatte, das die ersten Schienen für die Kaiser-Ferdinand-Nordbahn lieferte. Während des Ersten Weltkriegs leitete Helene Lecher aufgrund ihrer verwandtschaftlichen Beziehungen zu den USA die Küche des Heeresspitals des Amerikanischen Roten Kreuzes in Wien-Meidling und richtete danach in dem vom Physiologen Arnold Durig geführten Barackenspital in Wien-Grinzing (XIX. Bezirk, Grinzinger Allee 7) eine eigene Diätküche für 6000 Kranke ein. Nach Auflösung des Reservelazaretts 1919 führte sie zwei Baracken als Tagesheim und Verpflegungsstation für 200 gesundheitsgefährdete Kinder aus privaten Mitteln, die ihr aus dem In- und Ausland zuflossen, unter Mithilfe von Hermine Wittgenstein weiter. (Vgl. Janik/Veigl, *Wittgenstein in Wien*, S. 35). Über diese Institution erfolgte dann ein Großteil der Verteilung der amerikanischen Spenden. Desweiteren kam auch die Wittgenstein-Stiftung des „Vereins gegen Verarmung" in den Genuß der amerikanischen Hilfe. Hermine, die Vorstandsmitglied des Vereins war, arbeitete im Rahmen ihrer Tätigkeit immer wieder eng mit Helene Lecher zusammen. (Prokop, S. 131f.) 1922 organisierte Helene Lecher die Verteilung von Spenden in Zusammenarbeit mit dem „American Convalescence Home for

Vienna's Children" für Professoren- und Künstlerkinder im Belvedere. (Janik/Veigl, S. 35).
Bei seinen Lehrausflügen nach Wien hat Wittgenstein seine Schüler mehrmals in diesem Heim untergebracht. Dies ist durch vier Briefe Helene Lechers an Ludwig Wittgenstein aus den Jahren 1921/22 belegt. (Originale im Brenner-Archiv).

G r i n z i n g : Stadtteil von Wien, im 19. Bezirk. **192**

F r a u   L o t t e   F u r r e g : Vermutlich Lotte Furreg: Geb. **198**
17. 7. 1873, Petersdorf (Mähren); gest. 21. 10. 1961, Wien. Hausfrau. Mitglied der Reichsparteileitung der GdP, Erste Vorsitzende im Hauptausschuss des Verbandes Deutsche Frauen „Volksgemeinschaft" 1924.
Vom 23. 4. 1923–20. 11. 1923 war Lotte Furreg Abgeordnete zum Nationalrat (1. GP), GdP; vom 27. 8. 1920–9. 11. 1920 Mitglied der Konstituierenden Nationalversammlung, GdP.

V o m   H i m m e l   h o c h   d a   k o m m   i c h   h e r : Weih- **200**
nachtslied von Martin Luther und eines seiner bekanntesten Liedschöpfungen. Luther schuf zu allen christlichen Festen Lieder, insgesamt über dreißig. Das Lied „Vom Himmel hoch, da komm ich her" dichtete er angeblich 1535 für die Weihnachtsbescherung seiner Kinder. Es besteht aus 15 Strophen, zu denen Luther später noch selbst die Choralmelodie dazu komponierte, die 1539 erstmals gedruckt wurde. 1555 wurde der Text noch um eine weitere, vorangestellte Strophe von Valentin Triller, Pfarrer von Panthenau, ergänzt. Johann Sebastian Bach verwendete die Melodie für drei Choräle in seinem Weihnachts-Oratorium: „Ach, mein herzliebes Jesulein", „Schaut hin, dort liegt im finstern Stall", „Wir singen dir in deinem Heer". Diese Choralmelodie war auch Grundlage für eine weitere Komposition Bachs: „Einige canonische

Veränderungnen über das Weihnachtslied: Vom Himmel hoch da komm' ich her". Dieses 1748 im Druck herausgegebene Werk ist ein typischer Vertreter des kontrapunktischen Spätstils Johann Sebastian Bachs.

203 Kernstock'schen Text: Der Text von Ottokar Kernstock für die „Hymne des Österreichischen Ständestaates" lautet: „Sei gesegnet ohne Ende, / Heimaterde wunderhold! / Freundlich schmücken dein Gelände / Tannengrün und Ährengold. / Deutsche Arbeit ernst und redlich, / Deutsche Liebe zart und weich – / Vaterland, wie bist du herrlich, / Gott mit dir, mein Österreich! // Keine Willkür, keine Knechte, / Off'ne Bahn für jede Kraft! / Gleiche Pflichten, gleiche Rechte, / Frei die Kunst und Wissenschaft! / Starken Mutes, festen Blickes, / Trotzend jedem Schicksalsstreich / Steig empor den Pfad des Glückes, / Gott mit dir, mein Österreich! // Laßt, durch keinen Zwist geschieden, / Uns nach einem Ziele schau'n, / Laßt in Eintracht und in Frieden / Uns am Heil der Zukunft bau'n! / Uns'res Volkes starke Jugend / Werde ihren Ahnen gleich, / Sei gesegnet, Heimaterde, / Gott mit dir, mein Österreich!"

Kernstock: Otto (Ordensname: Ottokar) Kernstock: Geb. 25.7.1848; Marburg an der Drau (Untersteiermark); gest. 5.11.1928, Schloss Festenburg (Gemeinde St. Lorenzen am Wechsel, Oststeiermark). Deutschnationaler Dichter, Priester und Augustiner-Chorherr. Nach dem Studium der Rechtswissenschaften trat er 1867 in das Chorherrenstift Vorau ein und wurde 1871 zum römisch-katholischen Priester geweiht. Zunächst wirkte er als Archivar und Bibliothekar des Stiftes, dann als Kaplan. Von 1889 bis zu seinem Lebensende war er Pfarrer von Festenburg in der Oststeiermark. 1920 schuf er den Text der österreichischen Bundeshymne von 1930 bis 1938 (zur Melodie von *Gott erhalte, Gott be-*

schütze, Hymne bis 1918, und von *Deutschland, Deutschland über alles*). Ursprünglich als Deutschösterreichische Volkshymne betitelt und Teil des Gedichtbands *Der redende Born* (1922), wurde *Sei gesegnet ohne Ende* per Ministerialratsbeschluss der konservativen Bundesregierung am 13. Dezember 1929 zur Bundeshymne erklärt.

Kernstock schrieb auch Kriegslyrik und 1923 verfasste er das „Hakenkreuzlied" für die Fürstenfelder Ortsgruppe der Deutschen Nationalsozialistischen Arbeiterpartei. Nach dem „Anschluß" wurde das Lied von den Nationalsozialisten zur Propaganda verwendet.

In Karl Kraus' Drama *Die letzten Tage der Menschheit* erscheint Kernstock als chauvinistisch-blutrünstiger Lyriker.

M i n a   K u b a t : Wilhelmine Kubat war ab 1929 neun Jahre in Hermines Tagesheimstätte beschäftigt. In einem Bericht über diese Zeit beschreibt sie den täglichen Ablauf, den „Geist" der Tagesheimstätte und berichtet über Hermines Erfolge in der Erziehung zu „gemeinsamer Arbeit" als auch von den schulischen Fortschritten der Knaben. Außerdem schreibt sie von Hermines außerordentlicher Musikalität, wodurch diese beim regelmäßigen Singen der Kinder „schöne Erfolge" erzielte. (Vgl. Wilhemine Kubat: „Erinnerungen an Meidling", vom 29. 8. 1941. ÖNB, Handschriftenabteilung, Ser.-Nr. 37581.)

S c h u s c h n i g g : Kurt (von) Schuschnigg. Geb. 14. 12. 1897, Riva del Garda, damals Österreich-Ungarn; gest. 18. 11. 1977, Mutters (Tirol). Österreichischer Politiker, Rechtsanwalt. Von 1927–33 als Mitglied der Christlichsozialen Partei (CP) im Nationalrat. Von 1932–34 Justiz- und Unterrichtsminister, nach der Ermordung des Bundeskanzlers Engelbert Dollfuß (25. 7. 1934) ab 30.7. dessen Nachfolger. Von 1934–36 leitete Schuschnigg auch das Unterrichtsministerium, von

1934–38 das Außenministerium. Im Kampf gegen Sozialdemokraten und Nationalsozialisten suchte er die ständisch-autoritäre „Maiverfassung" zu behaupten. In der Fortsetzung der Politik von Dollfuss bemühte er sich, in der Pflege guter Beziehungen zum faschistischen Italien die Unabhängigkeit seines Landes gegenüber dem nationalsozialistischen Deutschland zu stärken. Unter dem Eindruck der Annäherung Italiens an Deutschland suchte Schuschnigg durch das österreichisch-deutsche Abkommen vom 11.7.1936 den Gegensatz zum Deutschen Reich zu überbrücken. In der Folgezeit übernahm er unter wachsendem deutschem Druck widerstrebend die von seinem Staatssekretär Guido Schmidt formulierte Politik des „Deutschen Weges". Am 12.2.1938 schloß Schuschnigg in Berchtesgaden mit Hitler ein Abkommen, das ihn zur Aufgabe einer eigenständigen Politik zwang. Die von ihm kurzfristig angeordnete Volksabstimmung über die österreichische Unabhängigkeit nahm Hitler zum Anlaß, mit dem Einmarsch deutscher Truppen den „Anschluß" Österreichs auf dem Wege der Annexion gewaltsam zu vollziehen. Am 11.3.1938 sah sich Schuschnigg zum Rücktritt gezwungen. Bis Kriegsende war Schuschnigg in Haft, zuletzt im KZ. 1945 ging er in die USA und wurde 1948 Professor in Saint Louis (Missouri). Ab März 1967 lebte er in Mutters.

S a l z b e r g : Auch Obersalzberg. Name einer ehemaligen Gemeinde im Berchtesgadener Tal (heute Berchtesgaden) sowie auch der Name des Berges, an dem diese Gemeinde liegt. Namensgebend sind die Salzvorkommen, die im Salzbergwerk Berchtesgaden ausgebeutet werden. Ab dem 19. Jahrhundert wurde der Obersalzberg touristisch genutzt. Ab 1923 war der Salzberg Feriendomizil Adolf Hitlers und wurde 1933 zum Führer-Sperrgebiet ausgebaut. Am Fuße des Berges wurde in der Stannggass ein zweiter Regierungssitz (Kleine Reichskanzlei neben der in Berlin) errichtet, der während der Anwesenheit Hitlers am Obersalzberg genutzt wurde. Nach der Machtübernahme durch die Nationalsozialisten in Deutschland erfuhr der Obersalzberg die größten baulichen Veränderungen seiner Geschichte. Anfangs noch ein schlichtes Haus im Stil einer Sommerfrische, entwickelte sich der Berghof bis 1945 zu einem repräsentativen Wohnsitz. Um den Berghof gruppierten sich die Häuser der NS-Politiker Martin Bormann, Hermann Göring und Albert Speer sowie Gästehaus, SS-Kaserne, Gutshaus mit Gewächshaus und unterirdische Bunker. Adolf Hitler verbrachte oft mehrere Monate im Jahr auf dem Obersalzberg, um von Berchtesgaden aus wichtige Regierungsgeschäfte zu führen. So empfing er als Reichskanzler auch Staatsgäste auf dem Berghof, wie zum Beispiel den britischen Premierminister David Lloyd George, den spanischen Botschafter Marquez de Magaz, den britischen Premierminister Arthur Neville Chamberlain, den französischen Botschafter André François-Poncet u.v.a.

Das wichtigste Treffen auf dem Obersalzberg war jedoch am 12. Februar 1938 mit dem österreichischen Bundeskanzler Kurt Schuschnigg, dem unter Drohung eines Einmarsches mehrere Forderungen gestellt wurden. Für Hitler war das damit erzielte Berchtesgadener Abkommen der erste wichtige Schritt zum „Anschluß" Österreichs einen Monat später.

Bilderbücher von Meggendorfer: Lothar Meggendorfer (geb. 6.11.1874, München; gest. 7.7.1925, München) war ein deutscher Künstler, Kinderbuchautor, Maler, Zeichner und Illustrator. Nach dem Kunststudium an der königlichen Akademie München lieferte Meggendorfer ab 1866 erste Beiträge für die *Fliegenden Blätter* und ab 1868 für die *Münchener Bilderbogen*. 1889 erschien die Zeitschrift

Aus Lothar Meggendorfer's lustiger Bildermappe, die ab 1890 als *Humoristische Monatshefte* und von 1897 bis 1925 als *Meggendorfer-Blätter* fortgeführt wurde. Daneben entstanden ca. 150 Bücher, die sehr erfolgreich im deutschsprachigen Raum und zum großen Teil auch in Übersetzungen in England und in Amerika waren.

Seine heutige Popularität verdankt Meggendorfer vor allem seinen Spielbilderbüchern – d.h. Büchern mit beweglichen Bildern. Anfangs gedacht als Weihnachtsgabe für seine Kinder, entstand 1878 das Buch *Lebende Bilder*, dem weitere 28 Ziehbilderbücher, vier Verwandlungsbücher und acht Klappbilderbücher folgten. Bei diesen Büchern können durch bewegliche Teile verschiedene Darstellungen erzeugt werden. Neben der Illustration zeichnen sich diese Bücher auch durch eine ausgeklügelte Papiermechanik aus, die noch heute als Vorbild gilt. Die Gestaltung beweglicher Bücher, die in den angelsächsichen Ländern als *movable books* und *pop-up's* bezeichnet werden, ist in der deutschsprachigen Ära vornehmlich mit Meggendorfers Namen verbunden.

207 d a s   L i e d   d e s   E v a n g e l i m a n n e s : Vgl. „Der Evangelimann". Volkstümliche Oper von Wilhelm Kienzl. 1894 uraufgeführt.

VII.

209 N ü r n b e r g e r   G e s e t z e : Sammelbezeichnung für das „Reichsbürgergesetz" und das „Gesetz zum Schutze des deutschen Blutes und der deutschen Ehre", auf Anordnung von Adolf Hitler kurzfristig ausgearbeitet und vom Reichstag anläßlich des Nürnberger Parteitags der NSDAP am 15. 9. 1935 einstimmig verabschiedet. Danach sollten die „vollen politischen Rechte" zukünftig nur den Inhabern des

„Reichsbürgerrechts" zustehen, das neben die „Reichs- und Staatsangehörigkeit" treten und nur an „Staatsangehörige deutschen oder artverwandten Blutes" verliehen werden sollte. Das „Blutschutzgesetz" verbot bei Gefängnis- oder Zuchthausstrafe u. a. die Eheschließung zwischen Juden und „Staatsangehörigen deutschen oder artverwandten Blutes". Die Nürnberger Gesetze leiteten die systematische Verwirklichung des antisemitischen Programms der NSDAP von 1920 und von Hitlers „Mein Kampf" ein und schufen für die bereits 1933 begonnenen Verfolgungsmaßnahmen eine juristische Absicherung. Sie gelten als Inbegriff der Pervertierung des Rechtsstaatsgedankens durch den Nationalsozialismus.

S c h w a g e r   S a l z e r : Vgl. Kommentar zu „Lenka" bzw. Helene Salzer-Wittgenstein. **210**

„ U m b r u c h " : Die „Annexion" bzw. der „Anschluß" Österreichs an Hitler-Deutschland am 13. März 1938. **211**
Vom 9. zum 10. November 1938 kam es in Deutschland zur Reichspogromnacht, damals zynisch „Reichskristallnacht" genannt. Synagogen und jüdische Bethäuser wurden niedergebrannt oder verwüstet, jüdische Geschäfte, Häuser und Wohnungen zerstört und geplündert. Für Juden setzte nach dem November 1938 eine neue Phase der Verfolgung ein: Sie wurden durch spezielle Ausweise gekennzeichnet, aus ihren Wohnungen vertrieben und in sogenannte „Judenhäuser" zwangseingewiesen. Sie wurden enteignet und zur Zwangsarbeit eingezogen, sie mussten den „Judenstern" tragen, wurden im Sammellager Müngersdorf inhaftiert. Das Pogrom vom November 1938 war eine endgültige Absage des nationalsozialistischen Regimes an Humanismus und Humanität, von der letztlich jeder einzelne, unabhängig von seiner Konfession, betroffen war.

213 Sohn meiner Schwester: Thomas Humphrey Stonborough: Geb. 9.1.1906, Berlin; gest. 14.2.1986, Wien. Ältester Sohn von Margaret und Jerome Stonborough. Studierte Psychologie bei Charlotte Bühler und war stiller Teilhaber der Bank Shields & Co. in der Wall Street in New York und eine Zeitlang Assistent an der Columbia University. Aus erster Ehe mit Helen Engelhardt stammt der Sohn Pierre (geb. 2.11.1932, Wien): Zwei Töchter (Lydia, Maria-Giulia) aus erster Ehe mit Giovanna Spezzotti; ein Sohn (William) aus zweiter Ehe mit Françoise Blaser.

214 Reichsfluchtsteuer: Die Reichsfluchtsteuer wurde am 8. Dezember 1931 mit der „Vierten (Not-) Verordnung des Reichspräsidenten zur Sicherung von Wirtschaft und Finanzen und zum Schutze des „inneren Friedens" (RGBl., 1931 I, S. 699–745) eingeführt, um Kapitalflucht einzudämmen. Die Reichsfluchtsteuer wurde bei Aufgabe des inländischen Wohnsitzes fällig, sofern das Vermögen 200.000 Reichsmark (RM) überstieg oder das Jahreseinkommen mehr als 20.000 RM betrug. In der Zeit des Nationalsozialismus wurde die Reichsfluchtsteuer erheblich verschärft. Sie diente nicht mehr vorrangig dem ursprünglichen Zweck, vermögende Reichsbürger von einer Übersiedlung ins Ausland abzuhalten. Im Gegenteil, die Auswanderung jüdischer Bürger – sogar nach Kriegsbeginn 1939 – war durchaus erwünscht und wurde durch die Judenverfolgung forciert. Erst durch einen Erlass Heinrich Himmlers am 23. Oktober 1941 war die Auswanderung untersagt. Die Reichsfluchtsteuer wurde nach 1933 zum Zwecke der Ausplünderung der Juden instrumentalisiert und bekam damit die „Funktion einer Teilenteignung" der jüdischen Auswanderer, die sich durch den Verfolgungsdruck zur Flucht aus ihrem Heimatland entschlossen hatten. (Gaby Zürn:

Forcierte Auswanderung und Enteignung 1933 bis 1941 – Beispiele Hamburger Juden. In: Arno Herzig (Hrsg.): *Die Juden in Hamburg von 1590–1990. Band 2: Wissenschaftliche Beiträge der Universität Hamburg zur Ausstellung Vierhundert Jahre Juden in Hamburg*. Dölling und Galitz, Hamburg 1991, S. 489).

C h a m b e r l a i n : Arthur Neville Chamberlain: Geb. 18. 3. 1869, Edgbaston (heute zu Birmingham gehörend); gest. 9. 11. 1940, Heckfield (bei Reading). Britischer Politiker. Schloss sich den Konservativen an und gehörte ab 1918 dem Unterhaus an. Von 1937 bis 1940 war er Premierminister des Vereinigten Königreichs. In den weltpolitischen Krisenjahren vor dem Zweiten Weltkrieg suchte er angesichts der auf Konflikt angelegten Außenpolitik Deutschlands, Italiens und Japans nach Möglichkeiten eines friedlichen Ausgleichs der Interessen bei gleichzeitiger Aufrüstung seines Landes. Seine in der britischen Öffentlichkeit auf breite Zustimmung stoßende Politik des Appeasements zielte auf Zeitgewinn, da Großbritannien nicht kriegsbereit war. Nach dem Einmarsch der Truppen in die Tschechoslowakei im März 1939 gab seine Regierung eine Garantieerklärung für Polen ab. Als die deutsche Wehrmacht am 1. 9. 1939 Polen angriff, erklärte die Regierung Chamberlains am 3. 9. 1939 Deutschland den Krieg.

219

K o h l m a r k t : Einkaufsstraße im 1. Wiener Gemeindebezirk Innere Stadt, die sich vom Michaelerplatz bis zum Graben erstreckt. Aufgrund exklusiver Geschäfte und Filialen internationaler Modelabels gilt der Kohlmarkt als „Luxusmeile" Wiens. Dort befindet sich auch der ehemalige k.u.k. Hoflieferant Demel, die Manz'sche Verlags- und Universitätsbuchhandlung und die kartographische Anstalt Freytag & Berndt.

„Lasset die Toten ihre Toten begraben!"
Vgl.: *Die Heilige Schrift*, Matthäus 8, 22: „Aber Jesus sprach zu ihm: Folge du mir und laß die Toten ihre Toten begraben."

220 F r i t z S t o c k e r t : Fritz Lothar Ritter von Stockert: Vgl. Kommentar zu Nichte Mariechen.

222 D o r o t h e a H a u s e r : Verwandte von Leopoldine Wittgenstein. McGuinness berichtet folgendes über sie: „[...] willkommen war auch Dora Hauser, eine entferntere Kusine, denn sie konnte malen und war von unabhängiger Gesinnung. Sie ließ sich nicht davon abhalten, in Cilli, in der Nähe der Stallnerischen Wohnung, zu leben, bis ihr Haus im Zweiten Weltkrieg von Partisanen niedergebrannt wurde, obwohl sie sich heftig dagegen wehrte." (McGuinness, S. 50.)

H o c h e n e g g b e i C i l l i : Markt, an der Mur in der Steiermark gelegen.

A g r a m : Heute Zagreb: Hauptstadt von Kroatien.

223 G r e t l s S e k r e t ä r i n : Bertha Prohaska. Bis April 1930 war Hedwig Pauli als Sekretärin bei Margaret beschäftigt gewesen. (Vgl. Prokop, S. 198 und S. 239.)

225 R o s s a u e r l ä n d e : Im Polizeigebäude Rossauer Lände im 9. Wiener Gemeindebezirk, Alsergrund, sind Polizeidienststellen und ein Polizeianhaltezentrum untergebracht. Bis 1999 wurde die namengebende Straße amtlich Roßauer Lände geschrieben.
1874 wurde die Errichtung eines weiteren Polizeigebäudes in der Nähe der Polizeidirektion in Auftrag gegeben, doch

erst 30 Jahre später konnte der Bau abgeschlossen werden. Das neue Gebäude sollte das Polizeigefangenenhaus im ehemaligen Theobaldkloster als auch das Central-Polizeigefangenenhaus in der Sterngasse ablösen und die Entscheidung fiel für das Areal an der Elisabethpromenade. Vorgesehen waren neben Büroräumlichkeiten für die Polizei und das getrennt einzurichtende Zentral-Meldungs-Amt eine Kaserne für die k.k. Sicherheitswache sowie ein Gefangenenhaus für 450–500 Häftlinge, welches von außen nicht sichtbar sein durfte. Bezogen wurde das neue Gebäude im April und Mai 1904.

Aufgrund der bis 1919 offiziellen Adresse Elisabethpromenade bürgerte sich für das Polizeigefangenenhaus in der Wiener Bevölkerung der Spitzname „Liesl" ein.

Während der Zeit das Austrofaschismus und der darauffolgenden Periode des Nationalsozialismus in Österreich wurden neben verhafteten Kriminellen auch zahlreiche politische Gefangene hier inhaftiert. Während der NS-Zeit wurden die meisten Regime-Gegner von hier zum Verhör in das nur acht Häuserblöcke entfernt gelegene Gestapo-Hauptquartier im ehemaligen Hotel Metropole am Morzinplatz gebracht.

S t r a b a n z e r i n : Strabanzer, Strabanzerin: Jemand, der strabanzt. Von „strabanzen, strawanzen": bayr., österr. Mundart: umherstreifen, sich herumtreiben.

„g r ü n e n W a g e n " : Für den Transport von Gefangenen im Straßenverkehr wurden spezielle Pferdekutschen verwendet, wobei diese in Österreich z.B. als „Grüner Heinrich" bezeichnet wurden.

m e i n N e f f e F e l i x S a l z e r : Dr. Felix Ludwig Salzer: Geb. 13. 6. 1904, Wien XVII, Neuwaldeggerstraße 38; gest.

10.8.1986, Lenox Hill, New York. Musikwissenschaftler. Felix Salzer war ein Sohn von Helene und Max Salzer und wurde auch Lixl oder Lixi genannt. Am 19.5.1928 heiratete er in Wien Olive Grace Faber, geb. 19.7.1903, Lettowitz in Mähren; Tochter des am 8.4.1925 zu Lettowitz verst. Hanns Faber und der am 7.12.1943 zu Wien verst. Maguerite Faber. Nach der Scheidung heiratete Olive Dr. Othmar von Gasser, Felix Salzer heiratete Hedwig Lemberger, geb. am 30.6.1904, Wien, gest. 29.2.2000, New York.

228 G r e t l s   H a u s a r z t : Dr. Hugo Popper: Geb. 28.10.1879, Wien; gest. 16.12.1957, Nizza, Frankreich. Hugo Popper war Dozent für Innere Medizin an der Medizinischen Fakultät der Universität Wien. In der Zeit des Nationalsozialismus wurde er aus rassistischen Gründen verfolgt und am 22.4.1938 seines Amtes enthoben und von der Universität vertrieben. Er floh nach Frankreich und überlebte dort. (Mitteilung von John Stonborough an die Herausgeberin)

229 C h a u f f e u r   H u t t e r : Nicht ermittelt.

230 A t t n a n g : Attnang-Puchheim ist eine Stadtgemeinde im Hausruckviertel im Bezirk Vöcklabruck in Oberösterreich, am Kreuzungspunkt der Bahnstrecke Wien-Salzburg.

[v e r] z o g e n : im Original: gezogen.

B r u d e r   i h r e s   V a t e r s : Dr. med. Hans Salzer (1871–1944): Arzt und Univ.-Professor, der im 6. Bezirk, Gumpendorferstraße 8, ordinierte und oft zu Besuch am Brahmsplatz war, wo Helene und Max Salzer wohnten. Als im Jahre 1920 Ludwig Wittgenstein die ihm angebotene Stelle als Volksschullehrer in Reichenau ausgeschlagen hatte und sich für Trattenbach entschied, um nicht als ein Wittgenstein erkannt zu werden, schrieb ihm sein Bruder Paul u. a.: „[...] sagte Hans Salzer, der zufälligerweise da war: ‚Dort [in Trattenbach] wird es eben 14 Tage länger dauern.' Und das war auch unser aller Meinung." (Vgl. Janik/Veigl, S. 31) Wie Max Salzer stammte Hans Salzer aus der zweiten Ehe seines Vaters Dr. med. Friedrich Franz Salzer mit Ida Hermine Franz. Aus erster Ehe mit Hermine Junker stammte der Sohn Dr. Friedrich Adalbert Salzer (geb. 13. 5. 1858, Wien; gest. 7. 4. 1893, Dresden). Dieser war Professor an der Universität Utrecht.

D r . I n d r a : Dr. Alfred Indra: Wiener Rechtsanwalt, der Margaret Stonborough in mehreren Angelegenheiten erfolgreich vertrat (vgl. Prokop, S. 231). 1938 hatte er auch Sigmund Freud vertreten, 1945 dessen Erben. Gemeinsam mit Dr. Hans Schöne war er auch Vertreter der Reichsbank. **232**

D r . S t a n d h a r t i n g e r : Nicht ermittelt.

D r . S c h ö n e : Dr. Hans Schoene, Rechtsanwalt und Vertreter der Reichsbank in Berlin. **234**

S u b k o m m a n d i t i s t e n : Kommanditist (Teilhafter) ist die Bezeichnung für einen Gesellschafter einer Kommanditgesellschaft (KG) oder einer Kommandit-Erwerbsgesellschaft. **235**

u n s s e h r n a h e s t e h e n d e F r e u n d e : Vermutlich handelt es sich um den langjährigen Freund Oscar Wollheim und um Louise Pollitzer (einer Tochter eines seinerzeitigen Geschäftspartners von Karl Wittgenstein), denen Margaret bei der Einreise in die USA behilflich war. (Vgl. Prokop, S. 239) **239**

VIII.

241 krankhaften Wahn: Laut Janik/Veigl sei Clothilde Wittgenstein „in ihrer Jugend vom Musikkritiker Eduard Hanslick taktlos bedrängt und danach, vermutlich ohne Kausalzusammenhang, katholisch geworden, habe an Verfolgungswahn gelitten und ohne engen Kontakt zur Familie in Paris gelebt, wo sie, zwei Jahre nachdem Schwester Clara ihr eine Jahresrente von 1200 Schilling (heute ca. 3.300 Euro) auf Lebenszeit ausgesetzt hatte, auch gestorben sei." (Zit. nach Schwaner, S. 30)

Adalbert Stifter: Adalbert Stifter: Geb. 23.10.1805, Oberplan (Böhmen, heute: Horní-Planá, Tschechische Republik); gest. 28.1.1868, Linz, Oberösterreich. Österreichischer Schriftsteller, Maler, Pädagoge. Einer der bedeutendsten Autoren des Biedermeier.

in der Vorrede zu „Bunte Steine": Adalbert Stifters Sammlung von sechs Erzählungen, die 1853 bei Gustav Heckenast in Pest mit dem Untertitel „Ein Festgeschenk" erschienen sind. In seiner Vorrede legt Stifter seine „Ansichten über Großes und Kleines" und den wesentlichen Begriff des „sanften Gesetzes" dar. Dieses wirke unaufhörlich in allen Erscheinungen von Natur und Gesellschaft und sei verantwortlich für den Vorrang des Dauernden und still Wirkenden vor dem Wechsel und dem katastrophalen Umbruch; Evolution komme immer vor Revolution.

243 Tochter Klärchen: Clara Freiin von Franz: Geb. 9.12.1868, Wien I, Kärntnerstr. 43; gest. 10.10.1923, Innsbruck. Am 27.3.1897 Heirat mit Ernst Johannes Freiherr Zwiedinek von Südenhorst.

S o h n   O t t o : Ernst Otto Hermann Freiherr von Franz: Geb. 21.7.1871, Dornbach bei Wien; gest. 28.7.1930, Muri bei Bern. 1905 Heirat mit Ida Louise Constanze von Ernst, geb. 5.7.1884, Muri bei Bern, gest. 24.6.1968, Muri, Tochter des Armand von Ernst und der Adele Wildbolz. Vgl. Kommentar zu „Otto Franz".

E r w i n : Erwin Gottfried Edwin Freiherr von Franz: Geb. 1.2.1876, Wien I, Kantgasse 3; gest. 19.10.1941, Zürich. Am 30.3.1912 Heirat in Worms mit Margret Susanna Schoen, geb. 22.2.1883, Worms, gest. 26.11.1962, Zürich, Tochter des Julius Schoen und der Clementine Barbara Renz.

D r.   R u d o l f   F r a n z : Rudolf Freiherr von Franz: Geb. 28.1.1842, Wien; gest. 20.3.1909, Wien. Österreichischer Journalist und Jurist. Sohn des evangelisch-reformierten Superintendenten Gottfried Franz. Studium der Rechtswissenschaften an der Universität Wien, 1868 Promotion zum Dr. jur. Bereits ab 1865 war Rudolf Franz an der Finanzprokuratur Niederösterreichs beschäftigt. 1870 wechselte er in die Verwaltung des Ministeriums für Kultur und Unterricht und hatte dieses Amt bis 1884 inne. In diesem Jahr wählte man ihn zum Präsidenten des Evangelischen Oberkirchenrats und als solcher war er maßgeblich an der Entstehung der gemeinsamen Kirchenverfassung beider evangelischer Kirchen beteiligt. 1887 wurde er zum Mitglied des Herrenhauses berufen und zwei Jahre später zum Sektionschef befördert. 1903 wurde ihm der Titel „Geheimer Rat" verliehen.

K a i s e r   F r a n z   J o s e p h : Kaiser Franz Joseph von Österreich und König von Ungarn: (1830–1916). Der am längsten regierende Monarch von Österreich (68 Jahre).

244 **von ihrem Gatten verlassen**: Die Ehe von Marie und Moritz Wilhelm Martin Christian Pott wurde am 8.11.1878 geschieden.

mit vier Söhnen: Hermann, August, Paul und Felix.

Gamsgebirge: Bergrücken in der Weststeiermark, durch den eine der bekanntesten Weinstraßen, die Schilcher Weinstraße, führt.

245 **Paul**: Dr. med. Paul Louis Emil Pott: Geb. 26.10.1868, Wien IV, Obere Alleegasse 5; das genaue Todesdatum konnte nicht ermittelt werden, wahrscheinlich starb Paul Pott im Jahr 1918.

Wiesbachhorn: Großes Wiesbachhorn, Salzburg (3564m). Dritthöchster Gipfel der Glocknergruppe. Zwischen dem Kapruner und dem Fuscher Tal. Vergletscherte Nordseite. Die Erstbesteigung erfolgte 1841 durch Kardinal Friedrich Fürst Schwarzenberg, Pfarrer A. Embacher und fünf Begleiter. Von alpinistischer Bedeutung war die Erstbesteigung der Nordwestwand am 15.7.1924 durch Franz Riegele und Willo Welzenbach.

246 **den dritten**: Paul Pott, der drittälteste Sohn von Marie Pott, war Arzt und fiel an der französischen Front.

Schrapnell: Das Schrapnell, auch Granatkartätsche genannt, ist ein zum Flachbahnschuß bestimmtes, mit Bleikugeln gefülltes Hohlgeschoß der Artillerie, das infolge Zünderstellung kurz vor dem Ziel zerspringt. Der Name geht auf den Erfinder, den englischen General Henry Shrapnel (1761–1842), zurück.

seine Tochter Hanna: Johanna Salzer geb. Wittgenstein. Vgl. den Kommentar zu ihrem Vater Paul Wittgenstein. **247**

Wiener Werkstätte: Die im Jahre 1903 von Josef **248** Hoffmann, Karl Moser und dem Bankier Fritz Waerndorfer (ursprünglich Wärndorfer) gegründete „Produktionsgemeinschaft von Kunsthandwerkern", deren Anliegen es war, mit künstlerisch hochwertigen Produkten im geometrisierenden Stil der *Wiener Secession* alle Lebensbereiche zu gestalten – Inneneinrichtung, Mode, Schmuck, Keramik, Buchkunst. Ab 1908, insbesondere aber ab 1915 mit dem Eintritt Dagobert Peches, setzten sich phantasievoll-phantastische, nicht mehr zweckbestimmte Formen durch. Im Gegensatz zur Auffassung der Wiener Werkstätte vom „Gesamtkunstwerk", d.h. Kunst und Handwerk auf eine Ebene zu setzen, stand Adolf Loos, der in seinen Artikeln (*Ornament und Verbrechen*, 1908; *Die Potemkinsche Stadt*) sich entschieden gegen den Jugendstil, die Wiener Werkstätte und Josef Hoffmann aussprach.
Die international anerkannte *Wiener Werkstätte* wurde 1932 aufgelöst. Karl Wittgenstein unterstützte sie tatkräftig; von 1903–1905 soll 12,5% des Verkaufsvolumens auf Aufträge der Familie Wittgenstein zurückgeführt werden können. (Vgl. Birgit Schwaner, S. 112)

Josef Hofmann: Richtig: Josef Hoffmann: Geb. 15.12.1870, Pirnitz (bei Iglau, Mähren); gest. 7.5.1956, Wien. Österreichischer Architekt und Designer. Von 1895–99 Schüler und Mitarbeiter von Otto Wagner in Wien. Von besonderem Einfluß für Hoffmann waren ab 1900 die Arbeiten von Charles Rennie Mackintosh. 1897 gründete Hoffmann gemeinsam mit Joseph Maria Olbrich die *Wiener Secession*, die er 1905 schon wieder verließ. 1903 war er Mitbegründer der *Wiener Werkstätte*, für die er bis 1931 Entwürfe lieferte

(u. a. für Schmuck, Leder- und Metallarbeiten). Er entwarf auch Möbel (meist für die von ihm errichteten Bauten) und Trinkgläser. Ab 1920 war er leitender Baubeamter der Stadt Wien. Werke: Sanatorium Purkersdorf bei Wien (1903–06); Palais Stoclet in Brüssel (1905–11); Pavillons für die Ausstellung des Deutschen Werkbunds in Köln (1914), für die Weltausstellungen in Paris (1925) und Stockholm (1930) und für die Biennale in Venedig (1934). Josef Hoffmann und die Wiener Werkstätte wurden von Karl Wittgenstein mit der Ausgestaltung einiger Häuser des Guts Hochreit beauftragt. Auch Karls Bruder Paul, der die Wiener Werkstätte maßgeblich unterstützte, förderte Josef Hoffmann, seinen „Hausarchitekten" und ließ von diesem u. a. in Bergerhöh die Wohnung seiner Tochter Hanna und deren Mann einrichten, wovon das Schlafzimmer heute im *Museum für Angewandte Kunst* in Wien (in der Neuen Galerie unter dem Leiter Christian Witt-Döring) ausgestellt ist. (Auskunft von Dr. Dorothea Salzer)

B l é r i o t s : Louis Blériot: Geb. 1. 7. 1872, Cambrai; gest. 2. 8. 1936, Paris. Flugpionier. Nach dem Ingenieurstudium an der École Centrale Paris widmete sich Blériot sein Leben lang der Luftfahrt. Am 25. 7. 1909 überquerte er als erster Mensch mit einem kleinen, von einem 25-PS-Motor angetriebenen Eindecker – der von ihm konstruierten Blériot XI – den Kanal zwischen Calais und Dover. Dieser historische Flug leitete einen Flugzeugboom ein und es gingen über 100 Bestellungen für den Typ XI ein. Blériot wurde somit zum kommerziellen Flugzeughersteller, zum „Vater der modernen Eindecker". Im und nach dem Ersten Weltkrieg hatte er großen Anteil am Aufbau der französischen Flugzeugindustrie. Im Ersten Weltkrieg produzierte seine Firma das berühmte S.P.A.D. – Kämpferflugzeug, das von allen Verbündeten geflogen wurde.

i h r e   K i n d e r : Ida Josefa Johanna Kupelwieser: Geb. **252**
7. 2. 1870, Wien; gest. 13. 4. 1927, Kirnberg.
Ernst Hermann Leopold Kupelwieser: Geb. 9. 11. 1873, Wien;
gest. 18. 2. 1892, Wien. Unverheiratet.
Paula Franziska Johanna Kupelwieser: Geb. 13. 2. 1875, Wien;
gest. 21. 9. 1938, Lunz am See.
Dr. phil. Johann Paul Max Leopold Kupelwieser: Geb.
30. 10. 1879; Wien; gest. 9. 1. 1939, Linz an der Donau. Univ.-
Prof. für Zoologie.

G e r v a i s : Französischer Frischkäse, aus pasteurisierter **253**
Kuhmilch und mit Rahm angereichert. Um 1850 in der Normandie erstmals hergestellt und vom französischen Käsehersteller Charles Gervais bekannt gemacht.

d e s   d e u t s c h e n   K a i s e r s : Kaiser Wilhelm II: Geb.
27. 1. 1859, Berlin; gest. 4. 6. 1941, Haus Doorn, Niederlande.
Letzter deutscher Kaiser und König von Preußen (1888–
1918). Sohn von Kaiser Friedrich III. und der Prinzessin
Victoria, der Tochter der britischen Königin Victoria.

B r a h m s - B ü s t e : Im Innenhof von Schloß Leonstain in **254**
Pörtschach am Wörthersee befindet sich die von Bertha Kupelwieser im Jahre 1907 gefertigte Büste von Johannes
Brahms – in Erinnerung an die mehrfachen Aufenthalte des
Künstlers in Pörtschach.

P ö r t s c h a c h : Pörtschach bei Klagenfurt, Kärnten. Badeort, auf einer kleinen Halbinsel am Wörthersee gelegen. Das
aus dem 16. Jahrhundert stammende Schloß Leonstain wurde im 18./19. Jahrhundert erneuert und dient heute als Hotel.

S c h e i b b s : Gemeinde in Niederösterreich, an der nieder- **255**
österreichischen Eisenstraße. Scheibbs ist das Zentrum im

Ötscherland. Das dort befindliche Krankenhaus wurde durch die Initiative von Bertha Kupelwieser und ihrem Gatten Karl Kupelwieser ermöglicht. 1907 beantragte der Gemeinderat den Bau eines Krankenhauses und bereits 1911 kam es zur Eröffnung mit 47 Betten. Von 1927 bis 1929 wurde das Krankenhaus auf 95 Betten erweitert. Die nächsten Vergrößerungen fanden 1961, 1971 bis 1976 und 1977 statt, weitere Erweiterungen folgten, u. a. wurde 2003 der Bertha-Kupelwieser-Trakt saniert.

Todes ihres älteren Sohnes Ernst: Ernst Kupelwieser beging Selbstmord.

Pyhra: Pyhra: Markt in Niederösterreich, Bezirk St. Pölten. Die Pfarrkirche ist eine der wichtigsten Kirchenbauten in Niederösterreich (1300) mit einem Altarbild von M. J. Schmidt (1772) und prächtigen Renaissance-Grabdenkmälern aus dem 16. Jahrhundert.

Lunz: Lunz am See: Marktgemeinde im Bezirk Scheibbs, Niederösterreich, in den Eisenwurzen. Biologische Station.

„Biologische Station für Plankton-Forschung": Die Biologische Station Lunz wurde 1905 von Karl Kupelwieser gegründet, nachdem er 1896/97 den Besitz Seehof vom Grafen Festetics de Tolna Gábor erworben hatte. Kupelwieser stellte die Räume im Schloß der Biologischen Station zur Verfügung. 1906 übersiedelte die Biologische Station vom Schloß Seehof in ein kleines Pförtnerhaus unweit des Schlosses. 1908 übernahm Dr. Hans Kupelwieser die Leitung der Station, Dr. Franz von Ruttner wurde administrativer Leiter.

Hans: Dr. phil. Johann Paul Max Leopold Kupelwieser: Geb. 30. 10. 1879; Wien; gest. 9. 1. 1939, Linz an der Donau.

Univ.-Prof. für Zoologie. Am 22.11.1905 Heirat in Wien mit Pauline Gorodetzki, geb. 9.11.1879, Kischinew (Rußland), gest. 22.5.1956, Lunz am See, Tochter des Mendel Gorodetzki und der Lubow Gorodetzki.

Dr. von Ruttner: Dr. Franz von Ruttner. Geb. 12.5.1882, Vápenný Podol (heute in Tschechien); gest. 17.5.1961, Lunz am See, Niederösterreich. Österreichischer Limnologe, Biologe. Langjähriger Leiter der Biologischen Station Lunz am See.
Geboren als Sohn eines Försters in Nordböhmen, kam er nach Abschluss seines Studiums in Prag bei dem Botaniker Hans Molisch nach Niederösterreich und wurde 1908 zum administrativen Leiter der im Jahre 1905 von Karl Kupelwieser gegründeteten Biologischen Station in Lunz am See. Die Station wurde während des Ersten Weltkriegs geschlossen, 1924 aber durch die Kaiser-Wilhelm-Gesellschaft (heutige Max-Planck-Gesellschaft), die die Österreichische Akademie der Wissenschaften unterstützte, neu gegründet und Franz Ruttner wurde Direktor des Instituts. 1928–1929 unternahm er mit den Kollegen Heinrich Feuerborn und August Thienemann und dem Laboranten Karl Herrmann die erste limnologische Forschungsreise in die Tropen (Indonesien). Er leitete die Biologische Station Lunz bis zu seiner Pensionierung 1957 und starb 1961 in Lunz. Eine seiner wichtigsten wissenschaftlichen Arbeiten ist der Nachweis der Hydrogencarbonat-Assimilation bei submersen höheren Makrophyten (wie der Wasserpest). 1940 erschien der zu einem Klassiker gewordene *Grundriß der Limnologie*, ein mit ca. 250 Seiten knapp verfasster Überblick über die Seenkunde mit kurzen Kapiteln auch über Fließgewässer und Moore. Dieses Werk wurde in elf Sprachen übersetzt. Eine Reihe von limnologischen Symposien ist nach Franz Ruttner benannt.

Franz Ruttner hatte drei Söhne: Anton Ruttner (1911–2006), Geologe und Leiter der Geologischen Bundesanstalt in Wien; Friedrich (1915–1998), Neurologe; Hans (1919–1979), Absolvent der Universität für Bodenkultur in Wien; Friedrich und Hans gründeten 1946 in Lunz das Institut für Bienenkunde, das dann dem Landwirtschaftsministerium unterstellt wurde; 1948 Erstnachweis der Mehrfachbegattung der Bienenkönigin während des Hochzeitsfluges; Friedrich Ruttner war dann für viele Jahre „Bienen-Professor" an der Universität in Frankfurt am Main mit dem Institut in Oberursel.

Kaiser-Wilhelm-Gesellschaft: Die Kaiser-Wilhelm-Gesellschaft zur Förderung der Wissenschaften wurde am 11.1.1911 gegründet; den Festvortrag hielt der Nobelpreisträger Emil Fischer über „Neuere Erfolge und Probleme der Chemie und Biologie". Zum Präsidenten wurde Adolf Harnack gewählt. Bis zum Ende des Zweiten Weltkriegs war die Kaiser-Wilhelm-Gesellschaft zur Förderung der Wissenschaften die Trägerin der Kaiser-Wilhelm-Institute (KWI) – führender Forschungsinstitute, die vor allem der Grundlagenforschung in Deutschland dienten. Die KWG hatte ihren Sitz in Berlin.
Nach dem Zweiten Weltkrieg wurden ihre Institute nach und nach von der neu gegründeten Max-Planck-Gesellschaft übernommen, die sich als Nachfolgerin und Erbin der KWG versteht. Die endgültige Auflösung der KWG erfolgte erst am 21. Juni 1960.

Radiuminstitut in Wien: Das Institut für Radiumforschung und Kernphysik in Wien wurde 1910 gegründet. Die Beziehungen Österreichs zur Erforschung der Radioaktivität begannen 1898 mit der Bitte von Pierre und Marie Curie an die österreichische Regierung um Überlassung von Rückständen aus der Uranverarbeitung von Joachimsthal in

Böhmen. Die Bitte wurde auf Grund eines Gutachtens der Akademie der Wissenschaften gewährt, und dies ermöglichte den Curies den Nachweis des Radiums, nachdem als erstes radioaktives Element Polonium entdeckt worden war. Von dieser Zeit an war das Interesse der Akademie der Wissenschaften an dem neu eröffneten Gebiet außerordentlich rege, und dem Weitblick hervorragender Mitglieder wie Carl Auer von Welsbach, Ludwig Boltzmann, Eduard Suess und Franz Serafin Exner ist es zu verdanken, dass es 1908 zur Stiftung des Instituts für Radiumforschung durch Karl Kupelwieser kam. 1910 konnte das Institut als erstes Institut der Welt, das der Erforschung der Radioaktivität gewidmet war, eröffnet werden. Zwei Mitarbeiter wurden für ihre damaligen Arbeiten mit dem Nobelpreis ausgezeichnet: Victor Franz Hess für die Entdeckung der kosmischen Strahlung und George de Hevesy für die Entwicklung der radioaktiven Indikatormethode. Ende des Ersten Weltkriegs wurde die Verbindung mit der Universität immer enger und so wuchs im Rahmen des Akademie-Instituts ein Universitäts-Institut heran. In den Zwanzigerjahren leistete das Institut Pionierarbeit in der modernen Kernphysik im Anschluss an die von Rutherford entdeckten künstlichen Atomkernumwandlungen, und in den Dreißiger- und Vierzigerjahren beteiligte es sich an den aktuellen Forschungen über Kernreaktionen durch Neutronen und Kernspaltung.

C h o k : Veraltet für Schock. **257**

T o c h t e r I d a : Ida Josefa Johanna Kupelwieser: Geb. 7. 2. 1870, Wien I; gest. 13. 4. 1927, Kyrnberg. Am 7. 12. 1926 Heirat in Wien mit Maximilian Lenz, geb. 4. 10. 1860, Wien VIII, gest. 18. 5. 1948, Wien (Hadersdorf-Weidlingau), akademischer Maler, Sohn des Privatiers Vinzenz Lenz und der Anna Krybelka.

258 Nestroy: Johann Nepomuk Nestroy: Geb. 7.12.1801, Wien; gest. 25.5.1862, Graz. Österreichischer Schriftsteller, Schauspieler und Opernsänger. Nach Ferdinand Raimund gilt Nestroy als der bedeutendste Dramatiker und zugleich letzte Vertreter des Wiener Volkstheaters. Seine gesellschaftskritischen Possen und Lokalstücke spielen im nüchternen Alltag des vormärzlich-biedermeierlichen Wien. Scharfer Witz, Spott und beißende Satire sowie urwüchsige Komik und Humor kennzeichnen Nestroys Werke. Mit brillanten Wortspielen machte er die Sprache selbst zum Gegenstand der Dichtung. Der bewusste Einsatz von Klassikerzitaten, die einerseits als Versatzstücke verfremdet Eingang in Nestroys Stücke fanden, brachten andererseits klassisches Bildungsgut auf die Vorstadtbühnen. Werke u. a.: *Der böse Geist Lumpacivagabundus oder Das liederliche Kleeblatt; Die beiden Nachtwandler oder Das Notwendige und das Überflüssige; Das Haus der Temperamente; Zu ebener Erde und erster Stock; Eulenspiegel; Die verhängnisvolle Faschingsnacht; Liebesgeschichten und Heyrathssachen; Einen Jux will er sich machen; Das Mädl aus der Vorstadt oder Ehrlichkeit währt am längsten; Der Zerrissene; Freiheit in Krähwinkel; Der Unbedeutende; Der alte Mann mit der jungen Frau.*

„die sonderbaren Quadrillierungen des Unterfutters unseres Charakters": Vgl. Johann Nestroy, *Das Mädl aus der Vorstadt*, 1. Akt, 11. Auftritt: Im Gespräch über die widersprüchlichen Eigenheiten des Mannes bzw. auch dessen Untreue sagt Schnoferl zu Frau von Erbenstein: „Das sind die psychologischen Quadrillierungen, die das Unterfutter unseres Charakters bilden."

260 seine sehr liebe Frau: Maria Wilhelmine geb. Franz. Vgl. Kommentar zu „Marie Franz" und zu „Louis Wittgenstein".

den „alten Turmhahn" von Mörike: „Der alte Turmhahn". Idylle von Eduard Mörike. Vgl. Eduard Mörike: „Der alte Turmhahn". Meißen: Verlag der Truhe, ca. 1915.

seines Schwagers Salzer: Dr. med. Friedrich Franz Salzer: Geb. 30. 9. 1827, Birthälm, Siebenbürgen; gest. 30. 11. 1890, Wien. Univ.-Prof., Primararzt im Wiener Allgemeinen Krankenhaus. Am 2. 8. 1857 Heirat in Wien mit Hermine Junker (geb. 27. 11. 1829, Wien; gest. 3. 12. 1858, Wien), am 23. 4. 1864 in Wien Heirat mit Ida Hermine Franz. Ein Sohn aus erster Ehe war Dr. Friedrich Adalbert Salzer: geb. 13. 5. 1858, Wien; gest. 7. 4. 1893 (Selbstmord), Dresden. Unverheiratet. Hochbegabter Schüler von Billroth, der ihn zum chirugischen Leiter an der Universität Utrecht berief.

dessen Frau: Ida Hermine Salzer geb. Franz: Geb. 2. 1. 1838, Wien; gest. 4. 11. 1906; Wien, Tochter des Gottfried Franz und der Maria Feodora Plattensteiner.
Dr. Friedrich und Ida Salzer hatten sieben Kinder:
Rudolf Gottfried Franz Salzer (1865–1925): Verheiratet mit Aloisia Mayer, mit der er einen Sohn (Dr. Heinz Salzer, Internist in Graz) hatte.
Katharina Ida Marie „Ina" Salzer: (1866–1934); verheiratet mit Johann von Schneller, mit dem sie drei Töchter hatte.
Dr. jur. Maximilian Michael Emil (Max) Salzer: (1868–1941), der mit Helene Wittgenstein verheiratet war.
Edwin: (1869–1883)
Dr. med. Johannes (Hans) Salzer: (1871–1944), verheiratet mit Johanna (Hanna) Wittgenstein, mit der er zwei Söhne (Georg, geb. 1903 und Hans, geb. 1908) hatte.
Marie (Mitze): (1873–1936)
Hermine: (1875–1935), verheiratet mit Dr. Rudolf Maresch (Pathologe), mit dem sie zwei Kinder hatte (Christine, geb. 18. 10. 1902; gest. 28. 4. 1983) und Hans, geb. 1906).

Christine war verheiratet mit Dr. Hubert Kunz, geb. 23. 9. 1895, gest. 8. 3. 1979.

263 Julitagen des Jahres 1914: Am 28. Juni 1914 stattete Erzherzog Franz Ferdinand, der in seinem Amt als Generalinspekteur der österreichisch-ungarischen Armee an Manövern in Bosnien teilgenommen hatte, mit seiner Frau der Hauptstadt Sarajevo einen offiziellen Besuch ab. Nach einem Empfang im Rathaus und auf dem Weg zu einem Krankenhaus stürmte der Attentäter Princip aus der Zuschauermenge auf den Wagen zu und gab zwei Revolverschüsse auf Franz Ferdinand und seine Frau ab. Franz Ferdinand starb sofort, Sophie erlag ihren Verletzungen auf dem Weg ins Krankenhaus. Princip gehörte der radikalnationalistischen Gruppe Jung-Bosnien an und hatte Kontakt zur serbischen Geheimorganisation „Schwarze Hand". Als Motiv für seine Tat nannte er Rache für die Unterdrückung der Serben durch Österreich-Ungarn. Bosnier und Serben strebten die Verdrängung Österreichs vom Balkan und die Errichtung eines großserbischen Reiches an. Österreich nahm die Ermordung des Thronfolgerpaares zum Anlass, gegen Serbien vorzugehen, stellte am 23. Juli 1914 ein unannehmbares Ultimatum und löste dadurch den Ersten Weltkrieg aus.

264 „Alien property fund": Fond für Feindvermögen.

265 Aussterben eines Adelsgeschlechtes: Vermutlich sind die „Dietrichsteiner" gemeint, ein urkundlich erstmals 1002 erwähntes, weitverzweigtes, aus Kärnten stammendes Adelsgeschlecht. Als Stammburg wird die Burg Dietrichstein bei Feldkirchen in Kärnten angesehen. Die wichtigsten Zweige sind die Hollenburg'sche Linie, die im Jahr 1825 ausstirbt, und die Nikolsburg'sche Linie, die 1864 in der männlichen Linie ausstirbt, in der weiblichen aber in der Linie Mensdorff-Pouilly-Dietrichstein weiterbesteht.

B u r g L a n d s k r o n : Die Burgruine Landskron befindet sich nordöstlich von Villach in Kärnten am westlichen Beginn der Ossiacher Tauern auf dem Plateau eines 135 m über der Ebene aufragenden hohen Felskegels oberhalb der Ortschaft St. Andrä am Ossiachersee.
Nach mehrfachem Wechsel der Besitzer und der Beschlagnahmung des Schlosses im Zuge der Enteignung des protestantischen Adels im Jahre 1628 erwarb Graf Dietrichstein 1639 das Schloss. Nach mehreren Bränden wurde das Gebäude nach 1812 dem Verfall preisgegeben. 1953 erfolgte eine Revitalisierung durch Hans Maresch, einem der größten Waldbesiter im Rosental.

M i n e M a r e s c h – S a l z e r : Hermine Maresch geb. Salzer (1875–1935), siehe oben. Nach der Heirat mit Dr. Rudolf Maresch legte Hermine den Adoptionsnamen Wittgenstein ab, ihre Schwester Mitze Salzer behielt bis zu ihrem Tod den Adoptionsnamen von ihrem Onkel Louis Wittgenstein.

H a n s M a r e s c h : Hans Maresch: Geb. 1906; gest. 30. 3. 1971 (begraben am Döblinger Friedhof). Ökonomierat und Gutsbesitzer. Verheiratet mit Christine Kyrle.

T h o n e t : Michael Thonet: Geb. 2. 7. 1796, Boppard/Rhein; gest. 3. 3. 1871, Wien. Thonet machte eine Lehre als Kunsttischler und gründete mit 23 Jahren einen eigenen Betrieb als Bau- und Möbeltischler in Boppard. Er begann, Möbelteile wie Kopfschwingen aus Schicht- und Furnierholz zu fertigen, bis er schließlich ganze Stühle in gebogenen Formen auf den Markt brachte. Er ließ seine Erfindung in Eng-

267

land, Frankreich und Belgien patentieren. Bei einer Ausstellung in Koblenz war der österreichische Kanzler, Fürst Metternich, begeistert, und empfahl Thonet, nach Wien zu gehen. In Wien arbeitete Thonet für den Parketthersteller Carl Leistler und schuf prachtvolle Parkettfußböden und Sessel für das Palais Liechtenstein. Nachdem der Vertrag mit Leistler auslief, gründete Thonet einen eigenen Betrieb zur Herstellung von Bugholzmöbeln. Mit dem Stuhl Nr. 4 führten die Thonets den 1. Auftrag für ein öffentliches Lokal, das Kaffeehaus Daum in Wien, aus. Bei Ausstellungen im Ausland – in London und Paris – erhielten die Thonets hohe Auszeichnungen, u. a. die Goldmedaille bei der Weltausstellung in Paris im Jahr 1867 für den Stuhl Nr. 14.
Weitere Fabriken entstanden in Mähren, Ungarn und Polen. Nach dem Ersten Weltkrieg wurde der Familienbetrieb in eine AG umgewandelt. Bald danach kam es zu einer Vereinigung mit dem wichtigsten Konkurrenten, der Firma Jacob und Josef Kohn. Heute stellt die Firma Gebr. Thonet GmbH in Frankenberg/Eder in ansehnlichen Mengen u. a. die klassischen Möbel her. 300 Mitarbeiter unter der Leitung von Michael Thonets Ururenkeln, setzen die Familientradition fort.

E v a n g e l i s c h e r   W a i s e n v e r s o r g u n g s v e r e i n : Gemeinnützige und kirchliche Vereinigung mit dem Ziel, Waisen im weitesten Sinne, d.h. Kinder und Jugendliche, die nicht auf die Hilfe von Eltern, Verwandten oder öffentlichen Stellen zurückgreifen können, zu untersützen. Der Verein mit heutigem Sitz in Wien in der Hamburgerstraße 3 im 5. Bezirk hatte am 20. März 2011 seine 150-Jahr-Feier. Der Titel des Festvortrags lautete: „Die Anfänge des Vereinsprotestantismus von Gustav Porubszky bis Ludwig Wittgenstein". Am 20. März 2011 war der Verein auf Radio Ö1 mit einer Sendung zum Thema „Onkel Ludwig und seine Sorge um die Waisen" vertreten. Bereits 1853 hatte der Superintendent Gottfried Franz, der Schwiegervater von Anna Wittgenstein, einen Aufruf zur Begründung eines Waisenfonds erlassen. 1899 wurde Louis Wittgenstein Obmann des Vereins, und er deckte immer wieder nicht nur Fehlbeträge in aller Stille, sondern erwarb für den EWV auch mehrere Miethäuser. (Vgl. aus der *Historie des EWV*, in http://www.Waisenversorgungsverein.org.HP/historie.html, Zugriff am 29.1.2015)

I d a H i e m e s c h : Langjährige Heimleiterin des Evangelischen Waisenhauses in Wien. Nähere Daten nicht ermittelt. Laut Auskunft von Dr. Siegfried Tagesen ist Ida Hiemesch im Jahresbericht des Evangelischen Waisenversorgungsvereins 1910 namentlich als „Hausmutter" des Waisenhauses in Wien unter den Angestellten des EWV angeführt.

S c h l a d m i n g : Stadt in der Steiermark, Bezirk Liezen. 1913 wurde dort ein Waisenhaus errichtet.

G o i s e r n : Seit 1955 Bad Goisern: Marktgemeinde im oberösterreichischen Salzkammergut, an der Traun bis zum Nord-Ufer des Hallstätter Sees. Kurort dank warmer, brom- und jodhaltiger Schwefelquellen. 1907 wurde dort das Pflegeheim als „Erholungsheim für Schulkinder aus Wien" errichtet.

I n g e r e n z : Verhalten, durch das eine Gefahr geschaffen wird und das zur Abwendung gerade dieser Gefahr verpflichtet. Damit ist die Ingerenz eine mögliche Begründung für das Bestehen einer Garantenpflicht. Häufig bedeutet Ingerenz jedoch nicht die Schaffung einer Gefahrenlage, sondern eine Beschädigung der Rechtsgüter eines anderen.

„Pflegeheim Bellevue": Das von Ludwig (Louis) Wittgenstein gegründete und finanzierte Pflegeheim für an Knochentuberkulose leidende Kinder. Abgesehen von ärztlicher Pflege (u. a. von Dr. Hans Salzer) lernten die Kinder dort – einer Idee von Louis und Mitze Salzer zufolge – einen „ihrem Körperzustand adäqaten" Beruf (für die Bürolehre oder als Buchbinder), da die Heilung meist Jahre dauerte. (Auskunft von Dr. Dorothea Salzer. Vgl. auch den Kommentar zu Mitze Salzer)

269   Schlösschen Bellevue: Ein 1963 abgerissenes Schloss bei Wien, in dem Sigmund Freud 1896 seine *Traumdeutung* verfasste.

Leysin: Luftkurort im Kanton Waadt in der Schweiz.

Professor Salzer: Dr. med. Hans Salzer, Univ.-Prof. in Wien. (Vgl. Kommentar zu „Bruder ihres Vaters")

271   Gauermann: Friedrich Gauermann: Geb. 20. 9. 1807, Miesenbach (Niederösterreich); gest. 7. 7. 1862, Wien. Landschafts-, Tier-, Genre- und Porträtmaler. Sohn von Jakob Gauermann und Bruder von Carl Gauermann. War kurze Zeit an der Wiener Akademie, bildete sich anhand der holländischen Landschafts- und Tiermalerei des 17. Jahrhunderts autodidaktisch weiter. Er unternahm Studienwanderungen durch die österreichischen Alpen und Reisen nach München, Dresden und Venedig. Versuchte, persönliche Naturerlebnisse in wirkungsvollen Stimmungsbildern zu verarbeiten. Wegen seiner koloristisch reizvollen Ölskizzen gilt er als führender Vertreter der Altwiener Schule. Bekannt wurde er durch Landschaftsdarstellungen mit bäuerlichen Genreszenen sowie Tier- und Jagdszenen, die vielfach schon zu seinen Lebzeiten als Lithographien verbreitet waren.

Hochzeit seines Sohnes: Es handelt sich um Nikolaus Heinrich Ferdinand Herbert Fürst von Bismarck (geb. 28.12.1849, Berlin; gest. 18.9.1904, Friedrichsruh), der am 21. Juni 1892 in Wien Marguerite Gräfin Hoyos (geb. 20.9.1871, Fiume; gest. 4.10.1945, Schönau) heiratete.

Schloss Friedrichsruh: Das Gut von Otto Bismarck im Sachsenwald bei Hamburg. **272**

Pinus austriaca: Österreichische Schwarz-Kiefer.

ihres Mannes: Johann Nepomuk Oser: Geb. 8.4.1833, Haitzendorf bei Schloß Grafenegg; gest. 1.11.1912, Wien I, Hegelgasse 8. Hofrat, Professor an der Technischen Hochschule in Wien. Sohn des Johann Oser und der Barbara Edlinger. **274**

Pürsch: Auch „Pirsch": Vorsichtiges Begehen des Reviers, um zu beobachten oder zu jagen. **275**

„Ce bon monsieur Osère! il se cotenterait d'une feuille de vigne et encore!" „Der gute Herr Oser! Er wird sich mit einem Blatt wilden Weins und mehr zufrieden geben." **276**

drei Töchter: Hedwig Fanny Oser: Geb. 26.5.1873, Mariabrunn bei Wien; gest. 22.2.1945, Wien. Am 1.6.1907 Heirat mit Hugo Theodor Jacob Pauli (geb. 11.2.1865, Wien; gest. 9.8.1921, Kalksburg bei Wien), Buchhändler.
Cornelia Bertha Oser: Geb. 20.9.1878, Wien I, Kärntnerstr. 45; gest. 5.1.1936, Wien. Am 11.5.1905 Heirat mit Univ.-Prof. Dr. phil. Hermann Nohl (geb. 7.10.1879, Berlin; gest. 27.9.1960, Göttingen), Pädagoge und Philosoph.
Lydia Margarethe Oser: Geb. 20.4.1882, Wien; gest. 6.9.1965, Zell am See. Ledig.

ein Sohn: Franz Ludwig Oser: Geb. 10. 5. 1874, Mariabrunn bei Wien; gest. 10. 11. 1893, Wien I, Hegelgasse 8. Student der Medizin, ledig. Franz Oser starb an Leukämie.

277   Tochter Lydia: Lydia Oser lebte in Thumersbach und wirkte im Verein gegen Armut und Bettelei mit.

281   Tochter Fanny: Fanny von Siebert: Geb. 19. 9. 1879; gest. 5. 5. 1941. Unverheiratet.

284   Thumersbach: Ortsgemeinde in Salzburg, heute Stadtteil von Zell am See, am östlichen Seeufer des Zeller Sees gelegen. Dort besaßen Karl Wittgensteins Schwester Lydia und ihr Mann Josef von Siebert eine Villa, in der sich immer wieder auch andere Mitglieder der Familie, insbesondere Clara Wittgenstein, aufhielten, die häufig von ihren Neffen Paul und Ludwig besucht wurde. Laut Auskunft von Peter Wittner verbrachten vor allem auch Ärzte in Thumersbach ihre Sommerfrische; bereits 1897 erwarben Wiener Familien dort Seegrundstücke. 1899 kamen Theodor von Brücke und seine Frau Emilie (Milly) geb. Wittgenstein nach Thumersbach und ließen 1900 dort ihre Villa am See erbauen.

Abgesehen von den Wittgensteins, verbrachte der englische Schriftsteller D.H. Lawrence im Jahr 1921 in Thumersbach mehrere Wochen, weiters wohnte dort die Frau von Sir John Whitehead sowie deren Tochter Agathe verh. von Trapp mit ihren Kindern. In den 1920er und 1930er Jahren wählte Stefan Zweig Thumersbach, um dort in Ruhe arbeiten zu können.

286   Und so lang du das nicht hast, [...]: Vgl. Johann Wolfgang von Goethe: „Selige Sehnsucht". In: „Westöstlicher Diwan. Buch des Sängers."

C h a r c o t : Jean-Martin Charcot: Geb. 29.11.1825, Paris; gest. 16.8.1893, Montsauche-les-Settons (Département Nièvre). Französischer Pathologe und Neurologe. Ab 1872 Professor für anatomische Pathologie in Paris, ab 1882 Leiter der Klinik für Nervenkrankheiten, dem „Hôpital de la Salpêtrière". Charcot gab der Neurologie eine pathologisch-anatomische Grundlage. Er erforschte neben zahlreichen anderen Gehirn- und Rückenmarkserkrankungen die amyotrophe Lateralsklerose und die neurogene Arthropathie. Charcot war der berühmteste Nervenarzt seiner Zeit, und widmete sich insbesondere den Ursachen der Hysterie und ihrer Behandlung, womit er internationales Ansehen erlangte. Zu seinen Schülern gehörten u.a. Georges Gilles de la Tourette, Joseph Babinski, Pierre Janet und Charles-Joseph Bouchard. **288**

C o u s i n e H a n n a : Tochter von Paul und Justine Wittgenstein: Johanna Justine Caroline Wittgenstein: Vgl. Kommentar zu ihrem Vater Paul Wittgenstein. **290**

I h r e d r e i B r ü d e r : Hanna Wittgenstein hatte nur zwei Brüder: Dr. med. Hermann Karl Christian Wittgenstein (1879–1953), verheiratet mit Lydia Fries, und Paul Karl Wittgenstein, genannt Carletto (1880–1948), verheiratet mit Hilde Köchert.

K a u t e l e n : In der Rechtswissenschaft Vorbehalt, Sicherheitsmaßnahme oder Schutzklausel in einem Vertrag. **293**

„ l a n g j ä h r i g e A n n a " (von Ebner-Eschenbach): In Ebner-Eschenbachs Aufzeichnungen ist häufig die Rede vom Personal der Eschenbachs. Möglicherweise handelt es sich hier aber um Anischa, die frühere Amme und spätere Kinderfrau von Marie Ebner-Eschenbach, zu der sie und **296** ihre Geschwister ein herzliches Verhältnis hatten. (Vgl. Ebner-Eschenbachs Autobiographie: *Meine Kinderjahre. Biographische Skizzen.*)

E b n e r – E s c h e n b a c h : Marie von Ebner-Eschenbach, Freifrau von, ab 1843 Gräfin Dubský: Geb. 13. 9. 1830, Schloß Zdislawice/Zdislawitz bei Kroměříž/Kremsier, Mähren; gest. 12. 3. 1916, Wien. Österreichische Schriftstellerin. Schrieb über die ständische Gesellschaft ihrer Zeit mit menschlicher Anteilnahme und sozialem Engagement. Bedeutend sind vor allem ihre psychologischen Erzählungen. Werke u. a.: *Božena* (1876); *Dorf- und Schloßgeschichten* (1883; darin „Krambambuli"); *Neue Dorf- und Schloßgeschichten* (1886; darin: „Er läßt die Hand küssen"; „Die Unverstandene vom Lande"; „Der gute Mond"); *Das Gemeindekind* (E., 1887); *Aus Spätherbsttagen* (1901); *Meine Kinderjahre. Biographische Skizzen* (1906); *Aphorismen.*

A n n i n g e r : Der Anninger ist ein Berg an der Thermenlinie in Niederösterreich, bestehend aus einer Kalkhochfläche mit vier Gipfeln, wobei der höchste als Hochanninger (675m) bezeichnet wird. Der Anninger ist ein Ausflugsberg des Wienerwaldes, des Naherholungsgebiets der Wiener.

B ü r g e r m e i s t e r v o n L a x e n b u r g : In der Zeit vom 27. 5. 1932 bis zum 11. 3. 1938 war Leopold Rauch (geb. 15. 11. 1892; gest. 9. 4. 1963) Bürgermeister von Laxenburg. In der Zeit vom 17. 4. 1945 bis zum 24. 10. 1950 war er provisorischer Bürgermeister.

***

Erinnerungen an Rosalie, 1923 geschrieben

E l l a : Gabriele Kallmus: Maria Gabriele Sophie Gröger geb. Kallmus. Geb. 7. 2. 1848, Wien Leopoldstadt; gest. 16. 4. 1925, Gmunden. Verheiratet mit Franz Seraph Gröger (geb. 1839), einem Beamten der Anglo-Österreichischen Bank, mit dem sie zuerst in Wien, später in Zürich lebte. Deren Sohn Dr. Otto Gröger (geb. 4. 8. 1876, Reichenau, N.Ö.; gest. 19. 8. 1953, Gmunden) war Germanist und Titularprofessor an der Universität Zürich, Redakteur am *Idiotikon*, von 1934–1951 Chefredakteur. Werke u. a.: *Die althochdeutsche und altsächsische Kompositionsfuge*. Mit Verzeichnis der althochdeutschen und altsächsischen Composita (Dissertation 1908, veröffentlicht 1910); *Schweizerisches Idiotikon*. Wörterbuch der Schweizerdeutschen Sprache (begonnen von Friedrich Staub und Ludwig Tobler und fortgesetzt unter der Leitung von Albert Bachmann, Otto Gröger, Hans Wanner und Peter Dalcher, Frauenfeld 1881ff.); *Altschweizerische Schwänke*, aus einer Handschrift des Schweizerischen Idiotikons. Während des Ersten Weltkriegs fungierte die Adresse der Grögers in Zürich in der Weiterleitung von Briefen als kostbarer neutraler Briefkasten (Vgl. McGuinness, S. 50. Vgl. auch Briefe Ludwig Wittgensteins an Russell, in: *Ludwig Wittgenstein. Cambridge Letters*). Otto Grögers Frau Elisabeth war es auch, die sich an den Kardinalstaatssekretär im Vatikan wandte, um eine vorzeitige Entlassung Ludwig Wittgensteins aus dem Gefangenenlager Cassino zu erbitten. Als Grund gab sie Leopoldines Leid um drei verlorene Söhne an. Ludwig selbst wehrte sich jedoch vehement gegen eine Sonderbehandlung und bestand darauf, zugleich mit den anderen Kameraden im August 1919 nach Österreich zurückzukehren. (Vgl. McGuinness, S. 425f.)

299

S o f i e : Maria Sophia Aloisia Johanna von Bruckner geb. Kallmus: Geb. 13. 8. 1846, Wien Leopoldstadt; gest. 15.12.1903, Purkersdorf. Verheiratet mit Moriz Ritter von Bruckner. (Vgl. Kommentar zu „die junge Frau des Majors")

301   u n s e r e a l t e g r a n t i g e K i n d e r f r a u : Laut Brian McGuinness war ein Fräulein Elise 22 Jahre lang als Kinderfrau bei der Familie Wittgenstein beschäftigt. Nähere Daten nicht ermittelt.

303   G i m p e l : Vogelart aus der Familie der Finken, auch Dompfaff oder Blutfink genannt. Früher stellte der Gimpel ein Symbol für Tölpelhaftigkeit, Ungeschicklichkeit und Dummheit dar.

305   a l t e r a p a r s : die andere Seite.

306   V i l l a F i s c h e r : In Reichenau gab es 1904 sechs Villen, deren Besitzer Fischer hießen und vermieteten: In der Karl-Ludwig Straße, Hausnr. 134, befand sich das Hotel und die Pension von Johann Fischer, weiters die Dependance Johann Fischer (Hausnr. 29) und die Villa von Anna Fischer (Hausnr. 34). In der Eichengasse gab es die Villa Edmund Fischer (Hausnr. 90) und in der Haus-am-Steingasse die „Felsen-Villa" von Anna Fischer (Hausnr. 32) und die Villa „Bellevue" von Anna Fischer (Hausnr. 24). (Vgl. *Der klimatische Kurort Reichenau in Nieder-Österreich*, II. Auflage. Hg. von der Kurkommission Reichenau. Reichenau, 1904.)

308   S c h w a r z a : Fluss in Niederösterreich, der mit mehreren Quellwässern in nur 1000 bis 1600 m Höhe entspringt und im Verlauf des Höllentals zwischen Rax und Schneeberg fließt, bis er schließlich unter dem Namen Leitha in die Donau mündet.

T r a i s e n : Fluß in Niederösterreich, westlich von Wien. **308**
Südlicher Nebenfluß der Donau. Die Traisen entspringt mit
zwei Quellflüssen westlich von St. Aegyd am Neuwalde
(588m). Die Unrecht-Traisen fließt nach Norden durch
St. Aegyd und Hohenberg, die Türnitzer Traisen wendet sich
bei Türnitz nach einer kurzen Nordwestpassage Richtung
Nordost, beide Flüsse vereinigen sich bei Freiland. Dann
fließt die Traisen über Lilienfeld, Traisen, Wilhelmsburg,
St. Pölten, Herzogenburg und Traismauer zur Donau. Die
Mündung wurde nach dem Bau des Donaukraftwerks Grafenwörth ostwärts verlegt.

v o n s i e b e n w o h l g e r a t e n e n K i n d e r n : Johanna: **311**
Geb. 9.5.1924; gest. 7.8.2009; Ludwig: Geb. 29.5.1925, Wien;
gest. 30.9.2001, Wien; Franz: Geb. 11.7.1926; Paul: Geb.
28.12.1927; gest. 3.5.1992; Marianne: Geb. 28.12.1927; gest.
15.5.2002, Wien; Elisabeth: Geb. 29.9.1930; gest. 21.9.2002,
New York; Therese: Geb. 10.6.1938, Wien; gest. 12.12.2002,
Wien.

S c h o t t e n g y m n a s i u m s : Kaiserliches Gymnasium im **316**
10. Bezirk Wiens, an der Freyung, Nr. 6. 1775 gegründet,
wurde das Gymnasium 1801 von den Benediktinern übernommen. Eine der angesehensten und vornehmsten Lehranstalten Wiens, die auch Johann Strauß ab seinem elften
Lebensjahr für vier Jahre besuchte (von 1837–1841).

H a n n a , d i e Ä l t e s t e : Johanna, geb. 9.5.1924.

d r e i S ö h n e z u m W a f f e n d i e n s t : Vermutlich Ludwig, Franz und Paul von Stockert.

T h e r e s e : Das jüngste Kind von Marie und Fritz von Sto- **318**
ckert: Geb. 10.6.1938, Wien; gest. 12.12.2002, Wien.

321 Neffe von Mariechens Gatten: Nicht ermittelt.

Löwe'sche Ballade „Die Uhr": Vgl. Karl Loewe: „Die Uhr", op. 123, No 3, 1830. Ausgabe für mittlere Stimme. In: Carl Loewe: „Balladen, Gesänge und Lieder". St. Peter, Salzburg: Musikalisches Archiv, ca. 1880. S. 40–43.
Johann Karl Gottfried Loewe: Geb. 30. 11. 1796, bei Halle; gest. 20. 4. 1869, Kiel. Komponist. Kantor und Organist an der Jakobikirche in Stettin, Musiklehrer am Gymnasium sowie Städtischer Musikdirektor. Konzertreisen nach Wien, London, Frankreich und Norwegen. Loewe entwickelte die Ballade für Singstimme und Klavier zum dramatisch-epischen Tongedicht. Er schrieb ca. 400 Balladen, am bekanntesten die Balladen op. 1 (1818; „Edward" nach J. G. Herder, „Der Wirtin Töchterlein" nach Ludwig Uhland, „Erlkönig" nach Goethe), drei Balladen nach Goethe op. 20 (1832; „Das Hochzeitslied", „Der Zauberlehrling", „Die wandelnde Glocke"), „Heinrich der Vogler" (1836), „Archibald Douglas" (1858), „Tom der Reimer" (1867), sowie 17 Oratorien, sechs Opern, zwei Sinfonien, Kantaten, Kammermusik und Klaviersonaten.

„Sieh Herr, ich hab nichts verdorben [...]": Vgl. die Ballade „Die Uhr" von Johann Karl Gottfried Loewe. Der Text stammt von Johann Gabriel Seidl (1804–1875): „Ich trage, wo ich gehe, / Stets eine Uhr bei mir; / Wieviel es geschlagen habe, Genau seh ich an ihr. // Es ist ein großer Meister, / Der künstlich ihr Werk gefügt, / Wenngleich ihr Gang nicht immer / Dem törichten Wunsche genügt. // Ich wollte, sie wäre rascher / Gegangen an manchem Tag; / Ich wollte, sie hätte manchmal / Verzögert den raschen Schlag. // In meinen Leiden und Freuden, / In Sturm und in der Ruh, / Was immer geschah im Leben, / Sie pochte den Takt dazu. // Sie schlug am Sarge des Vaters, / Sie schlug an des Freundes Bahr, / Sie schlug am Morgen der Liebe, / Sie schlug am Traualtar. // Sie schlug an der Wiege des Kindes, / Sie schlägt, will's Gott, noch oft, / Wenn bessere Tage kommen, / Wie meine Seele hofft. // Und ward sie auch einmal träger, / Und drohte zu stocken ihr Lauf, / So zog der Meister immer / Großmütig sie wieder auf. // Doch stände sie einmal stille, / Dann wär's um sie geschehn, / Kein andrer, als der sie fügte, / Bringt die Zerstörte zum Gehen. // Dann müßt ich zum Meister wandern, / Der wohnt am Ende wohl weit, / Wohl draußen, jenseits der Erde, / Wohl dort in Ewigkeit! // Dann gäb ich sie ihm zurücke / Mit dankbar kindlichem Flehn: Sieh, Herr, ich hab nichts verdorben, / Sie blieb von selber stehn."

Nachwort
von Ilse Somavilla

Die Wittgensteins: Intellektualität, Ethos und Kultur

Auf Anregung ihrer Schwester Helene, begann Hermine Wittgenstein (1874–1950) im Juni 1944 eine Chronik der Familie zu verfassen, die sie im August 1944 auf der Hochreit, dem Landsitz der Wittgensteins in Niederösterreich, von Februar bis Mai 1945 in Gmunden fortsetzte und im Juli 1947 auf der Hochreit beendete.

Hermine war die Älteste der acht Kinder von Karl und Leopoldine Wittgenstein und wurde nach einer Figur von Fritz Reuters Roman *Ut mine Stromtid* („Das Leben auf dem Lande") Mining genannt. Sie blieb unverheiratet und wurde nach dem Tode der Eltern faktisch zum „Oberhaupt" der Familie, die sich um ihre jüngeren Geschwister auf mütterliche Weise kümmerte. Hermine war künstlerisch begabt, sie zeichnete und malte und legte gemeinsam mit ihrem Vater, dem kunstsinnigen Förderer der *Wiener Secession* und *Wiener Werkstatt*, eine Gemäldesammlung an. 1921 gründete sie eine Tagesheimstätte für „arme christliche Knaben", die sie bis zum 17.3.1938 aus eigenen Mitteln erhielt. Dort bekamen dreißig bis vierzig bedürftige Knaben Verpflegung, Nachhilfe- und Werkstätten-Unterricht.

Hermine stand ihrem Bruder Ludwig besonders nahe, der gegenüber Rush Rhees einmal bemerkte, dass sie unter seinen Geschwistern „bei weitem die *tiefste*" sei.[20] Als Hermine im Sterben lag, notierte er: „Ringsherum werden die Wurzeln abgeschnitten, an denen mein eigenes Leben

---

20 Vgl. Ludwig Wittgenstein. *Porträts und Gespräche*, hg. von Rush Rhees (Frankfurt: Suhrkamp, 1992), S. 7.

hängt. Meine Seele ist voller Schmerzen. Sie hatte vielseitiges Talent. Aber nicht nackt zu Tage liegend, sondern verhüllt; wie die menschlichen Eigenschaften liegen sollen." (MS 138, 25.2.1949).

Aus den bisher sich nur im Privatbesitz befindlichen *Familienerinnerungen* Hermines wurde zwar das Kapitel über Ludwig Wittgenstein der Öffentlichkeit zugänglich gemacht und daraus wie auch aus einzelnen weiteren Teilen der Chronik in der Wittgenstein-Literatur des öfteren zitiert. Die Nachfrage nach der Veröffentlichung der gesamten *Familienerinnerungen* war seither groß – dies nicht nur aus Interesse am Philosophen Ludwig, an seiner Rolle innerhalb der Familie und ihres möglichen Einflusses auf seine philosophischen Reflexionen, sondern auch im Hinblick auf die verschiedenen Familienmitglieder, die auf jeweils spezifische Art und Weise aus soziokultureller Sicht von unschätzbarer Bedeutung sind und von denen Hermine ein jeweils lebendiges Bild zeichnet.

Dabei zeigen sich trotz divergierender Wesenszüge, Charaktereigenschaften, Interessen und unterschiedlicher Lebensweisen Parallelen, die als „Familienähnlichkeiten" betrachtet werden können – ein Begriff, den Ludwig Wittgenstein in den *Philosophischen Untersuchungen* ausführlich thematisiert.

Insbesondere lässt sich ein ausgeprägtes Interesse an Kultur sowie ein soziales Engagement beobachten, das sich über alle vier Generationen hin erstreckt und in diversen karitativen Tätigkeiten sowie freundschaftlichen Kontakten zu Literaten, Künstlern und Musikern seinen Ausdruck findet.

Obgleich Hermine aus sehr persönlicher und dabei subjektiver Sicht schreibt, ihre Art der Darstellung durchaus auch der Kritik bedarf,[21] sollte mit Berücksichtigung des familiären und historischen Umfelds der damaligen Zeit der Wert ihrer Aufzeichnungen nicht herabgesetzt werden. Natürlich gibt es – wie bei allen (Auto)Biographien, überhaupt jeglichen Genres von Literatur – verschiedene Lesarten, unterschiedliche Weisen der Interpretation, sowohl im Hinblick auf die Darstellung als auch auf die Autorin selbst – ihre mögliche Intention wie Suche nach Identität im Schreiben und im Beschreiben Anderer, die wie eine Art Spiegel ihrer selbst und ihrer Vorstellungen von einer konfliktfreien Familie erscheinen. Insofern könnte stets der Vorwurf des Mangels an Wahrhaftigkeit, Authentizität erhoben werden – Aspekte, die Ludwig als wesentlich für das Verfassen einer Autobiographie erachtete.

„Etwas in mir spricht dafür meine Biographie zu schreiben und zwar möchte ich mein Leben einmal klar ausbreiten um es klar vor mir zu haben & auch für andere. Nicht zu sehr um darüber Gericht zu halten als um jedenfalls Klarheit & Wahrheit zu schaffen." (MS 108, 47; 28.12.1929)

Etwas später, am 1. Juli 1931, notiert er in den *Philosophischen Bemerkungen*:

„In meiner Autobiographie müßte ich trachten mein Leben ganz wahrheitsgetreu darzustellen & zu verstehen. So

---

21 Selbst Nachkommen der Familie Wittgenstein stehen Hermines Chronik kritisch gegenüber: Thomas Stonborough, der Erstgeborene von Margaret, bezeichnete diese als eine „Legende" der Tante; Cecilia Sjögren betrachtete die Beschreibung der Familienmitglieder als zu idealisierend und nicht zeitgemäß. Ihre Mutter Clara Sjögren hätte hingegen ihren Kindern allabendlich mit Begeisterung daraus vorgelesen. Unter der jüngeren Generation lässt sich wiederum eine positive Aufnahme konstatieren, so sieht Stephan Stockert die *Familienerinnerungen* als ein wertvolles Band, das die verstreut lebenden Verwandten näher zusammenführen könnte – ähnlich der Treffen auf der Hochreith in Niederösterreich. (Vgl. Nicole Immler, *Das Familiengedächtnis der Wittgensteins*, S. 305f.)

darf meine unheldenhafte Natur nicht als ein bedauerliches Akzidens erscheinen, sondern eben als eine wesentliche Eigenschaft (nicht eine Tugend)." (MS 110, 252)

Abgesehen davon, dass Ludwig eine Autobiographie vorhatte, Hermine hingegen eine Art Biographie ihrer Familie, nicht *ihres* persönlichen Lebens – obgleich dieses als Teil der Familie als gemeinschaftliches „Gedächtnis" zu sehen ist –, darf im Hinblick auf Ludwigs hohe Meinung über seine Schwester angenommen werden, dass es ihr nicht an den geforderten Voraussetzungen wie das Bemühen um Wahrheit und Klarheit mangelte, sondern sie in diesem Geiste die Chronik ihrer Familie zu verfassen sich bemühte. Nicht zu vergessen ist auch die Tatsache, dass sie keine Veröffentlichung im eigentlichen Sinn anstrebte, sondern vielmehr die Absicht, die älteren Generationen für die Nachkommen der Familie in Erinnerung zu behalten. Dass sie die Konflikte und Spannungen innerhalb der Familie mehr oder weniger verschwieg, mag zum einen an ihrer zurückhaltenden Art, zum anderen auch in einem Bedürfnis nach Harmonie gelegen haben – Immler würde sagen, dem Bedürfnis nach ihrer Identität, die sie mittels der Identität der Familie suchte, um in der Folge ein ihren Vorstellungen entsprechendes Familiengedächtnis für die späteren Generationen herzustellen.

Aufgewachsen in einer behüteten, auf schön-geistige Dinge gerichteten Umgebung, besaß sie zweifellos eine realitätsferne Wahrnehmung der Umwelt, die, wie sie selbst bekennt, ihr während der Zeit des Nationalsozialismus beinahe zum Verhängnis geworden wäre.

Es ist nicht meine Absicht, in diesem Nachwort auf die Thematik von Erzählweisen im Zusammenhang mit Formen des Narrativen in Bezug auf das Familiengedächtnis im Sinne einer historisch-kritischen Untersuchung näher einzugehen – Immler hat sich damit detailliert auseinandergesetzt –, sondern es geht hier in erster Linie um die Frage nach dem *gemeinsamen Erbe* der Familie Wittgenstein – einem Erbe, das ich in kultureller, intellektueller und ethischer Hinsicht sehe. Eine Frage, die zwar unleugbar mit der Thematik Familiengedächtnis zu tun hat, doch hier nicht als Gegenstand einer begrifflichen Erörterung, sondern anhand von Beispielen aus verlässlichen Quellen wie Briefen, Tagebuchaufzeichnungen und weiteren Berichten zur Diskussion gestellt werden soll.

Ethos, Intellektualität und *Kultur* – dies waren meines Erachtens die hervorstechendsten Aspekte, die bei allen Unterschieden die Familie Wittgenstein in ihren vielfältigen Bestrebungen und Tätigkeiten – in ihrer Lebensweise – bestimmten und prägten. Dabei ist ihr kulturelles Engagement nicht als „gesellschaftliche Erscheinung" abzutun, wie es häufig den kulturellen Veranstaltungen der Wittgensteins unterstellt wird – sozusagen als Sitte des aufstrebenden Großbürgertums im Wien der damaligen Zeit[22] – sondern es war deren *große Begeisterung* für das Geistige, für die Kunst, für die Musik. Wie auch Bruno Walter konstatierte: „Der eigentlichen Wiener ‚Gesellschaft' bin ich bis auf wenige Ausnahmen aber fern geblieben. Eines der musikergebenen Wiener patrizischen Salons muß ich aber gedenken, des Hauses Wittgenstein in der Alleegasse. Die Wittgensteins setzten die edle Tradition jener tonangebenden Wiener Kreise fort, in denen die Künste und Künstler seit jeher ‚Protektion' gefunden hatten und nicht nur aus dem Gefühl der Verpflichtung durch ihre gesellschaftliche Prominenz, sondern aus echter Kunstbegeisterung." Und er fährt fort: „Daß mich die Familie Wittgenstein an ihr Herz genommen

---

22 Vgl. Birgit Schwaner, *Die Wittgensteins. Kunst und Kalkül*, S. 85.

hatte, war mir ein beglückendes und symbolisches Erlebnis. Ich fühlte mich bestätigt in meinem Gefühl der Zugehörigkeit zu dem kulturgeschichtlichen Kreis, an dessen ‚Legitimität' ich von je geglaubt hatte."[23]

In karitativer Hinsicht ist bereits der Urgroßvater Hermines – Moses Meier Wittgenstein – zu nennen, dessen Haltung sich in Form von großzügigen Spenden äußerte. Demnach finden sich auf seinem Grabstein am jüdischen Friedhof von Korbach folgende Zeilen in Hebräisch: „Hier ruht ein redlicher Mann" sowie dass er am 3.1.1822 „in gutem Ruf" gestorben sei. Die Inschrift auf dem Grabstein von Ahron Meier Moses, dem Großvater von Moses Meier-Wittgenstein und Sohn von Meier Moses, lautet: „Hier ruht der Vornehme, Einflussreiche, unser Lehrer Herr Ahron Meier, Sohn des Vornehmen und Einflussreichen Moses sel."[24]

Auch Jakob, der Sohn des ältesten Sohnes Simson (1788–1853) von Moses Meier Wittgenstein, hatte immer wieder großzügig für Bedürftige gespendet. Nach seiner Scheidung und dem Tod seines einzigen Kindes setzte er im Jahre 1890 seinem Leben freiwillig ein Ende; zuvor hatte er jedoch bestimmt, dass sein Barvermögen der Stadt Korbach übergeben werde – mit der Bedingung, dass das Geld für den Bau eines Altersheimes für alte, mittellose Personen verwendet werden sollte. So entstand die „Jakob-Wittgenstein-Altersversorgungsanstalt", die in den Jahren 1892–1894 gebaut wurde. Gemäß dem Wunsch des Stifters konnten in den ersten Jahrzehnten dort Personen aus den ärmeren Bevölkerungsschichten weitgehend unentgeltlich untergebracht werden.[25] „Tze-

---

23 *Thema und Variationen*. Erinnerungen und Gedanken von Bruno Walter. Stockholm: Bermann-Fischer Verlag, 1947, S. 227f.
24 Vgl. Birgit Schwaner, S. 17f.
25 Vgl. http://www.alemannia-judaica.de/korbach_synagoge.htm. Zugriff am 8.4.2014.

daqa", "Tzedaka" oder "Zedaka" (leitet sich vom hebräischen Wort für "Gerechtigkeit" ab, wird aber zumeist mit "Wohltätigkeit" übersetzt), d.h. die Fürsorge für Notleidende, Arme und Kranke, ist ein jüdisches Gebot und spielt in der jüdischen Tradition eine wichtige Rolle, wobei Frauen und Männer ihr gleichermaßen verpflichtet sind. Während der Gründerzeitjahre in Wien stifteten Großbürger und Fabrikanten jüdischer Herkunft einen Teil ihres Vermögens für den Aufbau sozialer Institutionen, wie für Waisen- oder Krankenhäuser. (Vgl. Schwaner, S. 20). Auch die Wittgensteins spendeten großzügig für karitative Zwecke, taten sich damit aber nicht hervor, sondern hielten ihre Spenden geheim – eine Haltung, die der dritten Stufe der Tzedaqa nach Maimonides entspricht.

Die Reihe großzügiger, doch vor der Öffentlichkeit geheim gehaltener Spenden der Wittgensteins für gemeinnützige Zwecke in sozialer wie kultureller Hinsicht lässt sich über Generationen hinweg verfolgen: Louis (Ludwig) Wittgenstein, Hermines Onkel, finanzierte maßgeblich die Pflegeanstalt "Bellevue" in Wien, für an Knochentuberkulose erkrankte Kinder, und seine Nichte und Adoptivtochter Marie (Mitze) Salzer arbeitete dort für viele Jahre, dies u. a. unter der Leitung ihres Bruders, des Chirurgen Hans Salzer. Außerdem war Louis Wittgenstein von 1899 bis 1925 Obmann des Evangelischen Waisenversorgungsvereins in Wien und deckte dabei "nicht nur immer wieder Fehlbeträge in aller Stille", sondern errichtete für den Verein auch mehrere Mietshäuser.[26] Anlässlich einer Sitzung im Wiener Gemeinderat wurde er zum "Wohltäter der Menschheit" ernannt.[27] Nach seinem Tod folgte ihm sein Neffe August Pott als Obmann des Vereins.

Karl Kupelwieser, der Mann von Bertha Kupelwieser geb. Wittgenstein, setzte sich in großzügiger Weise für meh-

---

26 Vgl. EWV, *Historie*, anlässlich der 150-Jahr-Feier am 20. März 2011.
27 Auskunft von Dr. Dorothea Salzer, 26.1.2015.

rere Institutionen ein, u. a. errichtete er aus eigenen Mitteln eine landwirtschaftliche Schule in Pyrha und eine biologische Station für Plankton-Forschung in Lunz; 1910 baute er das Radiuminstitut in Wien und übergab es „eingerichtet" der Akademie der Wissenschaften. Diese wiederum wurde später von Margaret und Jerome Stonborough finanziell nahezu zur Gänze erhalten und nach dem Ersten Weltkrieg buchstäblich vor dem finanziellen Ruin gerettet.

Und als Ludwig Wittgenstein sich entschloss, für „unbemittelte österreichische Künstler" des *Brenner* eine Summe von 100.000 Kronen zu spenden, schrieb er am 19.7.1914 an Ludwig von Ficker, dass es bei der Erbschaft eines großen Vermögens „Sitte" sei, eine „Summe für wohltätige Zwecke herzugeben".[28] Ganz in der Tradition der Familie wollte auch er bei den Empfängern seiner Spende nicht namentlich genannt werden.[29]

Moses Meier nahm um 1808 den Namen Wittgenstein an – vermutlich, da dessen Arbeitgeber ein Graf zu Sayn-Wittgenstein-Hohenstein war, bei dem er eine Zeitlang als Gutsverwalter diente, und es damals für Juden üblich, ja durch ein Gesetz Napoleons verpflichtend war, einen nicht-jüdischen, d.h. den restlichen – christlichen – Einwohnern gleichenden Familiennamen anzunehmen. Joseph II. von Österreich hatte bereits 1787 ein ähnliches Gesetz verordnet. Oft nahmen jüdische Familien den Namen ihres Ortes an – wie die Oppenheimers aus dem Städtchen Oppenheim, und so wäre es

---

28 Vgl. *Ludwig Wittgenstein, Briefe an Ludwig von Ficker*, S. 12.
29 Vgl. dazu einen Brief Rainer Maria Rilkes an Ludwig von Ficker, in dem er Ludwig Wittgenstein als „unbekannten Freund" und „unbekannten Helfer", doch „verwandten Geist" eine Abschrift seiner damals noch unveröffentlichten *Duineser Elegien* als Dank für seine großzügige Unterstützung zukommen ließ. (Vgl. Ludwig von Ficker, *Briefwechsel 1914–1925*. Innsbruck: Haymon, 1988, S. 26f.)

auch möglich, dass Moses Meier sich mit der Wahl des Namens Wittgenstein auf das „Wittgensteinerland" bezog, wo er wohnte. Er und seine Frau Brendel geb. Simon hatten vier Kinder und Hermann Christian, der Jüngste, wurde später zu einem wohlhabenden Wollhändler.

Nach ihrer Kindheit und Jugend in Korbach übersiedelten Hermann Christian Wittgenstein und sein Bruder Richard Simon im Jahre 1839 mit ihrem gemeinsam betriebenen Wollhandel nach Gohlis bei Leipzig. Im selben Jahr, im Alter von 37 Jahren, heiratete Hermann die um zwölf Jahre jüngere Fanny Figdor, Tochter eines angesehenen Wollhändlers namens Wilhelm Figdor (1793–1873).

Die Firmen Wittgenstein und Figdor schlossen sich zusammen und Hermann konvertierte zum Protestantismus, dessen Ideal einer rigiden Lebensweise er verfolgte und seine elf Kinder danach erzog. Er verkörperte dabei das Bild des protestantischen Deutschen – arbeitsam, rechtschaffen, genügsam, streng. Darüber hinaus legte er großen Wert auf eine geistig-kulturelle Erziehung seiner Nachkommen, die Zeichen- Mal- und Musikunterricht von bedeutenden Persönlichkeiten wie Ferdinand Laufberger, Friedrich Wieck und Josef Gänsbacher erhielten. Bereits in früher Jugend wurde die Lektüre von namhaften Schriftstellern gepflegt und somit das Interesse an Literatur und Kunst gefördert, das, wie sich später zeigen sollte, bestimmend für weitere Generationen der Familie Wittgenstein war.

Im Jahre 1851 verlegte Hermann Wittgenstein seinen Wohn- und Geschäftssitz nach Österreich, wo er und seine Familie im Wien der Habsburger-Monarchie nun mit einer ganz anderen Gesellschaft, deren Lebensweise und Kultur konfrontiert wurden – mit deren Heiterkeit wie auch Melancholie, wobei letzteres sich um die Jahrhundertwende verstärken und zu tragischen Existenzen und Ereignissen führen sollte.

Die von Hermine beschriebenen Kontakte der Generation ihrer Großeltern zu Schriftstellern und Musikern wie Friedrich Hebbel, Franz Grillparzer, Joseph Joachim u. a. intensivierten sich in der nachfolgenden Generation – im sogenannten „Palais Wittgenstein"[30] in der Alleegasse, später Argentinierstraße, wo Hermann Wittgensteins Sohn Karl mit seiner Frau Leopoldine genannt Poldy und den acht Kindern residierte. Johannes Brahms, Gustav Klimt, Pablo Casals, Clara Schumann, Josef Hoffmann, Marie Soldat-Roeger, Marcella Pregi, Marie Baumayer und zahlreiche weitere bekannte Persönlichkeiten aus kulturellen und wissenschaftlichen Kreisen Wiens waren häufig gesehene Gäste, für die musikalische Veranstaltungen oder Feste anderer Art organisiert wurden.

Das kulturelle Interesse erstreckte sich jedoch nicht nur auf diese Kontakte, sondern fand seinen Niederschlag in kreativer Tätigkeit sowie künstlerischer Begabung einzelner Familienmitglieder: Bereits der zumeist in Oberalm nahe Hallein in Salzburg lebende Paul Wittgenstein, den Hermine in ihrer Chronik als ausgesprochene „Künstlernatur" beschreibt, schuf beachtenswerte Zeichnungen und Porträts, u. a. von Brahms. Dessen Neffe Paul wurde später über die Grenzen Österreichs hinaus als einarmiger Komponist bekannt, und sein früh verstorbener Bruder Hans – ein „musikalisches Wunderkind" – war laut dem Pianisten Julius Epstein (1832–1926) ein Genie. Doch auch von Leopoldine Wittgenstein wird berichtet, dass sie eine begabte Pianistin war, die zwar nicht öffentlich auftrat, doch im Haus u. a. mit Bruno Walter vierhändig spielte. Häufig wurden von den Familienmitgliedern Theaterstücke aufgeführt oder musikalische Abende organisiert.

---

30 Nur von Außenstehenden oder Freunden wurde das Haus in der Alleegasse als „Palais" bezeichnet, innerhalb der Familie lediglich als „Alleegasse".

Im Gegensatz zu dem – trotz ausgeprägtem kulturellen Engagements und Einsatzes für verschiedene Künstler – in wirtschaftlicher Hinsicht so erfolgreichen Karl Wittgenstein, der sich vom jugendlichen Ausreißer zu einem der mächtigsten Industriellen der k.u.k. Monarchie Österreichs emporgearbeitet hatte, waren seine Söhne von vorwiegend musischer Begabung und zeigten kein Interesse, die Firma ihres Vaters zu übernehmen. Von übersensibler Natur und dem Bewusstsein, die Erwartungen ihres Vaters nicht zu erfüllen, konnten Hans und Rudolf, die ältesten Brüder, ihren eigentlichen, künstlerischen Neigungen nur eingeschränkt nachkommen,[31] was offenbar zu einem Gefühl des Scheiterns führte, dem sie nicht standhielten und sich daher das Leben nahmen. Da auch der heiter veranlagte Kurt (so in der Wahrnehmung der Familie) sich im Jahre 1918 an der italienischen Front am Piave das Leben nahm und Paul und Ludwig Berichten und persönlichen Aufzeichnungen zufolge immer wieder an Selbstmord dachten, stellt sich die Frage, ob der Hang zur Schwermut und eine Art Todessehnsucht nicht in deren Wesen begründet waren. Bereits einer der Vorfahren – Jakob Meier, ein Neffe von Hermann Christian –, hatte, wie erwähnt, freiwillig seinem Leben ein Ende gesetzt, und auch Lydia Siebert geb. Wittgenstein sowie Ernst Kupelwieser, ein Sohn von Bertha Kupelwieser geb. Wittgenstein, unternahmen diesen Schritt. Doch es ist schwierig, die wahren Ursachen für die mehrfach aufgetretenen Suizide zu finden: Im Fall der Brüder Hans und Rudolf wird häufig der überdurchschnittlich starke, mächtige Vater Karl als Grund verantwortlich gemacht,

---

31 So soll laut Margaret Hans heimlich im Keller komponiert haben – aus Angst, sein Vater würde diese Tätigkeit missbilligen – und Margaret hielt „Wache", um ihren Bruder zu schützen. (Mitteilung von Pierre Stonborough). Rudolf, der bereits als Kind auffallend verängstigt wirkte, später großes Interesse für Literatur besaß, studierte auf Wunsch seines Vaters in Berlin Chemie, was ihn offenbar nicht erfüllte.

für sein angebliches Versagen in der Erziehung, dem Drängen zu einer mathematisch-technischen Ausbildung, um seinen Fußstapfen zu folgen und seine beruflichen Erfolge weiter zu führen. Hermine, die ihren Vater verehrte und in heiklen Angelegenheiten ihrer Familie sich, wie erwähnt, insgesamt äußerst distanziert verhält, sah zwar die große Diskrepanz zwischen den Erwartungen ihres Vaters und den musischen Neigungen seiner es an „Lebenskraft und Lebenswillen" mangelnden Söhne, weist aber eher auf ein erzieherisches Versagen ihrer schwachen Mutter hin. Fest steht, dass diese vor allem für ihren Mann jederzeit zur Verfügung stand und auch er für sie mehr Zeit und Interesse als für seine zahlreichen Kinder aufzubringen schien, für deren Bildung zwar Musik- und Zeichenunterricht, Konzerte und Theateraufführungen organisiert wurden, sie aber sonst diversen Lehrern und Kinderfrauen überlassen wurden. Doch es wäre gewagt und ungerechtfertigt, im Falle der Suizide die Eltern zur Rechenschaft zu ziehen. Vielmehr scheinen hier Erwartungen eines energiegeladenen, wirtschaftlich hochbegabten Mannes auf gänzlich gegenteilige, offenbar von der musisch und sanftmütig veranlagten Mutter vererbten, Eigenschaften der Kinder gestoßen zu sein. Dass dies zu Gefühlen des Versagens geführt haben mag, wäre bei dem ausgeprägten Pflichtgefühl der Wittgensteins nicht verwunderlich.

Allerdings zeichnet Margaret im Gegensatz zu Hermines Darstellung einer mehr oder weniger harmonischen Kindheit ein eher negatives Bild. Sie vermisste „Zärtlichkeit, Wärme & Gemütlichkeit" und sah die Erklärung zum Teil darin, dass ihre „Gemütsart" von der ihrer „ganzen übrigen Familie & Umgebung grundlegend verschieden war". Anderseits betont sie auch das Gute – wobei sie vermutlich Bildung bzw. kulturelle, insbesondere musikalische Impulse meint, sowie auch den ethisch-moralischen Aspekt, dessen Strenge sie jedoch im Vergleich zum Aspekt der Liebe und Güte in Frage stellt:

> Wenn ich auf meine Kindheit zurückblicke so überwältigt mich einmal der Gedanke, wie viel an uns gesündigt worden ist. So schlecht ist kaum je jemand erzogen worden lieblos ohne die geringste Unterstützung im Guten oder Förderung der Begabungen & dann gleich darauf überwältigt mich wieder der Gedanke wie viel Gutes wir von zuhause mitbekommen haben. Ja so schlecht ist kaum je ein Mensch erzogen worden. Ja so reich ist kaum jemand ausgestattet worden. Beides ist wahr.
> In einem Athem möchte ich sagen: So schlecht ist kaum je ein Mensch erzogen worden & so reich ist kaum je einer ausgestattet worden.
> Ja was ist wichtiger Liebe & Güte oder Selbstzucht.[32]

Selbstzucht scheint in der Tat im Vordergrund der Familie gestanden zu haben, wie auch Ludwigs Reflexionen über moralische Fragen belegen, während das Bedürfnis nach Liebe und Güte in seinen Tagebuchaufzeichnungen und Briefen deutlich wird.

Aus Margarets Briefen an ihre Mutter und Geschwister – wie auch umgekehrt aus deren Briefen – geht jedoch uneingeschränkte Liebe hervor, so dass man den Eindruck einer engen und herzlichen Beziehung der einzelnen, wenn auch noch so heterogenen, Familienmitglieder zueinander gewinnt.

Von erschwerendem Einfluss auf das Gemüt der Wittgensteins mag die angespannte geistige Atmosphäre des Wien des *fin de siècle* mit dem zunehmenden geistig-kulturellen Niedergang gewesen sein. Unter den Kritikern dieser Zeit wie Karl Kraus, Adolf Loos und Arnold Schönberg war es vor allem Otto Weininger, der in aller Radikalität den Verfall der Moral anprangerte und infolge seines vermeintlich persönlichen

---

32 Vgl. Margarets Notizen und Entwürfe im Nachlass Margaret Wittgenstein-Stonborough.

Scheiterns im Anspruch an „höchste Sittlichkeit", die er mit Genialität verband,[33] sich am 4.10.1903 in seiner Wohnung im Sterbehaus Beethovens in Wien das Leben nahm. Ludwig soll angeblich im Alter von vierzehn Jahren an Weiningers Begräbnis teilgenommen haben und seine frühen philosophischen Aufzeichnungen tragen bemerkenswerte Spuren von Weiningers Denken. Doch hielt er in späteren Jahren zu diesem kritische Distanz. Ob sein Bruder Rudolf, der sieben Monate nach Weiningers Selbstmord ebenso den Freitod wählte, von dessen ethischem Rigorismus beeinflusst wurde, bleibt dahin gestellt. Vermutlich spielten Heimweh und der Widerspruch zwischen seiner Neigung für Musisches, insbesondere für die Literatur, und den Erwartungen seines Vaters in beruflicher Hinsicht, eine Rolle. In einer Bar in der Brandenburgstraße in Berlin, soll er zu den Klängen seines Lieblingsliedes „Verlassen bin ich..." Zyankali genommen und darauf – trotz medizinischer Hilfe – verstorben sein. – Ein Beispiel ergreifender Heimatlosigkeit, existentieller Ausweglosigkeit und Verzweiflung.

Und doch genügen all diese Faktoren nicht, um die Tragik der Familie zu erklären. Mit ein Grund für die „Wittgensteinsche Schwermut" dürfte, abgesehen von deren ausgeprägter Sensibilität, in dem hohen ethischen Anspruch gelegen haben, den sie vor Augen hatten und dem sie mit allen Kräften nachzukommen sich bemühten.

Das Streben nach Anständigkeit war bereits zu Zeiten der Großeltern-Generation vorhanden, und lässt sich in den nach-

---

33 Vgl. Otto Weininger: *Geschlecht und Charakter*. Eine prinzipielle Untersuchung (Wien und Leipzig: Wilhelm Braumüller, 1912), S. 236. Weininger sah den Wunsch nach Glück als unvereinbar mit dem Genie, welches nicht nach Glück, sondern nach Sittlichkeit streben sollte. Denn Genialität sei identisch mit universeller Verantwortlichkeit. Daher werde das Genie, das statt Sittlichkeit das Glück wolle, zum Irrsinnigen. (Vgl. ebenda, S. 236f.)

folgenden Generationen weiterhin beobachten.³⁴ Insbesondere um die Jahrhundertwende und danach, war „Anständigkeit" ein vielbeachteter Begriff, der nicht nur in Ludwigs Schriften immer wieder vorkommt, sondern auch bei dessen Freunden wie Paul Engelmann, Ludwig Hänsel und Rudolf Koder. Von der ersten Begegnung mit Ludwig berichtete Engelmann, dass dieser sich bei seiner Mutter mit den Worten „Gnädige Frau, ich bin ein schlechter Mensch" vorgestellt und ihn damit tief beeindruckt habe.³⁵ Denn auch Engelmann empfand sich als nicht „anständig" genug, sondern – ähnlich Wittgenstein – als „moralisch schlecht." Der Briefwechsel der beiden zeigt deutlich deren Kämpfe und Bemühungen um unbedingte „Anständigkeit" – ein Thema, das auch aus Briefen und Tagebuchaufzeichnungen Margarets hervorgeht. In der Erziehung ihrer Kinder war es ihr beispielsweise das Wichtigste, dass aus ihnen „anständige Menschen" würden, alles andere sei ihr „wurscht".

Und ganz in Wittgensteinscher Manier unterzieht sie sich selbst einer tiefgehenden Analyse, wobei sie sich ihre Entferntheit von dem ihres Erachtens rechtem Weg eingesteht. Ähnlich Ludwig, der durch die Härte des Krieges zu sich selbst zu kommen und ein besserer Mensch zu werden hoffte, schwebt ihr eine Änderung durch einen Schicksalsschlag vor:

> Es wäre so gesund für mich, wenn mich das Schicksal mit einem kräftigen Fußstoß von der weltlichen Höhe herunter stieße von der ich, wie ich fürchte nie freiwillig herunter zu kriechen den Mut haben

---

34 In Karl Wittgensteins Artikeln in der *Neuen Freien Presse* kommt häufig das Bild des „anständigen" Mannes vor. Vgl. auch einen Brief von Hermine an Ludwig vom 1.7.1929, in dem sie u. a. schreibt, dass man sich bei Tanta Clara „nicht gehen lassen" dürfe, worin Hermine die Ähnlichkeit mit ihrem Vater sieht. Denn zur „Anständigkeit" gehörte Härte mit sich selbst.
35 Vgl. Paul Engelmann, JNUL, Dossier 233, zit. nach Wijdeveld, S. 48.

werde, dann würde vielleicht, freilich auch nur vielleicht, ein Mensch aus mir. So wie es jetzt ist sehe ich zwar den rechten Weg ziemlich genau aber ich kann mich nicht entschließen ihn zu gehen sondern bleibe in dem Wagen sitzen, der mich wol (sic!) mit Gewissensbissen aber ohne Anstrengung eine andere Straße führt. Wenn mich die lange einsame Liegerei schon nicht bessert so lehrt sie mich doch mich selbst klarer erkennen.[36]

Von sensiblem Wesen und musischer Veranlagung war auch die aus der Familie Kallmus stammende Mutter Leopoldine und ihre Haltung und Handlungen orientierten sich an einem ebenso hohen Ethos, dem sie in beispielloser Radikalität – in Hingabe ihrem Gatten, ihrer Mutter oder den Kindern gegenüber – nachging. Die an ihr von Hermine beschriebene Schonungslosigkeit mit sich selbst sowie die kompromisslose Konsequenz in der Verfolgung hoch gesteckter Ideale zeigt sich auch bei Paul, der nach Verlust seines rechten Armes im Ersten Weltkrieg nach seiner Genesung nicht nur wieder einrückte, sondern im Anschluss daran seine musikalische Karriere mit nur einem Arm fortsetzte. Es war seine Art, mit diesem Schicksal umzugehen – seine *Philosophie*, damit fertig zu werden, nach der sein Bruder Ludwig fragte, als er von der Verwundung Pauls erfuhr:

„Immer wieder muss ich an den armen Paul denken der so plötzlich um seinen beruf gekommen ist! Wie furchtbar. Welcher philosophie würde es bedürfen darüber hinweg zu

---

36 Aus dem Tagebuch von Margaret Stonborough vom 11.10.1917. (Nachlass Margaret Stonborough-Wittgenstein) Zu der Zeit hielt sich Margaret aufgrund ihres Herzleidens für ein paar Monate in der Schweiz auf und musste viel liegen.

kommen! Wenn dies überhaupt anders als durch selbstmord geschehen kann!!"[37]

Allein die Alternative zwischen Philosophie oder Selbstmord zeigt, welche Möglichkeiten für Schicksalsschläge in Aussicht gestellt wurden – Möglichkeiten, die nicht nur Ludwig in Erwägung zog, sondern – wie die Geschichte weiterer Familienmitglieder belegt – als deren Kennzeichen darin zu sehen ist, zwischen Tod oder Philosophie bzw. einer sinnvollen, erfüllenden Beschäftigung zu wählen. Dazu gehören ein außerordentliches Maß an Mut und Willensstärke, Energie und Härte mit sich selbst – Eigenschaften, die man beim Vergleich der zahlreichen Geschwister neben deren ausgeprägter Sensibilität, Intellektualität und deren hohem Ethos meines Erachtens als „wittgensteinisch" bezeichnen könnte.[38]

Auch Ludwig verfuhr schonungslos mit sich, wenn es um Werte wie Pflichterfüllung bis zum Streben nach Vervollkommnung in ethischer Hinsicht ging. Sein Hang zur Askese – im Leben wie im Umgang mit Sprache d.h. im Abfassen seiner auf das Wesentliche reduzierten Schriften – ist bekannt. Marie Pott, eine Schwester von Karl, die nach der Scheidung von ihrem Mann zwei ihrer Söhne auf tragische Weise verlor, bewies beispiellose Tapferkeit und Willensstärke in der Annahme dieser Schicksalsschläge.

Selbstlosigkeit im Dienste Anderer lässt sich, wie aus Hermines Chronik zu entnehmen ist, bei einer Reihe weiterer Familienmitglieder feststellen: Clara, die von allen verehrte

---

37 Tagebucheintragung in Code, MS 101, 28.10.1914. Wittgensteins eigenwillige Schreibweise einschließlich seiner spezifischen Groß- und Kleinschreibung wird hier und im Folgenden originalgetreu beibehalten.
38 McGuinness wiederum nannte das „Schlagfertige" und „Nervös-Tatkräftige" als „wittgensteinische Merkmale. (Vgl. McGuinness, *Wittgensteins frühe Jahre*, S. 30.)

und geliebte Tante, engagierte sich nicht nur während des Ersten Weltkriegs durch Aufnahme und Versorgung von Soldaten, sondern war stets um das Wohl Bedürftiger oder in anderer Schwierigkeiten geratener Menschen bemüht. Hermine pflegte Verwundete in der k.k. Krankenanstalt Rudolf-Stiftung und Helene betätigte sich durch namhafte Spenden und Veranstaltungen verschiedenster Art. Sie gründete aus eigenen Mitteln eine Nähstube, in der von Kriegsbeginn an zehn bedürftige Frauen Wäsche für Kriegsspitäler nähten. Margaret eröffnete in Gmunden ein Lazarett für 80 bis 100 Mann, doch dies genügte ihr nicht, sie wollte „körperlich & geistig" ihr „äusserstes tun", während sie bloße Geldspenden für die Kriegsopfer als eine Art „gesellschaftliche Wo[h]ltätigkeit hinauslaufen sah, die ihr „schrecklich fatal" war.[39]

Ihr beispielloser Einsatz für die Not Anderer zeigte sich auch später, als sie in verschiedenen amerikanischen Städten Vorträge über das Elend der Kriegsopfer in Österreich hielt und gemeinsam mit dem späteren Präsidenten Hoover eine Initiative startete, die den von Hunger bedrohten Kindern in Österreich Kondensmilch zukommen ließ.

Ludwig nahm trotz Freistellung wegen eines Leistenbruchs am Ersten Weltkrieg teil; während des Zweiten Weltkriegs betätigte er sich zunächst im Guy's Hospital in London, wo er als Bote Medikamente von der Apotheke auf die Stationen bringen musste; anschließend wurde er als Techniker in einem Labor eingesetzt, wo er u. a. Lassarsalbe für die dermatologische Abteilung mischte. Später arbeitete er in Newcastle im Rahmen eines von Basil Reeve und Dr. Grant geführten Projekts über den bei akuten traumatischen Verletzungen auftretenden „Wundschock". Es war Ludwig ein persönliches Anliegen, die „leblose" Atmosphäre des College mit der gefährlichen Arbeit

---

39 Vgl. Margarets Brief an Hermine vom 22. 8. 1914. (Nachlass Margaret Stonborough-Wittgenstein)

in einem vom Krieg betroffenen Krankenhaus einzutauschen. (Vgl. Monk, S. 461) Philosophie zu unterrichten, während die Welt sich im Krieg befand, wäre ihm unerträglich gewesen.

Neben der ausgeprägten Hilfsbereitschaft besaßen mehrere Wittgensteins auch den Hang, Andere zu belehren und zu bessern – ein Hang, der vor allem Tante Clara, Margaret und Ludwig zu eigen war. Diese Neigung ging Hand in Hand mit dem Wunsch, Anderen zu helfen, ihren Weg zu finden. Während seiner Volksschullehrerzeit bemühte sich Ludwig, besonders begabte Schüler weiterhin zu fördern und als es mit einem davon Schwierigkeiten gab, engagierte sich auch Margaret dafür, die sich besonders für schwererziehbare, straffällig gewordene Jugendliche einsetzte.

Somit wird an mehreren Mitgliedern der Familie Wittgenstein das sichtbar, was Ludwig als Ausdruck *ethischen Handelns* sah, doch worüber er in der Philosophie es vorzog zu schweigen. Nur in der Lebensweise *zeige* sich, was Ethik sei, nie und nimmer in einer wissenschaftlichen Erörterung oder Theorie darüber:

> Wenn man mir irgendetwas sagt, was eine *Theorie* ist, so würde ich sagen: Nein, nein! Das interessiert mich nicht. Auch wenn die Theorie wahr wäre, würde sie mich nicht interessieren – sie würde nie *das* sein, was ich suche.
> Das Ethische kann man nicht lehren. Wenn ich einem anderen erst durch eine Theorie das Wesen des Ethischen erklären könnte, so hätte das Ethische gar keinen Wert. (WWK, S. 116f.)

Bereits im *Tractatus* legte er fest, dass es keine Sätze der Ethik gebe, da Sätze nichts Höheres ausdrücken könnten. (Vgl. TLP, 6.42)

***

Obwohl alle Kinder von Karl und Leopoldine Wittgenstein in derselben behüteten, man könnte sagen, weltfremden, sich auf Kunst und Geistigkeit bezogenen Atmosphäre aufwuchsen und bei ihnen in vieler Hinsicht sogenannte „Familienähnlichkeiten" festzustellen sind, zeigen sich in deren Wesen und Charaktereigenschaften oft große Unterschiede. So stand Margaret im Gegensatz zu Hermine sozusagen auf „festem Boden" und ging mit einer ihrem Vater gleichenden Energie und Vehemenz an die Dinge heran: Unbeirrt und unerschrocken verfolgte sie die ihr wesentlich erscheinenden Ziele, setzte sich leidenschaftlich für das ihr Erstrebenswerte ein, vor allem wenn es um „Höheres" d.h. in ethischer Hinsicht Gutes, ging. Im Gegensatz zu Hermines zurückhaltender Art scheute sie sich nicht, die Dinge beim Namen zu nennen, sparte dabei nicht an kräftigen Ausdrücken, die zu ihrem temperamentvollen Wesen ebenso wie ihre Feinfühligkeit und vornehme Art und Gesinnung gehörten. Geradlinigkeit und Nonkonformismus zeichneten ihre Haltung aus: So antwortete sie anlässlich der Verhandlungen mit der Reichsbank auf die Frage nach einem arischen Großvater entschieden, dass es einen solchen eben nicht gebe, sie aber stolz auf ihre jüdischen Ahnen sei. (Vgl. Familienerinnerungen, S. 236) Sie war es auch, die vielen jüdischen Freunden und Bekannten, u. a. Sigmund Freud, zur Flucht ins Ausland verhalf.

Jahre zuvor setzte sie sich für eine junge Frau namens Marie Tögel aus Olmütz ein, die, nachdem sie als Magd überall abgewiesen worden war und zwei Tage nichts gegessen hatte, in ihrer Verzweiflung ihr uneheliches Kind ins Wasser warf und daher zum Tode wegen Mordes verurteilt wurde. Paul Engelmann wandte sich an Margaret und diese vermittelte Marie Tögel einen Anwalt. Die tragische Geschichte stieß nach Berichterstattungen durch die Presse auf tiefes Mitleid in der Bevölkerung und in der Folge zu einem Umdenken für derartige Vorfälle. Marie Tögel wurde freigesprochen und wieder von ihrer früheren Dienstgeberin aufgenommen.[40]

Man könnte in diesem Fall wiederum auf Ludwig Wittgensteins Auffassung von Ethik hinweisen, nach der allgemeingültige Regeln und Urteile äußerst problematisch und daher zu verwerfen seien, da moralische Angelegenheiten von Subjekt zu Subjekt differieren und in der Folge auf jeweils individuelle Art und Weise zu behandeln und zu lösen seien. Eine Auffassung, nach der auch Margaret ihre Entscheidungen traf und handelte, wie aus zahlreichen Vorkommnissen in ihrem Leben zu beobachten ist.

Fragen der Ethik waren offenbar ein nie enden wollendes Thema unter den Geschwistern Wittgenstein. Bereits 1917 notierte Hermine in ihr Tagebuch: „Ludwig sagt Religion u. Ethik hängen absolut zusammen. Wäre Religion etwas anderes als die Begründung der Ethik, etwas, das allein existiert, das man haben kann oder auch nicht, so würde es sich nicht lohnen darüber zu reden."[41] – Worte, deren Sinn und Bedeutung sich fast zwölf Jahre später in einer Bemerkung Ludwigs am 10.11.1929 im MS 107 wiederfinden – also wenige Tage vor seinem *Vortrag über Ethik*. „Wenn Etwas Gut ist so ist es auch Göttlich. Damit ist seltsamerweise meine Ethik zusammengefaßt."[42]

Allerdings sieht Hermine nicht den Zusammenhang zwischen Ethik und Religion, sondern – von ihrer persönlichen Perspektive ausgehend – unterscheidet sie zwischen Gewissen und Religion, womit sie wieder ganz im Gegen-

---

40 Vgl. *Wittgenstein – Engelmann*, S. 71, 73 und 195f.
41 Hermine Wittgenstein, Herbst 1917. *Aufzeichnungen 1916–1939*. (Nachlass Margaret Stonborough-Wittgenstein)
42 Vgl. *Vermischte Bemerkungen*, S. 24.

satz zu Ludwig argumentiert, der das Gewissen als Weg zum Glauben sah.[43]

> Ich habe ein <u>Gewissen</u>, ich weiss was ich an mir für gut oder schlecht halte, aber ich habe <u>keine Religion</u>. Ich weiss auch nicht warum ich etwas an mir für gut oder schlecht halte und ich frage nicht danach weil diese Frage nicht in mir liegt.
> Nach Ludwig's Meinung muss Jeder der diese Frage oder die Frage nach dem Sinn u. Zweck des Lebens stellt auf Begriffe wie Gott, göttlich etc. kommen.[44]

Laut Hermine sah Margaret die Verbindung Gewissen – Verstand folgendermaßen: Margaret habe „entdeckt dass das Gewissen als zweites wichtiges Forum neben dem Verstand besteht - - - vor dem Verstand kein Unterschied zw. Gut u. Böse – vor dem Gewissen kein Unterschied zw. klug u. dumm. Der Mensch hat beide Organe u. für ihn gibt es Beides, er muss nur nicht mit dem richtigen Organ das Richtige aufnehmen u. constatieren, nicht quasi versuchen mit dem Auge zu sehen u. mit dem Ohr zu hören. Verwirrung oft weil der Verstand zum Formulieren der Äusserungen nötig ist."[45]

An anderer Stelle schreibt Hermine, dass Margaret genau wie sie von den „Forderungen ihres Gewissens und von ihrer Irreligiosität" spreche.[46] Doch während Hermine durch

---

43 Vgl. „Nicht die Schrift, nur das Gewissen kann mir befehlen – an Auferstehung, Gericht etc zu glauben. Zu glauben, nicht als an etwas wahrscheinliches, sondern in <u>anderem</u> Sinne." (*Denkbewegungen*, S. 149)
44 Hermine Wittgenstein, Herbst 1917. *Aufzeichnungen 1916 bis 1939*. (Nachlass Margaret Stonborough-Wittgenstein). Auch Hermines und Margarets Aufzeichnungen werden originalgetreu einschließlich orthographischer und grammatischer Fehler wiedergegeben.
45 Ebenda, 1921.
46 Ebenda, Sommer 1921.

Ludwig an die „Existenz des Heiligtums" glaube, glaube Greti nicht daran.[47]

Es war die Suche nach dem Göttlichen, die trotz der Distanzierung eines Versuchs, religiöse Fragen in der Philosophie zu diskutieren, das Denken Ludwigs (wie auch offenbar das Hermines) bestimmte, trotz aller Ablehnung der Engstirnigkeit kirchlicher Dogmatik.

Vielmehr sah Ludwig das Unerklärbare durch Literatur und Musik vermittelt. So bemerkte er einmal, dass Dostojewski und Tolstoi die einzigen Autoren der jüngeren Zeit gewesen seien, die zum Thema Religion etwas „wirklich Wichtiges" zu sagen hatten.[48] Und er empfahl seinen Freunden immer wieder, deren Werke zu lesen. Auch Hermine beschäftigte sich damit eingehend: In einem Brief, vermutlich im Jahre 1920 abgefasst, schrieb sie an Ludwig:

> Die Stufe auf welcher ich (Papa, Darwin, Kaiser Josef) stehen, ist charakterisiert durch das Gefühl für das Gute u. das Nicht-Gefühl für Gott, also den Mangel an Religion. Diese Stufe hatte auch Tolstoi vor seiner Umwandlung inne, er war ein hochanständiger Mensch und Schluss.
> Eine ganz andere Stufe ist die, in der das Gott-Gefühl u. die Berührung mit den himmlischen Mächten, die Beide dasselbe sind, anfängt. Und insofern hattest Du recht dass diese Berührung das Wesentliche ist, denn das Verneinen u. Abstreifen des Irdischen, das ich für das Wesentliche hielt, sind nur die Folge dieser Berührung oder der Sehnsucht nach ihr. In dem Augen-

---
47 Ebenda.
48 Vgl. M.O'C. Drury, „Bemerkungen zu einigen Gesprächen mit Wittgenstein", in Rhees, S. 129.

blick da der Mensch aus sich heraus von Gott reden kann, in dem Augenblick gibt er Zeugnis von dieser Berührung und unterscheidet sich von den anderen Menschen.

Dass der Bauer zu Tolstoi sagte, „man müsse für Gott leben", hätte ihm ein Jahr vorher keinen Eindruck gemacht. In diesem Augenblick aber brachte es die angesammelten Kräfte von Sehnsucht und Unbefriedigtheit zum Durchbruch und er fühlte Gott. Durch dieses Gefühl unterschied er sich sofort von den anderen Menschen geradeso wie von seinem früheren Leben, denn jetzt hatte er Religion. (*Familienbriefe*, S. 206f.)

In Dostojewskis Roman *Die Brüder Karamasoff* spricht der Staretz Sossima in ähnlicher Weise von der „Berührung mit anderen Welten", wobei er auf eine „höhere himmlische Welt" hinweist, die uns verborgen sei, doch für die uns ein kostbares mystisches Gefühl einer Verbindung gegeben sei. Und Sossima betont die Wichtigkeit dieser Berührung mit einer geheimnisvollen Welt, ohne die der Mensch gegenüber dem Leben gleichgültig würde.[49]

Dieses „Gefühl für andere Welten" findet im *Tractatus* 6.45 als das „Gefühl der Welt als begrenztes Ganzes" bzw. als mystisches Gefühl seinen Ausdruck. (Vgl. auch 6.432, 6.44, 6.522)

Doch auch Jahre später, als Ludwig seinen *Vortrag über Ethik* abfasste, wird seine mystische Haltung gegenüber der Welt und Gott deutlich – als ein „Staunen über die Existenz der Welt" – im *Tractatus* 6.44 mit dem Satz „Nicht *wie* die Welt ist, ist das Mystische, sondern *daß* sie ist" festgehalten. In diesem Vortrag wird der enge Zusammenhang zwischen

---

49 Vgl. Fjodor Dostojewski, *Die Brüder Karamasoff*, S. 525.

Ethik und Religiosität an drei geschilderten Beispielen persönlicher Erfahrung deutlich – als das Gefühl eines anderen, in der Welt der Tatsachen nicht auffindbaren, daher wissenschaftlich nicht fassbaren Bereichs.

Da Hermine sich selbst wie auch ihren Vater einer anderen Stufe – der Stufe des Gefühls für das Gute und Nicht-Gefühls für Gott – zugehörig sieht, stellt sich die Frage, in welcher Weise sie und weitere Familienmitglieder als religiös oder eben als nicht-religiös zu betrachten sind.

Denn obgleich katholisch getauft, scheint das Religiöse keinen wirklichen Stellenwert in ihrer Erziehung und ihrem späteren Leben gehabt zu haben – es sei denn, man setze Religion in Verbindung mit Ethik. Im Gegensatz zu Ludwig, sah Hermine, wie vorhin erörtert, dabei nicht den Zusammenhang, sondern trennte vielmehr die beiden Bereiche.

Ludwig soll gegenüber Norman Malcolm einmal gesagt haben, dass bis zu seinem 20. Lebensjahr Religion für ihn keine Rolle gespielt hätte; erst anlässlich der Aufführung eines Stücks von Ludwig Anzengruber habe die Darstellung eines mystischen Erlebnisses des Protagonisten ihn derart beeindruckt, dass ihm die Bedeutung von Religion zum ersten Mal bewusst geworden sei.[50]

Es war also die Literatur, die ihm (abgesehen von seiner Auffassung von Moral) einen Zugang zur Religion eröffnete – wie auch die Musik oder weitere Bereiche der Kunst – wobei er deren Zusammenhang als wesentlich erachtete. So war er u. a. der Ansicht, dass große Werke der Kunst bzw. Genialität die Auseinandersetzung mit dem Religiösen unbedingt erfordere, wie aus einem vermutlich 1925 verfassten Brief-

---

50 Vgl. Norman Malcolm, *Ludwig Wittgenstein. A Memoir and a Biographical Sketch*. Ed. by G.H. von Wright (Oxford: Oxford University Press, 1984), S. 58.

Fragment hervorgeht.[51] Anders als in seinen Bemerkungen in philosophischen Schriften und Diskussionen kommt hier Ludwigs persönliche Einstellung zur Religion und zur Kultur zum Ausdruck, wobei die Präferenz für die Religion klar zutage tritt. Unter Kultur versteht er in erster Linie Kunst und Wissenschaft; Religion sieht er nicht eigentlich als Teil von Kultur, sondern als außerhalb ihrer stehend, eine Sonderstellung einnehmend. Obgleich er die Kulturen dem Bereich des Geistigen zuordnet, bedeuten sie für ihn nur eine Art Ersatz für Religion. Diese mache das wirklich Spirituelle aus. In einem Gleichnis vom Dasein der Menschen in einer roten Glasglocke wird das religiöse Ideal – als das „reine geistige" Ideal – mit weißem Licht verglichen, die Ideale der verschiedenen Kulturen hingegen mit den gefärbten Lichtern, die entstehen, wenn das reine Licht durch rot gefärbtes Glas scheint. Solange eine Kulturepoche bestehe und dem Menschen etwas zu geben fähig sei, halte der Mensch diese für das Wahre, Absolute – für das Licht – nicht wissend, dass Kultur im Grunde nur ein Abglanz eines darüber stehendes Lichtes, des wirklich Geistigen, sei – nichts als ein „Traum vom Geist", um mit Ferdinand Ebner zu sprechen, dessen Aufzeichnungen denen Wittgensteins hier nahe kommen. Der in „Icheinsamkeit" gefangene Mensch müsse sich daraus befreien, d.h. aus der reflexiven Haltung des Ichs, des bloßen „Träumens vom Geist" in eine direkte Beziehung zur eigentlichen Realität des geistigen Lebens, zum Dialog mit einem Du treten. Ein Leben in Kultur und ohne Religion sei

---

51 Vgl. Ludwig Wittgenstein. *Licht und Schatten*. Ein nächtliches (Traum-) Erlebnis und ein Brief-Fragment. Hg. von Ilse Somavilla. Innsbruck: Haymon, 2003. Maria Dal-Bianco geb. Hänsel, in deren Nachlass sich das Brief-Fragment befand, vermutete, dass Ludwig sich darin an seine Schwester Hermine wandte. Ein Brief seines Bruders Paul deutet jedoch darauf hin, dass die beiden über diese Thematik diskutierten, vermutlich das Brief-Fragment an Paul gerichtet war.

kein wirkliches Leben, sondern mache die Menschen melancholisch oder gleichgültig und oberflächlich.

Wahre Geistigkeit wird hier dem „religiösen Ideal" gleichgesetzt und Wittgenstein lässt keinen Zweifel aufkommen, dass aus seiner Sicht dieses Ideal – als das Licht definiert – jegliche kulturellen Strömungen, überhaupt jegliche Formen menschlicher Zivilisation, überstrahlt. Er betont vielmehr, dass das Verankertsein in einem kulturbestimmten Dasein die Sicht auf das Eigentliche trübe, da die Welt dabei gleichsam wie durch gefärbte Gläser betrachtet werde. Der wissenschafts- und kulturbezogene Mensch bleibe gefangen wie in einer Glasglocke, unfähig, auszubrechen und Freiheit zu erlangen – eine Freiheit, die nur ein Leben im Geist und zugleich in Gott verspricht. Diese Freiheit sei identisch mit Wahrheit und Klarheit, da erst durch sie die Dinge richtig wahrgenommen werden – transparent geworden wie in durchsichtigem Licht. Die Auseinandersetzung mit dem „Licht" bedeutet, sich auch mit dessen Schattenseite – Leid und Tod – ernsthaft auseinanderzusetzen, um glaubhafte Werke zu schaffen, die den Unterschied zu der, aus „getrübter" Weltsicht entstandenen „Scheinkunst" deutlich machen.

Die Anforderung, sich mit letzten Fragen auf wahrhafte Weise auseinander zu setzen, stellt Ludwig an alle geistig und künstlerisch Tätigen: ohne jenes Licht würden deren Werke nicht „ergreifen", ohne Auseinandersetzung mit dem Religiösen wären sie nur mittelmäßig, Produkte „bloßer Talente" – ohne Genialität.

Der hohe Anspruch hinsichtlich kreativer Tätigkeit, die Forderung nach Authentizität war typisch für die Familie Wittgenstein, deren ethischer Rigorismus sich auf alle Lebensbereiche erstreckte. Dementsprechend schonungslos übten sie Kritik, nicht nur an sich selbst, sondern an all jenen Künstlern oder Literaten, die ihren Vorstellungen nicht entsprachen, sich an der Oberfläche bewegten, und deren Werke folglich als nicht „tief", sondern als „seicht" beurteilt wurden.

In diesem Zusammenhang sei auf eine Tagebuchstelle Ludwigs hingewiesen, wo er die Musik Beethovens mit Religion vergleicht – als Ausdruck von Wahrheit, ohne Beschönigung der Realität. Diese Textstelle ist ein Beispiel dafür, wie trotz scheinbarer Gegensätzlichkeit Religion und Kunst sich auf einer Ebene bewegen – vorausgesetzt, es handelt sich um wahre Kunst.

> Beethoven ist ganz & gar Realist; ich meine, seine Musik ist <u>ganz wahr</u>, ich will sagen: er sieht das Leben <u>ganz</u> wie es ist & dann erhebt er es. Er ist ganz Religion & gar nicht religiöse Dichtung. Drum kann er in wirklichen Schmerzen trösten wenn die Andern versagen & man sich bei ihnen sagen muß: aber so ist es ja nicht. Er wiegt in keinen schönen Traum ein sondern erlöst die Welt dadurch daß er sie als Held sieht, wie sie ist.[52]

Musik und mit ihr alle Kunst als Ausdruck von Wahrheit wäre der Garant für die wahre Erkenntnis des Lebens, wie es auch Schopenhauer vorschwebte: In Anlehnung an Leibnizens Ausspruch „musica est exercitium arithmeticae occultum nescientis se numerare animi" (Die Musik ist eine unbewußte Übung in der Arithmetik, bei der der Geist nicht weiß, daß er zählt), sah Schopenhauer es folgendermaßen:

„Musica est exercitium philosophiae occultum nescientis se philosophare animi." (Die Musik ist eine unbewußte Übung in der Metaphysik, bei der der Geist nicht weiß, daß er philosophiert).[53] Wenn es gelänge, das, was die Musik in

---

52 *Denkbewegungen*, S. 72.
53 Arthur Schopenhauer, *Die Welt als Wille und Vorstellung* I, 1, S. 322 und S. 332.

Tönen ausdrückt, in Begriffen wieder zu geben, so würde dies auch eine „genügende Wiederholung und Erklärung der Welt selbst in Begriffen" sein, also die wahre Philosophie. (Vgl. ebenda)

In dem Brief-Fragment über die rote Glasglocke ist Ludwigs Kulturpessimismus unübersehbar. Er – wie auch seine Geschwister – nahmen mit Ressentiment den geistigen und moralischen Niedergang wahr, der sich im Wien der Jahrhundertwende abzuzeichnen begann. Umso mehr sahen sie sich in ihrem Anspruch an eigentliche Kunst der Tradition verbunden, d.h. den Dichtern und Musikern der vorausgegangenen Jahrhunderte: Mozart, Haydn, Schubert, Beethoven, Brahms, Tolstoi, Dostojewski, Gottfried Keller, Eduard Mörike usw.

Künstler des 20. Jahrhunderts begegneten sie mit Skepsis – so sprach Ludwig in eher abschätziger Weise von Gustav Mahler und zeigte auch kein Verständnis für Schönberg, der im Grunde auf derselben geistigen Ebene wie er selbst in der Philosophie, Loos in der Architektur und Kraus in der Dichtung, sich bewegte.

Margaret war die allem Neuen gegenüber am meisten Aufgeschlossene – sie besuchte mit Begeisterung Ausstellungen moderner Künstler und sammelte ausgefallene, ungewöhnliche Kunstwerke. Im Gegensatz zu Ludwig sprach sie mit Hochachtung von Mahler und empörte sich über dessen Abgang von Wien nach der Metropolitan Opera in New York.[54]

In ihrem Auftrag an Paul Engelmann, ein Stadthaus zu entwerfen, hatte sie klare Vorstellungen von einem Bau,

---

54 Vgl. einen Brief Margarets an Hermine vom 2.7.1907: „[...] Ich bin wirklich unglücklich über die Mahler Affäre; bis ich Deinen Brief erhielt wollte ich nicht daran glauben. Wie haben Jerome & ich uns immer auf die Oper gefreut & wie haben wir es genossen. Mir war förmlich weinerlich zumute. Diese Trotteln in Wien! Ich kann mir nicht vorstellen dass es Mahler in New York gefallen wird."

den sie als modern, doch in ganz spezifischem, vom üblichen Begriff „modern" abweichenden Sinne, bezeichnen wollte und wobei sie von Ludwig tatkräftig unterstützt wurde. Dieser sah seine Tätigkeit beim Hausbau für seine Schwester – wie in der Philosophie – als eine Art Werk der Klärung, indem er die herkömmliche Architektur – wie die traditionelle Philosophie – sozusagen zu „reinigen" sich bemühte. Nach Ockhams Devise *simplex sigillum veri* (Einfachheit ist das Kennzeichen der Wahrheit) setzte er seine Vorstellungen in der Gestaltung nach dem Prinzip der Logik bzw. des ästhetischen Zeigens um. (Vgl. Wijdeveld, S. 186) Architektur solle „Geste" sein, „Geste des Ewigen", anders ausgedrückt, aus dem Blickwinkel *sub specie aeternitatis* gesehen, den Wittgenstein als Voraussetzung für die Schaffung von Kunstwerken erachtete. Bereits in den frühen Tagebüchern 1914–1916 erläuterte er den Zusammenhang zwischen Kunst und Ethik als unter dem Gesichtspunkt des Ewigen gesehen. Die Anforderung an den Architekten wie an jeden kreativ schaffenden Menschen, sich danach zu orientieren, lässt sich auch in späteren Bemerkungen beobachten. So notierte er am 6.5.1930 in sein Tagebuch: „Stil ist der Ausdruck einer allgemein menschlichen Notwendigkeit. Das gilt vom Schreibstil wie vom Baustil (und jedem anderen). Stil ist die allgemeine Notwendigkeit sub specie eterni gesehen." (*Denkbewegungen*, S. 28)

Und gemäß seines Strebens nach proportionaler Harmonie, die er mit Schönheit verband,[55] wurde das Haus in allen Details mit größter, keine Mühe scheuender Präzision gebaut – bekannterweise ließ Ludwig, als die Bauarbeiten bereits abgeschlossen waren, den Plafond im Salon noch um drei Zentimeter heben, damit die Höhe ganz seinem

---

55 Vgl. dazu die Notizen seiner Studenten aus seinen Vorlesungen über Ästhetik im Jahre 1938. Vgl. auch Wijdeveld, S. 164.

Augenmaß entsprach. Hermines Bezeichnung des Baues als „hausgewordene Logik" bedarf der Korrektur, da dies den Eindruck der Starrheit evoziert, während gerade die dynamische Komponente in Ludwigs Auseinandersetzung mit Architektur in allem Statischen, dauerhaft Tragenden, deutlich wird.[56]

Während seiner Tätigkeit als Architekt entwickelten sich bei Ludwig, wie Engelmann feststellte, fortlaufend neue Ideen – wie dies ja auch aus seinen philosophischen Untersuchungen, aus seinem ständig wechselnden „Sehen als" hervorgeht, seinem Feingespür für die unterschiedlichen Perspektiven, die subtilsten Nuancen. Wie Bernhard Leitner bemerkt, verband Wittgensteins „Denken in Architektur" sich mit einer „außergewöhnlichen Selbstsicherheit und Besessenheit im Prozeß des Form-Findens".[57]

Ludwig dachte die Bewegung durch und gestaltete sie; wenn auch die Räume auf einen ersten, flüchtigen Eindruck statisch-starr wirken mögen, so wird man beim Durchgehen der einzelnen Räume der „Bewegung" gewahr. Das Haus *lebt* trotz oder gerade *durch* die Ausstrahlung von Ruhe und Stille: es ist Ausdruck – „Geste" – von Ludwigs und Margarets spezifischer Art zu denken und zu leben.

Die hohe Anforderung im künstlerischen Schaffen, wie auch im persönlichen Leben, hatte ein Gefühl der Unzulänglichkeit, des Scheiterns zur Folge, das nicht nur Ludwig, sondern auch seine Geschwister offenbar immer wieder einholte. Nie schienen sie dem vor Augen liegendem hohen Ethos gerecht zu werden.

---

56 Vgl. Bernhard Leitner „Das Haus in Bewegung", in: *Wittgenstein. Biographie. Philosophie. Praxis.* Eine Ausstellung der Wiener Secession (13. September – 29. Oktober 1989), S. 166–197.
57 Vgl. Bernhard Leitner, „Das Haus in Bewegung", S. 169.

Auch Margaret sparte nicht an Kritik – ihr selbst und ihren Brüdern Paul und Ludwig gegenüber, wobei sie den Unterschied zwischen Menschen, die „gut, gütig, liebend tolerant" seien, „weil sie nicht anders können, gar nicht aus Prinzip oder Pflichtgefühl", und solchen sah, „die vermöge des Verstandes das Gute als das einzig Erstrebenswerte erkennen". Doch diese seien „im allgemeinen viel weniger tolerant", da „man eben das Gefühl nur unvollständig durch den Verstand ersetzen" könne. Trotzdem sei es natürlich besser, „wenn man schon nicht gut sein kann, wenigstens das Gute zu lieben", und insofern sei „der Lukerl (Ludwig) auch am rechten Weg und dem Paul voraus, obwohl er „nicht ein Haar besser" sei, und unter „besser" meine sie, dass er „nicht um ein Haar mehr Seele" habe. Und Margaret schloss daraus: „Das Merkmal des Überwiegens der Seele über den Verstand ist die Demüthigkeit & und an der fehlt es uns allen."[58]

***

Trotz offenkundiger Gemeinsamkeiten in ethischer und kultureller Hinsicht war die Beziehung der Geschwister untereinander von Kontroversen und Spannungen überschattet. Sie seien, so Ludwig in einem Brief an Hermine, „eben alle

---

58 Margaret in einem Brief an Hermine vom 5.X.1918. Vgl. dazu Hermine, die in ihren Aufzeichnungen Margaret zitiert: „Ich begreife was man unter Demut versteht u. warum sie so erstrebenswert ist. Aus Demut soll man seine Fehler einsehen u. verkünden. Demut scheint mir das Vermögen, die eigenen Fehler die ich immer nur mit dem Scheinwerfer des Verstandes beleuchte wirklich zu empfinden. Das kenne ich nicht. Es gibt Fehler deren ich mich schäme solche die mir unbequem u. eine Menge die mir gleichgültig sind." (Hermine Wittgenstein, 1919. *Aufzeichnungen 1916 bis 1939.*)

ziemlich harte & scharfkantige Brocken", die sich „darum schwer aneinander schmiegen" könnten.[59]

Und doch hingen sie offenbar aneinander, trafen sich immer wieder zu diversen Anlässen. Um Reibungen zu vermeiden, waren Freunde wie Paul Engelmann, Ludwig Hänsel oder Rudolf Koder willkommen, da diese ausgleichend auf alle Beteiligten wirkten. Bei familiären Treffen oder anderen Veranstaltungen und Festen in der Alleegasse, auf der Hochreith oder in der Villa Toscana, Margarets Sommersitz in Gmunden, kam es zu interessanten, einander befruchtenden Gesprächen – über Kunst, Musik, Literatur oder über ethisch-religiöse Fragen. Doch nicht in Form theoretischer Diskussionen, sondern auf eine Weise, die durch verbale Zurückhaltung die Achtung vor diesen Themen bewahrte und damit implizit die Gemeinsamkeit in dieser Haltung nahelegte – als ein wertvolles Band schweigenden Einverständnisses hinsichtlich wesentlicher Fragen.

Diese Menschen, so scheint es, verband nicht nur das Interesse an den schönen Künsten, sondern auch das Interesse an jenen Fragestellungen, die sich nach Ludwigs Ansicht einer wissenschaftlichen Erklärung entziehen, daher in der Philosophie nicht beantwortet – nur *gezeigt* – werden können. Diese, sich auf einer anderen Ebene als der der sagbaren, der Welt der Tatsachen zugehörigen, befindlichen Fragen, wurden in seinen Gesprächen mit den Geschwistern und Freunden berührt, angesprochen, wenn auch nicht ausgesprochen bzw. theoretisiert.

Manchmal war es wohl so etwas wie ein schweigendes Einverständnis, das diese Menschen miteinander verband – ein Einverständnis, das keiner langwierigen Diskussionen bedurfte und worüber auch keine greifbaren, schriftlichen

---

59 Vgl. Ludwig Wittgenstein an seine Schwester Hermine, [vor dem 27.11.1929], zit. nach *Ludwig Wittgenstein – Gesamtbriefwechsel.*

Belege existieren, doch welches aus Briefen und Tagebuchaufzeichnungen entnommen werden kann, sozusagen zwischen den Zeilen zu lesen ist. Vor allem die österreichischen Freunde, die Ludwig mit seinem Kulturverständnis verband, scheinen verbindend zwischen ihm und seinen Geschwistern gewirkt zu haben, zumal sie durch ihr hohes Ethos und ihre Intellektualität ganz der Welt- und Lebensanschauung der Wittgensteins entsprachen. Ludwig, der vorwiegend in England lebte, fühlte sich bis zu seinem Tod der österreichischen Kultur – insbesondere den Werten des 19. Jahrhunderts – verbunden, und so blieben seine Familie und seine Freunde ein starkes Bindeglied zu seiner Heimat.

Das Interesse an philosophischen Fragestellungen ist auch bei Hermine und Margaret zu beobachten. Hermine, der ihr fünfzehn Jahre jüngerer Bruder Ludwig besonders am Herzen lag und den sie in ihren Briefen mit „mein Herzenslukas" ansprach, nahm intensiv Anteil an seinem Leben – an seiner philosophischen Arbeit, sowie an seinen persönlichen Problemen, inneren Kämpfen und Leiden. Häufig setzte sie sich mit Schriftstellern auseinander, deren Werke ihr Bruder las oder ihr empfahl. Darüber hinaus teilte sie mit ihm die nicht lösbare Problematik des Glaubens. Wie dieser empfand sie – trotz Skepsis und Zweifeln – ein Gefühl der Ehrfurcht vor dem Bereich des Glaubens, dem nicht durch rationale Erklärungsversuche, sondern eher über die Kunst, insbesondere die Musik, begegnet werden könne. Nach dem Besuch der Hohen Messe von Bach schreibt Hermine ihrem Bruder, wie überwältigt sie gewesen sei und meint, dass so eine Musik nur aus dem „intensivsten Gottesglauben" entstehen könne.[60]

---

60 Vgl. einen Brief Hermines vom 16.4.1916 an Ludwig, in: *Familienbriefe*, S. 28.

In ihren tagebuchartigen Aufzeichnungen setzt sich Hermine häufig mit philosophischen Problemen auseinander, wobei die Thematik der Seele innerhalb der Fragen von Ethik, Glauben und Unsterblichkeit eine große Rolle spielt. Sie befasste sich u. a. mit Schriften Rathenaus, dessen Aufsatz „Das Grundgesetz der Ästhetik" an manchen Stellen deutlich an Ludwigs Auffassung vom begrifflichen Denken im Gegensatz zum intuitiv erfassten „Unaussprechlichen", durch Kunst jedoch Zeigbaren, erinnert.

Von künstlerischer Begabung – Hermine schuf beachtliche Zeichnungen, Pastellbilder und dergleichen – scheint sie in ihren Tätigkeiten jedoch eine sinnvolle Aufgabe im Dienst für Andere vermisst zu haben, was vielleicht ihre bewusst bescheidene Selbstdarstellung im Gegensatz zu den mit Bewunderung beschriebenen Geschwistern erklären mag. Ihr mangelndes Selbstbewusstsein äußerte sich selbst in ihrer zeichnerischen Tätigkeit, so dass sie einmal ein für Margaret gefertigtes Bild des Salons in der Krugerstrasse zerriss. Ihre Schwester reagierte darauf mit Bestürzung und ging im weiteren auf Hermines offensichtlich niedergedrückte Stimmung – wie Ludwig litt diese unter dem Gefühl der Einsamkeit – ein. Margaret spricht von Hermines Einsamkeit als die einer „angeborenen Einsamkeit", an der sie „nichts wehmütiges" finden könne.

Du wärst einsam selbst wenn Du von einem lebendigen sich ausbreitenden Haufen von Mann & Kindern umgeben wärst, genau so, wie die Mama eigentlich einsam war, auch als der Papa lebte & wir alle zuhause waren. Die Lenka ist von Natur aus gesellig für sie wäre Dein Leben & Deine Zukunft eine erzwungene Einsamkeit & sie hätte dann auch ein Recht das wehmütig zu finden. Ich kann gar nicht verstehen wie Du überhaupt auf so einen Gedanken kommst. [...] Erstens bist Du einsam, weil Du es so willst. Zweitens ist ein Mensch, der so viel geliebt wird wie Du, nicht einsam & Drittens sind alle Menschen einsam."[61]

Erst durch ihre Arbeit in der Tagesheimstätte fand Hermine – wenn auch nur vorübergehend – eine ihr entsprechende Erfüllung; ihr Stil und Ton des Schreibens wirkt ab da selbstbewusster, dem Leben zugewandter. Es scheint, als ob sie im Sinne Ferdinand Ebners ihre, durch vorwiegende Beschäftigung mit den schönen Künsten – von ihr selbst als egoistische Tätigkeit gewertet – bewirkte „Icheinsamkeit", nun überwunden hatte.

Margaret war die temperamentvollste von Ludwigs Schwestern und in vieler Hinsicht ihrem Bruder ähnlich. Dadurch kam es zwischen den beiden auch oftmals zu Reibungen – im Gegensatz zu Ludwigs Beziehung mit Hermine, die eine stille und harmonische gewesen zu sein scheint.

Hermine war sich ihres ruhigen, von Ludwig und Margaret verschiedenen Temperaments, bewusst, sie beschreibt ihre Schwester als eine „Kontrastfigur" zu ihrer eigenen Persönlichkeit. In einem Brief vom 20. März 1917 bezeichnet sie sich selbst als „Compromissnatur", der zufolge sie von den „heterogensten Leuten" wie ihren Geschwistern etwas habe. Offensichtlich gelang es ihr, die unterschiedlichen Neigungen und Ansichten ihrer Geschwister mit Verständnis anzunehmen, ohne darüber Streitereien zu entfachen.

Die Auseinandersetzung zwischen Ludwig und Margaret war trotz aller Differenzen jedoch eine anregende, sich gegenseitig befruchtende. Es war Margaret, die ihren um fünf

---

61 Margaret in einem Brief vom 18. 5. 1917 an Hermine. (Nachlass Margaret Stonborough-Wittgenstein)

Jahre jüngeren Bruder zur Lektüre von Schopenhauer, Ibsen und anderen Denkern und Dichtern hingeführt hatte. Die Spannungen und Kontroversen lagen im Grunde gerade in der Ähnlichkeit ihres Wesens und Temperaments – der Leidenschaftlichkeit, Kompromisslosigkeit und Wahrhaftigkeit in der Umsetzung ihrer Ideen – und führten trotz Zeiten der Distanz letztlich auch in manchen Fragen zu einem gegenseitigen Einverständnis oder zumindest einem Überdenken und Korrigieren der eigenen Sichtweise. Vor allem Margaret war bereit, die oft heftige Kritik ihres Bruders anzunehmen; ihre Briefe zeugen von uneingeschränkter Zuneigung ihm gegenüber.

Margaret war an vielfältigsten Dingen interessiert: an Literatur und Kunst, an Philosophie und Psychologie, an den Naturwissenschaften (sie inskribierte für Physik und Mathematik), sowie an sozialen Fragen. Ihre Briefe und Tagebuchaufzeichnungen verraten ein hohes geistiges Wissen sowie ein ausgeprägtes soziales Engagement, das sie durch diverse karitative Tätigkeiten entfaltete. Wie Ludwig, verachtete Margaret jegliche Konventionen – wohl ein Erbe ihres Vaters, der schon in jungen Jahren aus den Zwängen schulischer Vorschriften ausgebrochen war und sich zeitlebens für neue, man könnte sagen, revolutionäre Ideen nicht nur in beruflicher, d..h. wirtschaftlich-technischer Hinsicht, sondern für Neuerungen auf jedem Gebiet begeisterte und einsetzte. Seine Förderung der *Wiener Secession* und der *Wiener Werkstatt* ist u. a. auf sein Interesse an der „Auseinandersetzung zwischen künstlerischen Energien" zurückzuführen.[62]

Darüber hinaus war für Margaret wie für Ludwig bei aller Intellektualität die Betonung der Kräfte des Herzens im

---

62 Vgl. dazu den Nachruf auf Karl Wittgenstein in der *Neuen Freien Presse* vom 21. 1. 1913.

Gegensatz zu rationalen Überlegungen für ihr Denken und Leben entscheidend. Dass Margaret – wie Hermine – an der philosophischen Tätigkeit ihres Bruders regen Anteil nahm, bezeugen mehrere Briefe, sowie die Tatsache, dass dieser ihr im Herbst 1929 ein Manuskript seines *Vortrags über Ethik* [63] schickte, bevor er den Vortrag hielt. Dass Ludwig fürchtete, in diesem Vortrag von seinen Zuhörern nicht verstanden zu werden,[64] das Manuskript jedoch seiner Schwester schenkte, zeigt, dass er annahm, von ihr verstanden zu werden. In späteren Jahren schenkte er Margaret auch ein Manuskript des ersten Teils der *Philosophischen Untersuchungen*.[65]

Doch auch, was seine Person betraf, hatte Margaret ein besonderes Gespür. Aus diesem Grund wehrte sie sich entschieden gegen jegliche Biographien über ihren Bruder – in der Überzeugung, dass, über die äußeren Lebensdaten hinaus, eine gute Charakterisierung der Komplexität seines Wesens kaum möglich sei.[66]

---

63 MS 139b: Für dieses Manuskript bedankte sich Margaret in einem Brief [undatiert, vermutlich November 1929] an Ludwig mit folgenden Worten: „Dein Brief hat mich sehr gefreut. Und auf den Vortrag freu ich mich erst recht. Something to look forward to. Eine große Freude. [...] Und ich danke Dir sehr für das Manuskript, eine grössere Freude konnte ich mir nicht leicht vorstellen. " (*Wittgenstein Gesamtbriefwechsel*)

64 Vgl. dazu Ludwigs Brief an Rudolf Koder [vermutlich zwischen 11. und 15.11.1929 geschrieben]: „Ich selbst soll diesen Sonntag einen Vortrag halten & er liegt mir gründlich im Magen, weil ich sicher bin, daß mich so gut wie niemand verstehen wird & doch versprochen habe ihn zu halten. [...]" (*Wittgenstein Gesamtbriefwechsel*)

65 MS 142. Titelblatt: *Philosophische Untersuchungen. Angefangen anfangs November 1936*, auf dem Vorsatzblatt: „Gretl von Ludwig zu Weihnachten 1936 ein schlechtes Geschenk". Sowohl MS 139b als auch MS 142 sowie weitere Schriften von Ludwig vermachte Margaret nach ihrem Tod Rudolf Koder.

66 Vgl. einen Brief Hänsels an Georg Henrik von Wright vom 8.3.1953, in *The von Wright and Wittgenstein Archives*, Helsinki, Finnland, zit. nach Christian Erbacher über Friedrich Hayeks gescheiterten Versuch, über Ludwig Wittgenstein eine Biographie zu schreiben.

Dieses Bewusstsein der vielschichtigen Persönlichkeit Ludwigs könnte für die meisten Mitglieder der Familie Wittgenstein gelten, weshalb jegliche Darstellungen von ihnen lediglich als „Versuche" – Hermines Chronik dabei als erster Versuch – zu sehen sind.

Dass sie sich bei ihrem Bruder Paul besonders schwer tat, geht aus dem Wenigen hervor, was sie über ihn schreibt. Dieser, so scheint es, konnte sich am schwersten in der Familie einfinden und machte sich, wie Ludwig, unabhängig, kam jedoch immer wieder nach Wien und auf die Hochreith, wo er bei seinen ausgedehnten Wanderungen seiner Liebe zur Natur nachgehen konnte. Mit dabei hatte er gewöhnlich einen Band Livius. (Vgl. McGuinness, S. 65) Sein Großneffe Pierre Stonborough berichtet, welch große naturwissenschaftliche Kenntnisse sein Großonkel besaß, so dass ein Spaziergang mit ihm zu einem wahren Erlebnis wurde.

Nach dem Verlust seines rechten Armes im Ersten Weltkrieg rückte Paul im Sommer 1917 wieder freiwillig an die kärntnerisch-italienische Front ein und diente bis 1918. Zudem gab er nicht auf, seine musikalische Karriere fortzusetzen und arrangierte nach dem Krieg selbst Werke von Bach, Beethoven, Chopin, Grieg, Mendelssohn-Bartholdy, Haydn, Meyerbeer, Mozart, Puccini, Schubert, Schumann, Johann Strauss oder Wagner für die linke Hand allein. Er studierte neue Stücke ein, die sein alter Lehrer Josef Labor für ihn geschrieben hatte. Zusätzlich begann er bei bekannten zeitgenössischen Komponisten wie Franz Schmidt, Maurice Ravel, Richard Strauss, Josef Labor und Sergej Prokofieff Werke für Klavier für die linke Hand in Auftrag zu geben. Dabei zeigte sich wiederum seine eigenwillige, aufrechte

---

Vgl. auch einen Brief Margarets an von Wright vom 1.5.1953, in dem sie u. a. schreibt, dass „[...] if anybody's biography demands seriousness it is surely Ludwigs."

und mutige Haltung: So weigerte er sich z.b., das Klavierkonzert Nr. 4 in B-Dur, op. 53 (1931) von Sergej Prokofieff zu spielen, da er es nicht verstand, wie er in einem Brief an den Komponisten schrieb. Auch mit Ravel kam es zum Bruch, da Paul den Notentext für die Aufführung teils stark verändert hatte und Ravel diese Eigenmächtigkeit missfiel.

Als Paul im Jahre 1938 seine Stelle am Neuen Konservatorium in Wien aufgrund seiner jüdischen Abstammung aufgeben musste, emigrierte er nach Amerika. Mit seinen Literaturkenntnissen und den Manieren eines Grandseigneurs verbreitete er als Professor in New York die Atmosphäre eines untergegangenen Zeitalters. (Vgl. McGuinness, S. 65)

Wie Hermine Wittgenstein in den *Familienerinnerungen* schreibt, versuchte Paul, auch seine in Wien lebenden Schwestern zur Emigration zu überreden. Es widerstrebte ihm, mit den Nationalsozialisten ein „Geschäft" zu machen und so kam es zu einem lebenslangen Bruch mit seinen Geschwistern, die Wien nicht verlassen wollten und dafür bereit waren, der Reichsbank eine Summe von 1, 8 Millionen Schweizer Franken zu zahlen.

Helene war Berichten zufolge die heiterste unter den Geschwistern, weshalb Ludwig sich in ihrer Gesellschaft sehr wohl fühlte. Abgesehen vom regen Austausch über musikalische Werke, schätzte er es, mit seiner Schwester „blödeln" zu können, was für ihn so wichtig war wie ein „Vitamin".[67] Helene war sehr musikalisch und besaß angeblich eine schöne

---

[67] Vgl. dazu seine Briefe an Helene vom 24.11.1946, vom 20.2.1948 und vom 15.3.1948 (*Familienbriefe*, S. 188 und S. 194). Am 15.3.1951, also ca. einen Monat vor seinem Tod, schrieb er an Helene: „Ich habe in der letzten Zeit oft an Dich gedacht, mit dem Wunsche, ich könnte wieder einmal mit Dir blödeln. Ich bin ein Jahrhundert zu früh auf die Welt gekommen, denn dann in 100 Jahren, wird man ohne große Kosten

Stimme. Bei den von ihr organisierten musikalischen Veranstaltungen wirkte sie als Sängerin in einem Vokalquartett mit.

Dass Hermine mit ihren Schilderungen diverser kultureller Veranstaltungen und wohltätiger Gesten nicht übertrieben hat, bezeugen die zahlreichen Briefe der Familienmitglieder untereinander, in denen wiederholt von Konzert- oder Theaterbesuchen gesprochen wird, über die die Geschwister sich austauschen – entweder kritisch oder begeistert darüber urteilen. Abgesehen davon wird die Sorge um das Wohlergehen Anderer, über die Familie weit hinausgehender Personen, deutlich.

Intensität, Authentizität und Begeisterungsfähigkeit sowie Hingabe bei kreativer und karitativer Tätigkeit zeichnete die Wittgensteins aus: Insofern war ihnen ein „Leben in der Gegenwart, nicht in der Zeit" gewährt, wie es Ludwig in den frühen Tagebüchern und im *Tractatus* als Zeichen eines glücklichen Lebens formuliert – als ein Leben im Ewigen, doch nicht im Sinne von unendlicher Zeitdauer, sondern von „Unzeitlichkeit".

Als besonderes Beispiel künstlerischer Hingabe ist Hans zu nennen, der nicht nur bereits als Kind durch seine musikalische Begabung beim Geigen-, Orgel- und Klavierspiel hervorstach, sondern auch in jungen Jahren komponierte. Ludwig beobachtete Hans einmal, wie dieser förmlich in Ekstase musizierte, so dass er ihm in dieser Szene als vollkommene Verkörperung von Genialität beeindruckte.

Abgesehen von der ausführlichen Darstellung einzelner Familienmitglieder – beginnend mit den Urgroßeltern, und übergehend zu den Großeltern, Eltern und Geschwistern wie auch Onkeln und Tanten –, beschreibt Hermine die

---

Wien von Cambridge anrufen und ein Stündchen am Apparat blödeln können." (*Wittgenstein Gesamtbriefwechsel*)

schwierige Lage während der Zeit des Nationalsozialismus, als die assimilierte Familie Wittgenstein plötzlich mit der mörderischen Methode eines „Ausleseverfahrens" konfrontiert wurde.

Bis dahin war die Frage nach der jüdischen Herkunft für die teils protestantischen, im Falle der Kinder Karls katholisch getauften Familienmitglieder, von denen die Männer im Krieg für Österreich eingerückt waren, gar nicht zur Sprache gekommen. Das einzige Merkmal, das sie als jüdisch an sich selbst zu erkennen meinten, war die eigene Bildung sowie die Kultur *grosso modo* zu fördern, wie Thomas Stonborough im Gespräch mit Allan Janik mehrmals betonte.[68]

In den 1930er Jahren, insbesondere während der Zeit des Nationalsozialismus, beschäftigte sich Ludwig in zunehmendem Maße mit dem Begriff des Jüdischen, dies vielfach auf kritische Art und Weise, wobei er in seiner Kritik sich selbst mit einbezog. Seine Gedankenbewegung definierte er bereits 1931 u. a. als „nicht selbst erfunden", sondern als „reproduktiv", was er – wohl im Sinne Weiningers – als jüdische Eigenschaft betrachtete. (Vgl. VB, S. 40f.) Angesichts einer weiteren Bemerkung, dass der jüdische Geist das Werk eines Anderen besser verstehe als dieser selbst (vgl. VB, S. 41f.), ist das Wort „reproduktiv" jedoch nicht als negativ oder gar als Zeichen jüdischen Selbsthasses zu sehen, wie ihm oftmals unterstellt wurde.[69]

Ludwigs Bemerkungen über das Jüdische weisen Parallelen zu den Ansichten seiner Schwester Margaret in deren Tage-

---

68 Vgl. Allan Janik, „Wittgenstein und Wien", in *Ludwig Wittgenstein. Verortungen eines Genies*, S. 23.
69 Vgl. Jacques Le Rider, „Wittgenstein und Weininger", in *Kreatives Milieu. Wien um 1900*, hg. von Emil Brix und Allan Janik, Wien 1993, S. 189–208. Zit. nach Janik, „Wittgenstein und Wien", in *Ludwig Wittgenstein. Verortungen eines Genies*, S. 24.

buchaufzeichnungen auf. Bereits in der dritten Generation assimiliert, räsonieren sie über das Judentum aus Distanz – als etwas ihnen fremd Erscheinendes, das erst nach 1938 ihr Denken näher beschäftigte. Hermine spricht die zu der Zeit die Familie betreffende Problematik nur in Ansätzen an. Allerdings werden die Divergenzen deutlich, die sich zwischen den Geschwistern aufgrund unterschiedlicher Reaktionen auf den Nationalsozialismus und deren damit verbundenen Vorstellung einer daraus zu ziehenden Konsequenz ergaben – d.h. entweder Österreich den Rücken zu kehren oder jedwede Bemühung um Arisierung anzustreben. Beide Seiten sind zu verstehen – die bewundernswert entschiedene und stolze Haltung Pauls, mit den Nationalsozialisten keinen Pakt eingehen zu wollen, sondern auszuwandern, wie auch der starke Wunsch der Schwestern Hermine und Helene, die sich von ihrer gewohnten Umgebung, dem gerade in soziokultureller Hinsicht zur Heimat gewordenen Wien, nicht trennen wollten und dafür zur Einwilligung in alle Forderungen ihrer Feinde bereit waren. Die bereits latent bestehenden Spannungen unter den Geschwistern aufgrund jeweils ausgeprägter individueller Eigenheiten verstärkten sich zu dieser Zeit.

Und doch ist der Begriff der Familienähnlichkeit auf sie anwendbar, die sich in den zahlreichen, unterschiedlichen Facetten der Einzelnen als Ähnlichkeiten entdecken lassen.

Obwohl sich Ludwig von jeglichen Zuordnungen kulturgeschichtlicher, weltanschaulicher oder philosophischer Art distanzierte – er selbst mit Sicherheit die häufig anzutreffende Tendenz, ihn als „Vertreter einer Denkgemeinde" zu betrachten, missbilligt hätte –, befasste er sich in seinem philosophischen Werk ausführlich mit Begriffen wie „Familienähnlichkeit", „Sprachspiel", „Lebensform". Die Frage stellt sich, inwieweit seine Auseinandersetzung mit diesen Begriffen sich aus seiner persönlichen Familienzugehörigkeit erklären lässt, oder ob diese das Ergebnis allgemeiner, übergreifender philosophisch-kulturwissenschaftlicher Reflexionen ist. Bereits Karl Wittgenstein schrieb in einem seiner Zeitungsartikel: „Ich glaube, daß jeder von uns ein Produkt seiner Erziehung, der Erziehung seiner Väter und jener Verhältnisse ist, unter welchen er aufgewachsen."[70]

In den *Philosophischen Untersuchungen*, § 66, schreibt sein Sohn Ludwig von einem komplizierten Netz von Ähnlichkeiten hinsichtlich von Spielen, somit auch Sprachspielen und fordert den Leser auf, darin etwas Gemeinsames zu sehen, und zwar nicht denkend, sondern schauend. „Denk nicht, sondern schau!" – so sein Appell, und er betont, dass zwar nicht etwas zu sehen sei, was *allen* gemeinsam wäre, doch dass man Ähnlichkeiten und Verwandtschaften finden würde. In § 67 charakterisiert er diese Ähnlichkeiten dann mit dem Wort „Familienähnlichkeit": „denn so übergreifen und kreuzen sich die verschiedenen Ähnlichkeiten, die zwischen den Gliedern einer Familie bestehen: Wuchs, Gesichtsausdruck, Augenfarbe, Gang, Temperament, etc. etc. – Und ich werde sagen: die ‚Spiele' bilden eine Familie."

Und vermutlich von Galtons „Komposit-Photographie" angeregt, ließ er von Moritz Nähr von sich und seinen Schwestern ein Komposit-Photo anfertigen, das die Ähnlichkeit der Gesichtszüge usw. auf deutliche Weise zeigt.[71]

---

70 Karl Wittgenstein: „Die Ursachen der Entwicklung der Industrie in Amerika." In: *Zeitungsartikel und Vorträge*. Wien 1913, S. 54. Und Karl Wittgenstein fährt fort: „Und so glaube ich auch, daß ein Volk jene Eigenschaften hat, welche ihm durch seine Geschichte und Erziehung zuteil geworden sind." Diese Bemerkung findet sich in ähnlicher Weise bei Ludwig Wittgenstein: „Wir sind dessen ganz sicher, heißt nicht nur, daß jeder Einzelne dessen gewiß ist, sondern, daß wir zu einer Gemeinschaft gehören, die durch die Wissenschaft und Erziehung verbunden ist." (Über Gewißheit, § 298)
71 Siehe dazu das Photo auf S. x

Doch der Begriff der Familienähnlichkeit lässt sich im Fall der Wittgensteins nicht auf äußerliche bzw. körperliche Merkmale reduzieren, sondern wird vor allem – wie erwähnt – in intellektueller und ethischer Hinsicht sowie an deren kulturellen Neigungen deutlich. Insofern lassen sich Ludwigs kulturwissenschaftliche Reflexionen auf dem Hintergrund seiner familiären Herkunft besser verstehen und vielleicht erklären, obgleich er dazu wie zu seiner Heimatstadt Wien eine vielfach widersprüchliche Haltung hatte.

***

Hinsichtlich der hier erörterten Merkmale der Wittgensteins – wie Intellektualität, Sensibilität, ethischer Rigorismus und kulturelles Engagement – sei nochmals auf Karl Wittgenstein hingewiesen, der Mut, Ausdauer, Genügsamkeit, Härte mit sich selbst sowie einen spekulativen Geist im Sinne der Bereitschaft, etwas zu wagen, vielmehr zu riskieren, als Voraussetzung für den Industriellen nannte. Darüber hinaus standen Freiheit und Bildung für ihn an oberster Stelle.[72] Während der Aspekt der Freiheit in der Erziehung seiner Kinder offensichtlich einen verkehrten, unglücklichen Verlauf genommen hat, wurde ihnen ein hohes Maß an Bildung zuteil.

Einen ganz besonderen, ja den höchsten Stellenwert hatte die Musik in der Familie Wittgenstein. Dies wurde nicht nur an den bereits erwähnten, großen Begabungen von Hans und Paul deutlich, sondern alle Familienmitglieder spielten das eine oder andere Instrument, sangen oder pfiffen (wie z.B. Ludwig ganze Symphonien). Karl spielte Violine, Poldy Klavier, Kurt Cello und Klavier und Ludwig Klarinette.

---

72 Vgl. „Die Ursachen der Entwicklung der Industrie in Amerika", S. 67.

Darüber hinaus war die Musik das eigentlich Verbindende zwischen ihnen – mehr als andere Künste oder die Philosophie. In der Musik kam das nicht Ausgesprochene – Freudvolles wie Leidvolles – zur Sprache. Musik, so Schopenhauer, ist nicht Darstellung einer Idee, sondern Abbild des Willens selbst. Durch sie würden unsere geheimsten Regungen und Bestrebungen wiedergegeben, doch nicht in direkter Relation zu uns selbst, sondern auf das Gebiet der Vorstellung hinübergespielt – wie ein „ewig fernes Paradies" (WWV, S. 331), so dass es sich nicht um unseren persönlichen Schmerz oder unsere persönliche Freude handle, sondern um *den* Schmerz, *die* Freude an sich und dies bewirke eine Enthebung über individuelle Sorgen und Nöte. Gedanken, die den Wittgensteins durch ihre lebenslange Auseinandersetzung mit Kunst und Musik vertraut, ja selbstverständlich in ihrer Weltanschauung sein mussten und ihren Umgang mit Schicksalsschlägen prägten. Musik bedeutete für sie eine *persönliche* Leidenschaft und damit private Angelegenheit, was vielleicht ihre Missbilligung für eine berufliche Laufbahn in diesem Metier erklärt. So sah bereits Karl diese Neigung bei seinem ältesten Sohn Hans mit Argwohn, und die Geschwister reagierten ähnlich, indem sie Pauls musikalische Karriere mit kritischen Augen verfolgten. Musik – wie alle Kunst – war vom Beruf zu trennen.

Innerhalb seiner philosophischen Gedankengänge hatte die Musik jedoch für Ludwig eine zentrale Rolle inne. Ähnlich Schopenhauer, nahm sie für ihn eine Sonderstellung unter den Künsten ein. Vor allem sah er sie in Verbindung mit Sprache und damit mit dem so oft diskutierten Unaussprechlichen, dem *Zeigenden*. – Der Dimension des Schweigens.

Die Musik scheint manchem eine primitive Kunst zu sein mit ihren wenigen Tönen & Rhythmen. Aber einfach ist nur ihre Oberfläche während der Körper der die Deutung dieses manifesten Inhalts ermöglicht die ganze unendliche Komplexität besitzt die wir in dem Äußeren der anderen Künste angedeutet finden & die die Musik verschweigt. Sie ist in gewissem Sinne die raffinierteste aller Künste. [73]

Gerade deshalb war sich Ludwig der Unmöglichkeit bewusst, die Bedeutung von Musik mit Worten zu erklären. Als er am zweiten Teil der *Philosophischen Untersuchungen* arbeitete, sagte er zu Maurice O'Connor Drury: „Ich finde es unmöglich, in meinem Buch auch nur ein einziges Wort zu sagen über alles das, was die Musik für mich in meinem Leben bedeutet hat. Wie kann ich dann darauf hoffen, daß man mich versteht?"[74]

Diese Bemerkung könnte für das Empfinden der gesamten Familie Wittgenstein gelten und damit vielleicht deren Schweigen in wesentlichen Dingen erklären: Als Bewusstsein von der Unmöglichkeit, in ihren Tiefen verstanden zu werden, dabei als Bewusstsein der Schwierigkeit verbalen Erfassens von Bereichen, die vor einem direkten, brachialen Zugriff geschützt werden sollten. Allenfalls Bilder, einzelne verstreute Aufzeichnungen und Briefe könnten darauf hinweisen.

Oder eben eine Melodie – die zu komponieren Ludwigs größter Wunsch es war, um damit sein Leben „quasi zusammenfassen" und es „krystallisiert hinstellen" zu können. „Und wenn es auch nur ein kleines schäbiges Krystall wäre, aber doch eins." (*Denkbewegungen*, S. 9)

In diesem Sinne könnte man Hermines Darstellung der Mitglieder der Familie als unvollkommene, da nicht erschöpfend erfasste Kristalle – aber eben doch als Kristalle – betrachten.

---

73 MS 110, 12; 12.-16.1.1931, zit. nach VB, S. 34f.
74 Drury in Rhees, S. 120.

Literaturverzeichnis

Benjamin, Walter: *Das Kunstwerk im Zeitalter seiner technischen Reproduzierbarkeit*. In: Ders.: *Gesammelte Schriften I, 2* (Werkausgabe Band 2). Hg. von Rolf Tiedemann und Hermann Schweppenhäuser. Frankfurt a.M.: Suhrkamp, 1980.

Dostojewski, Fjodor: *Die Brüder Karamasoff*. Aus dem Russischen von E. K. Rahsin. München: Piper, 1994.

Drury, Maurice O'Connor: „Bemerkungen zu einigen Gesprächen mit Wittgenstein". In: *Ludwig Wittgenstein. Porträts und Gespräche*. Hg. von Rush Rhees. Frankfurt: Suhrkamp, 1992.

Ebner, Ferdinand: *Fragmente. Aufsätze. Schriften*. In: *Schriften*. Bd. 1. Zu einer Pneumatologie des Wortes. München: Kösel-Verlag, 1963.

Ficker, Ludwig von: *Briefwechsel 1914–1925*. Innsbruck: Haymon, 1988.

Immler, Nicole: *Das Familiengedächtnis der Wittgensteins. Zu verführerischen Lesarten von (auto-)biogaphischen Texten*. Bielefeld: transcript Verlag, 2011.

Iven, Matthias (Hg.): *„LUDWIG SAGT ..." Die Aufzeichnungen der Hermine Wittgenstein*. Berlin: Parerga, 2006.

Janik, Allan / Toulmin, Stephen: *Wittgensteins Wien*. Aus dem Amerikanischen von Reinhard Merkel. München, Wien: Döcker, 1998.

Janik, Allan / Veigl, Hans: *Wittgenstein in Wien. Ein biographischer Streifzug durch die Stadt und ihre Geschichte*. Wien: Springer Verlag, 1998.

Janik, Allan: „Über das Ziel hinausgeschossen. Wittgenstein und Wien". In: *Ludwig Wittgenstein. Verortungen eines Genies*. Hg. von Jan Drehmel und Kristina Jaspers. Berlin: Junius Verlag, 2011. S. 23–27.

McGuinness, Brian: *Wittgensteins frühe Jahre*. Übersetzt von Joachim Schulte. Frankfurt: Suhrkamp, 1992.

Leitner, Bernhard: „Das Haus in Bewegung", in: *Wittgenstein. Biographie. Philosophie. Praxis. Eine Ausstellung der Wiener Secession* (13. September – 29. Oktober 1989). S. 166–197.

Malcolm, Norman: *Ludwig Wittgenstein. A Memoir and a Biographical Sketch*. Ed. by G.H. von Wright. Oxford: Oxford University Press, 1984.

Monk, Ray: *Wittgenstein. Das Handwerk des Genies*. Aus dem Englischen übertragen von Hans Günter Holl und Eberhard Rathgeb. Stuttgart: Klett-Cotta, 1992.

Nedo, Michael: „Familienähnlichkeit. Philosophie und Praxis". In: *Wittgenstein. Biographie. Philosophie. Praxis. Eine Ausstellung der Wiener Secession* (13. September bis 29. Oktober 1989). S. 147–157.

Nedo, Michael: *Ludwig Wittgenstein. Ein biographisches Album*. München: C.H. Beck, 2012.

Prokop, Ursula: *Margaret Stonborough-Wittgenstein. Bauher-*

rin, Intellektuelle, Mäzenin. Wien: Böhlau Verlag, 2003.
Rhees, Rush (Hg.): *Ludwig Wittgenstein. Porträts und Gespräche*. Frankfurt: Suhrkamp, 1992.
Schopenhauer, Arthur: *Die Welt als Wille und Vorstellung I und II*. Zürcher Ausgabe. Hg. von Angelika Hübscher. Zürich: Diogenes, 1977.
Schulte, Joachim: *Ludwig Wittgenstein. Leben. Werk. Wirkung*. Frankfurt: Suhrkamp, 2005.
Spinoza, Baruch de: *Die Ethik. Schriften. Briefe*. Hg. von Friedrich Bülow. Stuttgart: Kröner Verlag, 1955.
Schwaner, Birgit: *Die Wittgensteins: Kunst und Kalkül. Porträt einer Familie*. Metroverlag, 2008.
Sjögren, Cecilia: „Die Familie". In: *Wittgenstein. Biographie. Philosophie. Praxis*. Eine Ausstellung der Wiener Secession (13. September bis 29. Oktober 1989). S. 99–117.
Somavilla, Ilse: „,Nur kein transzendentales Geschwätz' – Wittgensteins Beziehung zu seinen Geschwistern und Freunden". In: *Ludwig Wittgenstein. Verortungen eines Genies*. Hg. von Jan Drehmel und Kristina Jaspers. Berlin: Junius Verlag, 2011. S. 54–61.
Suchy, Irene / Janik, Allan / Predota, Georg (Hg.): *Empty Sleeve – der Musiker und Mäzen Paul Wittgenstein*. Innsbruck: Edition Brenner-Forum, Bd. 3, 2006.
Tolstoi, Leo: *Kurze Darlegung des Evangelium*. Aus dem Russischen von Paul Lauterbach. Leipzig: Reclam, 1892.
Walter, Bruno: *Thema und Variationen. Erinnerungen und Gedanken*. Stockholm: Bermann-Fischer Verlag, 1947.
Weininger, Otto: *Geschlecht und Charakter. Eine prinzipielle Untersuchung*. Wien und Leipzig: Wilhelm Braumüller, 1912.
Wijdeveld, Paul: *Ludwig Wittgenstein, Architekt*. Wiese Verlag, 1994.
Wittgenstein, Karl: *Zeitungsartikel und Vorträge*. Wien 1913.
Wittgenstein. Biographie. Philosophie. Praxis. Eine Ausstellung der Wiener Secession. 13. September – 29. Oktober 1989.

<u>Wittgenstein, Ludwig: Briefe, Tagebücher:</u>

Ludwig Hänsel – Ludwig Wittgenstein. Eine Freundschaft. Briefe. Aufsätze. Kommentare. Hg. von Ilse Somavilla, Anton Unterkircher und Christian Paul Berger. Innsbruck: Haymon, 1994.
Wittgenstein, Ludwig: *Briefe an Ludwig von Ficker*. Hg. von Georg Henrik von Wright unter Mitarbeit von Walter Methlagl. Salzburg: Otto Müller Verlag, 1969.
Wittgenstein, Ludwig: *Cambridge Letters*. Ed. by Brian McGuinness & Georg Henrik von Wright: Oxford: Blackwell, 1995.
Wittgenstein, Ludwig: *Denkbewegungen. Tagebücher 1930–*

1932/1936–1937. Hg. von Ilse Somavilla. Innsbruck: Haymon, 1997.
Wittgenstein – Engelmann. Briefe, Begegnungen, Erinnerungen. Hg. von Ilse Somavilla unter Mitarbeit von Brian McGuinness. Innsbruck: Haymon, 2006.
Wittgenstein, Ludwig: *Familienbriefe*. Hg. von Maria Concetta Ascher, Brian McGuinness und Otto Pfersmann. Ludwig Wittgenstein. *Familienbriefe*. Wien: Hölder-Pichler-Tempsky, 1996.
Wittgenstein, Ludwig: *Briefwechsel. Innsbrucker elektronische Ausgabe*. Hg. von Monika Seekircher, Brian McGuinness und Anton Unterkircher. Innsbruck, 2004.
Wittgenstein, Ludwig: *Licht und Schatten*. Ein nächtliches (Traum-)Erlebnis und ein Brief-Fragment. Hg. von Ilse Somavilla. Innsbruck: Haymon, 2004.
Wittgenstein und die Musik. Briefwechsel Ludwig Wittgenstein – Rudolf Koder. Hg. von Martin Alber in Zusammenarbeit mit Brian McGuinness und Monika Seekircher. Innsbruck: Haymon, 2000.

Wittgenstein, Ludwig: Werke:
Wittgenstein, Ludwig: *Philosophische Untersuchungen*. Werkausgabe Bd. 1. Frankfurt: Suhrkamp, 1990. (= PU)
Wittgenstein, Ludwig: *Tagebücher 1914–1916*. Werkausgabe Bd. 1, 1990. (= TB)
Wittgenstein, Ludwig: *Tractatus-logico-philosophicus*. Werkausgabe Bd. 1. Frankfurt: Suhrkamp, 1990. (= TLP)
Wittgenstein, Ludwig: Über Gewißheit. Werkausgabe Bd 8. Frankfurt: Suhrkamp, 1990.
Wittgenstein, Ludwig: *Vortrag über Ethik und andere kleine Schriften*. Hg. und übers. von Joachim Schulte. Frankfurt: Suhrkamp, 1989.
Ludwig Wittgenstein und der Wiener Kreis. Werkausgabe Bd. 3. Frankfurt: Suhrkamp, 1984. (= WWK)
Wittgensteins Nachlass. Bergen, Oxford: *The Bergen Electronic Edition*, 2000. (MS = Manuskript; TS = Typoskript)
Wittgenstein, Ludwig: *Vermischte Bemerkungen*. Eine Auswahl aus dem Nachlaß. Hg. von Georg Henrik von Wright unter Mitarbeit von Heikki Nyman. Neubearbeitung des Textes durch Alois Pichler. Frankfurt: Suhrkamp, 1994. (= VB)

Editorische Notiz

Anlässlich eines Besuchs der Herausgeberin bei Pierre und Françoise Stonborough im April 2008 kam das Gespräch auf die sich im Nachlass von Margaret Stonborough-Wittgenstein befindlichen Materialien und die Idee, diese wissenschaftlich zu bearbeiten und in der Folge der Öffentlichkeit zugänglich zu machen. Es handelt sich dabei um ein umfangreiches Konvolut von ca. 600 Briefen, die sich über vier Generationen der Familie erstrecken, weiters um Tagebuchaufzeichnungen Karl Wittgensteins und seiner Töchter Hermine und Margaret, sowie um die *Familienerinnerungen* von Hermine Wittgenstein.

Ein Jahr später kaufte das Forschungsinstitut Brenner-Archiv der Universität Innsbruck den Nachlass an, um die wertvollen Schriftstücke zu archivieren und zu digitalisieren.

Die vorhandenen handschriftlichen und Typoskript-Exemplare umfassen:
24 Briefe von Hermann und Fanny Wittgenstein an ihre Kinder (1864 bis 1871)
4 Briefe von Maria Kallmus geb. Stallner an ihre Tochter Leopoldine (undatiert, vermutlich um 1870)
3 Briefe von Fanny und Hermann, Fine und Muck Wittgenstein an Leopoldine (1873)
44 Briefe von Karl Wittgenstein an seine Geschwister, an seine Frau und Kinder sowie an Geschäftspartner (1865 bis 1905)
4 Briefe von Leopoldine Wittgenstein an ihre Tochter Hermine (1919 bis 1921)

99 Briefe von Margaret Stonborough an ihre Mutter und an ihre Schwester Hermine (1905 bis 1913)
101 Briefe von Margaret Stonborough an ihre Mutter (1914 bis 1923)

24 Briefe von Margaret Stonborough an ihre Mutter (1918 bis 1920)
89 Briefe von Margaret Stonborough an ihre Schwester Hermine (1914 bis 1932)
112 Briefe von Margaret und Jerome Stonborough an Tom Stonborough (1917 bis 1928)
18 Briefe und 8 Telegramme von Margaret an Tom (1929)
12 Briefe und 5 Telegramme von Margaret an Tom (1930 bis 1933)
7 Briefe von Margaret an Tom (1934 bis 1945)
19 Briefe von Margaret an Tom (1945 bis 1953)
30 Briefe von Tom an Margaret (1936 bis 1945)
8 Briefe und 6 Telegramme von Tom an Margaret (1945 bis 1953)

2 Briefe von Lydia geb. Wittgenstein an Margaret
2 Briefe von Marie von Stockert an ihre Tante Margaret
2 Briefe von Marie von Stockert an ihre Großmutter Leopoldine
1 Brief von Marie Baumayer an Hans Wittgenstein (1885)
1 Brief von Josef Labor an Hermine Wittgenstein (1919)

Autobiographische Notizen von Karl Wittgenstein, 1913 an seine Tochter Hermine diktiert. Tagebücher von Hermine und Margaret sowie Notizen über philosophische, psychologische, physiologische und religiöse Themen.

Die im Vorwort angekündigte mehrbändige Ausgabe dieser Materialien soll im Anschluss an die nun vorliegende Edition der *Familienerinnerungen* eine Auswahl an Briefen aus vier Generationen sowie die Tagebuchaufzeichnungen von Hermine und Margaret umfassen.

Jeder Band soll mit Fotos aus den zur Verfügung stehenden Alben von Helene Salzer-Wittgenstein, Clara Sjögren-Salzer sowie einer Sammlung im Besitz von Pierre Stonborough versehen werden.

***

Wie im Vorwort erwähnt, besitzen die Nachkommen von Helene Salzer, Margaret Stonborough und Paul Wittgenstein jeweils eine Kopie von Hermines *Familienerinnerungen*, die als Typoskript im Privatdruck erschienen sind und für die zahlreichen Mitglieder der weitverzweigten Familie vervielfältigt wurden.

Allerdings existieren davon zwei Fassungen: Eine, nur aus dem Text bestehende, und eine weitere, von Clara Sjögren mit Bildern versehene Fassung[75], bei der jedoch das Kapitel über Rosalie Herrmann und das Kapitel über Hermines Nichte Mariechen von Stockert fehlen.

Die für die vorliegende Edition verwendete Kopie – ein 250 Seiten umfassendes Typoskript – aus dem Nachlass Margaret Stonboroughs enthält auf dem ersten Blatt einen handgeschriebenen Index – vermutlich von Hermines Hand.

Den letzten Zeilen Hermines vom 8. April 1949[76] geht folgender Hinweis voraus:

„Auf einem separaten Blatt finden sich noch folgende Worte:"

---

75 Laut Auskunft von Andreas Sjögren ist nur er im Besitz der bebilderten Fassung. Seine jung verstorbene Schwester Anna dürfte auch eine solche Fassung besessen haben, die vermutlich ihre Tochter geerbt hat.

76 „8. April 49 Den Nachruf habe ich geschrieben so gut und ernst als es mir möglich war. Wo aber bleibt eine Spur des wirklich warmen Lebens? Wo bleibt unser lebensfrohes Mariechen? Es ist mir versagt das Kapitel zu Ende zu bringen. Ich fühle mich geistig und körperlich nicht mehr im Stande dazu."

Es stellt sich die Frage, ob nicht nur der genannte Hinweis auf die letzten Zeilen Hermines, sondern das gesamte Manuskript der *Familienerinnerungen* nicht von Hermine selbst, sondern von anderer Hand in die Maschine getippt wurde.

***

Wie aus handschriftlichen Aufzeichnungen Hermines hervorgeht, hielt sie sich nur teilweise an die Heyse-Raumer'sche Regelung, wie sie von 1879–1901/02 in Österreich-Ungarn offiziell vorgeschrieben war.[77] Demgemäß schrieb sie „Strasse" statt „Straße", „dass" statt des nach der Gottsched-Adelung'schen Regelung aus dem 18. Jahrhundert, bis 1996 gültigen und bis 2005 auslaufenden „daß", „muss" statt „muß" etc. Man gewinnt den Eindruck, als ob Hermine die seit dem 18. Jahrhundert bestehende Kritik an der Umwandlung auslautender „ss" in „ß" teilte und konsequent die Schreibung scharfer „ß" vermied.

Ebenso kommt das nach der Heyse-Raumer'schen Regelung verwendete „ß" nach Langvokalen (wie bei „Straße") und Zwielauten (wie bei „reißen") bei ihr nicht vor. Dies könnte zwar auf das Typoskript bzw. auf Mangel dieses Buchstabens bei damaligen Schreibmaschinen zurückgeführt werden, doch lässt sich auch in Hermines Manuskripten das scharfe „ß" nicht finden.

In der vorliegenden Edition wird Hermines eigenwillige Schreibweise originalgetreu beibehalten – auch hinsichtlich der „C" statt „K" wie bei „Conzert" statt „Konzert", „Concentration" statt „Konzentration", wie es damals üblich war.

---

77 Vgl. dazu Hermann Möckers Artikel „Beobachtungen an Rilkes konservativer Orthographie an Hand seiner Abschrift ‚Aus den Duineser Elegieen [!] für seinen großmüthigen [!] Mäzen (i.e. Wittgenstein). (Zu Mitteilungen aus dem Brenner-Archiv 14/1995.)" In: *Mitteilungen aus dem Brenner-Archiv*, Nr. 15/1996. S. 143–156.

Ebenso werden die in den Briefen der älteren Generation (wie des Vaters Karl, seiner Eltern und Geschwister) verwendeten stummen „h" wie bei „bath" statt „bat", „tath" statt „tat", „Urtheil" statt „Urteil" etc. beibehalten.

„Oe", „Ae" und „Ue" (bei „Oesterreich", „Aenderung", „Uebergang" etc.) wurden hingegen hier mit „Ö", „Ä" und „Ü" ersetzt, da diese Buchstaben mit der Schreibmaschine damals nicht wiedergegeben werden konnten.

Störende Schreib- oder Tippfehler wie z.B. fehlende Buchstaben sind in eckiger Klammer eingefügt. Auf Ausdrücke, die heute nicht mehr üblich und daher erklärungsbedürftig sind, wird im Einzelstellenkommentar hingewiesen.

Kommentierung

Der Einzelstellenkommentar stellt für den durchschnittlich gehobenen Leser eine Hilfestellung für erklärungsbedürftige Stellen orthographischer, biographischer, bibliographischer, geographischer und kulturgeschichtlicher Art dar.

Die im laufenden Text eingefügten Fotos sind als eine dem Kommentar gleichwertige Informationsquelle zu betrachten; in ihrer Funktion des *Zeigens* sind sie von präzisem, informativem Wert.

Bekannte Persönlichkeiten wie z.B. Beethoven, Mozart, Schubert usw., sowie auch Ludwig Wittgenstein, werden nicht oder nur spärlich kommentiert.

Dank

In erster Linie gilt mein Dank Herrn Pierre Stonborough, dem eigentlichen Initiator und Förderer des Projekts. Ebenso danke ich seiner Frau Françoise sowie allen weiteren Mitgliedern bzw. Nachkommen der Familie Wittgenstein – den Familien Sjögren, Stonborough, Stockert und Salzer sowie Mrs. Joan Ripley, der Tochter des Pianisten Paul Wittgenstein, die sich an der Finanzierung des Projekts beteiligt haben.

Darüber hinaus danke ich für die Auskunft hinsichtlich verschiedener Fragen, den Kommentar betreffend, sowie für die Bereitstellung von Fotos. Mein Dank gilt dabei insbesondere Dr. Andreas und Dr. Annick Sjögren, Pierre und Françoise Stonborough, Dr. Dorothea Salzer, Jerome Stonborough, Dr. Elisabeth Kamenicek, Herrn Friedl Bahner, Dr. Michael Nedo, Dr. Siegfried Tagesen, Sascha Windholz, Peter Wittner und Stefan Zenzmaier.

Für das Scannen von Fotos danke ich Frau Barbara Halder, Mag. Andreas Hupfauf, Mag. Jennifer Moritz und Mag. Michael Schorner, für die Betreuung im Haymon Verlag Mag. Christina Kindl.

Besonderer Dank gebührt Verena Schneeberger für die Kollationierung des Textes sowie Frau Dr. Sandra Markewitz für das sorgfältige Korrekturlesen.

Schließlich danke ich noch Frau Univ.-Prof. Dr. Ulrike Tanzer, der Leiterin des Forschungsinstituts Brenner-Archiv, für ihre jederzeit bereitwillige Hilfe.

Innsbruck, im Juni 2015　　　　　　　　　　　Ilse Somavilla

Bildnachweis

Forschungsinstitut Brenner-Archiv: 167
Ludwig Hänsel: 155 (l.)
Michael Nedo: 18, 28, 57, 83, 102, 110, 113
Österreichische Ludwig Wittgenstein Gesellschaft: 158, 160
Dorothea Salzer: 174, 248, 249, 282, 283
Familie Sjögren : 21, 22, 35, 42, 70, 72, 81, 84, 96, 101, 105, 107,
    108, 109, 114, 115, 120, 122, 123, 125, 131, 133, 134, 135, 136,
    137 (r.o., r.u.), 139 (l.o., u.), 149, 150, 151, 152, 157, 162, 173,
    175, 176, 182, 183, 215, 217, 221, 227, 244, 257, 259, 260, 261,
    273, 278, 285, 286, 299, 300, 302, 313, 316, 319
Jerome Stonborough: 117
Pierre Stonborough: 93, 112, 137 (l.o., l.u.), 139 (r.o.), 140 (u.), 168
Siegfried Tagesen: 41, 268
Sascha Windholz: 167
Edda Wolfheim: 155 (r)

Namenregister

Das Register bezieht sich auf die Namen der Personen, die im Text von Hermine Wittgenstein und den entsprechenden Stellen im Einzelstellenkommentar sowie im Vor- und Nachwort der Herausgeberin vorkommen.

Addams, Jane Laura: 186, 428f.
Alt, Rudolf von: 110f., 338, 373f.
Anzengruber, Ludwig: 503

Bach, Johann Sebastian: 144, 333, 394ff., 397, 439f., 512, 517
Bacher, Gottfried: 367
Bauernfeld, Eduard von: 20, 327
Baumayer, Marie: 114, 293f., 338, 382, 488, 530
Beethoven, Ludwig van: 29, 112ff., 325, 334, 347, 376, 383, 397, 492, 506f., 517, 533
Benjamin, Walter: 10, 526
Benyoëtz, Elazar: 406f.
Bismarck, Otto von Bismarck-Schönhausen: 271f., 335, 359, 367, 469
Blériot, Louis: 248, 456
Bolstad, Arne: 403
Bonitz, Hermann: 53, 348
Bontoux, Paul Eugène: 89, 363
Brahms, Johannes: 55, 114–118, 148, 243, 247, 254, 276, 293, 332ff., 338, 347ff., 382, 385, 387, 400, 450, 457, 488, 507
Bree, Malvine: 396
Bruckner, Moriz: 70, 355, 391, 474
Bruckner, Sophie geb. Kallmus: 70, 355, 391, 474
Brücke, Ernst von: 53f., 282, 336, 341, 346
Brücke Emilie (Milly) geb. Wittgenstein: 38, 41, 54, 273, 282, 336, 470

Brücke, Theodor von: 41, 54, 336, 292, 341, 470
Busch, Wilhelm: 177, 423f., 426

Casals, Pablo: 114, 338, 381, 488
Castelli, Ignaz Franz: 20, 327
Chamberlain, Artur Neville: 219, 443, 447
Charcot, Jean-Martin: 288, 471
Chopin, Frédéric: 347, 397, 517

Dal-Bianco, Maria geb. Hänsel: 504
Dal-Bianco, Peter: 418, 535
Darwin, Charles: 501
Defregger, Franz: 55, 348
Dostojewski, Fjodor: 157, 409f., 501f., 507
Drobil, Michael: 166–169, 415f., 418
Drury, Maurice O'Connor: 333, 410, 414, 501, 525

Ebner-Eschenbach, Marie von: 296, 471f.
Eiselsberg, Anton von: 161, 414f.
Engelhart, Josef Anton: 110f., 374
Engelmann, Paul: 155, 163, 404–408, 413, 415, 424, 493, 498f., 507, 509, 511
Epstein, Julius: 382, 488
Erbacher, Christian: 516
Eybl, Franz: 21, 328

Feilchenfeld, Max: 358
Ficker, Ludwig von: 404, 408, 486
Figdor, Albert: 40, 337
Figdor, Bernhard: 24, 329

Figdor, Ferdinand: 24f., 324, 329f.
Figdor, Gustav: 18-21, 324ff.
Figdor, Wilhelm: 19ff., 323f., 487
Fillunger, Marie: 148f., 400
Frankl, Ludwig August: 19f., 326
Franz Anna geb. Wittgenstein: 18, 34f., 38, 40f., 54f., 58, 242, 324, 328, 331, 334f., 467
Franz, Emil: 40f., 242, 328, 334, 339, 342
Franz, Erwin: 243, 334, 453
Franz, Gottfried: 35, 260, 334f., 339, 453, 463, 467
Franz Joseph, Kaiser von Österreich
Franz, Klara: 243, 343
Franz, Otto: 328, 334
Franz, Rudolf: 243, 453
Frege, Gottlob: 153, 160, 401f.
Freud, Sigmund: 181, 406, 424, 451, 468, 498
Funk, Walther: 420f.
Furreg, Lotte: 198, 200f., 203, 439

Galton, Francis: 522
Gänsbacher, Josef: 56, 349, 487
Gauermann, Friedrich: 271, 468
Goldmark, Karl: 56, 126, 349f., 355
Gomperz, Theodor: 348, 435
Goya, Francisco José y Lucientes: 111, 375f., 517
Grieg, Edvard: 397
Grillparzer, Franz: 18f., 54, 325ff., 423, 488
Groller, Anton: 170, 210, 216, 218, 220, 226, 233-236, 297, 419
Gröger, Elisabeth: 473
Gröger, Franz: 299, 391, 473
Gröger, Gabriele (Ella) geb. Kallmus: 299, 391, 473
Gröger, Otto: 473
Günzburg, Naphtali Herz: 87, 361f.

Hauser, Dorothea: 222, 448
Hänsel, Ingrid: 418
Hänsel, Ludwig: 493, 511, 516, 553
Hayek, Friedrich: 516
Hebbel, Christian Friedrich: 53, 346, 488
Heger, Robert: 397

Herrmann, Rosalie: 128, 299-311, 392, 531
Hiemesch, Ida: 267f., 467
Hindemith, Paul: 398f.
Hitler, Adolf: 420f., 432, 444f.
Hochstetter, Ferdinand: 342
Hochstetter, Helene: 339
Hochstetter, Justine: 41, 339, 342
Hoffmann, Josef: 261, 365, 455f., 488
Hohenberger, Franz: 189, 436
Hoover, Herbert Clark: 185f., 350, 386, 426ff., 496
Hörmann, Theodor: 110, 338, 374
Hutter, ?: 229f.
Haydn, Joseph: 397, 429f., 507, 517

Ibsen, Henrik: 515
Immler, Nicole: 12f., 481ff., 526
Indra, Alfred: 232, 235, 451

Janik, Allan: 11, 520, 526f.
Joachim, Joseph: 28.31, 33, 55, 113, 331f., 334, 348, 380ff., 384, 488
Johann, Erzherzog von Österreich: 127, 390f.
Junker, Hermann: 426, 435

Kallmus, Jacob: 355, 391
Kallmus, Karl Josef (Pater): 128, 391
Kallmus, Marie geb. Stallner: 141, 301f., 389, 392, 529
Kallmus, Sophie Anna geb. Wehli: 210, 391
Keller, Gottfried: 507
Kernstock, Otto: 203, 440f.
Kestranek, Wilhelm: 359
Klimt, Gustav: 7, 168, 248, 338, 373, 375, 378ff., 417f., 488
Klingenberg, Hans: 403
Klinger, Max: 111f., 338, 375f.
Koder, Rudolf: 355, 412, 493, 511, 516
Korngold, Erich Wolfgang: 385
Kraus, Karl: 10, 405ff., 441, 491, 507
Krupp, Alfred: 86, 88, 360f.
Krupp, Friedrich: 86, 88, 360f.
Kubat, Wilhelmine (Mina): 203, 441
Kupelwieser Bertha geb. Wittgenstein:

38, 254, 257, 324, 336, 457f., 489, 485
Kupelwieser, Ernst: 458, 489
Kupelwieser, Hans: 457ff.
Kupelwieser, Ida: 257, 457, 461
Kupelwieser, Karl: 40, 90, 98, 252, 254, 265, 336, 340f., 354, 359, 433, 458f., 461, 485
Kupelwieser, Leopold: 40, 340f.
Kupelwieser, Paul: 67, 69, 81, 85, 340, 354, 359, 433

Labor, Josef: 114, 338, 382f., 397f., 517, 530
Laufberger, Ferdinand: 55, 348, 487
Lecher, Helene geb. von Rosthorn: 192, 438f.
Leibniz, Gottfried Wilhelm: 506
Leitner, Bernhard: 509, 526
Leitner, Louise Marie: 190, 198, 437
Le Rider, Jacques: 520
Lincoln, Abraham: 59, 187, 351, 431
Liszt, Franz: 332, 397
Littrow, Karl Ludwig von: 53, 346
Livius, Titus: 517
Loewe, Karl: 321, 476
Loos, Adolf: 10, 405ff., 455, 491, 507
Luther, Martin: 334, 439

McGuinness, Brian: 348, 354, 383, 386, 389, 405f., 422, 448, 473f., 495, 517f., 526, 528
Mahler, Gustav: 377, 507
Malcolm, Norman: 503, 526
Maresch, Hans: 265, 465
Maresch, Hermine (Mine) geb. Salzer: 265, 463, 465
Maresch, Rudolf: 426, 463
Markewitz, Sandra: 13, 534
Meier, Ahron: 328, 484
Meier, Brendel geb. Simon: 328, 487
Meier, Jakob: 27, 331, 484, 489
Meier, Moses: 328, 484, 486f.
Meggendorfer, Lothar: 205, 443f.
Mell, Alexander: 103, 369
Mell, Marie: 103, 369f.
Mendelssohn-Bartholdy, Felix: 28f., 31, 130, 331f., 333, 393f., 397, 517

Meštrovič, Ivan: 111, 377f.
Metternich, Klemens Wenzel Lothar, Freiherr von: 19, 326, 432, 466
Meyerbeer, Giacomo: 397, 517
Monk, Ray: 7, 414, 497, 526
Moore, George Edward: 403, 413, 419, 459
Morini, Erica: 114, 338, 381
Mörike, Eduard von: 260, 463, 507
Moser, Andreas: 29
Moser, Koloman: 373, 455
Mozart, Wolfgang Amadeus: 383f., 397, 507, 517, 533
Mühlfeld, Richard: 384f.
Mundelein, George: 187, 431f.

Nähr, Moritz: 522
Nedo, Michael: 7, 526, 534f.
Nellessen, Carl: 24, 330
Nellessen, Franz: 24, 330
Nellessen, Heinrich: 24, 330
Nellessen, Theodor: 24, 330
Nestroy, Johann Nepomuk: 258, 462

Obermeier, ?: 23
Oppenheimer, ?: 23, 329, 486
Ockham, Wilhelm von: 508
Oser, Betty: 294
Oser, Cornelia: 469
Oser, Hedwig: 469
Oser, Hermine (Fine) geb. Wittgenstein: 38f., 41, 273f., 277, 282, 324, 355
Oser, Franz: 276, 470
Oser, Johann Nepomuk (Muck): 41, 274ff., 282, 336, 341, 355f., 469
Oser, Lydia: 292f., 469f.
Ostwald, Wilhelm: 413

Pechar, Johann: 81, 85, 356
Plochl, Anna: 127, 390f.
Poljakoff, Baron: 86f., 360
Pollitzer, Louise: 239, 451
Popper, Hugo: 229, 450
Pott, August: 39, 94, 365f., 485
Pott, Felix: 39
Pott, Hermann: 39

Pott, Paul: 39, 244, 454
Pott, Marie geb. Wittgenstein: 38, 244, 324, 336, 454, 495
Pott, Moritz: 40, 336, 340, 454
Pregi, Marcella: 114, 338, 381, 488
Prokofieff, Sergej: 397f., 517f.
Prokop, Ursula: 8, 337, 368, 378, 386f., 417, 419, 424, 426, 438, 448, 451, 526
Puccini, Giacomo: 397, 517
Puhl, Emil: 420ff.

Rathenau, Walther: 513
Ravel, Maurice: 518, 397
Rebenburg, Hanns von: 127, 390
Rebenburg, Gottfried von: 127, 390
Rebenburg, Ludwig von: 127, 390
Rebni, Anna: 403
Redlich, Oswald: 188, 434f.
Reuter, Fritz: 356, 479
Rhees, Rush: 424, 479, 526f.
Ripley, Joan: 534
Rilke, Rainer Maria: 377, 486, 532
Rodin, Auguste: 111, 377f.
Rosé, Arnold: 116, 384f.
Russell, Bertrand: 154, 338, 372, 401ff., 413f., 419, 473
Rothhaupt, Josef: 377f.
Ruttner, Franz von: 255, 458ff.

Salzer, Dorothea: 456, 468, 485, 534f.
Salzer, Felix: 123, 221, 226, 371, 449f.
Salzer, Friedrich: 463
Salzer, Hans: 269, 339, 450, 463, 468, 485
Salzer, Helene (Lenka) geb. Wittgenstein: 105, 123, 157, 215, 217, 370f., 381, 530f.
Salzer, Ida Hermine geb. Franz: 463
Salzer, Johanna (Hanna) geb. Wittgenstein: 247f., 290, 339, 455f., 471
Salzer, Katharina (Ina): 463
Salzer Marie (Mitze): 103, 156, 265, 268ff., 276f., 368, 463, 465, 468, 485
Salzer, Max: 157, 210, 213, 215ff., 224, 233, 235, 371, 463
Schania, Hilde: 398f.

Schmidt, Franz: 517, 385, 397
Scholz geb. Mildner, ?: 190–200
Schönberg, Arnold: 10, 507, 491, 283, 285
Schoene, Hans: 234ff., 451
Schopenhauer, Arthur: 386, 506, 515, 524, 527
Schubert, Franz: 327, 341, 397, 400, 507, 517, 533
Schumann, Clara: 54, 294, 332, 338, 347f., 382, 488
Schumann, Robert: 114, 130, 332, 347f., 382, 393f., 397, 517
Schuschnigg, Kurt: 204, 441ff.
Schweninger, Ernst: 98f., 367
Schwaner, Birgit: 8, 452, 455, 483ff., 527
Segantini, Giovanni: 111, 375
Seyss-Inquart, Arthur: 425
Seyss-Inquart, Richard: 181, 423, 425
Siebert Lydia geb. Wittgenstein: 38, 41, 278–282, 284, 336, 342, 470, 489,
Siebert, Fanny von: 282ff., 470
Siebert, Josef von: 41, 278–282, 336, 342, 470
Sjögren, Andreas: 367, 372, 531, 534
Sjögren, Annick: 534
Sjögren, Arvid: 107, 162, 208, 222, 226, 367, 372, 403
Sjögren, Carl: 106, 367
Sjögren, Cecilia: 372, 381, 481, 527
Sjögren, Clara geb. Salzer: 123, 222, 226f., 371f., 530f., 368, 481
Sjögren, Hermine (Mima) geb. Bacher: 96, 99, 106f., 123, 217, 367, 371
Smith, Mary Rozet: 186, 428
Soldat-Roeger, Marie: 114, 293, 338, 382, 488
Spinoza, Baruch de: 527
Stallner, Johann: 127, 389f.
Stallner, Marie: 127, 355, 389f., 391, 529
Stallner, Therese geb. Zöhrer: 390
Steiner, Hugo von: 385
Stickney-Grant, Percy: 186, 429
Stockert, Elisabeth: 475
Stockert, Franz: 475

Stockert, Fritz Lothar: 220, 235, 394, 448
Stockert, Johanna (Hanna): 149, 475
Stockert, Marianne: 475
Stockert, Marie (Mariechen) geb. Salzer: 123, 216f., 230, 235, 311–321, 371, 394, 530f.
Stockert, Ludwig: 316, 475
Stockert, Paul: 475
Stockert, Stephan: 481
Stockert, Therese: 475
Stockhausen, Julius Christian: 55, 349
Stonborough, Françoise: 529, 534
Stonborough, Jerome (sen.): 182f., 385, 417, 425f., 433, 446, 486
Stonborough, Jerome (jun.): 534f.
Stonborough, John Jerome: 123f., 355f., 372, 387, 409, 426, 450
Stonborough, Margaret geb. Wittgenstein: 7ff., 117, 123f., 136f., 139, 156, 163f., 166, 168, 171–189, 208, 212–239, 241, 250, 289f., 337, 350, 356, 376, 385–388, 412, 415–417, 424, 426, 433, 446, 451, 486, 491, 493f., 496ff., 498f., 514
Stonborough, Pierre: 376f., 417, 419, 446, 489, 517, 529, 531, 534f.
Stonborough, Thomas: 123, 182f., 417, 446, 481, 520
Stradal, Elsa geb. von Bruckner: 112, 380
Strauss, Johann: 397, 517
Strauss, Richard: 397, 517

Thun, Franz Anton von Thun und Hohenstein: 96, 366
Thonet, Michael: 267, 465f.
Tolstoi, Leo: 155f., 408ff., 501f., 507, 527
Truxa, Celestine: 118, 387

Wagner, Richard: 332, 349, 375, 380, 397, 517
Walter, Bruno: 355, 483f., 488, 527
Webern, Anton: 385
Wehli, Esther: 391
Wehli, Isaak: 391
Weinberger, Isidor: 90, 354, 363f.

Weininger, Otto: 10, 386, 527, 491f., 520
Wessel, ?: 54
Wessely, Karl von: 85, 89f., 354, 358f.
Wettstein, Fritz: 434
Wettstein, Richard: 188, 433f.
Wieck, Johann Gottlob Friedrich: 54, 347f., 487
Wijdeveld, Paul: 493, 508, 527
Wittgenstein, Clara: 38, 40ff., 44f., 48, 52f., 55f., 70–76, 126, 242, 257, 260, 272, 285–298, 331, 335, 345, 382, 452, 470, 493, 495, 497
Wittgenstein, Clothilde: 40f., 324, 331, 335, 337, 452
Wittgenstein, Fanny geb. Figdor: 18–22, 323f., 326, 337, 487
Wittgenstein, Hans: 84, 112, 137, 140, 142–147, 276, 356f., 401, 488f., 519, 523f.
Wittgenstein, Hermann Karl Christian: 339, 379, 471
Wittgenstein, Hermann Christian (Herz): 278, 324, 328, 487ff.
Wittgenstein, Justine geb. Hochstetter: 41, 339, 379, 471
Wittgenstein, Karl: 7, 41, 57, 62–123, 338f.f., 350, 352, 354, 359, 361f., 364f., 367ff., 373, 376ff., 384, 395, 451, 455f., 488f., 493, 497, 522f., 529f., 533
Wittgenstein, Kurt: 84, 112, 137, 145, 147, 157, 162, 306, 356, 358, 489, 523
Wittgenstein, Leopoldine geb. Kallmus: 70f., 77–80, 126, 355, 488, 494, 497, 523
Wittgenstein, Ludwig (Louis): 29, 35, 39ff., 51f., 54f., 60, 62ff., 66, 242, 245, 249, 258–272, 289, 324, 331, 333f., 335, 342, 366, 386, 465–468, 485
Wittgenstein, Ludwig: 7–11, 136, 139f., 147, 151–171, 250f., 333, 370, 372, 383, 399–419, 423, 439, 450f., 470, 479ff., 486, 489, 493ff., 496f., 499, 501, 503ff., 508–528

Wittgenstein, Maria Wilhelmine geb. Franz: 41, 259f., 462
Wittgenstein, Paul (sen.): 18, 40f., 44, 47–50, 52, 66, 75, 77, 115, 117, 156, 242, 247–252, 295, 324, 331, 339, 345, 379, 413, 455f., 471, 488
Wittgenstein, Paul (jun.): 7f., 26, 136, 140, 147, 151f., 157, 161ff., 203, 210ff., 214, 216ff., 220, 233, 236ff., 303, 311, 355f., 396–399, 401, 419, 451, 470, 488f., 494f., 510, 517f., 521, 523f., 534
Wittgenstein, Paul Karl (Carletto): 339, 471
Wittgenstein, Richard Simon: 328, 487
Wittgenstein, Rudolf: 140f., 147, 173f., 356, 401, 422, 489, 492
Wolfrum, Karl: 85ff., 89f., 354, 358f.
Wolfrum, Otto: 359
Wollheim, Oscar: 239, 451

Zitkovsky, Harry von: 173f., 423
Zitkovsky, Willy von: 173f., 423